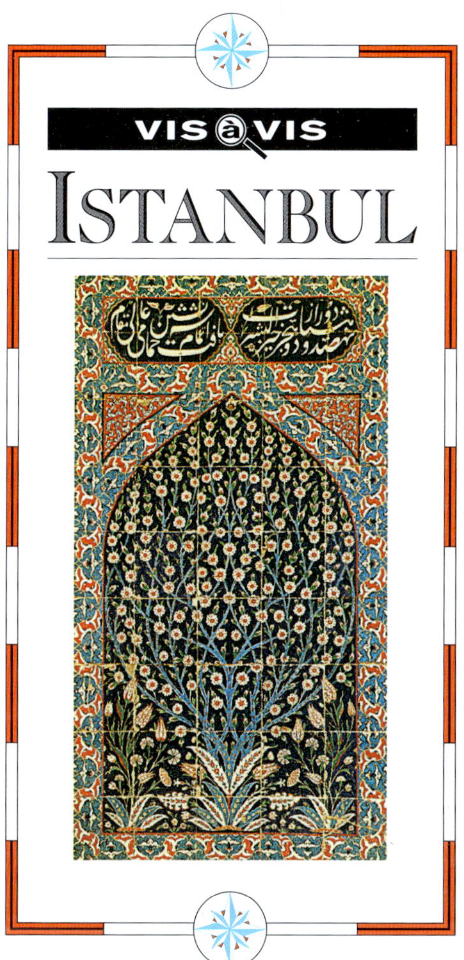
VIS à VIS
ISTANBUL

Bosporus
Seiten 136–149

Ausflüge
Seiten 150–171

Beyoğlu
Seiten 100–107
Stadtplan, Karten 3, 6, 7

Saray Burnu
Seiten 50–67
Stadtplan, Karten 3, 4, 5

Sultanahmet
Seiten 68–83
Stadtplan Karten 3, 4, 5

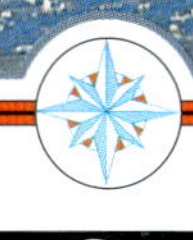

VIS-À-VIS

ISTANBUL

Hauptautoren:
ROSIE AYLIFFE, ROSE BARING,
BARNABY ROGERSON UND CANAN SILAY

DORLING KINDERSLEY
LONDON • NEW YORK • MÜNCHEN
MELBOURNE • DELHI
www.dk.com

Ein Dorling Kindersley Buch

www.traveldk.com

Texte
Rosie Ayliffe, Rose Baring, Barnaby Rogerson, Canan Sılay

Fotografien
Anthony Souter, Linda Whitwam, Francesca Yorke

Illustrationen
Richard Bonson, Stephen Conlin, Gary Cross, Richard Draper, Paul Guest, Maltings Partnership, Chris Orr & Associates, Paul Weston, John Woodcock

Kartografie
Paul Bates, Anne Rayski, Glyn Rozier (ESR Cartography Ltd.), Neil Cook, Maria Donnelly, Ewan Watson (Colourmap Scanning Ltd.)

Redaktion und Gestaltung
Dorling Kindersley Ltd., London: Nick Inman, Kate Poole, Claire Folkard, Jane Oliver, Christine Stroyan, Jo Doran, Paul Jackson, Joy FitzSimmons, Georgina Matthews, Annette Jacobs, Vivian Crump, Gillian Allan, Douglas Amrine

•

Titel der englischen Originalausgabe:
Eyewitness Travel Guide *Istanbul*
Zuerst erschienen 1998 in Großbritannien
bei Dorling Kindersley Ltd., London
A Penguin Company

•

Für die deutsche Ausgabe:

Aktualisierte Neuauflage 2011 / 2012

Programmleitung Dr. Jörg Theilacker, Dorling Kindersley Verlag
Projektleitung Stefanie Franz, Dorling Kindersley Verlag
Übersetzung Verlagsbüro Simon & Magiera, Werner Geischberger und Anne-Katrin Grube
Redaktion Brigitte Maier, München; Matthias Liesendahl, Berlin
Schlussredaktion Philip Anton, Köln
Satz und Produktion Dorling Kindersley Verlag, München
Lithografie Colourscan, Singapur
Druck Leo Paper Products, China

ISBN 978-3-8310-1525-2
8 9 10 12 11 10

Dieser Reiseführer wird regelmäßig aktualisiert. Angaben wie Telefonnummern, Öffnungszeiten, Adressen, Preise und Fahrpläne können sich jedoch ändern. Der Verlag kann für fehlerhafte oder veraltete Angaben nicht haftbar gemacht werden. Für Hinweise, Verbesserungsvorschläge und Korrekturen ist der Verlag dankbar. Bitte richten Sie Ihr Schreiben an:

Dorling Kindersley Verlag GmbH
Redaktion Reiseführer
Arnulfstraße 124 • 80636 München
travel@dk-germany.de

Inhalt

Madonnenmosaik, Chora-Kirche

Kachelmuster, Doppelkiosk im Harem des Topkapı-Palasts *(siehe S. 58f)*

◁ **Die Blaue Moschee und die Hagia Sophia überragen das Stadtviertel Sultanahmet** ***(siehe S. 68–83)***

◁◁ **Umschlag: Blaue Moschee (Sultan Ahmet Camii,** ***siehe S. 78f*****)**

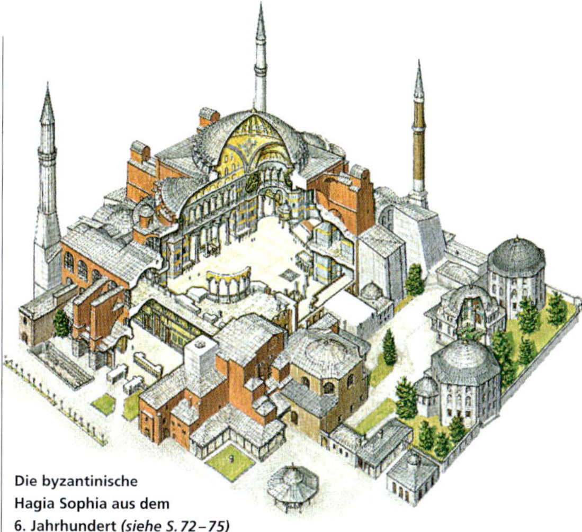

Die byzantinische Hagia Sophia aus dem 6. Jahrhundert *(siehe S. 72–75)*

Männer rauchen Wasserpfeife im Çorlulu-Ali-Paşa-Hof

Simit-Verkäufer

Fähre vor dem Kai von Karaköy unterhalb des Galata-Turms

Dolmabahçe-Moschee mit der Silhouette Sultanahmets im Hintergrund

Benutzerhinweise

Dieser Reiseführer soll Ihnen helfen, Istanbul von seinen schönsten Seiten kennenzulernen. Das Kapitel *Istanbul stellt sich vor* beschreibt die Stadt in ihren historischen und kulturellen Zusammenhängen und geht auf die Highlights jedes Istanbul-Besuchs ein. *Die Stadtteile Istanbuls* und *Drei Spaziergänge (siehe S. 172–177)* informieren mit vielen Fotos, Karten und Illustrationen über alle Sehenswürdigkeiten. Dabei blickt der Abschnitt *Abstecher* über das unmittelbare Stadtzentrum hinaus. Unter *Bosporus* werden die Ufer dieser Meerenge beschrieben, die *Ausflüge* führen in die Orte im näheren Umkreis. Im Kapitel *Zu Gast in Istanbul* finden Sie Vorschläge zu Hotels, Restaurants, Shopping und Unterhaltung. Die *Grundinformationen* helfen mit praktischen Tipps bei der Planung und vor Ort – von Anreise bis Zeitungen.

Orientierung in Istanbul

Das Zentrum Istanbuls ist in vier Stadtteile untergliedert, jedem wird ein eigenes, farblich gekennzeichnetes Kapitel gewidmet. Alle Sehenswürdigkeiten sind nummeriert und auf der Stadtteilkarte eingetragen.

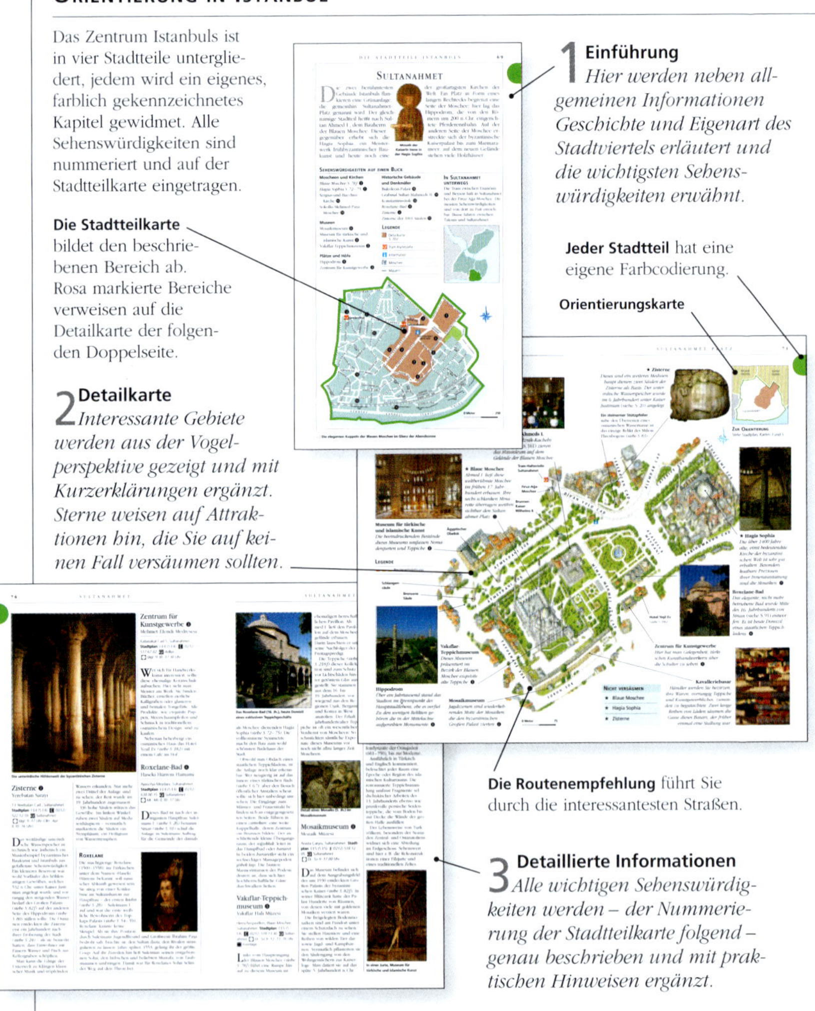

Die Stadtteilkarte bildet den beschriebenen Bereich ab. Rosa markierte Bereiche verweisen auf die Detailkarte der folgenden Doppelseite.

1 Einführung
Hier werden neben allgemeinen Informationen Geschichte und Eigenart des Stadtviertels erläutert und die wichtigsten Sehenswürdigkeiten erwähnt.

Jeder Stadtteil hat eine eigene Farbcodierung.

Orientierungskarte

2 Detailkarte
Interessante Gebiete werden aus der Vogelperspektive gezeigt und mit Kurzerklärungen ergänzt. Sterne weisen auf Attraktionen hin, die Sie auf keinen Fall versäumen sollten.

Die Routenempfehlung führt Sie durch die interessantesten Straßen.

3 Detaillierte Informationen
Alle wichtigen Sehenswürdigkeiten werden – der Nummerierung der Stadtteilkarte folgend – genau beschrieben und mit praktischen Hinweisen ergänzt.

Die Stadtteile Istanbuls

Eine Überblickskarte mit den vier wichtigsten Stadtteilen finden Sie auf den vorderen Umschlaginnenseiten. Jeder farbig markierte Bezirk wird im Kapitel *Die Stadtteile Istanbuls (siehe S. 48–107)* ausführlich besprochen. Das Kapitel *Istanbul im Überblick (siehe S. 34–43)* stellt die Highlights in jedem Stadtteil vor. Den *Stadtplan* finden Sie auf den *Seiten 246–263*.

Der Einführungstext gibt einen Überblick über die Hauptsehenswürdigkeiten im Großraum.

Eine Karte zeigt den Großraum Istanbul und die in diesem Kapitel einzeln behandelten Bezirke.

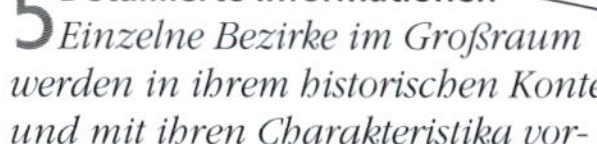

4 Abstecher
Eine Einführung fasst zusammen, was die Vororte und der Großraum von Istanbul bieten.

Praktische Hinweise liefert ein Infoblock. Die Zeichenerklärung finden Sie auf der hinteren Umschlagklappe.

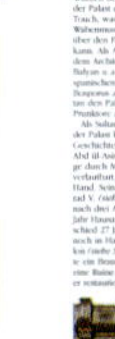

5 Detaillierte Informationen
Einzelne Bezirke im Großraum werden in ihrem historischen Kontext und mit ihren Charakteristika vorgestellt. Auf einer Karte findet man die beschriebenen Sehenswürdigkeiten.

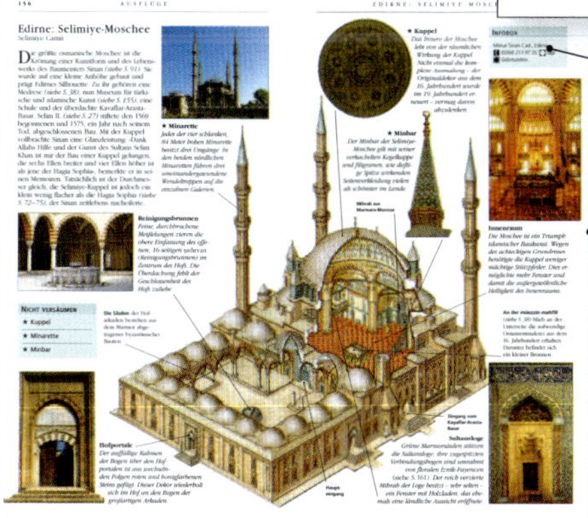

Die Infobox enthält wesentliche praktische Hinweise.

6 Hauptsehenswürdigkeiten
Highlights werden auf zwei oder mehr Seiten dargestellt. Die Innenansicht historischer Gebäude wird perspektivisch gezeigt. Von manchen Sehenswürdigkeiten gibt es einen farbigen Grundriss, der Sie zu den interessantesten Stellen führt.

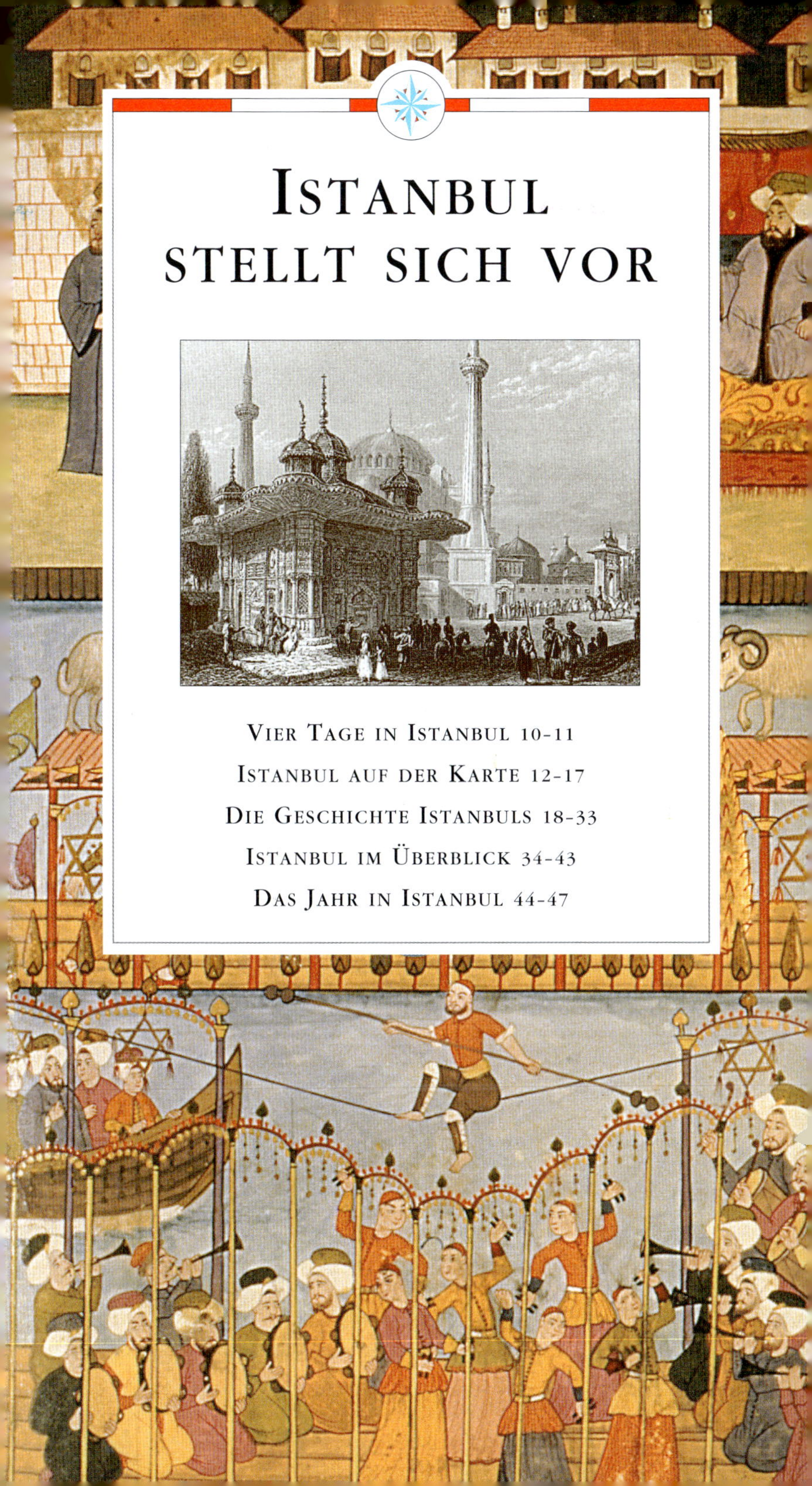

Istanbul stellt sich vor

Vier Tage in Istanbul

Eine pulsierende moderne Großstadt, die an Kultur und Geschichte unendlich viel zu bieten hat, eine Stadt auf zwei Kontinenten, umgeben von Wasser, gleichzeitig Europa und Asien, eine Stadt mit verschiedensten Gesichtern – das alles ist Istanbul, das zur Europäischen Kulturhauptstadt 2010 gewählt wurde. Unsere Vorschläge sollen Ihnen eine Hilfestellung zum Erkunden dieser Metropole in relativ kurzer Zeit liefern. Die Preisangaben beinhalten die Kosten für Transport, Essen und Eintritt.

Typische Keramik vom Großen Basar

Sinnenfreude: exotische Gewürze auf dem Gewürzbasar

Shoppen und Schlemmen

- **Ein Fest für die Sinne: der Gewürzbasar**
- **Stöbern und handeln: der Große Basar**
- **Auf Antiquitätenjagd in Çukurcuma**
- **Feierabendstimmung in der Nevizade Sokak**

Zwei Erwachsene etwa 140 YTL

Vormittag

Mit seinen unbeschreiblichen Farben und Gerüchen ist der **Gewürzbasar** *(siehe S. 88)* ein Erlebnis. Sie finden hier alle erdenklichen exotischen Köstlichkeiten, unter anderem Türkischen Honig. Weiter geht es zum **Großen Basar** *(siehe S. 98f)*, einem wahren Einkaufslabyrinth, wo Teppiche, Lederwaren, Keramik, Schmuck und vieles mehr angeboten werden. Die Preise sind oft überhöht, Preisschilder fehlen, und so ist Ihr Verhandlungsgeschick gefragt. Nach diesem aufregenden Bummel wird Ihnen der Magen knurren. Dann sind Sie im Kumkapı-Viertel richtig. Am Ufer warten viele Fischrestaurants auf hungrige Gäste. Preise sind selten angeschrieben. Fragen Sie besser nach, bevor Sie bestellen.

Nachmittag

Wenn Sie ausgeruht sind, nehmen Sie ein Taxi zur Galata-Brücke, dann geht es mit der Tünel-Bahn weiter nach Beyoğlu *(siehe S. 101–107)*. Genießen Sie das bunte Treiben am Tünel-Platz, bevor Sie die İstiklâl Caddesi *(siehe S. 102f)* hinaufgehen, um nach Schuhen, Kleidung oder Büchern zu stöbern. Das Viertel **Çukurcuma** *(siehe S. 107)* ist ein Eldorado für alle, die sich für Schmuck und Antiquitäten interessieren. In der Nevizade Sokak, einer Seitengasse der İstiklâl Caddesi, gibt es Dutzende von *meyhanes* (Tavernen). Richtig lebendig wird es hier allerdings erst abends, wenn auch die Einheimischen unterwegs sind.

Familientag

- **Besuch im Miniatürk**
- **Bootsfahrt nach Büyükada**
- **Kutschfahrt rund um Büyükada**

Familie (4 Personen) etwa 160 YTL

Vormittag

Nehmen Sie den Bus vom Taksim-Platz zum **Miniatürk** *(siehe S. 222f)* in Sütlüce am Nordufer des **Goldenen Horns** *(siehe S. 89)*. Hier finden Sie Miniaturen aller berühmten Sehenswürdigkeiten der Stadt, so z. B. der **Hagia Sophia** *(siehe S. 72–75)*, aber auch anderer Kulturdenkmäler der Türkei. Außerdem gibt es einen Park für Kinder sowie ein Museum mit Fotos von Atatürk, dem Begründer der modernen Türkei, und von den Kämpfen auf der Halbinsel Gallipoli. Wenn der Appetit kommt: Vom Café-Restaurant des Miniatürk hat man einen schönen Blick auf das Goldene Horn.

Geschäftiges Treiben an den Docks von Eminönü

◁ Miniatur mit einer Darstellung der Festlichkeiten zur Beschneidung der Söhne Ahmeds III. im Jahr 1720

Nachmittag
Fahren Sie nach dem Mittagessen zurück nach Istanbul und nehmen Sie das nächste Boot nach Büyükada. Die Insel ist eine der neun **Prinzeninseln** *(siehe S. 159)*. Von Eminönü aus sind das eineinhalb Stunden erholsame und »blickgewaltige« Fahrt. Erkunden Sie auf Büyükada die Gegend um den Marktplatz oder machen Sie eine Kutschfahrt um die Insel. Schön ist auch der Weg hinauf zum Georgskloster. Sie werden nicht nur mit einem grandiosen Rundblick, sondern im Restaurant auch mit einer Mahlzeit belohnt.

Moscheen, Museen und Hamams

- **Byzantinische Ikonografie in der Hagia Sophia**
- **Museum für türkische und islamische Kunst**
- **Topkapı-Palast**

Zwei Erwachsene etwa 185 YTL

Vormittag
Starten Sie an der **Blauen Moschee** *(siehe S. 78f)*, dem vielleicht elegantesten islamischen Sakralbau, berühmt für seine schlanken Minarette und blauen İznik-Fayencen. Gehen Sie dann durch die Gartenanlagen weiter zur berühmten **Hagia Sophia** *(siehe S. 72–75)*, dem zweiten weltberühmten Sakralbau Istanbuls. Herrliche byzantinische Mosaiken und Friese sowie Ornamente aus blauen İznik-Fliesen gibt es hier zu bestaunen, ebenso die mächtige Kuppel. Ihr Weg führt Sie anschließend in das nahe **Museum für türkische und islamische Kunst** *(siehe S. 77)* mit seinen großartigen Sammlungen von Glas- und Metallarbeiten, Teppichen und uralten Handschriften, aber auch mit türkischer und internationaler moderner Kunst. Lassen Sie sich nach Ihrer Tour mit einem traditionellen türkischen Essen im Yeşil Ev *(siehe S. 186)* verwöhnen. Es liegt zwischen Museum und Topkapı-Palast.

Hoch über dem Bosporus: die Europäische Festung (Rumeli Hisarı)

Nachmittag
Für den Besuch des **Topkapı-Palastes** *(siehe S. 52–59)*, eines riesigen Komplexes mit Höfen, Gärten, Harem und kostbaren Antiquitäten, benötigen Sie mindestens drei Stunden. Falls Sie anschließend Entspannung brauchen, gönnen Sie sich den Besuch eines *hamam (siehe S. 67)*. Das Çemberlitas-Bad *(siehe S. 81)* in Sultanahmet ist eines der schönsten.

Blaue İznik-Fayencen in der Hagia Sophia

Den Bosporus hinauf

- **Bummeln am Bosporus**
- **Europäische Festung**
- **Spaziergang in Bebek**

Zwei Erwachsene etwa 130 YTL

Vormittag
Nehmen Sie den Bus vom Taksim-Platz oder Eminönü-Busbahnhof in Richtung Sarıyer oder Emirgan und fahren Sie bis Arnavutköy *(siehe S. 145)* am Bosporus. Hier stehen schön restaurierte Villen, die meisten in Pastelltönen gehalten und mit Schnitzwerk verziert. In den Seitenstraßen sind überall Cafés. Eine kleine Rast mit Kaffee und Gebäck kann nicht schaden. Von Arnavutköy aus gehen Sie in nördliche Richtung, vorbei an den Fischerbooten und Kreuzfahrtschiffen, bis Sie nach **Bebek** *(siehe S. 138 u. S. 146)* kommen, einem der reichsten Stadtteile Istanbuls. Hier reihen sich Boutiquen und Antiquitätengeschäfte, alle dazu angetan, ihren Kunden den Geldbeutel zu erleichtern. Aber sie machen auch Appetit. Wenn das Mittagessen besonders stilvoll sein soll, gehen Sie am besten ins **Poseidon** *(siehe S. 206)*. In diesem Restaurant können Sie Ihren Aperitif mit wunderbarem Blick genießen, bevor Sie sich frischen Fisch servieren lassen.

Nachmittag
Bereit für einen Ausflug in die Geschichte? Die **Europäische Festung** *(siehe S. 140f)*, die im 15. Jahrhundert im Rahmen der osmanischen Belagerung Konstantinopels erbaut wurde, ist imposant, historisch interessant und bietet einen genialen Blick auf den Bosporus. Ein Spaziergang durch den **Emirgan-Park** *(siehe S. 141)* mit seinen Pavillons, Bäumen und Blumen rundet den Tag ab.

Istanbul auf der Karte

Die Stadt Istanbul liegt zu beiden Seiten des Bosporus, verbindet die europäische mit der asiatischen Seite der Türkei und grenzt im Süden an das Marmarameer. Die Metropole wird auch vom Goldenen Horn durchtrennt, einem Meeresarm, der einen natürlichen Hafen bildet. Istanbul ist zwar nicht mehr Hauptstadt der Türkei *(siehe S. 31)*, aber die größte und wichtigste Stadt des Landes.

Satellitenbild: Großraum Istanbul

Großraum Istanbul

Die Sehenswürdigkeiten im Herzen Istanbuls werden im Detail auf den Seiten 48–107 beschrieben. Den Stadtplan finden Sie auf den Seiten 246–263. Sehenswertes außerhalb des Zentrums wird unter Abstecher *auf den Seiten 108–133 behandelt. Was am Bosporus und in der Umgebung von Istanbul interessant ist, wird auf den Seiten 134–171 vorgestellt.*

Großraum Istanbul

Die stetig expandierende Metropole Istanbul erstreckt sich entlang dem Bosporus nach Norden, jenseits des Flughafens nach Westen und auf der asiatischen Seite Richtung Osten ins Landesinnere. Offiziell wohnen hier knapp 13 Millionen Menschen, doch in Wirklichkeit sind es wohl weitaus mehr. (Zum Vergleich: 1950 lebten hier eine Million Menschen, 1980 zweieinhalb). Ständige Verbesserungen am Transportsystem sollen das Fortkommen in dem riesigen Ballungsraum erleichtern.

Sarıyer
Beykoz
BEYKOZ
Yeniköy
Boğaz (Bosporus)
İstinye
Çubuklu
Kanlıca
ŞİŞLİ İSTİNYE CADDESİ
EMİRGAN
(E80)
TEM YOLU
O-2
LEVENT
ETİLER
Anadolu Hisarı
KAĞITHANE
İSMET PAŞA CADDESİ
NİSPETİYE CADDESİ
RUMELİHİSARI CADDESİ
BÜYÜKDERE ŞİŞLİ CADDESİ
Bebek
Kandili
BOĞAZİÇİ KÖPRÜSÜ ÇEVREYOLU
O-1
(E5)
ŞİŞLİ
Arnavutköy
VANİKÖY CADDESİ
ORTAKÖY
Çengelköy
NATO YOLU
Sabiha Gökcen
MAÇKA PARKI
BEŞİKTAŞ
ÇIRAĞAN CADDESİ
Ortaköy
Beylerbeyi
Kocaeli (İzmit) Ankara
Beşiktaş
Kuzguncuk
BİRİNCİ ÇEVRE YOLU
ÜMRANİYE
Kabataş
Üsküdar
ÜSKÜDAR
BEYOĞLU
Karaköy
Eminönü
Sirkeci
EMİNÖNÜ
Cankurtaran
KENNEDY CADDESİ
Kumkapı
Siehe S. 16 f
SAHİL YOLU
ÇAMLICA
Harem
O-4
ANDOLU OTO YOLU
CADDESİ
D100
Haydarpaşa
ACIBADEM
ANKARA İZMİT DEVLET YOLU
Kadıköy
Söğütlüçeşme
KADIKÖY
Kızıltoprak
KAYIŞDAĞI CADDESİ
D100 (E5)
Feneryolu
Göztepe
BAĞDAT CADDESİ
Erenköy
Suadiye
YENİ SAHİL YOLU
BOSTANCI
Kocaeli (İzmit) Ankara
Bostancı
Büyükada Yalova Mudanya Marmara
LEGENDE
Istanbul Zentrum
Großraum Istanbul
Internationaler Flughafen
Fähranlegestelle
Wasserbus-Anlegestelle
Bahnhof
Busbahnhof
Autobahn
Hauptstraße
Nebenstraße
Eisenbahn

Zentrum von Istanbul

Schuhputzer vor der Yeni Camii

Dieser Reiseführer unterteilt das Zentrum Istanbuls in vier Bezirke, denen jeweils ein Kapitel gewidmet ist. Drei davon liegen südlich des Goldenen Horns. Saray Burnu ist eine Landzunge, auf der der prächtige Topkapı-Palast thront. Zwei architektonische Meisterwerke, die Hagia Sophia und die Blaue Moschee, dominieren das Viertel Sultanahmet. Im engen Gassengewirr des Basarviertels wird der Lebensrhythmus von hektischem Handel diktiert. Nördlich des Goldenen Horns liegt Beyoğlu, wo sich in den letzten Jahrhunderten zahlreiche ausländische Gemeinden niedergelassen haben und auch heute noch eine weltoffene Atmosphäre herrscht.

İstiklâl Caddesi, Beyoğlu
Die Fußgängerzone, auf der noch altmodische Trambahnen verkehren, bildet das Rückgrat dieses Stadtviertels (siehe S. 100–107).

Der Große Basar im Basarviertel
Dieses originelle ehemalige Kaffeehaus steht an einer Kreuzung im verschlungenen alten Einkaufskomplex mitten im Basarviertel der Stadt (siehe S. 84–99).

Legende

- Hauptsehenswürdigkeit
- Fähranlegestelle
- Bahnhof
- U-Bahn-Station (Metro)
- Tram-Haltestelle
- Nostalgie-Tram
- Tünel (U-Standseilbahn)
- Information
- Türkisches Bad
- Moschee
- Kirche
- Post
- Polizei

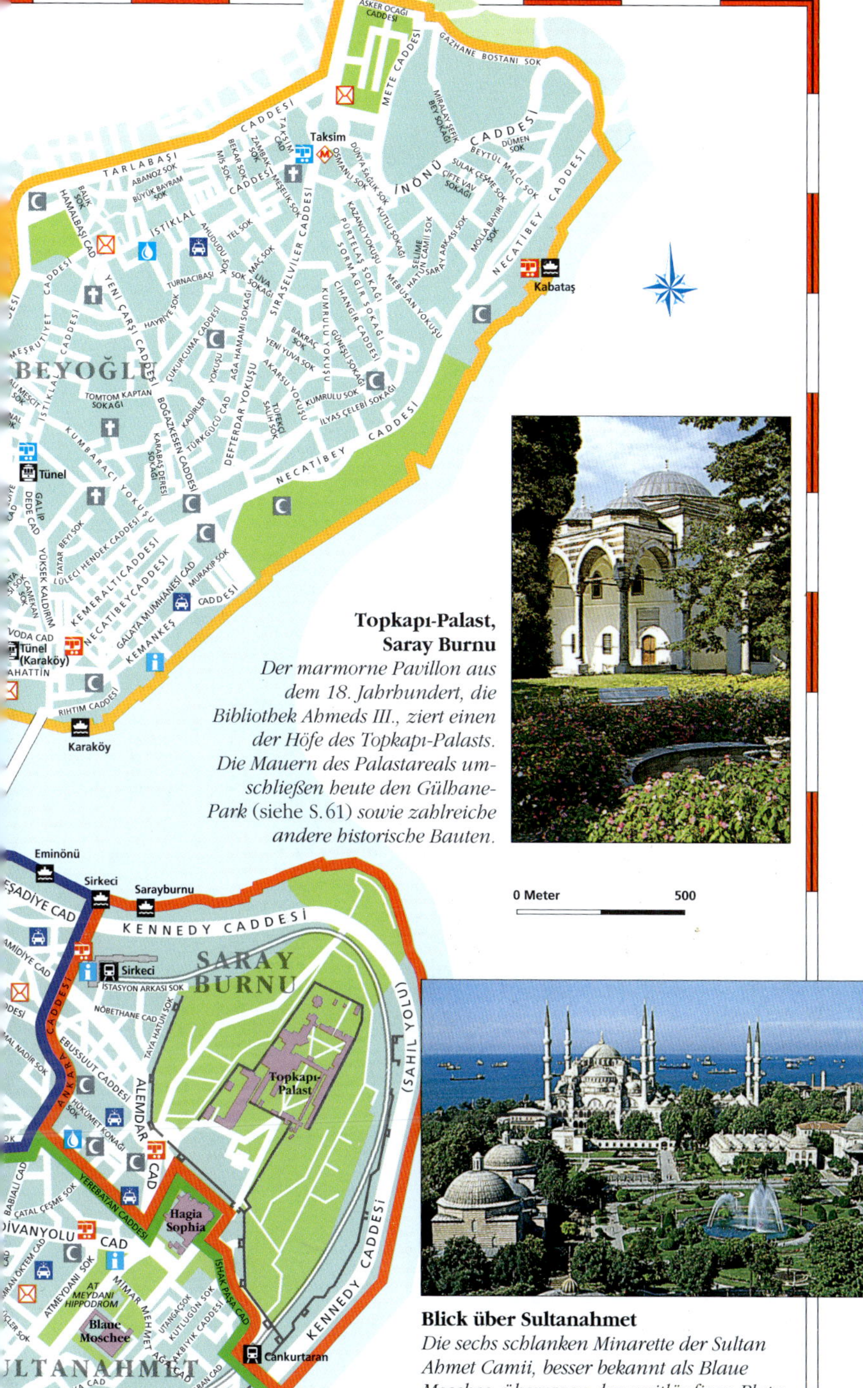

Topkapı-Palast, Saray Burnu
Der marmorne Pavillon aus dem 18. Jahrhundert, die Bibliothek Ahmeds III., ziert einen der Höfe des Topkapı-Palasts. Die Mauern des Palastareals umschließen heute den Gülhane-Park (siehe S. 61) *sowie zahlreiche andere historische Bauten.*

Blick über Sultanahmet
Die sechs schlanken Minarette der Sultan Ahmet Camii, besser bekannt als Blaue Moschee, überragen den weitläufigen Platz im Herzen Sultanahmets (siehe S. 68–83), *des historischen Stadtviertels.*

Die Geschichte Istanbuls

Die Stadt wurde im 7. Jahrhundert v. Chr. an einer Stelle gegründet, von wo der Handel am Bosporus kontrolliert werden konnte. 1600 Jahre lang war sie erst Hauptstadt des Byzantinischen Reichs, dann der osmanischen Sultane. Grundkenntnisse der Geschichte beider Zivilisationen ermöglichen ein besseres Verständnis der unvergleichlichen Bauwerke Istanbuls.

Die Topografie Istanbuls entstand am Ende der letzten Eiszeit, als Schmelzwasser den Bosporus durchbrach. Die steinzeitlichen Kulturen der Region wichen den Dörfern der Kupferzeit und den ummauerten Städten der Bronzezeit (vor allem Troja; *siehe S. 171*). Der Bosporus war eine wichtige Handelsstraße, auf der man Wein und Olivenöl vom Mittelmeer Richtung Norden sowie Korn, Felle, Wolle, Holz, Wachs, Honig, Pökelfleisch und -fisch vom Schwarzen Meer gen Süden transportierte.

Septimius Severus, der im 2. Jahrhundert n. Chr. die Stadt verwüstete

Mehrere Völker brachten die Gegend um den Bosporus in ihre Gewalt: Von etwa 1400 bis 1200 v. Chr. herrschten die Mykener, von 800 bis 680 v. Chr. die Phryger. 676 v. Chr. gründeten Griechen die Stadt Chalcedon an einer Stelle, an der sich heute der Stadtteil Kadıköy befindet.

Die Gründung von Byzanz

Meist datiert man die Stadtgründung auf 667 v. Chr., als der Sage nach der Grieche Byzas mit einer Expedition aus Athen und Megara eine Siedlung auf der europäischen Bosporus-Seite gründete. Die als Byzantion bekannte Kolonie wuchs zum Stadtstaat *(polis)* heran, einem der 40 wichtigsten der griechischen Antike. In den folgenden Jahrhunderten kooperierte Byzantion mit Chalcedon (man hatte dieselbe Währung und teilte sich die eingenommenen Handelszölle).

Doch Byzantion hatte Mühe, sich im wechselhaften politischen Klima zu behaupten. Es musste die Herrschaft der Lydier (560–546 v. Chr.), der Perser (546–478 v. Chr.), der Athener (478–411 v. Chr.) und der Mazedonier (334–281 v. Chr.) über sich ergehen lassen, ehe es kurzzeitig wieder eigenständig war. 64 v. Chr. wurde es als Byzantium dem Römischen Reich einverleibt. Septimius Severus ließ die Stadt 195 n. Chr. beinahe zerstören, weil sie Pescennius Niger, seinen Rivalen um den Kaiserthron, unterstützt hatte. Obwohl man auch die Goteninvasion in Chalcedon 258 überstand, erlebte der Handel in der Region massive Einbrüche.

Zeitskala

um 676 v. Chr. Gründung der griechischen Siedlung Chalcedon

um 667 v. Chr. Mutmaßliche Gründung Byzantions durch griechische Kolonisten aus Athen und Megara unter Byzas

340 v. Chr. Belagerung der Stadt durch Philipp II. von Mazedonien

334 v. Chr. Alexander der Große überquert den Hellespont (Dardanellen) und erobert Anatolien

Alexander der Große

64 v. Chr. Pompeius gliedert Byzantion ins Römische Reich ein und nennt es Byzantium

195 Der römische Kaiser Septimius Severus zerstört Byzantium, baut es später wieder auf und legt das Hippodrom an

258 Die Goten zerstören Chalcedon

600 v. Chr. | 400 | 200 v. Chr. | 1 n. Chr. | 200

◁ Mosaik mit dem byzantinischen Kaiser Justinian I. *(siehe S. 20)* und einem seiner Präfekten

Konstantin der Grosse

Im Jahr 324 wurde Konstantin der Große nach dem Sieg über Licinius Alleinherrscher über das Römische Reich und verlagerte die Hauptstadt von Rom nach Byzantium. Anfangs favorisierte er Troja *(siehe S. 171)*, doch seine Berater überzeugten ihn, dass Byzantium für Verteidigung und Handel besser geeignet sei. Konstantins Stadt galt zwar offiziell als das »Neue Rom«, war aber schon bald als Konstantinopel bekannt. Im Rahmen groß angelegter Baumaßnahmen ließ der Kaiser z. B. den Großen Palast *(siehe S. 82f)* errichten.

Aureus mit Konstantins Abbild

Konstantin trug auch maßgeblich zur Verbreitung des Christentums bei. Der Legende nach hatte er 312 vor einer Schlacht eine Vision des Kreuzes. Obwohl er erst kurz vor seinem Tod getauft wurde, wollte er unbedingt die unterschiedlichen Gepflogenheiten seiner Zeit zu einem schlüssigen christlichen Glaubenssystem vereinheitlichen. Alle frühkirchlichen Konzilien wurden in oder um Konstantinopel abgehalten – das erste in Nicäa (dem heutigen İznik; *siehe S. 160)*, das zweite in der Hauptstadt selbst.

Unter einem der Nachfolger Konstantins, Theodosius I. (379–395), wurde das Reich unter dessen Söhnen Honorius und Arcadius aufgeteilt. Im 5. Jahrhundert fiel das lateinischsprachige Westreich an die »Barbaren«, während das griechischsprachige Ostreich überlebte und als »Byzantinisches Reich« oder »Byzanz« in die Geschichte einging.

Relief von Theodosius I. und seinen Höflingen auf dem Ägyptischen Obelisken *(siehe S. 80)*

Zeitalter des Justinian

Das 6. Jahrhundert stand ganz im Zeichen Justinians (527–565), der Konstantinopel zur blühenden Stadt machte und beinahe noch die verlorenen Provinzen des Westreichs zurückerobert hätte. Als er starb, hatte das Reich seine größte Ausdehnung erreicht und umfasste Syrien, Palästina, Kleinasien, Griechenland sowie den Balkan, Italien, Südspanien und Teile in Nordafrika und Ägypten.

Kaiserin Theodora, Justinians Frau

Justinians Gattin Theodora hatte großen Einfluss auf ihn: Im Jahr 532 konnte sie den Kaiser dazu überreden, mit Söldnern den Nika-Aufstand niederzuschlagen. Das Blutbad im Hippodrom *(siehe S. 80)*, bei dem 30 000 Aufständische umkamen, war das dunkelste Kapitel in Justinians Amtszeit.

Aber auch architektonische Meisterwerke wie z. B. die Hagia Sophia *(siehe S. 72–75)*, die Hagia Eirene *(siehe S. 60)* und Teile des atemberaubenden Großen Palasts gehen auf ihn zurück.

Zeitskala

- **324** Konstantin wird Herrscher des Römischen Reichs
- **325** Erstes Kirchenkonzil in Nicäa
- **330** Einweihung Konstantinopels
- **337** Konstantin wird auf dem Sterbebett als Christ getauft
- **395** Nach dem Tod von Theodosius I. wird das Reich geteilt
- **412** Baubeginn der Theodosianischen Mauer *(siehe S. 22)*
- **476** Das römische Westreich fällt an die »Barbaren«
- **532** Söldner schlagen den Nika-Aufstand nieder: 30 000 Tote
- **537** Kaiser Justinian weiht die neue Hagia Sophia ein
- **674** Sarazenen beginnen die fünfjährige Belagerung Konstantinopels
- **726** Leon III. erlässt ein Dekret gegen Götzendienst; Zerstörung zahlreicher Ikonen

300 | 400 | 500 | 600 | 700

Theodosianische Mauer

Byzanz im Krieg

»Griechisches Feuer«, das Byzanz gegen die Araber einsetzte

Das Byzantinische Reich hatte zwar mit Justinian seinen Zenit erreicht, bewahrte sich aber während des ganzen ersten Jahrtausends seine Macht. Im frühen Mittelalter blühten in Konstantinopel Gelehrsamkeit, Jurisprudenz, Kunst und Kultur, während Europa in Analphabetentum und Unwissenheit versank. Da sich die byzantinischen Herrscher für die Exponenten des Christentums hielten, sandten sie Missionare aus, um ihre Religion und Kultur unter den slawischen Völkern, vor allem in Russland, zu verbreiten.

In dieser Phase brachte Konstantinopel einige sehr fähige Kaiser hervor, u. a. Herakleios (610–641), Basileios I. (867–886), Leon VI. (886–912) und Basileios II. Bulgaroktonos (976–1025), die der Stadt zahlreiche Bauwerke hinterließen und verlorene Provinzen zurückeroberten.

Elfenbeinschnitzerei (6. Jh.) eines byzantinischen Kaisers, vermutlich Anastasios' I. (491–518)

Da es Konstantinopel nie an Feinden fehlte, wurde die Stadt von Slawen, Arabern, Awaren, Bulgaren, Persern und Russen belagert, die jedoch alle am Bollwerk der Landmauer scheiterten. Die Meere wurden von der mächtigen byzantinischen Marine beherrscht. Ihr wichtigster Schiffstyp, der *dromon* (Liburne), war ein Ruderschiff, mit dem man andere Boote rammen, aber vor allem das »Griechische Feuer«, eine Art Napalm, abschießen konnte.

Im Jahr 1059 bestieg Konstantin X., der erste Kaiser der Dukas-Dynastie, den Thron, um einen Staat zu regieren, den die Kluft zwischen der überprivilegierten Bürokratie in der Hauptstadt und den Feudalherren in den Provinzen nachhaltig schwächte. Da zudem die Abhängigkeit von ausländischen Söldnern immer weiter zunahm, oblag die Verteidigung des Reichs seinen aggressivsten Nachbarn – darunter waren die Normannen Süditaliens, die Venezianer und türkische Nomaden aus dem Osten.

Die Armee wurde in der Schlacht von Manzikert (1071) und ein Jahrhundert später in der Schlacht von Myriocephalon (1176) von den Seldschuken völlig aufgerieben. Diese herben Niederlagen beendeten auch die byzantinische Herrschaft über Anatolien, das lange Zeit das Rückgrat des Reichs gebildet hatte. Auf die Dukas-Dynastie folgte die Dynastie der Komnenen, die zwischen den beiden Schlachten regierte (1081–1185) und den Rest des Reichs zusammenhalten konnte.

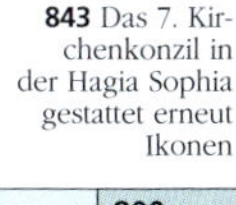

843 Das 7. Kirchenkonzil in der Hagia Sophia gestattet erneut Ikonen

1071 Die byzantinische Armee wird in der Schlacht von Manzikert von Seldschuken aufgerieben; Kaiser Romanos Diogenes unehrenhaft abgesetzt

1138 Johannes II. Komnenos holt Serbien zurück

1176 Die Seldschuken besiegen Byzanz in der Schlacht von Myriocephalon

800 | 900 | 1000 | 1100 | 1200

Mosaik in der Hagia Sophia

1054 Die orthodoxe Kirche spaltet sich wegen dogmatischer Differenzen von der katholischen Kirche ab

1096 Die Armeen des Ersten Kreuzzugs ziehen durch Konstantinopel und helfen Alexios I. Komnenos bei der Rückeroberung der anatolischen Küste von den Seldschuken

Konstantinopel

Mosaikdarstellung der Jungfrau Maria, Chora-Kirche

Fast tausend Jahre lang war Konstantinopel die reichste Stadt der Christenheit. Drei großartige Bauwerke begründeten ihre Macht und ihren Ruhm: die Hagia Sophia *(siehe S. 72–75)*, das Hippodrom *(siehe S. 80)* und der Große Palast *(siehe S. 82f)*. Auch viele andere prächtige Kirchen und Paläste rühmten sich grandioser Kunstwerke. Der Alltag der Bevölkerung spielte sich auf den vier Marktplätzen oder Foren ab. Ein fortschrittliches Netz aus Aquädukten und unterirdischen Zisternen sicherte die Wasserversorgung.

Theodosianische Mauer
Der von Theodosius II. erbaute Mauerring (siehe S. 114f) *widerstand zahlreichen Belagerungen bis zur osmanischen Eroberung der Stadt im Jahr 1453* (siehe S. 26).

Die Stadt im Jahr 1200

In seiner Glanzzeit hatte Konstantinopel vermutlich etwa 400 000 Einwohner. Dennoch wohnte man nicht beengt, und innerhalb der Stadtmauer blieb sogar noch Platz für Felder und Obstgärten.

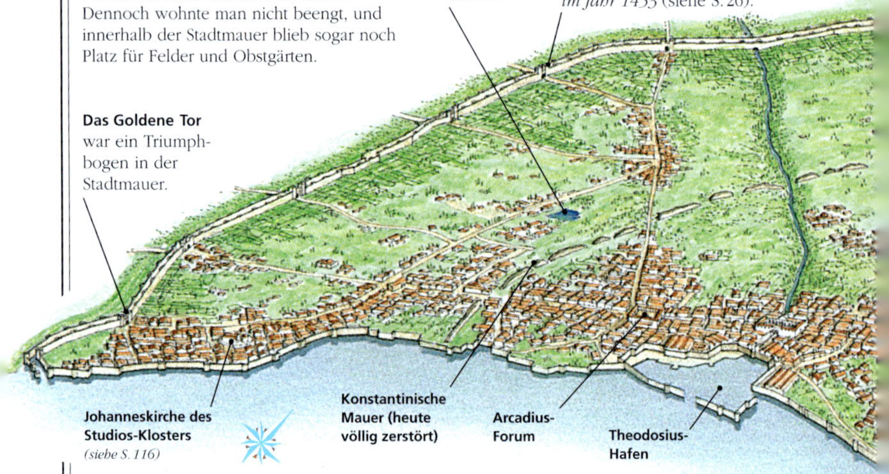

Mocius-Zisterne

Das Goldene Tor war ein Triumphbogen in der Stadtmauer.

Johanneskirche des Studios-Klosters *(siehe S. 116)*

Konstantinische Mauer (heute völlig zerstört)

Arcadius-Forum

Theodosius-Hafen

Byzantinische Kirchenarchitektur

Frühbyzantinische Kirchen folgten entweder dem Grundmuster der Basilika (wie die Johanneskirche des Studios-Klosters) oder des Zentralbaus (wie die Sergius-und-Bacchus-Kirche). Ab dem 9. Jahrhundert baute man die Kirchen, wie dieses Beispiel zeigt, um vier Eckpfeiler oder -säulen herum. Außen blieben meist die rohen Ziegelmauern, während der Innenraum mit Goldmosaiken ausgestattet wurde. Obwohl die Osmanen die Kirchen in Moscheen umwandelten, sind noch heute viele Originalmerkmale deutlich erkennbar.

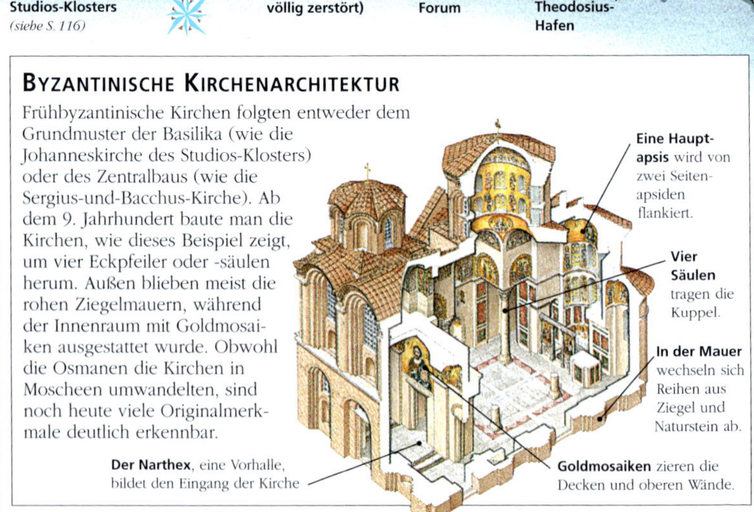

Eine Hauptapsis wird von zwei Seitenapsiden flankiert.

Vier Säulen tragen die Kuppel.

In der Mauer wechseln sich Reihen aus Ziegel und Naturstein ab.

Der Narthex, eine Vorhalle, bildet den Eingang der Kirche

Goldmosaiken zieren die Decken und oberen Wände.

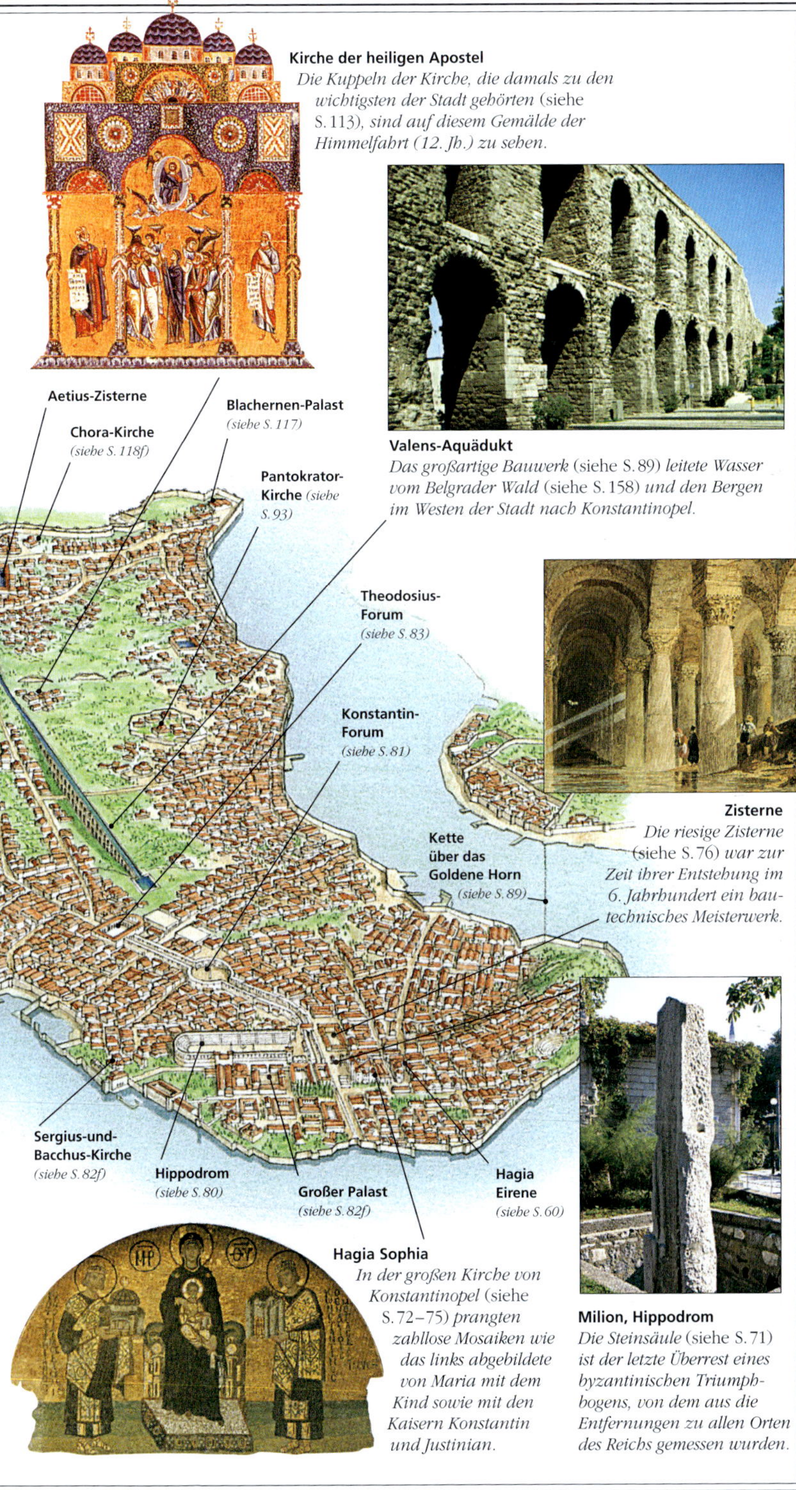

Kirche der heiligen Apostel
Die Kuppeln der Kirche, die damals zu den wichtigsten der Stadt gehörten (siehe S. 113), *sind auf diesem Gemälde der Himmelfahrt (12. Jh.) zu sehen.*

Valens-Aquädukt
Das großartige Bauwerk (siehe S. 89) *leitete Wasser vom Belgrader Wald* (siehe S. 158) *und den Bergen im Westen der Stadt nach Konstantinopel.*

Zisterne
Die riesige Zisterne (siehe S. 76) *war zur Zeit ihrer Entstehung im 6. Jahrhundert ein bautechnisches Meisterwerk.*

Hagia Sophia
In der großen Kirche von Konstantinopel (siehe S. 72–75) *prangten zahllose Mosaiken wie das links abgebildete von Maria mit dem Kind sowie mit den Kaisern Konstantin und Justinian.*

Milion, Hippodrom
Die Steinsäule (siehe S. 71) *ist der letzte Überrest eines byzantinischen Triumphbogens, von dem aus die Entfernungen zu allen Orten des Reichs gemessen wurden.*

Die Eroberung Konstantinopels während des Vierten Kreuzzugs 1202–04

Vierter Kreuzzug

1202 rief Papst Innozenz III. die Christenheit zu einem neuen Kreuzzug ins Heilige Land auf. Die 34000 Mann starke Christenarmee kam nur bis Venedig, weil ihr das Geld fehlte, um Schiffe anzuheuern, woraufhin Enrico Dandolo, der Doge von Venedig und ein Meister der Manipulation, seinen Einfluss geltend machte und die Kreuzfahrer nach Konstantinopel umlenkte, wo sie dem jungen Alexios IV. zur Macht verhalfen. Nach einiger Zeit erkannten die Kreuzfahrer, dass ihnen der Kaiser den versprochenen Lohn vorenthielt. Sie griffen die Stadt noch einmal an und ersetzten Alexios durch Balduin I., Graf von Flandern, der aus ihren Reihen stammte. In den folgenden Jahren, dem »Lateinischen Kaiserreich«, verkam die Stadt durch Plünderungen, unfähige Verwalter und Auswanderung zu einer Ansammlung verstreuter Siedlungen innerhalb der Stadtmauer. Außerhalb Konstantinopels überlebten die byzantinischen Herrscher das Chaos und warteten als Regenten über Nicäa, das auch İznik umfasste *(siehe S. 160)*, auf ihre Chance.

Die Ikone des heiligen Michael (heute in Venedig) – eines der byzantinischen Kunstwerke, die die Venezianer erbeuteten

Niedergang Konstantinopels

Konstantinopel ging 1261 wieder in byzantinische Hand über, da Michael VIII. Palaiologos (1258–1282) bei seiner Rückeroberung kaum Gegenwehr vorfand. Unterstützt wurde

Zeitskala

1202 In Venedig formiert sich eine Armee zum Vierten Kreuzzug

1204 Alexios IV. wird abgesetzt und Balduin I. Kaiser eines »Lateinischen Kaiserreichs«

1261 Michael VIII. Palaiologos entreißt Konstantinopel den Venezianern

1331 Die Osmanen erobern Nicäa (das heutige İznik)

1326 Prusa (Bursa) wird nach seiner Eroberung osmanische Hauptstadt

1200 | 1225 | 1250 | 1275 | 1300 | 1325

1203 Dandolo, der Doge von Venedig, leitet den Vierten Kreuzzug nach Konstantinopel um; er trennt die Kette über das Goldene Horn *(siehe S. 23)* und stürmt die Stadt

Bronzepferde aus dem Hippodrom (siehe S. 80), *die Dandolo nach Venedig mitnahm*

1301 Osman I. gründet das Osmanische Reich

1321 Beginn des 33-jährigen Bürgerkriegs in Byzanz

sein Unterfangen von der Stadt Genua, die jederzeit bereit war, ihre Erzrivalin Venedig zu bekämpfen, jedoch einen immensen Preis dafür forderte: Die Genueser gründeten in Konstantinopel jenseits des Goldenen Horns die Kolonie Pera und rissen de facto den Handel der Stadt an sich.

In der Phase nach Wiedereroberung und -aufbau, die nach dem amtierenden Herrschergeschlecht »Palaiologische Renaissance« genannt wurde, kamen Gelehrsamkeit und Kunst zu neuer Blüte. Die Chora-Kirche *(siehe S. 118f)* ist einer der zahlreichen Prachtbauten, die in jener Ära entstanden.

Byzantinischer Doppeladler

Die Kaiser wählten den Doppeladler, der die West- und Osthälfte des Reichs versinnbildlichte, als Wappentier. Erneut fielen Schatten auf Konstantinopel, als zwischen Andronikos II. (1282–1328) und seinem Enkel Andronikos III. (1328–41) ein Erbfolgestreit entbrannte, der in einem verheerenden Bürgerkrieg (1321–54) endete.

Mosaik der Jungfrau mit Kind in der Chora-Kirche

Aufstieg der Osmanen

1301 entstand das Osmanische Reich: Osman I. kämpfte an der Ostgrenze des Byzantinischen Reichs für den islamischen Glauben und erklärte seine Unabhängigkeit. Der neue Staat expandierte rasch, verleibte sich 1326 Prusa (heute Bursa; *siehe S. 162–168*) ein und machte es zur Hauptstadt. Dank ihrer Frömmigkeit und Klugheit fanden die Osmanen bald Rückhalt bei der Bevölkerung der eroberten Gebiete wie auch unter einigen christlichen Bruderschaften. In der Zwischenzeit schuf man das Berufsheer der Janitscharen *(siehe S. 127)*, um einer Armee, die sonst zu sehr von Turksoldaten und freiwilliger Kavallerie abhängig gewesen wäre, Stabilität zu verleihen.

Als die Osmanen 1361 Adrianopel (Edirne; *siehe S. 154–157)* eroberten, war von Byzanz nur mehr der isoliert auf osmanischem Gebiet liegende Stadtstaat Konstantinopel mit einigen Vorposten übrig. 1422 griff die osmanische Armee erstmals die gewaltige Landmauer Konstantinopels an. Angesichts der Bedrohung versuchte der byzantinische Kaiser 1439, die Unterstützung des Westens zu gewinnen. Nur die Ungarn hörten den Hilfeschrei und begannen einen Kreuzzug. Die 25 000 Mann starke Truppe unterlag jedoch 1444 den Osmanen in der Schlacht von Warna.

1361 Murad I. erobert Adrianopel (Edirne) und macht es 1368 zur osmanischen Hauptstadt; vom Byzantinischen Reich ist nur noch Konstantinopel übrig

1451 Mehmed II. besteigt den osmanischen Thron und lässt zur Kontrolle des Bosporus die Europäische Festung *(siehe S. 140f)* erbauen

1350 | **1375** | **1400** | **1425** | **1450**

1348 Die Genueser Stadtbevölkerung baut den Galata-Turm als Wachturm für Pera

Galata-Turm

1422 Erste osmanische Belagerung Konstantinopels unter Murad III.

1444 Eine ungarische Armee eilt Konstantinopel zu Hilfe, wird jedoch von den Osmanen bei Warna besiegt

Eroberung Konstantinopels

Am 29. Mai 1453 stürmte Sultan Mehmed II. »der Eroberer« Konstantinopel nach einer 54-tägigen Belagerung, bei der seine Kanone ein Loch in die Theodosianische Mauer *(siehe S. 114f)* gerissen hatte. Mehmed machte sich daran, die Stadt, die später Istanbul heißen sollte, wieder aufzubauen. Der Große Basar *(siehe S. 98f)* und der Topkapı-Palast *(siehe S. 54–59)* entstanden in jener Zeit. Religiöse Stiftungen wurden ins Leben gerufen, um den Bau von Moscheen wie der Fatih *(siehe S. 113)* sowie von Schulen und Bädern *(siehe S. 38f)* zu finanzieren. Aus dem ganzen Reich zogen Menschen nach Istanbul. Juden, Christen und Muslime lebten in einer kosmopolitischen Gesellschaft zusammen.

Sultan Mehmed II., »der Eroberer«

Unter Mehmed und seinen Nachfolgern expandierte das Reich bis in den Nahen Osten und nach Europa. Anfang des 16. Jahrhunderts eroberte Selim I. (1512–20) Ägypten, nahm den Titel »Kalif« *(siehe S. 29)* an und machte die Osmanen zur Seemacht. Bis auf einen Sohn soll er alle männlichen Nachfolger getötet haben, um einen Erbfolgestreit zu vermeiden.

Suleiman I.

Selims einziger überlebender Sohn war Suleiman I. »der Prächtige« (1520–66), unter dem das osmanische Reich seine maximale Ausdehnung von Algier bis zum Kaspischen Meer und von Ungarn bis zum Persischen Golf erreichte. Westeuropa entging knapp einer osmanischen Invasion, als 1529 die Türken vor den Toren Wiens zurückgeschlagen wurden. Herausragende künstlerische und architektonische Leistungen fielen in die Zeit Suleimans. Der Architekt Sinan *(siehe S. 91)* entwarf zahlreiche Moscheen und andere Prachtbauten, doch auch die osmanische Kachelkunst *(siehe S. 161)* und die Kalligrafie *(siehe S. 95)* erreichten einen Höhepunkt.

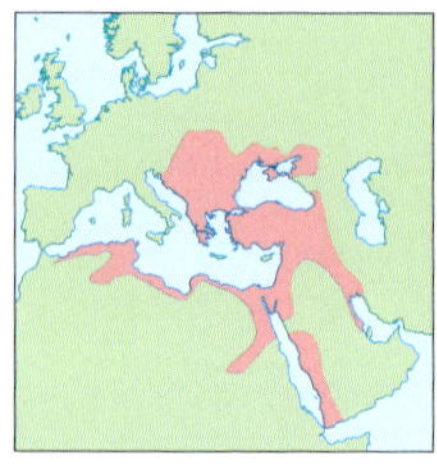

Osmanisches Reich

Ausdehnung 1566

Darstellung der erfolglosen Belagerung Wiens

Zeitskala

1453 Mehmed II. stürmt Konstantinopel am 29. Mai

1455 Bau des Yedikule-Kastells *(siehe S. 115)* und Baubeginn am Großen Basar

1456 Die Osmanen besetzen Athen

1461 Eroberung von Trapezunt am Schwarzen Meer, dem letzten Teil des Byzantinischen Reichs

1470 Über der Kirche der hl. Apostel wird die Fatih-Moschee errichtet

1478 Fertigstellung des Topkapı-Palasts

1533 Hayrettin Paşa, genannt Barbarossa, wird Admiral

1536 Großwesir İbrahim Paşa wird auf Befehl von Suleimans Frau Roxelane *(siehe S. 76)* getötet

1556 Einweihung von Sinans Süleymaniye-Moschee *(siehe S. 90f)*

1561 Suleiman lässt seinen Sohn Beyazıt wegen Verdachts auf Verrat hinrichten

1571 Niederlage der Osmanen in der Seeschlacht von Lepanto

1450 | 1475 | 1500 | 1525 | 1550

Suleiman I.

Sultanat der Frauen

Niederlage der Osmanen bei der Schlacht von Lepanto

Suleimans Sohn Selim II. »der Trunkenbold« (1566–74) war nicht wie sein Vater, obwohl er Zypern ins Reich eingliederte. Die Niederlage seiner Flotte gegen die Venezianer in der Schlacht von Lepanto war ein schwerer Rückschlag für die osmanischen Ambitionen, auch die Meere zu beherrschen. Damals begann auch das sogenannte Sultanat der Frauen, als Selims Mutter (die Valide Sultana; *siehe S. 28)* und Nur Banu, seine Hauptfrau (die erste *kadın*), die Herrschaft übernahmen, um eigene Ziele zu erreichen. Korruption und Intrigen waren allgegenwärtig, und nach Selims Tod ließ Nur Banu ihren Sohn Murad III. (1574–95) von den Haremsdamen ablenken, damit sie die Amtsgeschäfte ungestört weiterführen konnte.

Osman II. (1618–22) versuchte den nahen Niedergang aufzuhalten. Doch das nun von der Auflösung stark bedrohte Janitscharenkorps *(siehe S. 127)* revoltierte, was Osman das Leben kostete. Erst die Reformen Murads IV. (1623–40) ließen die Korruption spürbar zurückgehen.

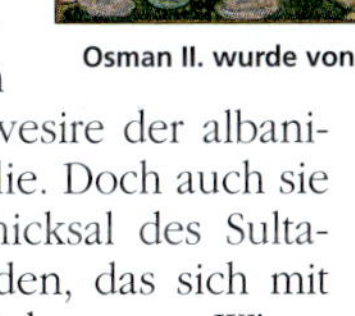

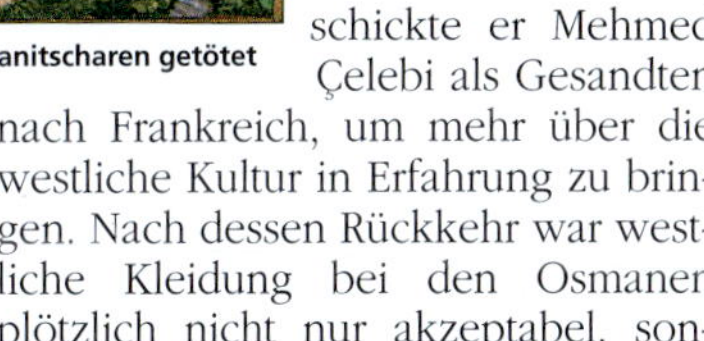

Osman II. wurde von Janitscharen getötet

Ende des 17. Jahrhunderts regierten etliche fähige Großwesire der albanischen Köprülü-Familie. Doch auch sie vermochten das Schicksal des Sultanats nicht abzuwenden, das sich mit der gescheiterten Belagerung Wiens 1683 deutlich abzeichnete. Der im Jahr 1699 geschlossene Frieden von Karlowitz beendete den »Großen Türkenkrieg« und leitete den Rückzug der Osmanen aus Europa ein.

»Tulpenzeit«

Ahmed III. (1703–30) übergab nach der Thronbesteigung die Amtsgeschäfte seinem Großwesir İbrahim Paşa, da er selbst das Vergnügen der Politik vorzog. In seiner Zeit entstanden einige herrliche Barockbauten, etwa der Aynalı-Kavak-Palast *(siehe S. 127)*, Brunnen, Moscheen und *yalılar (siehe S. 139)*. In den Ziergärten bestimmten Tulpen das Bild: Ahmeds Lieblingsblumen gaben der ganzen Ära ihren Namen. Der Sultan ordnete sogar an, bei seinen prunkvollen Empfängen und Festen Tulpen streuen zu lassen. Außerdem schickte er Mehmed Çelebi als Gesandten nach Frankreich, um mehr über die westliche Kultur in Erfahrung zu bringen. Nach dessen Rückkehr war westliche Kleidung bei den Osmanen plötzlich nicht nur akzeptabel, sondern galt als chic.

1616 Die Blaue Moschee *(siehe S. 78f)* wird nach acht Jahren Bauzeit vom Architekten Mehmed Ağa vollendet.

1699 Der Verlust Ungarns durch den Friedensvertrag von Karlowitz leitet den Rückzug der Osmanen aus Europa ein

1600 | **1625** | **1650** | **1700** | **1725**

1622 Janitscharenaufstand: Osman II. wird im Yedikule-Kastell, der Burg der sieben Türme, ermordet

Kuppel der Blauen Moschee

1729 Die erste osmanische Druckerpresse druckt in Istanbul türkische Texte

Osmanische Gesellschaft

Unter dem Sultan teilte sich die osmanische Gesellschaft in eine privilegierte Schicht (die *askeri*, zu der auch die religiöse Hierarchie oder *ulema* zählte) und die ihr untergebene Gruppe der Steuerzahler *(reaya)*. Positionen und Ämter wurden nicht vererbt, sondern man erwarb sie durch Bildung, Militär- oder Verwaltungsdienst. Diese soziale Struktur reformierte man im 19. Jahrhundert *(siehe S. 30)*, doch die osmanischen Titel wurden erst 1923 nach Gründung der türkischen Republik abgeschafft *(siehe S. 31)*.

Der Sultan *stand an der Spitze der sozialen Ordnung, jedermann war ihm ergeben. Er führte ein Leben in Muße und Luxus, wie man an diesem Porträt Mahmuds I. (1730–1754) sieht. Die osmanischen Sultane vererbten ihren Titel an einen ihrer Söhne, jedoch nicht automatisch an den ältesten.*

Der Großwesir war der Premierminister und die rechte Hand des Sultans.

BAYRAM-EMPFANG (UM 1800)

Auf diesem Gemälde von Konstantin Kapidagi empfängt Selim III. (1789–1807; *siehe S. 30*) bei den Feiern zu einem religiösen Fest *(siehe S. 47)* hohe Beamte des Reichs im Topkapı-Palast.

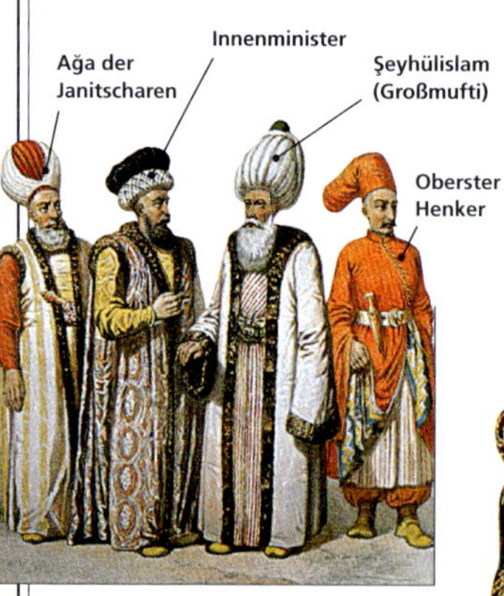

Männer mit hohem Rang *erkannte man an ihren Uniformen, vor allem an den imposanten Kopfbedeckungen. Der Turban wurde 1829 von Mahmud II.* (siehe S. 30) *abgeschafft und durch den etwas egalitäreren Fes ersetzt.*

FRAUEN DES HAREMS

Wie alle osmanischen Institutionen war auch der Harem hierarchisch aufgebaut. An seiner Spitze stand die Valide Sultana, die Mutter des Sultans, gefolgt von dessen Töchtern. Unter ihnen standen die vier *kadınlar*, die Hauptfrauen oder Favoritinnen. Dann kamen die *gözdeler* (Mädchen, auf die der Sultan aufmerksam geworden war) und die *ikballar* (Frauen, mit denen er schon geschlafen hatte). Außer den Mitgliedern der Sultansfamilie kamen alle Frauen als Sklavinnen in den Harem, in dem die mächtige Verwalterin *(kâhya kadın)* über sie wachte.

Eine der Favoritinnen des Sultans auf einem Stich aus dem 19. Jahrhundert

Der Sultan, umringt von seinen Höflingen, durfte als Einziger sitzen.

Die Valide Sultana, *die mächtigste Frau im Harem, steht im Mittelpunkt dieser Szene. Das Bild wurde um 1689 von Madame Giradin, der Frau des französischen Botschafters, in Auftrag gegeben.*

Osmanische Titel

Ağa: Chef einer Organisation. Die einflussreichsten *ağalar* waren die Kommandeure der Janitscharen *(siehe S. 127)*, der »Ağa des Orts der Glückseligkeit« und der oberste Eunuch, der dem Harem vorstand *(siehe S. 58f)*.

Oberster schwarzer Eunuch

Bey: Gouverneur einer Provinz. Heute ist es die Anrede »Herr«.

Gazi: Ehrentitel für einen siegreichen islamischen Glaubenskämpfer.

Kalif: Geistliches Oberhaupt der islamischen Welt. Mit Selim I. nahmen die osmanischen Sultane 1517 diesen Titel an.

Kadi: Richter, der mit der Auslegung islamischer Gesetze und osmanischer Verwaltungskodexe betraut ist.

Khedive: Ägyptischer Vizekönig unter osmanischer Herrschaft (1867–1914). Der Titel sollte die nominelle Oberhoheit des Osmanischen Reichs über Ägypten zum Ausdruck bringen.

Paşa: Titel, der einem lang gedienten Beamten oder hochrangigen Offizier verliehen wurde. Je nach Rang waren auf seinem Banner ein, zwei oder drei Pferdeschweife abgebildet.

Şeyhülislam (Großmufti): Leiter der *ulema*, einer religiösen Institution von »Gelehrten«, die für die Auslegung und Einhaltung des islamischen Gesetzes (Scharia) verantwortlich war.

Sultan: Politischer und religiöser Herrscher des Reichs.

Valide Sultana: Mutter des Sultans.

Wesir: Staatsminister. Die vier dienstältesten Minister hießen »Kuppelwesire«, weil sie an den Kabinettssitzungen im Kuppelsaal des Diwans im Topkapı-Palast *(siehe S. 54–59)* teilnahmen. Vom 16. Jahrhundert an leitete der Großwesir (Premierminister) den Diwan.

Großwesir

Ein Janitschar springt in den Tod: deutsches Gemälde vom »Wohltätigen Ereignis« (1826)

Reformfreudige Sultane

Abd ül-Hamid I. (1774–1789) nahm die Reformen wieder auf. Sein Nachfolger Selim III. führte Veränderungen in Militär und Gesellschaft herbei, wurde jedoch 1807 bei einer Janitscharenmeuterei abgesetzt. Mahmud II. (1808–1839) erkannte, dass das Janitscharenkorps *(siehe S. 127)* nicht reformierbar war, und baute daneben eine moderne Armee auf. Das Korps lehnte sich dagegen auf und wurde am 15. Juni 1826 beim »Wohltätigen Ereignis« niedergemetzelt. 1829 führte der Sultan weitere Modernisierungsmaßnahmen ein, z. B. bei der Kleiderordnung.

Später reorganisierte Mahmud die Zentralregierung: Eine strukturierte Bürokratie ersetzte nun die alte Herrschaft militärischer und religiöser Kräfte. Das bereitete die von Mahmuds Söhnen Abd ül-Medschid I. (1839–1861) und Abd ül-Asis (1861–1876) durchgeführten legislativen Reformen (»Tanzimat«: Neuordnung) vor. Funktionäre bekamen mehr Gehalt, um für Bestechungsgelder unempfänglich zu sein, und das Amt des Premierministers ersetzte den Großwesir.

1876 verabschiedete man eine Verfassung und schuf ein Parlament. Im russisch-türkischen Krieg (1877–88) sah sich Abd ül-Hamid II. veranlasst, dieses aufzulösen und 30 Jahre allein zu regieren. 1908 wurde der Sultan durch den Umsturz einiger Intellektueller (»Jungtürken«) gezwungen, ein neues Parlament einzuberufen.

Atatürk und die Verwestlichung

Im 19. und 20. Jahrhundert verlor das Osmanische Reich immer mehr Gebiete durch Kriege an Russland und Österreich, aber auch an aufstrebende Balkanstaaten wie Serbien, Griechenland und Bulgarien. Obwohl die Osmanen im Ersten Weltkrieg die Dardanellen *(siehe S. 170)* verteidigten und die Schlacht von Gallipoli gewannen, standen sie letztlich doch auf der Verliererseite. Istanbul wurde von Franzosen und Briten, ein Großteil West-

Artillerie bei Gallipoli (heute Gelibolu)

Zeitskala

1807 Die Stadt wird bei einer Janitscharenmeuterei gegen Selim III. weitgehend zerstört

1826 Mahmud II. lässt das Janitscharenkorps beim »Wohltätigen Ereignis« ermorden

Uhrturm des Dolmabahçe-Palasts

1845 Bau der ersten (hölzernen) Galata-Brücke über das Goldene Horn

1856 Abd ül-Medschid I. zieht vom Topkapı-Palast in den neuen Dolmabahçe-Palast um *(siehe S. 128f)*

1870 Schliemann beginnt mit den Ausgrabungen in Troja *(siehe S. 171)*

1875 Eröffnung der »Tünel«, der weltweit dritten unterirdischen Standseilbahn, in Galata

1888 Schienenverbindung nach Paris, erste Fahrt des Orient-Express *(siehe S. 66)*

Werbung für den Orient-Express

1800 | 1825 | 1850 | 1875 | 1900

anatoliens von Griechen besetzt. Da im Friedensvertrag osmanisches Gebiet an die Sieger fiel, beschlossen türkische Nationalisten, dem Sultan die Macht zu entreißen.

Porträt Atatürks

Mustafa Kemal Paşa (1881–1938), genannt »Atatürk« (»Vater der Türken«), ein Kriegsheld, der zum Politiker wurde, ist die Schlüsselfigur der modernen Türkei. Er mobilisierte seine Landsleute zum türkischen Unabhängigkeitskrieg, um die an die Alliierten und Griechenland verlorenen Gebiete zurückzuholen. Am Ende dieses Kriegs existierte die Türkei in ihren heutigen Grenzen. Atatürk leitete politische und soziale Veränderungen ein. 1922 wurde das Sultanat abgeschafft und mit Ausrufung der säkularen Republik Türkei später die Trennung von Religion und Staat vollzogen. Atatürk ersetzte die arabische Schrift durch das lateinische Alphabet, räumte Frauen größere Rechte ein, förderte westliche Kleidung und zwang alle Türken, sich einen Nachnamen zu geben.

Modernes Istanbul

Gleichzeitig wurden auch staatliche Institutionen von der alten Osmanenstadt Istanbul ins zentraler gelegene Ankara verlagert, das 1923 Hauptstadt wurde. Seither vollzieht sich in Istanbul ein dramatischer Wandel hin zur Modernität. Obwohl es in der Stadt noch jüdische, arabische, armenische und christliche Gemeinden gibt, sind die Türken dank der Zuwanderung aus Anatolien heute bei Weitem in der Überzahl.

Moderne Tram ***(siehe S. 240)***

Der Wirtschaftsboom brachte neue Brücken und Autobahnen mit sich, das gesamte Verkehrsnetz wurde durch Straßenbahnen, U-Bahnen und schnelle Wasserbusse modernisiert *(siehe S. 243)*. Istanbul ist heute ganz auf Tourismus eingestellt: Die alten Baudenkmäler wurden restauriert, neue Hotels und Restaurants versuchen, dem Ansturm von Besuchern Herr zu werden.

Doch wie die Türkei insgesamt kämpft auch Istanbul nach wie vor mit seiner gespaltenen europäisch-asiatischen Identität. Die beiden in der Stadt allgegenwärtigen Kulturkreise verleihen ihr eine kosmopolitische Atmosphäre. Die Ernennung Istanbuls zur Kulturhauptstadt Europas 2010 war ein weiteres wichtiges Signal der Annäherung.

Hängebrücke über den Bosporus

1919–22 Briten und Franzosen besetzen Istanbul

1922 Auflösung des Sultanats

1938 Atatürk stirbt am 10. November um 9.05 Uhr im Dolmabahçe-Palast *(siehe S. 129)*

Türkische Flagge

1993 Die islamische Wohlfahrtspartei bekommt die Mehrheit im Großraum Istanbul

1996 Istanbul ist Tagungsort des Weltstädtegipfels der UNO (Habitat II)

2005 Die Neue Türkische Lira (YTL) wird offizielle Währung

1925 | **1950** | **1975** | **2000**

1915 Alliierte landen in Gallipoli, werden aber zurückgeschlagen

1928 Die Stadt heißt nun offiziell Istanbul

1936 Die Hagia Sophia wird restauriert und zum Museum

1973 Bau einer Hängebrücke über den Bosporus *(siehe S. 138)*, die die Ost- mit der Westtürkei verbindet

2002 Recep Tayyip Erdoğan zum Ministerpräsidenten gewählt

2007 Erdoğan gewinnt Wahl erneut

Osmanische Sultane

Die ersten Osmanen waren Anführer kriegerischer Stämme an der Grenze zum Byzantinischen Reich. Im 13. Jahrhundert etablierte sich die Dynastie an der Spitze eines riesigen Reichs. Auf dem Zenit ihrer Macht, nach der Eroberung Istanbuls 1453 *(siehe S. 26)*, wurden die osmanischen Sultane wegen ihrer militärischen Stärke und ihrer Gnadenlosigkeit gegenüber Gegnern und Thronrivalen bewundert und gefürchtet. Später führten Sultane oft ein dekadentes Leben, während ihre Wesire *(siehe S. 29)* regierten.

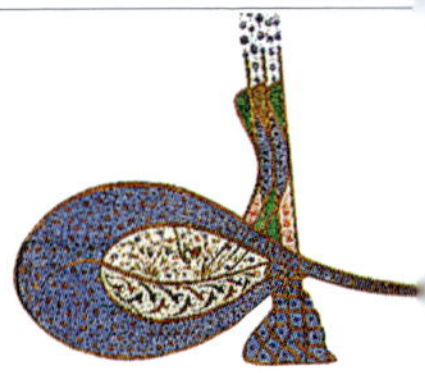

Murad III. (1574–95), dessen *tuğra (siehe S. 95)* man hier sieht, ist Vater von über hundert Kindern

Osman Gasi (1299–1326), ein Stammeshäuptling, gründet die Dynastie der Osmanen

Selim II. »der Trunkenbold« (1566–74) zieht das Trinken und den Harem den Staatsgeschäften vor

Selim I. »der Strenge« (1512–20), hier bei seiner Krönung, nimmt nach der Eroberung Ägyptens den Titel »Kalif« an

Murad I. (1359–89)

Mehmed I. (1403–21)

Beyazit II. (1481–1512)

1250	1300	1350	1400	1450	1500	1550

1250 1300 1350 1400 1450 1500 1550

Orhan Gasi (1326–59) trägt als erster Osmane den Titel »Sultan«

Beyazit I. (1389–1402) trägt den Spitznamen »der Blitz«, weil er sehr rasch strategische Entscheidungen trifft und gegebenenfalls seine Truppen verlagert

Zeit des Interregnums (1402–13), in der Beyazıts Söhne um den Thron streiten

Suleiman I. »der Prächtige« (1520–66) vergrößert das Reich und leitet ein Zeitalter künstlerischer Glanzleistungen ein

Murad II. (1421–51), der größte der Kriegersultane, erringt bedeutende Siege über die Kreuzritter

Mehmed II. »der Eroberer« (1451–81) erstürmt 1453 Konstantinopel und macht es nach dem Wiederaufbau zur neuen Hauptstadt des Reichs

Mehmed III. (1595–1603) besteigt den Thron, nachdem seine Mutter bis auf einen alle 19 Brüder erwürgen ließ

Mustafa I. (1617–18 und 1622–23), ein schwacher und unfähiger Regent, herrscht zweimal und wird zweimal abgesetzt

Abd ül-Medschid I. (1839–61) leitet die Reformen der Neuordnung *(siehe S. 30)*

Mehmed VI. (1918–22), der letzte osmanische Sultan, wird durch die Ausrufung der türkischen Republik ins Exil gezwungen *(siehe S. 31)*

İbrahim »der Verrückte« (1640–48), von allen verachtet, wird am Ende seiner kurzen und katastrophalen Amtszeit wahnsinnig

Mahmud II. »der Reformer« (1808–39) bezwingt letztlich die Janitscharen *(siehe S. 127)*

Mehmed V. (1909–18)

Mahmud I. (1730–54)

Murad V. (1876)

Mustafa II. (1695–1703)

Suleiman II. (1687–91)

Mustafa III. (1757–74)

1650 | 1700 | 1750 | 1800 | 1850 | 1900

1650 | 1700 | 1750 | 1800 | 1850 | 1900

Ahmed II. (1691–95)

Osman III. (1754–57)

Abd ül- Medschid II. ist 1922–23 nur mehr Kalif, da das Sultanat 1922 abgeschafft wurde *(siehe S. 31)*

Abd ül-Asis (1861–76)

Mehmed IV. (1648–87)

Abd ül-Hamid I. (1774–89)

Murad IV. (1623–40)

Mustafa IV. (1807–08)

Ahmed III. (1703–30) regiert während der »Tulpenzeit«, als Kunst und Kultur florieren *(siehe S. 27)*

Osman II. (1618–22)

Abd ül-Hamid II. (1876–1909) löst das Parlament auf und regiert 30 Jahre lang einen autokratischen Polizeistaat, bis er von der Bewegung der Jungtürken gestürzt wird

Ahmed I. (1603–17) lässt im Herzen Istanbuls die Blaue Moschee erbauen *(siehe S. 78f)*

Selim III. (1789–1807) versucht Reformen im westlichen Stil, wird jedoch durch eine Janitscharenmeuterei entmachtet

ISTANBUL IM ÜBERBLICK

Mehr als hundert Sehenswürdigkeiten in Istanbuls Zentrum und in den umliegenden Vierteln, darunter Moscheen, Kirchen, Paläste, Museen, Basare, türkische Bäder und Parks, sind im Kapitel *Die Stadtteile Istanbuls* ab Seite 50 ausführlich beschrieben. Einen herrlichen Blick auf die Stadt hat man vom Galata-Turm *(siehe S. 105)* aus oder bei einer Fährfahrt *(siehe S. 242f)* auf die asiatische Seite. Die unten aufgeführten zehn Highlights sollten Sie bei Ihrem Aufenthalt in Istanbul möglichst nicht versäumen. Auch der eiligste Besucher wird auf jeden Fall den Topkapı-Palast, die Hagia Sophia und die Blaue Moschee, die alle drei recht nahe beieinanderstehen, besichtigen.

ZEHN HIGHLIGHTS VON ISTANBUL

Topkapı-Palast
Siehe S. 54–59

Archäologisches Museum
Siehe S. 62–65

Blaue Moschee
Siehe S. 78f

Dolmabahçe-Palast
Siehe S. 128f

Hagia Sophia
Siehe S. 72–75

Zisterne
Siehe S. 76

Süleymaniye-Moschee
Siehe S. 90f

Ausflug zum Bosporus
Siehe S. 144–149

Großer Basar
Siehe S. 98f

Chora-Kirche
Siehe S. 118f

◁ **Blick auf die großartige byzantinische Hagia Sophia *(siehe S. 72–75)*, die heute ein Museum ist**

Highlights: Moscheen und Kirchen

Wer nach Istanbul kommt, staunt über die vielen Moscheen, angefangen mit den Kuppelbauten, die das Stadtbild beherrschen, bis hin zu unscheinbareren Stadtteilmoscheen, die man nur an ihren Minaretten erkennt. Etliche waren früher Kirchen, die nach der osmanischen Eroberung *(siehe S. 26)* islamische Gotteshäuser wurden. Einige der schönsten sind heute Nationaldenkmäler, die nicht mehr religiös genutzt werden.

Chora-Kirche
Die Himmelfahrt Mariens *ist eines von vielen prächtigen Mosaiken in dieser byzantinischen Kirche* (siehe S. 118f).

Eyüp-Sultan-Moschee
Die heiligste Moschee Istanbuls befindet sich neben dem Grab von Eyüp Ensari, einem Vertrauten des Propheten Mohammed (siehe S. 120f).

Pantokrator-Kirche
Ein Bild von Christus dem Weltenherrscher blickt von der Hauptkuppel dieser Kirche, die früher zu den wichtigsten der Stadt zählte (siehe S. 113).

Fatih-Moschee
Diese schöne Moschee wurde von Mehmed II. nach seiner Einnahme der Stadt gegründet (siehe S. 26). *Besonders sehenswert ist der Vorhof* (siehe S. 113).

Süleymaniye-Moschee
Sinan, der größte Architekt der Osmanenzeit, erbaute diese Moschee zu Ehren seines Mäzens Suleiman I. (siehe S. 26). *Um viele Gläubige aufnehmen zu können, wurden die Galerien der Moschee mit Reinigungsbrunnen ausgestattet* (siehe S. 90f).

Rüstem-Paşa-Moschee
Der prächtige Fayencenschmuck dieser Moschee entstand Mitte des 16. Jahrhunderts, der Blütezeit der Kachelherstellung in İznik (siehe S. 88f und 161).

Atik-Valide-Moschee
Sein letztes großes Werk schuf Sinan (siehe S. 91) *1583 für die Frau Selims II. Der Mihrab (eine Gebetsnische in Richtung Mekka) ist ganz mit İznik-Fayencen ausgekleidet* (siehe S. 131).

Hagia Sophia
Die 537 eingeweihte Hagia Sophia ist eines der größten Architekturwunder der Welt. Die kalligrafischen Rundschilder stammen aus dem 19. Jahrhundert (siehe S. 72–75).

BOĞAZ (BOSPORUS)

BEYOĞLU

ASIATISCHE SEITE

Blaue Moschee
Am berühmtesten Wahrzeichen Istanbuls arbeiteten auch Steinmetzen, die später beim Bau des Taj Mahal in Indien mitwirkten (siehe S. 78f).

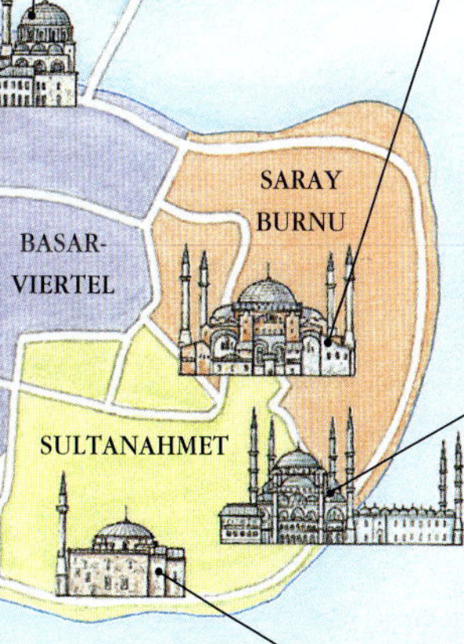

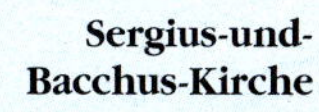

Sergius-und-Bacchus-Kirche
Der Fries mit einer griechischen Inschrift, die die beiden Schutzpatrone dieser ehemaligen Kirche ehrt, hat 1400 Jahre überdauert (siehe S. 82f).

Überblick: Moscheen

Fünfmal am Tag ertönt in Istanbul über Lautsprecher von den Minaretten der Stadt der Ruf des Muezzins, der die Gläubigen zum Gebet mahnt. Obwohl die Türkei ein laizistischer Staat ist, sind mehr als 99 Prozent der Bevölkerung Muslime – die meisten Sunniten, einige auch Schiiten. Beide Gruppen folgen den Lehren des Korans, des heiligen Buchs des Islam, und dem Propheten Mohammed (um 570–632). Die Schiiten akzeptieren außerdem noch die Autorität von zwölf Imams, die direkt von Mohammed abstammen. Die islamischen Mystiker nennt man Sufis *(siehe S. 104)*.

Gesamtansicht des Süleymaniye-Moscheenkomplexes

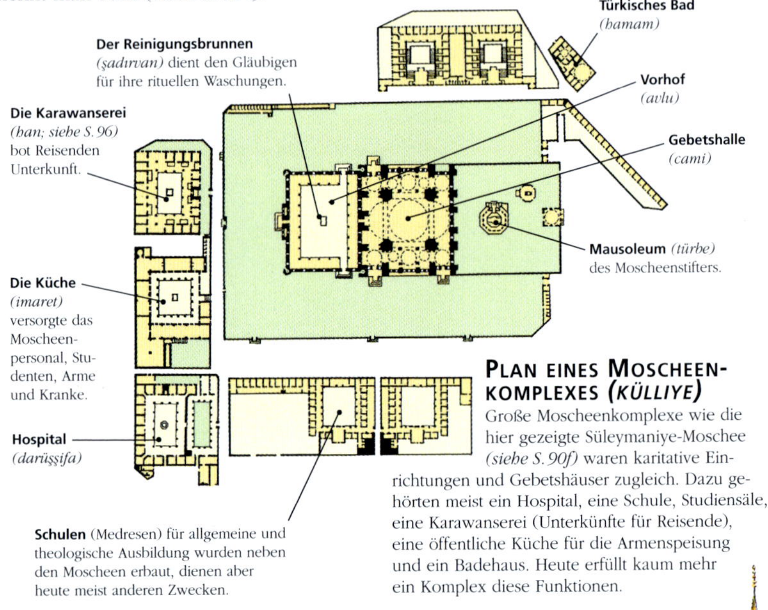

Plan eines Moscheenkomplexes (*Külliye*)

Große Moscheenkomplexe wie die hier gezeigte Süleymaniye-Moschee *(siehe S. 90f)* waren karitative Einrichtungen und Gebetshäuser zugleich. Dazu gehörten meist ein Hospital, eine Schule, Studiensäle, eine Karawanserei (Unterkünfte für Reisende), eine öffentliche Küche für die Armenspeisung und ein Badehaus. Heute erfüllt kaum mehr ein Komplex diese Funktionen.

Im Inneren einer Moschee

Beim Betreten der Gebetshalle einer großen Moschee hat der Besucher ein Gefühl von Weite. Da der Islam die Darstellung von Lebewesen, Menschen wie Tieren, in einer Moschee verbietet, findet man keine Statuen oder figürliche Abbildungen. Die geometrischen und abstrakten Details sind dafür umso fantastischer. Männer und Frauen beten getrennt, Frauen oft in einem separaten Bereich oder auf einem Balkon.

Die *müezzin mahfili* *ist eine erhöhte Tribüne, wie sie für große Moscheen typisch ist. Der Muezzin singt von dort aus die Antworten auf die Gebete des Imams, des Moscheenvorstehers.*

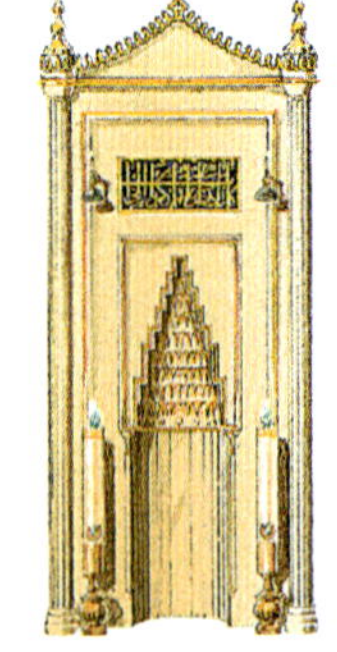

Der Mihrab, *eine verzierte Wandnische, weist gen Mekka. Die Gebetshalle ist so konstruiert, dass ihn die meisten Betenden sehen können.*

Der Minbar *ist eine erhöhte Kanzel zur Rechten des Mihrab. Der Imam hält dort seine Freitagspredigt* (khutba).

Glauben und Praxis des Islam

Muslime glauben an Allah. Der Koran hat zahlreiche Propheten und Geschichten mit der Bibel gemeinsam. Doch während Jesus für Christen der Sohn Gottes ist, halten ihn die Muslime nur für einen aus der Reihe von Propheten, an deren Ende Mohammed stand, der den Menschen die letzte Offenbarung der Wahrheit Allahs überbrachte. Muslime glauben, Allah habe Mohammed die Texte des Korans durch den Erzengel Gabriel überbracht. Der Islam hat fünf Glaubensgrundlagen. Die erste ist das Glaubensbekenntnis »Es gibt keinen Gott außer Allah, und Mohammed ist der Gesandte Gottes«. Muslime werden zudem dazu gemahnt, fünfmal am Tag zu beten, Armen Almosen zu geben und im Monat Ramadan zu fasten *(siehe S. 47)*. Außerdem sollte jeder Muslim einmal im Leben die Pilgerfahrt (Hadsch) nach Mekka (in Saudi-Arabien) zur Kaaba antreten, dem Geburtsort des Propheten.

Der Gebetsruf *kam früher vom Muezzin, der auf dem Balkon des Minaretts stand. Heute übertragen Lautsprecher den Ruf. Nur Sultansmoscheen haben mehr als ein Minarett.*

Gebetszeiten

Die fünf täglichen Gebetszeiten richten sich nach dem Zeitpunkt von Sonnenaufgang und Sonnenuntergang, sie ändern sich daher ständig. Die folgenden Zeitangaben sind Richtwerte; exakte Angaben findet man vor Moscheen.

Gebet	Sommer	Winter
Sabah	5 Uhr	7 Uhr
Öğle	13 Uhr	13 Uhr
İkindi	18 Uhr	16 Uhr
Akşam	20 Uhr	18 Uhr
Yatsı	21.30 Uhr	20 Uhr

Muslime beten *stets mit dem Gesicht zur Kaaba in der heiligen Stadt Mekka, auch wenn sie nicht in einer Moschee sind, in der der Mihrab die Richtung angibt. Indem man kniet und den Kopf zu Boden neigt, zeigt man Allah Demut und Respekt.*

Rituelle Waschungen *sind vor dem Gebet Pflicht. Die Gläubigen waschen sich Gesicht, Hände und Füße entweder am Reinigungsbrunnen im Vorhof, meist jedoch an Wasserhähnen an einer Außenwand der Moschee.*

Die Loge (hünkar mahfili) *ist ein abgeschirmter Balkon, auf dem der Sultan vor vermeintlichen Attentätern geschützt beten konnte.*

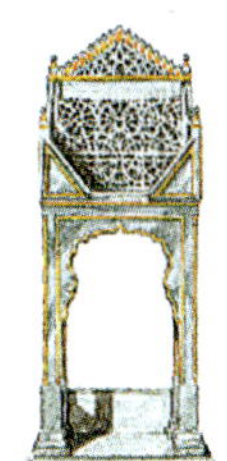

Der *kürsü*, *den man in einigen Moscheen sieht, ist ein Stuhl oder Thron, auf dem der Imam Stellen aus dem Koran vorliest.*

Besuch einer Moschee

Besucher sind in jeder Moschee Istanbuls willkommen. Nichtmuslime sollten die Gebetszeiten, vor allem das Freitagsgebet um 13 Uhr, meiden. Ziehen Sie vor der Gebetshalle die Schuhe aus, bedecken Sie Schultern und Knie. Einige Moscheen verlangen, dass Frauen ihre Haare verbergen, Tücher können gewöhnlich geliehen werden. Sie sollten nicht essen, nicht mit Blitz fotografieren und den Betenden nicht zu nahe kommen. Ein Obolus in den Spendenkasten zeugt von Höflichkeit.

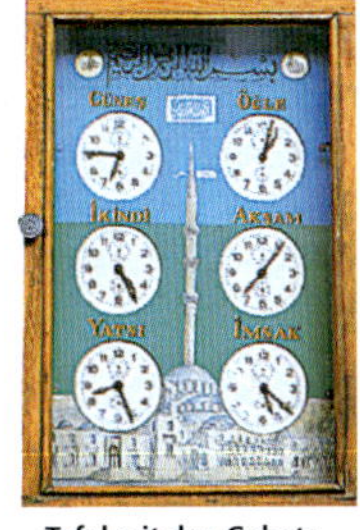

Tafel mit den Gebetszeiten vor einer Moschee

Highlights: Paläste und Museen

Als ehemalige Hauptstadt eines Reichs, das von Algerien bis zum Irak und von Arabien bis nach Ungarn reichte, ist Istanbul überreich an Kunstschätzen, angefangen bei Musikinstrumenten bis hin zu Juwelen. Einige sind in ehemaligen Sultanspalästen ausgestellt, die schon wegen ihrer Architektur und ihres imposanten Interieurs einen Besuch lohnen. Topkapı und Dolmabahçe sind die berühmtesten Paläste Istanbuls. Auch das Archäologische Museum sollte man nicht versäumen. Die Karte zeigt diese und andere Paläste und Museen, die als Bauwerke an sich oder wegen ihrer außergewöhnlichen Sammlungen sehenswert sind.

Aynalı-Kavak-Palast
Der abgelegene, helle Palast in seinen überschaubaren Dimensionen spiegelt die feineren Nuancen osmanischen Geschmacks wider und zeigt türkische Musikinstrumente.

Archäologisches Museum
Der zweckgebundene Bau aus dem Jahr 1896 birgt ein fabelhaftes Museum mit vorgeschichtlichen bis hin zu byzantinischen Exponaten wie dieser klassischen Skulptur des römischen Kaisers Hadrian (2. Jh.).

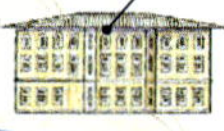

Museum für Kalligrafie
Einige der Texte dieser Sammlung osmanischer Kalligrafie (siehe S. 95) *stammen von Sultanen, wie diese Tafel von Ahmed III. (1703–30).*

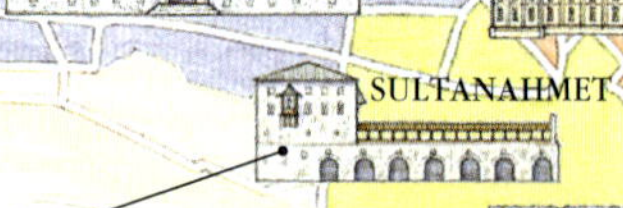

Museum für türkische und islamische Kunst
Dieser Seldschukenteppich (siehe S. 218f) *ist nur eines von zahlreichen Exponaten, die dieses Museum in seinem umfassenden Abriss türkischer Kunst zeigt.*

Mosaikenmuseum
Auf einem der Böden des Großen Palasts (siehe S. 82f)*, die in dem kleinen Museum zu sehen sind, treten Gladiatoren gegen einen Löwen an.*

Militärmuseum
Eine Attraktion dieses Museums ist die berühmte Mehter-Kapelle, die regelmäßig im Freien osmanische Militärmusik spielt.

Şale-Pavillon
Der Şale-Pavillon mit etwa 50 Zimmern, darunter einem Perlmuttsaal, ist einer von mehreren Pavillons, die Sultane im 19. Jahrhundert im Yıldız-Park errichten ließen.

BOĞAZ (BOSPORUS)

ASIATISCHE SEITE

Dolmabahçe-Palast
Dieser Prachtbau aus dem 19. Jahrhundert birgt Werke wie zwei Meter hohe Vasen, ein Treppenhaus mit Kristallbalustrade und ein Badezimmer aus Alabaster.

Beylerbeyi-Palast
Dieser elegante Marmorbrunnen ziert eines der Hauptatrien des kaiserlichen Sommerpalasts aus dem 19. Jahrhundert, der als Unterkunft für ausländische Ehrengäste erbaut wurde.

Topkapı-Palast
Dieser riesige Palast war 400 Jahre lang die offizielle Residenz der Sultane. Die Schatzkammer beherbergt unzählige Kostbarkeiten, etwa juwelenbesetzte Throne und diesen Zeremonienkrug.

0 Meter 750

Überblick: Paläste und Museen

Die Istanbuler Museen bilden ein riesiges Kulturpuzzle. Seien es Überreste aus der griechischen Antike oder frühchinesische Keramiken, die auf der Seidenstraße hierherkamen, Kacheln aus dem 16. Jahrhundert, die für große Moscheen in Auftrag gegeben wurden, oder gar Industriemaschinen – alles hat seinen Platz in der Geschichte Istanbuls. Da große Museen oft verschiedene Sammlungen haben, werden sie im Folgenden mehrfach genannt.

Die Ud, Kurzhalslaute im Nahen Osten

Der Sarkophag der Klageweiber, Archäologisches Museum

Archäologie

Die archäologische Ausbeute der osmanischen Expansionspolitik ist im **Archäologischen Museum** zu sehen, dessen Exponate die Bandbreite von babylonischen Friesen aus dem 6. Jahrhundert v. Chr. bis zu klassischen Sarkophagen und Statuen abdecken. Das Erdgeschoss ist Plastiken vorbehalten. Im ersten Stock findet man syrische und zypriotische Artefakte, im neuen Flügel altorientalische Funde. Das **Museum für türkische und islamische Kunst** konzentriert sich auf muslimische Kunst wie frühirakische und -iranische Keramik sowie herrliche Kunstwerke aus Glas, Metall und Holz.

Byzantinischer Mosaikboden, Mosaikenmuseum

Byzantinische Kunst

Obwohl Konstantinopel über 1000 Jahre lang die Hauptstadt des Byzantinischen Reichs war *(siehe S. 20–25)*, ist es schwierig, ein umfassendes Bild der Stadt zu dieser Zeit zu gewinnen. Die Nachforschungen beginnt man am besten im **Archäologischen Museum**, dessen Exponate die byzantinische Periode Istanbuls veranschaulichen. Im Hof sind die Sarkophage der byzantinischen Kaiser zu sehen.

Der ideale Ort für byzantinische Mosaiken ist die **Chora-Kirche**, in der einige schöne Beispiele das Leben Jesu und Mariens zeigen. Die imposante **Hagia Sophia** konnte sich Goldmosaiken bewahren, die teils aus der Zeit Justinians *(siehe S. 20)* stammen. Die Galerien und oberen Wände der **Pammakaristos-Kirche** sind mit Mosaiken verkleidet, die jedoch nur zum Teil besichtigt werden können.

Das **Mosaikenmuseum** zeigt Mosaikböden und Wandbilder aus dem ehemaligen Großen Palast von Byzanz *(siehe S. 82f)*. Byzantinische Kunstgegenstände wie Ikonen und Keramiken sind auch im **Sadberk-Hanım-Museum** zu sehen.

Moscheenlampe, Archäologisches Museum

Kalligrafie

In der Zeit vor dem Buchdruck entwickelte sich die osmanische Kalligrafie *(siehe S. 95)* zur Kunstform, mit der man sowohl religiöse Texte als auch offizielle Dokumente schmückte. Das **Museum für Kalligrafie** organisiert wechselnde Ausstellungen. Herrliche Korankalligrafien sind auch im **Topkapı-Palast**, im **Museum für türkische und islamische Kunst** sowie im **Sakıp-Sabancı-Museum** *(siehe S. 141)* zu bewundern.

Keramik

Experten und Laien aus aller Welt bestaunen die Sammlung von Keramik und Porzellan Chinas in den Küchen des **Topkapı-Palasts**. Die frühesten Beispiele waren Wegbereiter der landestypischen Keramik, wie sie in İznik produziert wurde *(siehe S. 161)*. İznik-Fayencen zieren die Wände des Topkapı-Palasts und etliche Moscheen. Kacheln und Tonwaren aus İznik sind auch im Çinili-Pavillon zu sehen, einem Anbau des **Archäologischen Museums**, sowie im **Sadberk-Hanım-Museum**. Eine große Auswahl an Keramiken aus der islamischen Welt bietet außerdem das **Museum für türkische und islamische Kunst**.

Osmanische Interieurs

Die Interieurs, die in Istanbul zu besichtigen sind, beginnen mit dem klassisch-osmanischen Stil der älteren Teile des **Topkapı-Palasts** und reichen bis zum europäisch beeinflussten Dekor des 19. Jahrhunderts. Inbegriff dieser Stilart ist der gewaltige **Dolmabahçe-Palast**, der mit böhmischem Glas und Hereke-Teppichen aus-

Der prunkvolle Süfera-Salon des Dolmabahçe-Palasts

gestattet wurde und ein Treppenhaus mit viel Kristall- und Messingschmuck besitzt. Der **Lindenpavillon** sowie der **Küçüksu-Palast** im Rokokostil sind zwar kleiner, aber nicht minder prunkvoll.

Textilien

Die Osmanen waren zu Recht stolz auf ihre Textiltradition, die in der stattlichen, 1850 begonnenen Sammlung mit Sultanskleidung im **Topkapı-Palast** zu bewundern ist. Sie umfasst auch ältere Stücke wie Kaftane aus dem 15. Jahrhundert. Der erste Stock des **Sadberk-Hanım-Museums** birgt großartige Exemplare (vorwiegend 19. Jh.) und herrliche Stickereien.

Große Textilien wie riesige kaiserliche Feldzelte findet man im **Militärmuseum**, das auch eine Sammlung von Miniatur-Janitscharenuniformen *(siehe S. 127)* zu bieten hat. Uniformen, Nomadenzelte und Teppiche sind im **Museum für türkische und islamische Kunst** zu sehen. Liebhaber alter Teppiche sind auch mit dem **Vakıflar-Teppichmuseum** auf dem Areal der Blauen Moschee gut beraten, in dem einige kostbare Stücke aufbewahrt werden.

Kaftan aus dem Topkapı-Palast

Musikinstrumente

Typisch türkische Musikinstrumente wie die Saz (türkische Laute) findet man im Instrumentenmuseum des **Aynalı-Kavak-Palasts**, jene der tanzenden Derwische im **Mevlevi-Loge**. Instrumente kann man auch in zwei Läden unweit des Eingangs zum Gülhane-Park *(siehe S. 61)* besichtigen und kaufen. Kostproben auf traditionell türkischen Militärinstrumenten bekommt man im **Militärmuseum**.

Militaria

Die schönen Barkassen, in denen sich die osmanischen Sultane auf dem Goldenen Horn und dem Bosporus rudern ließen, sind im **Schifffahrtsmuseum** zu bewundern. Nach langer Schließung wegen Renovierungsarbeiten öffnete das Museum 2008 erneut. Waffen und Rüstungen vom 12. bis zum 20. Jahrhundert wie auch eine riesige Kanone, die auf einem Feldzug durch Europa erbeutet wurde, sind im **Militärmuseum** ausgestellt. Eine kleinere Waffensammlung birgt zudem die Rüstkammer des **Topkapı-Palasts**.

Das **Florence-Nightingale-Museum** (in der Kaserne Selims III. auf der asiatischen Seite) erinnert an das Wirken der Krankenschwester im Krimkrieg (1853–56).

Gemälde

Unweit des Dolmabahçe-Palasts befindet sich das **Museum der Schönen Künste** mit türkischen Gemälden, die Ende 19./Anfang 20. Jahrhundert entstanden. Moderne Kunst präsentiert das **Istanbul Modern**. Freunde zeitgenössischer Kunst finden in der **Taksim Art Gallery** wechselnde Ausstellungen.

Wissenschaft und Technik

In einem umgebauten Lagerhaus im Herzen der Istanbuler Docks befindet sich das **Rahmi-Koç-Museum**. Man findet eine Auswahl mechanischer und wissenschaftlicher Instrumente vom Beginn der industriellen Revolution sowie die rekonstruierte Brücke eines Schiffs vom Anfang dieses Jahrhunderts.

Paläste und Museen

Das Jahr in Istanbul

Am schönsten ist Istanbul Ende Mai und Anfang September bei milden Temperaturen und reichlich Sonne. In der Hochsaison von Juni bis August ist die Stadt am teuersten, überlaufensten und heißesten; die Kunst- und Musikfestivals im Sommer sind Highlights im Kulturkalender. Von Ende November bis März oder April kann es oft grau und trüb sein. Im Herbst und Winter ist das Wetter immer noch mild, und an den Sehenswürdigkeiten herrscht angenehme Ruhe. Höhepunkte des Jahres sind neben Kunst- und Sportereignissen verschiedene Feiertage und religiöse Feste, an denen manche Attraktionen geschlossen sind, andere von Einheimischen belagert werden. Einige dieser Feste sind an sich schon eine Attraktion.

Tag der Nationalen Souveränität und des Kindes

Tulpenblüte im Emirgan-Park, dem Schauplatz des Tulpenfests

Frühling

Wenn sich der winterliche Smog lichtet und die Sonne länger scheint, wagen sich bald die ersten Restaurantgäste zum Essen auf die Terrasse. Nach dem kargen winterlichen Angebot freut man sich wieder über das erste frische Obst, etwa Feigen und Erdbeeren. Händler verkaufen gebratene Maiskolben *(siehe S. 208)*, Meerbrasse, Sägebarsch und Steinbutt erscheinen wieder auf den Speisekarten.

In den Parks blühen Tulpen, Hyazinthen und Narzissen, die rosa Knospen des Judasbaums sprießen. Noch herrscht kaum Betrieb in den Museen, viele Hotels gewähren in der Vorsaison Ermäßigungen. Im Mai beginnt das Licht-und-Ton-Spektakel vor der Blauen Moschee *(siehe S. 78f)*.

Veranstaltungen

Ostern *(März oder Apr)*. Wallfahrt zum Georgskloster auf der Prinzeninsel Büyükada *(siehe S. 159)*.

Internationales Istanbuler Filmfestival *(Ende März–Mitte Apr)* in einigen Kinos. Türkische und ausländische Filme mit Rahmenprogramm.

Tulpenfest *(Apr)*, Emirgan-Park *(siehe S. 141)*. Frühlingsblumenschau.

Tag der Nationalen Souveränität *(23. Apr)*. Erinnert an die Eröffnung der Nationalversammlung von 1920 und an die Souveränität der Fundamente der Republik.

Gedenktag der Anzac-Landung *(25. Apr)*, Gelibolu (Gallipoli). Briten, Australier und Neuseeländer treffen sich an der Stelle der Anzac-Landung während des Ersten Weltkriegs *(siehe S. 170f)*.

Frühlingstag und Tag der Arbeit *(1. Mai)*. Inoffizieller Feiertag mit Gewerkschaftskundgebungen.

Kakava-Fest *(Anfang Mai)*, Edirne. Ein Fest mit Zigeunermusik und -tanz.

Tag der Jugend und des Sports *(19. Mai)*. Feiertag zum Gedenken an den Beginn des Unabhängigkeitskriegs *(siehe S. 31)* im Jahr 1919 mit Sportereignissen und anderen Veranstaltungen in Stadien und auf der Straße.

Internationales Istanbuler Theaterfestival *(Mai/Juni, alle zwei Jahre)* in verschiedenen Theatern. Europäische und türkische Produktionen.

Eroberung Istanbuls *(29. Mai)* zwischen Tophane und Karaköy und am Ufer des Bosporus. Die Stürmung der Stadt von 1453 *(siehe S. 26)* wird mit Paraden und Kampfszenen nachgestellt.

Farbenprächtiges Licht-und-Ton-Spektakel vor der Blauen Moschee

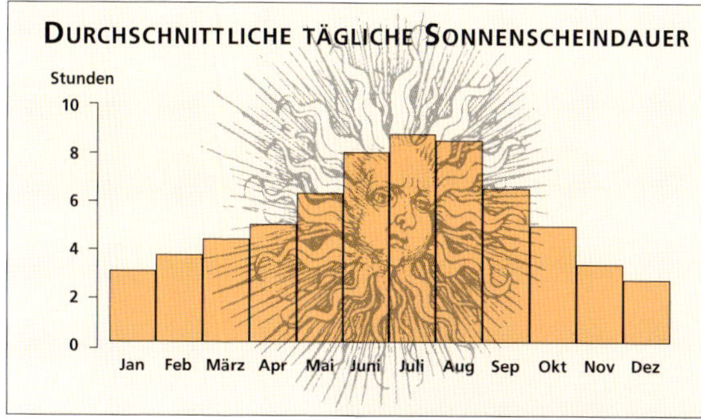

Sonnenschein
Die 2500 Sonnenstunden pro Jahr sind eine der Attraktionen Istanbuls. Von Mai bis Oktober ist die Stadt bis in den Abend in Licht getaucht, dennoch sind Wolkenbrüche auch im Hochsommer nicht ungewöhnlich. Istanbuls Winter ist als besonders grau und trüb bekannt.

SOMMER

Im Gegensatz zum viel zu kurzen Frühling zieht sich das warme Sommerwetter in Istanbul oft bis in den November hinein. Im Juli und August steigen die Temperaturen kräftig. Luxushotels haben Klimaanlage, einfachere Häuser jedoch nicht. Beliebte Sehenswürdigkeiten sind fest in Urlauberhand, während malerische Flecken außerhalb Istanbuls von Einheimischen in Beschlag genommen werden. Am Wochenende zieht es die Städter in den Belgrader Wald, an die Schwarzmeerstrände *(siehe S. 158)* oder in die Kurbäder am Bosporus. Wer es sich leisten kann, bleibt bis Herbst im Sommerdomizil.

Die Daheimgebliebenen genießen die stark ausgeprägte Sommerkultur mit einem wilden Nachtleben in Hunderten von Bars und nächtlichen Treffs *(siehe S. 223)* sowie zahlreichen Kunstfestivals mit internationalen Stars. Achten Sie auch auf Veranstaltungen in historischen Gebäuden wie klassische Konzerte in der Hagia Eirene *(siehe S. 60)* oder Popkonzerte auf der Europäischen Festung am Bosporus *(siehe S. 140f)*. Die Jahreszeit ist auch ideal zum Wandern, Reiten, für Wassersport, Golf und Fallschirmspringen.

Die Restaurants konzentrieren sich auf Fleisch, und es gibt viel Gemüse und Obst wie Honigmelonen, Kirschen und Aprikosen. Juli/August ist auch die Zeit des Sommerschlussverkaufs *(siehe S. 211)*.

Ganzjähriger Seidenmarkt in Bursa

Eine Aufführung von Mozarts *Entführung aus dem Serail* im Harem des Topkapı-Palasts

VERANSTALTUNGEN

Seidenmarkt Bursa. Spezialmarkt für den Verkauf von Seidenkokons *(siehe S. 164)*.

Internationale Istanbuler Musik- und Tanzfestspiele *(Mitte Juni–Juli)*. Musik, Oper und Tanz in historischem Rahmen. Alljährlich Mozarts *Entführung aus dem Serail* im Topkapı-Palast *(siehe S. 54–59)*.

Bursa-Festival *(Juni/Juli)*, Bursa-Park. Musik, Volkstanz, Theater, Oper und Schattentheater.

Tag der Marine *(1. Juli)*. Paraden alter und neuer Schiffe am Bosporus.

Internationales Istanbuler Jazzfestival *(Juli)*, mehrere Orte. Internationales Ereignis.

Internationale Segelregatta *(Juli)*. Regatta vor den Marmara-Inseln *(siehe S. 169)*.

Meisterschaften im Ölringen *(Juli)*, Kırkpınar, Edirne. Mit Olivenöl eingeriebene Ringer treten gegeneinander an *(siehe S. 154)*.

Jagdfest *(3 Tage Ende Juli)*, Edirne. Musik, Kunst und Fischereiexponate.

Folklorefestival *(Ende Juli)*, Bursa. Volkstänze und Kunsthandwerk.

Troja-Fest *(Aug)*, Çanakkale. Inszenierung der Geschichte um Troja *(siehe S. 171)*.

Siegesfeier *(30. Aug)*. Feiertag anlässlich des Siegs über Griechenland im Jahr 1922.

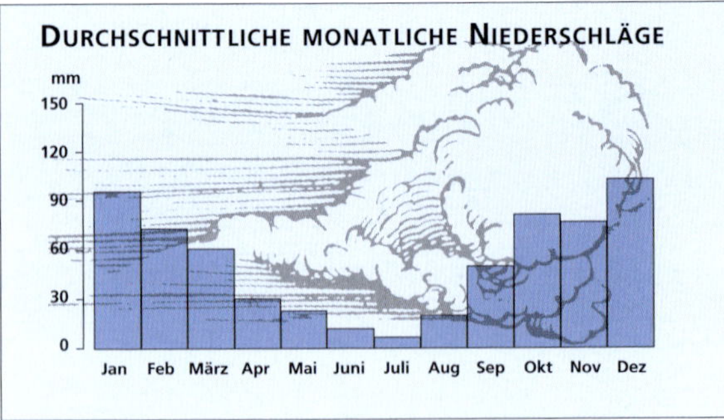

Niederschläge
Der Winter ist die feuchteste Jahreszeit in Istanbul. Die kräftigen Regenschauer, die es oft auch noch im April und Mai gibt, lassen den Frühling kürzer wirken. Im Winter sind plötzliche Schneestürme keine Seltenheit, wenngleich der Schnee normalerweise nicht lange liegen bleibt.

HERBST

Die Bewohner Istanbuls sagen gern, ihre Stadt sei im Herbst am schönsten: Die Sommerhitze lässt nach, auf den Straßen tauchen Maroniverkäufer auf *(siehe S. 208)*, auf den Märkten gibt es Kürbisse und natürlich frische Feigen zu kaufen. Im Umland werden Baumwolle, Weizen und Sonnenblumen abgeerntet. Bonitos und Zackenbarsche zählen zu den feinsten Fischen, die in dieser Jahreszeit ins Netz gehen.

Der Abant-See, 200 Kilometer östlich von Istanbul, ist wegen seiner herbstlichen Farbenpracht beliebt. Vogelfreunde finden sich auf den Hügeln oberhalb des Bosporus ein, um Vogelschwärme bei ihrem Zug nach Afrika zu beobachten *(siehe S. 141)*.

Der Kulturkalender bietet eine Kunstbiennale von Weltrang sowie eine Antiquitätenmesse, auf der türkischer und westlicher Geschmack verschmelzen. Mehrere Feiertage wie der Tag der Republik Ende Oktober bekräftigen das säkulare Selbstverständnis der Türkei; an vielen Balkonen der Stadt wehen Fahnen, einige Riesenexemplare an den Bosporus-Brücken *(siehe S. 138)*.

Heiße Maroni vom Straßenhändler

VERANSTALTUNGEN

Tüyap-Kunstmesse *(Sep)*, gegenüber dem Hotel Pera Palas *(siehe S. 104)*. Zahlreiche Kunstprodukte.

Yapı-Kredi-Festival *(Sep)*, verschiedene Orte. Musik- und Tanzaufführungen zur Förderung junger Künstler.

Tag der Republik *(29. Okt)*. Feiertag zum Gedenken an Atatürks Ausrufung der Republik 1923 *(siehe S. 31)*.

Akbank-Jazzfestival *(Okt)*, verschiedene Orte. Jazzkonzerte *(siehe S. 221)*.

Internationale Biennale der schönen Künste *(Herbst, alle zwei Jahre: 2011, 2013…)*. Internationale und einheimische Avantgardekünstler zeigen ihre Arbeiten in historischem Ambiente wie der Hagia Eirene, der Münze *(siehe S. 60)* und der Zisterne *(siehe S. 76)*.

Atatürks Todestag *(10. Nov)*. Mit einer Schweigeminute um 9.05 Uhr gedenkt man des Todes Atatürks im Dolmabahçe-Palast *(siehe S. 128f)* im Jahr 1938.

Tüyap-Buchmesse *(Okt)*, Beylikdüzü Messe- und Kongresszentrum. Istanbuls erstrangige Buchmesse mit Präsentationen bekannter Verleger und Autoren.

Efes-Pilsen-Blues-Festival *(Anfang Nov)*, verschiedene Veranstaltungsorte. Konzerte ausländischer und einheimischer Bluesgruppen überall in der Stadt.

Messe für Inneneinrichtung *(erste Woche im Nov)*, Çırağan Palace Hotel Kempinski *(siehe S. 123)*. Innenarchitekten und Antiquitätenhändler stellen hier aus.

Elit-Küsav-Antiquitätenmesse *(Mitte Nov)*, Militärmuseum *(siehe S. 126f)*. Verkauf von türkischen und ausländischen Antiquitäten: Gemälde, Möbel, Teppiche, Landkarten, Bücher, Porzellan, Silber, Uhren und Bronzeschmuck werden hier angeboten.

Gemeinsam feiert man den Tag der Republik am 29. Oktober

Temperaturen
In Istanbul fällt das Quecksilber im Winter kaum unter null, und sehr kalte Phasen dauern selten länger als drei Tage. Der Südwestwind vom Marmarameer verstärkt die Hitze des langen Sommers mit hoher Luftfeuchtigkeit, der poyraz *aus dem Norden sorgt gelegentlich für eine kühle Brise.*

Winter

Es ist keine schlechte Idee, Istanbul im Winter zu besuchen: Obwohl Regen, Nebel und Luftverschmutzung abschreckend wirken, ist man an den Sehenswürdigkeiten praktisch allein. Beim Schlussverkauf in den Einkaufszentren Akmerkez, Galleria, Capitol und Carousel *(siehe S. 211)* können Modefreunde Schnäppchen bei Leder- und Wollwaren machen.

Wenn in den Bergen Schnee liegt, beginnt außerhalb Istanbuls in Uludağ *(siehe S. 169)*, einem der wichtigsten Wintersportorte der Türkei, die Skisaison. In der Stadt genießt man Tee in einem Café am Bosporus oder in Beyoğlu *(siehe S. 100–107)*.

Ein Lichtermeer zum Auftakt des neuen Jahrs in Beyoğlu

Blick auf das winterliche Bebek am Bosporus

Veranstaltungen

Mevlâna-Festival *(17.–24. Dez)*, Mevlevi-Loge *(siehe S. 104f)*. Begeisterte Istanbuler Anhänger führen zu Ehren des Gründers der berühmten tanzenden Derwische Tänze auf.

Weihnachten *(Ende Dez)*. Festlichkeiten in größeren Hotels, obwohl der Weihnachtstag kein Feiertag ist.

Neujahr *(1. Jan)*. Feiertag mit den verbreiteten europäischen Weihnachtstraditionen wie Truthahnessen, Bäumeschmücken und Lichtergirlanden.

Karadam-Skifestival *(zweite Hälfte Feb)*, Uludağ-Berge. Von regionalen Radiostationen und dem Uludağ-Skilehrerverband organisierte Wettkämpfe.

Muslimische Feiertage

Die Termine der muslimischen Feiertage ändern sich mit den Mondphasen von Jahr zu Jahr. Im heiligen Monat **Ramadan** verbringen Muslime die Zeit von Sonnenauf- bis -untergang, ohne zu essen und zu rauchen. Einige Restaurants sind tagsüber geschlossen; Urlauber sollten in der Öffentlichkeit unauffällig essen. Anschließend folgt das dreitägige **Şeker Bayramı** (Zuckerfest) mit dem Genuss verschiedener Süßigkeiten.

Zwei Monate später gedenkt man beim viertägigen **Kurban Bayramı** (Opferfest) der Koranversion von Abrahams Opfer. An diesem höchsten Feiertag des Jahres sind Hotels, Züge und Straßen überfüllt. Strenge Muslime feiern überdies **Regaip Kandili**, **Miraç Kandili**, **Berat Kandili** und **Mevlid-i-Nebi**.

Şeker Bayramı, das Zuckerfest

Blick über die Dächer Istanbuls auf die Blaue Moschee ***(siehe S. 78f)*** ▷

Die Stadtteile Istanbuls

Saray Burnu

Die hügelige, bewaldete Landspitze, an der sich Bosporus, Marmarameer und Goldenes Horn treffen, bildet eine natürliche strategische Schlüsselstelle. In byzantinischer Zeit standen an dieser Stelle Klöster und öffentliche Bauten. Seit über 400 Jahren wird sie vom grandiosen Topkapı-Palast beherrscht, in dem die osmanischen Sultane mit ihrem Harem wohnten. Heute ist der Palast ein weitläufiges Museum mit prunkvollen Räumen. Auch die Sammlungen mit Schmuck und anderen Kostbarkeiten sind faszinierend. Ursprünglich beanspruchte das Palastareal mit Gärten und Pavillons die ganze Landspitze. Heute ist ein Teil des Geländes Stadtpark. Direkt neben dem Topkapı-Palast liegt das berühmte Archäologische Museum, das Funde aus der Türkei und dem Nahen Osten präsentiert.

Löwenrelief am Ischtar-Tor

Sehenswürdigkeiten auf einen Blick

Museum und Palast
Archäologisches Museum S. 62–65 ❷
Topkapı-Palast S. 54–59 ❶

Kirche
Hagia Eirene ❹

Historische Gebäude und Denkmäler
Bahnhof Sirkeci ⓫
Brunnen Ahmeds III. ❺
Hohe Pforte ❾
Münze ❸

Straßen und Höfe
Cafer-Ağa-Hof ❼
Soğukçeşme Sokağı ❻

Park
Gülhane-Park ❽

Türkisches Bad
Cağaloğlu-Bad ❿

In Saray Burnu unterwegs

Dieser verkehrsarme Bereich ist leicht zu Fuß zu erkunden. Trambahnen zwischen Großem Basar und den Fähranlegestellen Eminönüs halten vor dem Gülhane-Park.

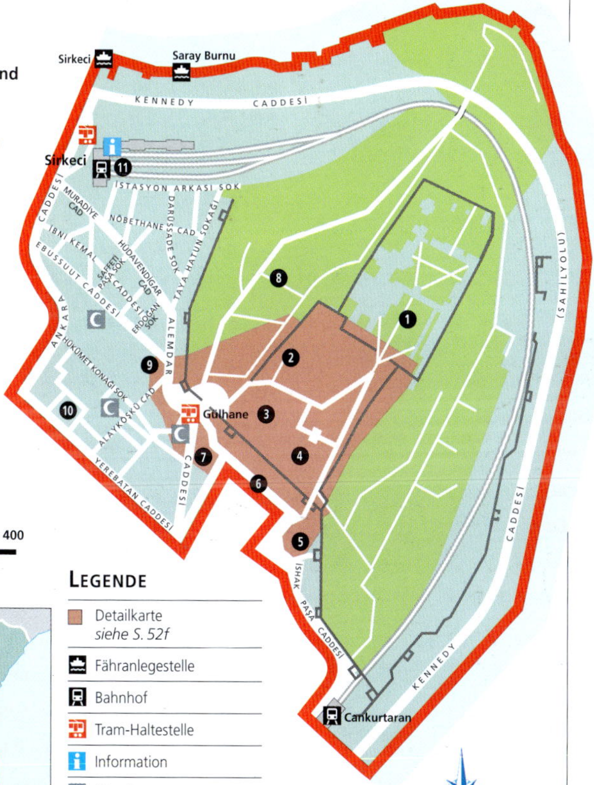

0 Meter 400

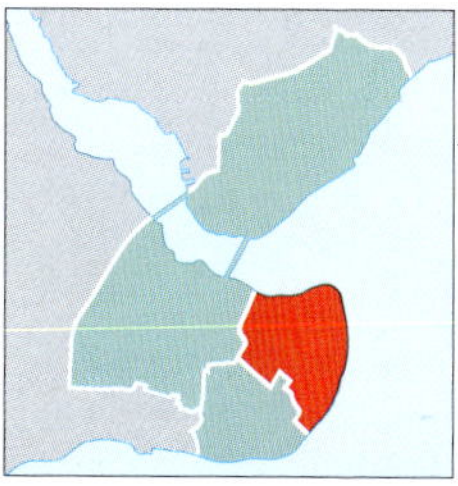

Legende

- Detailkarte *siehe S. 52f*
- Fähranlegestelle
- Bahnhof
- Tram-Haltestelle
- Information
- Moschee
- Stadtmauer

◁ **Der Beschneidungspavillon im dritten Hof des Topkapı-Palasts** ***(siehe S. 54f)***

Im Detail: Erster Hof des Topkapı-Palasts

Der Reiz des äußeren, ersten Hofs des Topkapı-Palasts liegt im direkten Nebeneinander von osmanischen Palastmauern, kleinen, traditionellen Holzhäusern und einer stattlichen byzantinischen Kirche. Früher befand sich hier das »Dienstleistungszentrum« mit Münze, Hospital, Schule und Bäckerei. Die Janitscharen *(siehe S. 127)* traten hier zum Appell an. Heute bilden Cafer-Ağa-Hof und Fatih Büfe vor den Hofmauern den ungewöhnlichen Rahmen für eine Kaffeepause. Der Gülhane-Park ist eine der wenigen schattigen Freiflächen Istanbuls.

Gülhane-Park
Im Gülhane-Park, vormals der Rosengarten des Topkapı-Palasts, wurde im Mai 2008 das Museum für Geschichte der Wissenschaft und Technik im Islam eröffnet. ❽

Soğukçeşme Sokağı
Traditionelle, bunt bemalte Holzhäuser säumen diese Straße. ❻

Hohe Pforte
Ein Rokokotor steht an der Stelle der alten Hohen Pforte, vormals Eingang zur und Symbol der osmanischen Regierung. ❾

Museum des antiken Orients

Eingang zum Gülhane-Park

Tram-Haltestelle Gülhane

Alay-Pavillon

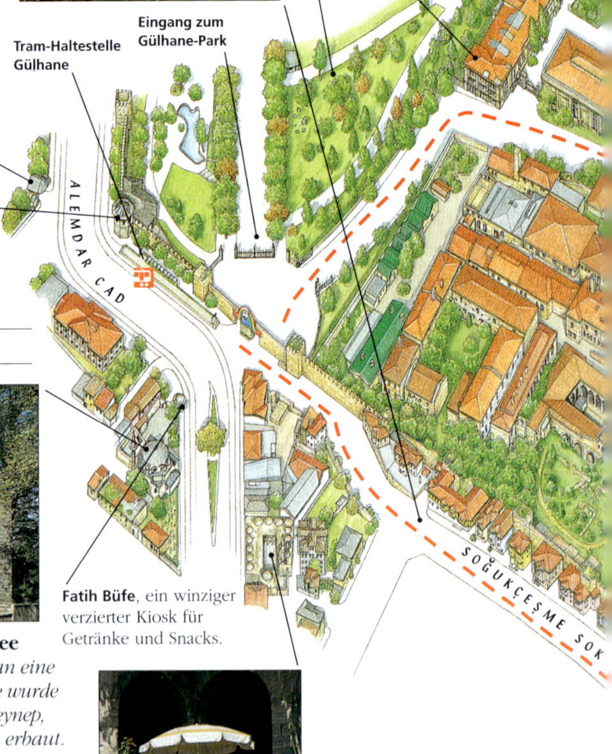

ALEMDAR CAD

SOĞUKÇEŞME SOK

0 Meter 75

LEGENDE

Routenempfehlung

Zeynep-Sultan-Moschee
Diese Moschee erinnert an eine byzantinische Kirche. Sie wurde 1769 unter Prinzessin Zeynep, der Tochter Ahmeds III., erbaut.

Fatih Büfe, ein winziger verzierter Kiosk für Getränke und Snacks.

Cafer-Ağa-Hof
Die Zellen dieser ehemaligen Schule umschließen einen Innenhof mit Café und beherbergen Kalligrafen und andere Künstler, die ihre Werke verkaufen. ❼

NICHT VERSÄUMEN

★ Archäologisches Museum

★ Topkapı-Palast

★ Archäologisches Museum
Klassische Statuen, reliefgeschmückte Sarkophage, türkische Keramiken und andere Schätze aus dem ehemaligen Osmanischen Reich machen dieses Museum zu einer der weltbesten Sammlungen antiker Kunst. ❷

ZUR ORIENTIERUNG
Siehe Stadtplan, Karten 3 und 5

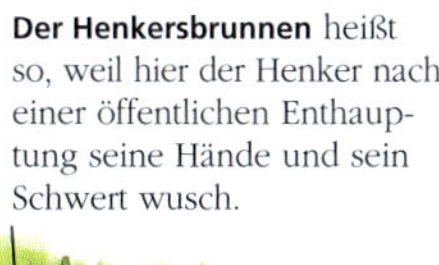

Der Henkersbrunnen heißt so, weil hier der Henker nach einer öffentlichen Enthauptung seine Hände und sein Schwert wusch.

★ Topkapı-Palast
Osmanische Sultane regierten 400 Jahre lang von diesem Palast aus. Die Kunstsammlungen sowie die prunkvollen Räume und Höfe sind Höhepunkte jeder Istanbul-Reise. ❶

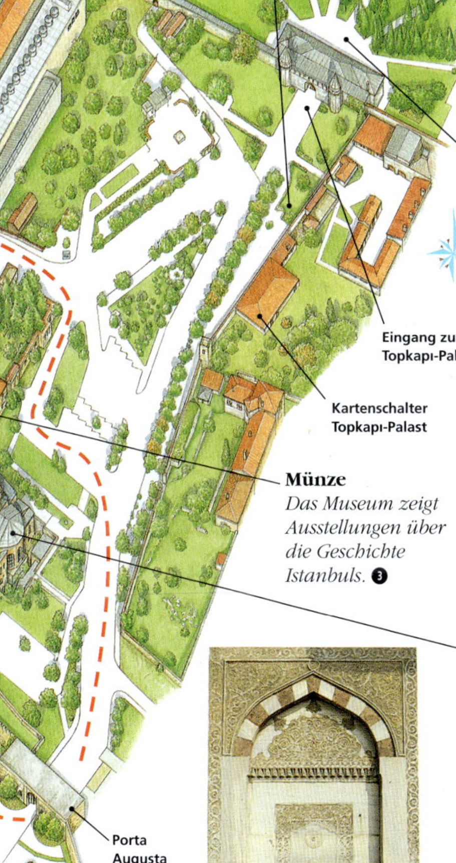

Münze
Das Museum zeigt Ausstellungen über die Geschichte Istanbuls. ❸

Hagia Eirene
Die byzantinische Kirche Hagia Eirene stammt aus dem 6. Jahrhundert und wurde merkwürdigerweise nie in eine Moschee umgewandelt. ❹

Brunnen Ahmeds III.
Der Rokokobrunnen entstand Anfang des 18. Jahrhunderts. Die Inschriften vergleichen ihn mit den Brunnen des Paradieses. ❺

Topkapı-Palast ❶

Topkapı Sarayı

Die *tuğra* Suleimans I. über dem Hauptportal

Zwischen 1459 und 1465, kurz nach der Eroberung Konstantinopels *(siehe S. 26)*, erbaute Mehmed II. den Topkapı-Palast als seine Hauptresidenz, die jedoch nicht als einzelner Zentralbau konzipiert war, sondern als eine Reihe von Pavillons um vier riesige Innenhöfe – eine steinerne Version der Zeltstädte der osmanischen Nomaden. Anfangs diente der Palast als Regierungssitz und umfasste eine Schule zur Ausbildung von Beamten und Soldaten. Die Regierung zog im 18. Jahrhundert jedoch in die Hohe Pforte um *(siehe S. 61)*. Topkapı wurde 1853 von Sultan Abd ül-Medschid I. zugunsten des Dolmabahçe-Palasts *(siehe S. 128f)* aufgegeben und schließlich 1924 in ein Museum umgewandelt.

★ Harem

Das Labyrinth der Zimmer, in denen die Frauen und Konkubinen des Sultans lebten, kann besichtigt werden (siehe S. 58f).

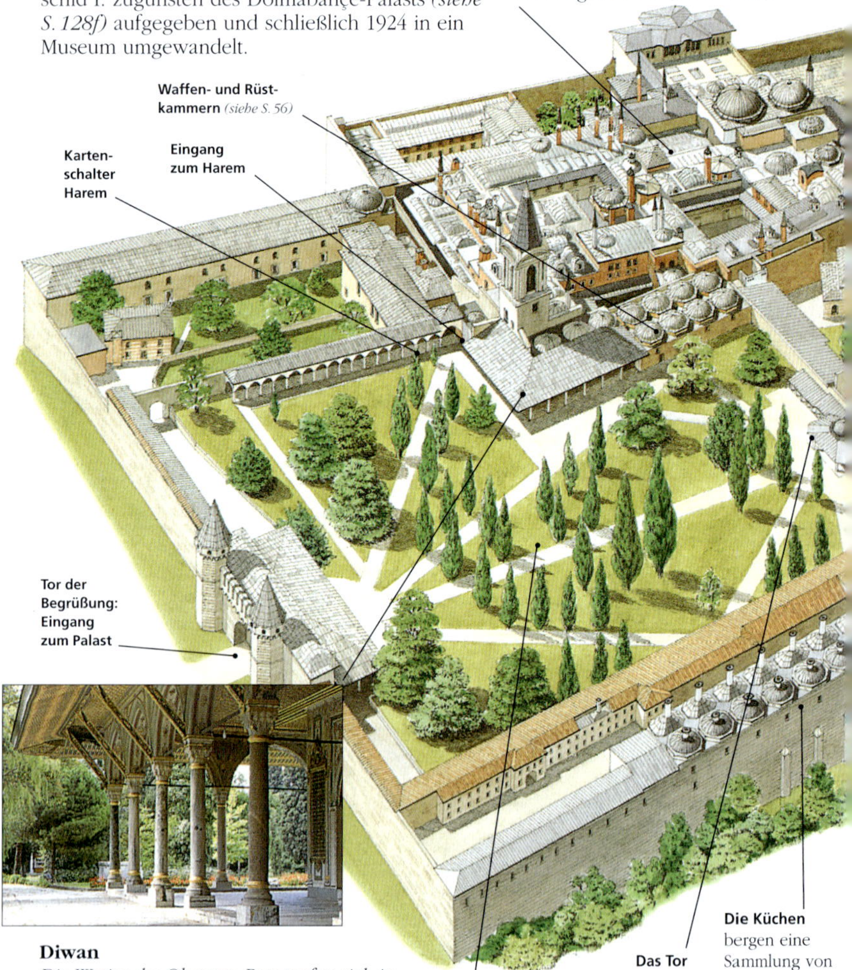

Waffen- und Rüstkammern *(siehe S. 56)*

Kartenschalter Harem

Eingang zum Harem

Tor der Begrüßung: Eingang zum Palast

Diwan

Die Wesire des Obersten Rats trafen sich in diesem Raum, in dem sie manchmal insgeheim vom Sultan beobachtet wurden.

Zweiter Hof

Das Tor der Glückseligkeit heißt auch »Tor der weißen Eunuchen«.

Die Küchen bergen eine Sammlung von Keramik, Glas und Silberwaren *(siehe S. 56)*.

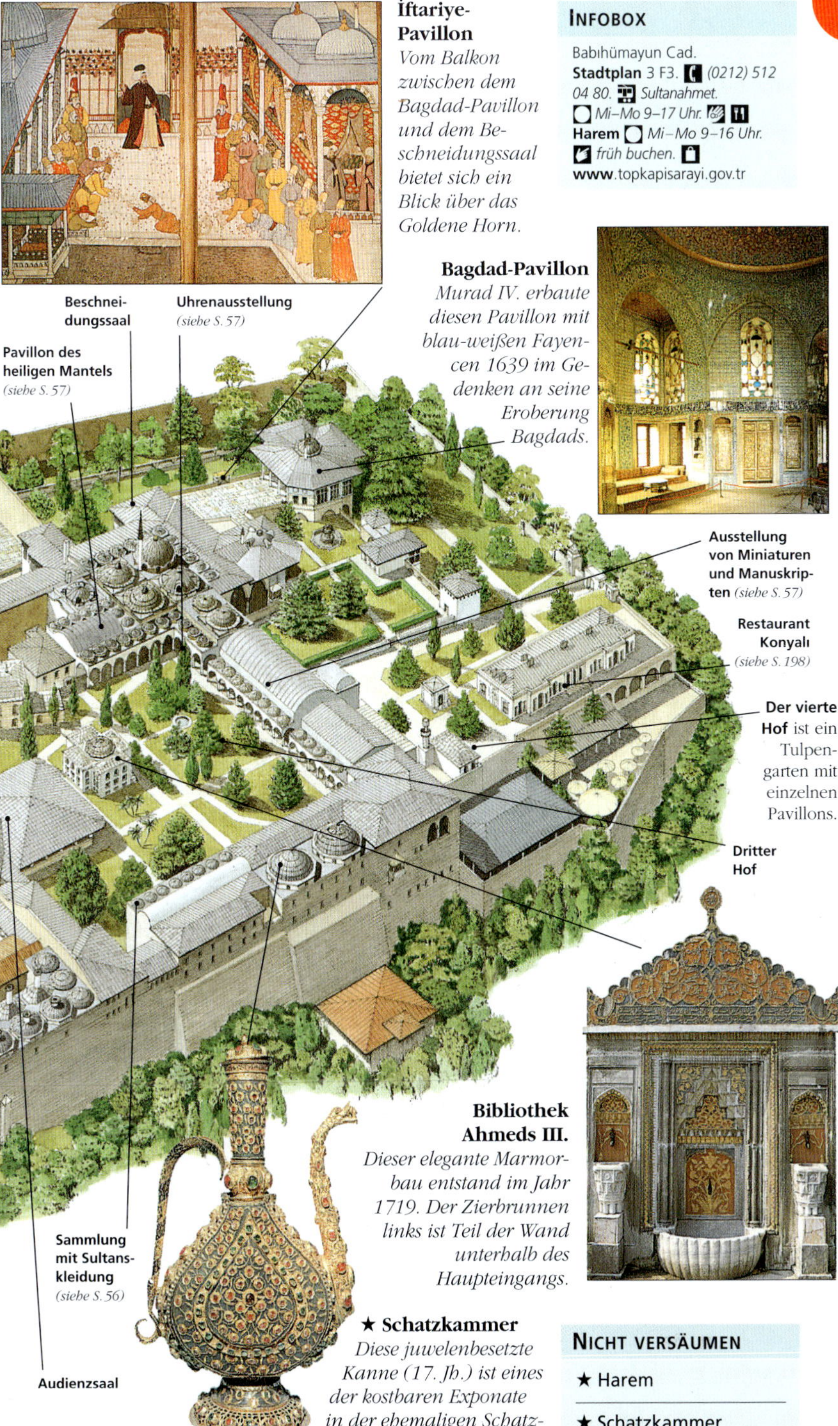

İftariye-Pavillon
Vom Balkon zwischen dem Bagdad-Pavillon und dem Beschneidungssaal bietet sich ein Blick über das Goldene Horn.

Bagdad-Pavillon
Murad IV. erbaute diesen Pavillon mit blau-weißen Fayencen 1639 im Gedenken an seine Eroberung Bagdads.

Der vierte Hof ist ein Tulpengarten mit einzelnen Pavillons.

Bibliothek Ahmeds III.
Dieser elegante Marmorbau entstand im Jahr 1719. Der Zierbrunnen links ist Teil der Wand unterhalb des Haupteingangs.

★ Schatzkammer
Diese juwelenbesetzte Kanne (17. Jh.) ist eines der kostbaren Exponate in der ehemaligen Schatzkammer (siehe S. 57).

Infobox

Babıhümayun Cad.
Stadtplan 3 F3. *(0212) 512 04 80.* *Sultanahmet.*
Mi–Mo 9–17 Uhr.
Harem *Mi–Mo 9–16 Uhr.*
früh buchen.
www.topkapisarayi.gov.tr

Nicht versäumen

★ Harem

★ Schatzkammer

Topkapı-Palast: Sammlungen

Während ihrer 470-jährigen Herrschaft häuften die osmanischen Sultane enorme Schätze an, die nach Gründung der türkischen Republik im Jahr 1923 *(siehe S. 31)* Staatsbesitz wurden und zum Großteil im Topkapı-Palast ausgestellt sind. Neben Diplomatengeschenken und Stücken, die bei Handwerkern der Palastwerkstätten in Auftrag gegeben wurden, sind zahlreiche Exponate aus der Beute erfolgreicher Feldzüge zu sehen. Viele dieser Trophäen gehen auf die Zeit der groß angelegten Expansion des Reichs unter Selim I. (1512–20) zurück, als Syrien, Arabien und Ägypten erobert wurden.

Kunstvoll verzierte Wiege in der Schatzkammer

Keramik, Glas und Silberwaren

Die Küchen bergen eine Sammlung von Keramik, Glas und Silberwaren. Türkische und europäische Stücke stehen zweifellos im Schatten der riesigen Vielfalt an chinesischem und in geringerem Umfang auch japanischem Porzellan, das auf der Seidenstraße in die Türkei gelangte. Nach China besitzt der Topkapı-Palast die zweitgrößte Sammlung der Welt mit chinesischem Porzellan.

Japanischer Porzellanteller

Das hier gezeigte chinesische Porzellan stammt aus den vier Dynastien der Sung (10.–13. Jh.), der Yüan (13./14. Jh.), der Ming (14.–17. Jh.) und der Ching (17.–20. Jh.). Seladon, die älteste von den Sultanen gesammelte Form chinesischen Porzellans, sollte der Jade ähneln, einem Stein, den die Chinesen für einen Glücksbringer hielten. Die Osmanen schätzten Seladonporzellan, weil es angeblich Gift im Essen neutralisierte. Filigraner sind jedoch die erlesenen blau-weißen Stücke vornehmlich aus der Ming-Ära.

Osmanische Handwerker ließen sich v.a. bei der Mustergestaltung für die im Aufbau befindliche Keramikindustrie in İznik *(siehe S. 161)* vom ästhetischen Empfinden der Chinesen beeinflussen. Obwohl in der Topkapı-Sammlung Stücke aus İznik fehlen, entstanden dort viele der Fayencen an den Palastwänden, deren Ornamente wie stilisierte Blumen oder Schnörkel zweifellos an chinesisches weißblaues Porzellan erinnern. Ein Großteil des jüngeren Porzellans, v.a. das Imari-Porzellan aus Japan, wurde speziell für den Export produziert: sehenswerte Beispiele sind Teller mit Koraninschriften.

Ein Teil der Küchen, in denen für 12 000 Bewohner und Gäste des Palasts gekocht wurde, und auch die Speisekammer des Zuckerbäckers ist noch original erhalten. Dieser Bereich kann wegen Restaurierung geschlossen sein.

Waffen und Rüstungen

Früher bewahrte man die Steuern und Tribute aus dem ganzen Reich in dieser »inneren Schatzkammer« auf. Am Eingang fällt der Blick auf einige Rossschweif-Standarten, die bei Prozessionen oder vor Zelten den Rang ihrer Inhaber kundtaten – Wesire *(siehe S. 29)* beispielsweise hatten drei, der Großwesir fünf und der Sultan neun.

Unter den Waffen befinden sich von den Sultanen selbst gefertigte Bogen (Beyazıt II. war ein ausgesprochen guter Handwerker) sowie fein gearbeitete, verzierte Schwerter, die die großen Eisenschwerter europäischer Kreuzritter grob wirken lassen. Es gibt Teile eines osmanischen Kettenhemds aus dem 15. Jahrhundert und Schilde aus geflochtenem, mit Blumen bemaltem Stroh und einem Mittelstück aus Metall. Auch dieser Bereich kann wegen Restaurierung geschlossen sein.

Sultanskleidung

Eine Sammlung von Sultanskleidung ist im Portikus vor der Unterkunft der Heerespagen zu bewundern. Die Kleidung eines Sultans wurde traditionell nach dessen Tod, sorgfältig zusammengelegt, in Taschen verschlossen. So kann man beispielsweise einen perfekt erhaltenen Kaftan von Mehmed II. *(siehe S. 26)* bestaunen. Die Reformen von Sultan Mahmud II. revolutionierten auch die Kleidung *(siehe S. 30)*: Schlichte graue Serge ersetzte die früheren prunkvollen Seidenstoffe, und eine Ära ging damit zu Ende.

Prachtvoller Seidenkaftan von Mehmed II.

Schatzkammer

Die Pracht der Schatzkammer zu honorieren dürfte angesichts der vielen Tausend funkelnden Edel- und Halbedelsteine nicht besonders schwerfallen. Man findet kaum Damenschmuck, da die Schätze der Sultane und Wesire Staatseigentum waren und nach deren Tod wieder an den Palast zurückfielen, der Schmuck der Damen jedoch nicht.

Im ersten Saal befindet sich ein für Mustafa III. (1757–1774) zu zeremoniellen Zwecken gefertigtes, mit Diamanten besetztes Kettenhemd. Zu den Diplomatengeschenken zählt die Perlenstatuette eines sitzenden Prinzen, die Sultan Abd ül-Asis (1861–1876) aus Indien bekam.

Topkapı-Dolch

Die schönsten Exponate befinden sich im zweiten Saal, allen voran der Topkapı-Dolch (1741). Der Sultan wollte dieses grandiose Werk seiner Goldschmiede dem Schah von Persien schenken, der jedoch starb, bevor es ihn erreichte. Sehenswert sind auch die juwelenbesetzten Aigretten (Federbüschel) von Sultansturbanen.

Im dritten Saal funkelt der 86-karätige »Löffeldiamant«, der angeblich im 17. Jahrhundert in einem Müllhaufen in Istanbul gefunden und einem Schrotthändler für drei Löffel abgekauft wurde. Der ägyptische Gouverneur schenkte 1574 Murad III. *(siehe S. 32)* den vergoldeten Bayram-Thron, der noch bis Anfang dieses Jahrhunderts bei Staatszeremonien Verwendung fand.

Der Thron im vierten Saal war ein Geschenk des Schahs von Persien, wofür ihm im Gegenzug der Topkapı-Dolch hätte überreicht werden sollen. Ein Schränkchen neben dem Thron birgt eine Schatulle, die angeblich Handknochen von Johannes dem Täufer enthält.

Miniaturen und Handschriften

Nur ein winziger Bruchteil der großartigen Topkapı-Sammlung von mehr als 13 000 Miniaturen und Handschriften kann ausgestellt werden. Herausragend sind Darstellungen von Kriegern und furchterregenden Kreaturen, die sogenannten *Dämonen und Ungeheuer im Leben der Nomaden*, die der Maler Mohammed Siyah Qalem vermutlich im 12. Jahrhundert schuf. Aus dieser östlichen Tradition der Miniaturmalerei entwickelte sich der osmanische Miniaturenstil. Es gibt wundervolle Beispiele von arabischen Kalligrafien *(siehe S. 95)*, die Korantexte, Handschriften mit Gedichten sowie etliche Fermane (offizielle Dekrete des Sultans) zieren. Der Bereich kann wegen Restaurierung geschlossen sein.

Filigran gearbeiteter Koraneinband aus Gold

Uhren

Obwohl es ab dem 17. Jahrhundert in Istanbul Uhrmacher gab, besteht diese Sammlung überwiegend aus europäischen Uhren, die den Sultanen gehörten. Der Bestand reicht von schlichten

Uhr aus Gold, Email und Edelsteinen (17. Jh.)

Stücken aus dem 16. Jahrhundert bis zu einer außergewöhnlichen englischen Mechanik in einem Perlmuttgehäuse (18. Jh.) mit einer deutschen Orgel, die im Harem zur vollen Stunde Melodien spielte. Die einzigen Augenzeugenberichte europäischer Männer über das Leben im Harem stammen von den Mechanikern, die diese Wunderwerke warten mussten.

Pavillon des Heiligen Mantels

Diese fünf Kuppelsäle bergen mit die heiligsten Reliquien des Islam und sind deshalb eine wichtige muslimische Pilgerstätte. Die meisten Reliquien kamen nach Istanbul, nachdem Selim I. *(siehe S. 26)* Ägypten und Arabien erobert und 1517 den Titel »Kalif« (Oberhaupt des Islam) angenommen hatte.

Im Mittelpunkt steht der Mantel des Propheten Mohammed. Man darf den Raum, in dem er aufbewahrt wird, nicht betreten, sondern nur vom Vorzimmer einen Blick hineinwerfen. Tag und Nacht rezitieren Geistliche Koranpassagen über der Goldtruhe, die den Mantel birgt. Vor der Truhe stehen zwei Schwerter Mohammeds. In einer Vitrine im Vorzimmer sind Barthaare, ein Brief und ein Fußabdruck des Propheten zu sehen.

In den anderen Räumen kann man einige der wunderschön verzierten Schlösser und Schlüssel für die Kaaba *(siehe S. 39)* bewundern. Verschiedene Sultane ließen die Kunstwerke anfertigen und sandten sie nach Mekka.

Topkapı-Palast: Harem

Buntglasfenster im Doppelkiosk

Die Bezeichnung »Harem« für die Residenz der Frauen, Konkubinen und Kinder des Sultans bedeutet eigentlich »verboten«. Der Harem wurde von schwarzen Eunuchensklaven bewacht. Der Sultan und seine Söhne waren die einzigen Männer, die Zugang hatten. Um Nachfolgestreitigkeiten zu vermeiden, waren die Brüder des Sultans in einem eigenen Trakt, dem sogenannten »Käfig«, eingesperrt. Das Labyrinth der wunderbar verzierten Zimmer und Korridore im Topkapı-Harem entstand unter Sultan Murad III. gegen Ende des 16. Jahrhunderts.

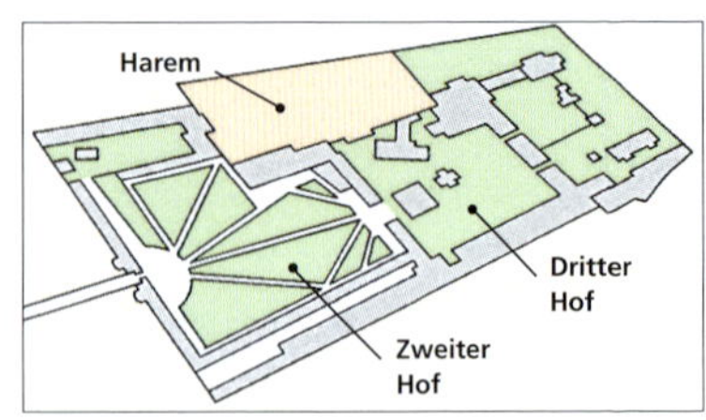

Zur Orientierung

Siehe Illustration des Palasts auf S. 54 f

Die Bibliothek Ahmeds I. ist sehr hell und hat elfenbeinverkleidete Fensterläden.

★ Doppelkiosk
Die beiden Räume (17. Jh.) glänzen mit herrlichen İznik-Fayencen (siehe S. 161) *und einer mit vergoldeter Leinwand ausgekleideten Kuppel.*

Der Salon Murads III. von Sinan *(siehe S. 91)* mit schönen Fayencen, Brunnen und Kamin.

★ Speisesaal Ahmeds III.
Die Wände des Raums aus dem 18. Jahrhundert, auch »Früchtezimmer« genannt, sind mit farbenprächtigen Früchten und Blumen bemalt.

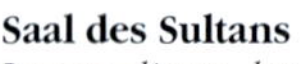

Saal des Sultans
Der größte Raum des Harems diente der Unterhaltung. An einer Wand steht ein großer Thron, von dem aus der Sultan die Darbietungen verfolgte.

Leben im Harem

Die Frauen im Harem waren Sklavinnen aus allen Teilen des Osmanischen Reichs und darüber hinaus. Es war ihr Traum, eine Favoritin des Sultans zu werden *(siehe S. 28)* und ihm einen Sohn zu gebären, was manchmal zur Heirat führte. Die bis zu 1000 Konkubinen konkurrierten miteinander. Viele blieben lediglich Dienerinnen ihrer Mitgefangenen im »goldenen Käfig«. Die letzten Frauen verließen den Harem 1909.

Westliches Bild vom Leben im Harem (Stich, 19. Jh.)

Salon der Valide Sultana
Die Mutter des Sultans, die Valide Sultana (siehe S. 29), *war die mächtigste Frau im Harem und hatte die schönsten Räume.*

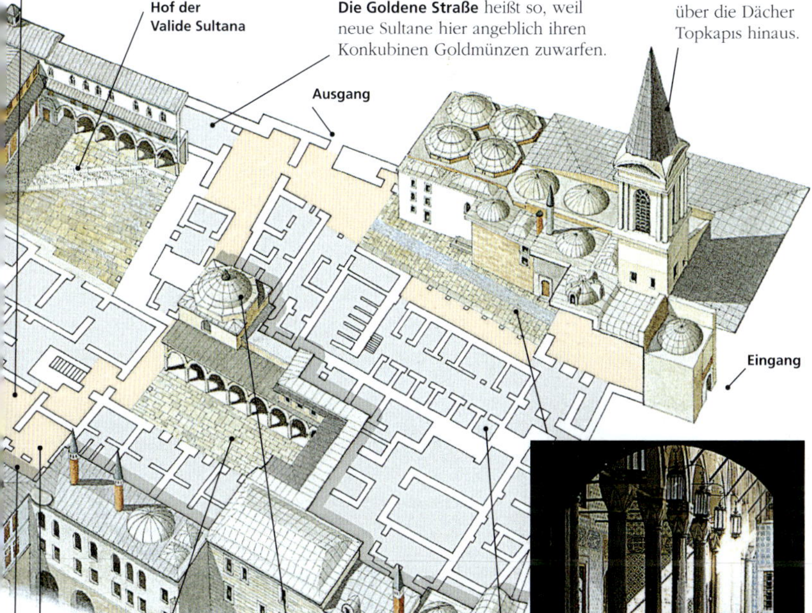

Der Turm der Gerechtigkeit bietet einen herrlichen Ausblick weit über die Dächer Topkapıs hinaus.

Hof der Valide Sultana

Die Goldene Straße heißt so, weil neue Sultane hier angeblich ihren Konkubinen Goldmünzen zuwarfen.

Ausgang

Eingang

Hof der Konkubinen

Schlafgemach der Valide Sultana

Die Haremsbäder dienten den Konkubinen zur Entspannung.

Quartiere der schwarzen Eunuchen

Gebetszimmer der Valide Sultana

Nicht versäumen

★ Doppelkiosk

★ Speisesaal Ahmeds III.

Legende

Zugängliche Bereiche

Nichtzugängliche Bereiche

Hof der schwarzen Eunuchen
Marmorsäulen säumen diesen Hof, den altmodische schmiedeeiserne Lampen zieren.

Stadtplan *siehe Seiten 246–263*

Archäologisches Museum ❷

Siehe S. 62–65.

Münze ❸

Darphane-i Amire

Erster Hof des Topkapı-Palasts. **Stadtplan** 3 E4 (5 F3). *Gülhane, Sultanahmet.*

Die osmanische Münze wurde 1727 eröffnet, doch größtenteils stammt das, was heute hier zu sehen ist, aus der Zeit Mahmuds II. (1808–39), der den Komplex ausbaute. 1967 wurde die Münze verlegt. Die Gebäude beherbergen heute Labore staatlicher Einrichtungen. Die Außenanlagen können während der Geschäftszeiten besichtigt werden.

Hagia Eirene ❹

Aya İrini Kilisesi

Erster Hof des Topkapı-Palasts. **Stadtplan** 3 E4 (5 F3). *(0212) 522 17 50.* *Gülhane, Sultanahmet.* *zu Konzerten.*

Die heutige Kirche stammt aus dem 6. Jahrhundert, ist jedoch mindestens der dritte Bau an der wohl ältesten christlichen Stätte Istanbuls. Zehn Jahre nach der muslimischen Eroberung der Stadt 1453 *(siehe S. 26)* war sie Teil des Topkapı-Palastkomplexes und diente als Waffenkammer. Heute finden in der Kirche während der Internationalen Istanbuler Musik- und Tanzfestspiele *(siehe S. 45)* Konzerte statt.

Der Bau hat drei faszinierende Eigenarten, die in keiner anderen byzantinischen Kirche Istanbuls erhalten sind: Auf den fünf Sitzreihen in der Apsiskrümmung (Synthronon) saßen die Geistlichen. Darüber prangt ein schlichtes schwarzes Mosaikkreuz auf goldenem Grund aus der Zeit, als figürliche Darstellungen verboten und zahlreiche Ikonen zerstört wurden *(siehe S. 20)*. An der Rückseite der Kirche liegt ein kreuzgangähnlicher Hof, in dem früher die Porphyrsarkophage verstorbener byzantinischer Kaiser standen (heute größtenteils im Archäologischen Museum).

Der kunstvoll verzierte Brunnen Ahmeds III.

Brunnen Ahmeds III. ❺

Ahmed III Çeşmesi

Kreuzung İshak Paşa Cad. und Babıhümayun Cad. **Stadtplan** 3 E4 (5 F4). *Gülhane, Sultanahmet.*

Der schönste der zahlreichen Istanbuler Brunnen stammt von 1728 und überstand die gewaltsame Absetzung Ahmeds III. zwei Jahre später. Viele andere Bauwerke, die unter diesem Sultan in der »Tulpenzeit« *(siehe S. 27)* entstanden, wurden hingegen zerstört. Mit seinen fünf kleinen Kuppeln, den mihrabähnlichen Nischen und atemberaubenden Blumenreliefs ist er ein Musterbeispiel des türkischen Rokoko.

Osmanische »Brunnen« sind oft keine Springbrunnen, sondern eher öffentliche Wasserhähne, manchmal mit einer Theke *(sebil)*, an der Erfrischungen serviert wurden.

An den vier Seiten dieses Brunnens befinden sich jeweils ein Wasserhahn und ein verziertes Marmorbecken. Über jedem Wasserhahn ist eine kalligrafische Inschrift des Dichters Seyit Vehbi Efendi (18. Jh.) zu sehen (der goldene Schriftzug auf blaugrünem Grund ehrt den Brunnen und dessen Auftraggeber). Die drei Fenster hinter den *sebiller* an allen vier Ecken des Baus zieren kunstvolle Marmorgitter. Anstelle des üblichen Eiswassers wurden den Passanten an diesem Brunnen Sorbets und aromatisiertes Wasser in silbernen Pokalen gereicht.

Die Apsis der Hagia Eirene mit ihrem beeindruckenden Mosaikkreuz

Hotels und Restaurants in Saray Burnu *siehe Seiten 184 und 198*

Soğukçeşme Sokağı ❻

Stadtplan 3 E4 (5 F3). *Gülhane.*

Reizende alte Holzhäuser säumen die enge kopfsteingepflasterte »Straße des kalten Brunnens« zwischen den äußeren Mauern des Topkapı-Palasts und den Minaretten der Hagia Sophia. Traditionelle Häuser dieser Art wurden in Istanbul seit Ende des 18. Jahrhunderts gebaut.

Die Gebäude in dieser Straße wurden in den 1980er Jahren vom Türkischen Touring- und Automobilclub (TTOK; *siehe S. 181*) restauriert. Einige davon gehören heute zum Gästehaus Ayasofya Evleri *(siehe S. 184)*, das bei Urlaubern sehr beliebt ist. Ein anderes Haus wandelte der TTOK in eine Bibliothek für historische Schriften über Istanbul und ein Archiv mit Stichen und Fotografien der Stadt um. Eine römische Zisterne am Ende der Straße beherbergt das Restaurant Sarnıç *(siehe S. 198)*.

Traditionelle Kalligrafie gibt es im Cafer-Ağa-Hof zu kaufen

Cafer-Ağa-Hof ❼

Cafer Ağa Medresesi

Caferiye Sok. **Stadtplan** 5 E3. *(0212) 513 18 43. Gülhane. tägl. 8.30–20 Uhr.*

Der ruhige Innenhof wurde 1559 von Sinan *(siehe S. 91)* als Medrese (Koranschule; *siehe S. 38*) für den obersten schwarzen Eunuchen erbaut. Im Hof thront über den Tischen des Cafés eine Büste Sinans. In den ehemaligen Zellen wird heute Kunsthandwerk wie Schmuck, Keramik und Kalligrafie ausgestellt.

Restauriertes osmanisches Haus an der Soğukçeşme Sokağı

Osmanische Häuser

Das typische feine Istanbuler Stadthaus des 19. Jahrhunderts hatte ein Erdgeschoss aus Stein und ein oder zwei Obergeschosse aus Holz. Jeder Bau besaß einen *çıkma*, einen Erker über der Straße – eine Weiterentwicklung des traditionellen türkischen Balkons, der im Norden des Landes wegen des kühleren Klimas verkleidet war. Durch die Holzgitter *(kafesler)* an den Fenstern der Obergeschosse konnten die Frauen das Geschehen auf der Straße verfolgen, ohne selbst gesehen zu werden. Die wenigen Holzhäuser, die man heute noch sieht, verdanken ihren Verbleib dem Tourismus; viele von ihnen wurden in Hotels umgewandelt. Inzwischen verbietet ein Gesetz den Abriss der historischen Häuser, doch in einer Stadt, die schon oft verheerende Großbrände erlebte, ist die Prämie der Feuerversicherung fast unbezahlbar.

Gülhane-Park ❽

Gülhane Parkı

Alemdar Cad. **Stadtplan** 3 E3 (5 F2). *Gülhane. tägl.*

Der Gülhane-Park nimmt den tiefer liegenden Teil des Palastareals ein. Hier kann man im Schatten von Bäumen spazieren gehen, eine Seltenheit in Istanbul. Im ehemaligen Marstall des Topkapı-Palasts wurde im Mai 2008 das Museum für Geschichte der Wissenschaft und Technik im Islam eröffnet. Auf 3000 Quadratmetern sind Exponate vom 8. bis 16. Jahrhundert zu sehen, teils Originale, teils originalgetreue Nachbildungen.

Der Zoo zur Linken der Straße durch den Park ist nicht weiter beachtenswert – dafür aber das Aquarium an der stillgelegten Kaskade rechts, das in eine alte römische Zisterne hineingebaut wurde. Am anderen Ende des Parks steht die von Teehäusern umgebene Gotensäule, eine gut erhaltene Siegessäule (3. Jh.). Ihren Namen verdankt sie der Inschrift »Das Glück ist uns wieder hold dank des Sieges über die Goten«.

Vom Aussichtspunkt auf der anderen Seite der Kennedy Caddesi im Nordosten sieht man die Mündung des Goldenen Horns in den Bosporus.

Hohe Pforte ❾

Bab-ı Ali

Alemdar Cad. **Stadtplan** 3 E3 (5 E2). *Gülhane.*

Ausländische Botschafter in der osmanischen Türkei hießen »Botschafter der Hohen Pforte« nach diesem monumentalen Tor, das früher in die Büros und den Palast des Großwesirs führte. Die Institution der Hohen Pforte hatte eine wichtige Funktion, weil sie oft ein wirksames Gegengewicht zu den unvorhersehbaren Launen des Sultans bildete.

Das heutige Rokokotor entstand etwa um 1840 und bildet den Zugang zu den (für Besucher nicht zugänglichen) Dienststellen der Istanbuler Provinzregierung.

Rokokodekoration am Dach der Hohen Pforte

Archäologisches Museum ❷

Arkeoloji Müzesi

Römische Apollostatue

Obwohl diese Sammlung antiker Schätze erst Mitte des 19. Jahrhunderts begonnen wurde, sandten schon bald Provinzgouverneure aus allen Teilen des Osmanischen Reichs die verschiedensten Objekte hierher. Heute verfügt das Museum über eine der reichhaltigsten Sammlungen klassischer Kunstwerke der Welt und beherbergt auch Exponate aus vorklassischer Zeit. Das Hauptgebäude wurde unter Leitung von Osman Hamdi Bey (1881–1910) zur Ausstellung seiner Funde erbaut. Der Archäologe, Maler und Gelehrte entdeckte die grandiosen Sarkophage der königlichen Totenstadt von Sidon im heutigen Libanon. Ein neuer vierstöckiger Flügel wurde 1991 eröffnet.

★ Alexandersarkophag
Dieser Marmorsarkophag (spätes 4. Jh. v. Chr.) mit faszinierenden Reliefs wurde vermutlich für König Abdalonymos von Sidon geschaffen. Die Reliefs zeigen Alexander den Großen in einer siegreichen Schlacht über die Perser.

Legende

- Klassische Exponate
- Kindermuseum
- Thrakische, bithynische und byzantinische Sammlung
- Istanbul im Lauf der Zeiten
- Anatolien und Troja
- Anatoliens benachbarte Kulturen
- Türkische Kacheln und Keramik
- Museum des antiken Orients
- Keine Ausstellungsfläche

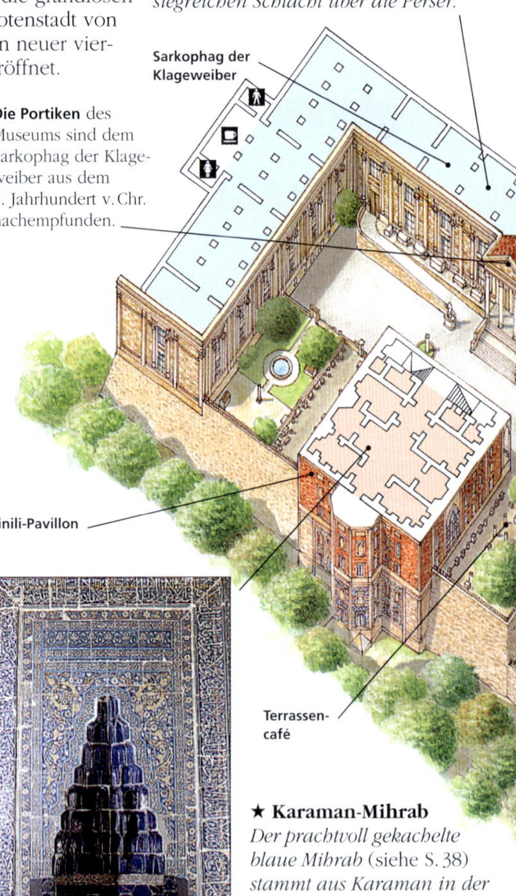

Die Portiken des Museums sind dem Sarkophag der Klageweiber aus dem 4. Jahrhundert v. Chr. nachempfunden.

★ Karaman-Mihrab
Der prachtvoll gekachelte blaue Mihrab (siehe S. 38) *stammt aus Karaman in der Südosttürkei, der ehemaligen Hauptstadt des gleichnamigen Staats (1256–1483), und ist das wichtigste künstlerische Relikt dieser Kultur.*

Kurzführer

Die 20 Räume des Hauptgebäudes beherbergen klassische antike Kunstgegenstände. Der neue Flügel zeigt Exponate zur Geschichte Istanbuls, u. a. Fundstücke, die beim Bau des Tunnels unter dem Bosporus zutage kamen: Hafenanlagen aus theodosianischer Zeit. Auf dem Museumsareal befindet sich neben dem Çinili-Pavillon mit türkischen Kacheln und Keramiken auch noch das Museum des antiken Orients.

Nicht versäumen

- ★ Alexandersarkophag
- ★ Karaman-Mihrab
- ★ Vertrag von Kadesch

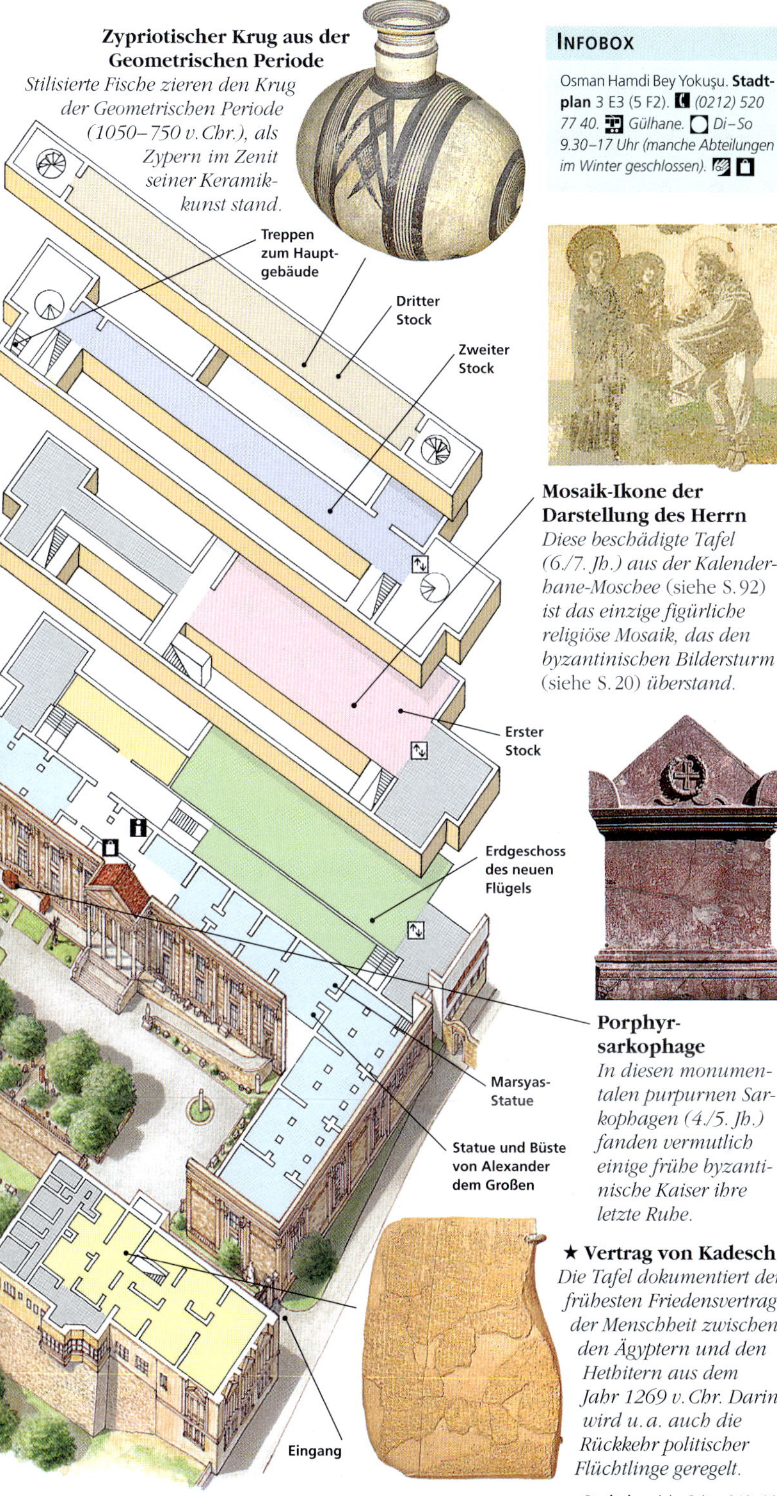

Zypriotischer Krug aus der Geometrischen Periode
Stilisierte Fische zieren den Krug der Geometrischen Periode (1050–750 v. Chr.), als Zypern im Zenit seiner Keramikkunst stand.

Mosaik-Ikone der Darstellung des Herrn
Diese beschädigte Tafel (6./7. Jh.) aus der Kalenderhane-Moschee (siehe S. 92) *ist das einzige figürliche religiöse Mosaik, das den byzantinischen Bildersturm* (siehe S. 20) *überstand.*

Porphyrsarkophage
In diesen monumentalen purpurnen Sarkophagen (4./5. Jh.) fanden vermutlich einige frühe byzantinische Kaiser ihre letzte Ruhe.

★ Vertrag von Kadesch
Die Tafel dokumentiert den frühesten Friedensvertrag der Menschheit zwischen den Ägyptern und den Hethitern aus dem Jahr 1269 v. Chr. Darin wird u. a. auch die Rückkehr politischer Flüchtlinge geregelt.

INFOBOX

Osman Hamdi Bey Yokuşu. **Stadtplan** 3 E3 (5 F2). *(0212) 520 77 40. Gülhane. Di–So 9.30–17 Uhr (manche Abteilungen im Winter geschlossen).*

Archäologisches Museum: Sammlungen

Die gewaltige Sammlung umfasst Exponate aus fünf Jahrtausenden und reicht von Figurinen der Muttergöttin aus dem 3. Jahrtausend v. Chr. bis zu türkischen Tonwaren aus dem 19. Jahrhundert. Es ist unmöglich, bei einem Besuch alles zu sehen, aber man sollte vor allem die Sarkophage aus der königlichen Totenstadt von Sidon ins Visier nehmen. Die Sammlung »Istanbul im Lauf der Zeiten« im ersten Stock des neuen Flügels informiert über die Geschichte der Stadt. Das Kindermuseum richtet sich speziell an junge Besucher.

Klassische Exponate

Eine monumentale Statue des ägyptischen Gottes Bes begrüßt die Besucher am Eingang zum Hauptgebäude. Mit seiner komisch-grotesken Erscheinung war Bes vom 1. bis zum 3. Jahrhundert überaus populär zur Abschreckung böser Geister. Die Säle 8 und 9 enthalten die Glanzlichter des Museums: eine Gruppe von Sarkophagen, die 1887 in Sidon (im heutigen Libanon) ausgegraben wurden. Vermutlich waren sie für ein phönizisches Königshaus bestimmt, das zwischen dem 6. und 4. Jahrhundert v. Chr. regierte. Ihre Gestaltung veranschaulicht den Übergang vom ägyptischen zum griechischen Einfluss auf die damalige Kunst des Nahen Osten.

Marmorbüste von Kaiser Augustus

Das schönste Exemplar ist der sogenannte Alexandersarkophag (Ende des 4. Jh. v. Chr.). Alexander der Große erscheint in zwei ausdrucksstarken Friesen, die Schlacht- und Jagdszenen zeigen. Die Friese sind exzellent erhalten und weisen Spuren der Originalbemalung auf.

Der Sarkophag der Klageweiber war vermutlich für König Straton (374–358 v. Chr.) bestimmt, der als großer Frauenfreund bekannt war. Die vielen »Klageweiber« könnten Frauen seines Harems sein.

In den Sälen 14 bis 20 sind außergewöhnliche Statuen zu besichtigen. Die römische Kopie einer Marsyasstatue (3. Jh. v. Chr.) zeigt den Satyr kurz vor seiner Bestrafung dafür, dass er Apollon zu einem musikalischen Wettstreit herausgefordert hatte. Eine Statue und eine Büste von Alexander dem Großen stellen den Feldherrn als perfekten Helden dar.

Saal 18 enthält Büsten römischer Kaiser.

Kindermuseum

Die besonders niedrigen Vitrinen dieses Trakts sind für Schulkinder maßgeschneidert. Mit Papier und Buntstiften versucht man, zukünftige Archäologen für die Materie zu begeistern.

Thrakische, bithynische und byzantinische Sammlung

Diese Galerie im Erdgeschoss des neuen Flügels zeigt religiöse und andere Kunstobjekte der antiken Kulturen von Thrakien und Bithynien sowie aus Byzantium *(siehe S. 20–25)* wie beispielsweise eine Statue des byzantinischen Kaisers Valens. Auch die Architektur der Antike wird hier aufbereitet.

Bronzener Schlangenkopf von der Schlangensäule

»Istanbul im Lauf der Zeiten«

Mit sorgsam ausgewählten Exponaten und Texten in Türkisch und Englisch liefert diese Abteilung eine ausgezeichnete Chronik der archäologischen Vergangenheit Istanbuls.

Die Mosaikikone der Darstellung des Herrn (um 600) zierte die Kalenderhane-Moschee *(siehe S. 92)*. Auch ein Kopf der Schlangensäule, die seit dem 18. Jahrhundert »kopflos« im Hippodrom *(siehe S. 80)* steht, ist hier zu sehen. Beachtenswert sind Teile der Eisenketten, mit denen die Byzantiner den Bosporus und das Goldene Horn absperrten *(siehe S. 23)*.

Fries von der Schlacht bei Issos (333 v. Chr.) an der Längsseite des Alexandersarkophags

Rekonstruktion eines bei Palmyra in Syrien gefundenen Mausoleums

Anatolien und Troja

Eine Seite dieses Saals veranschaulicht die Geschichte Anatoliens (des asiatischen Teils der heutigen Türkei) von der Altsteinzeit bis zur Eisenzeit. Höhepunkt ist die Kultur Phrygiens mit ihrer Hauptstadt Gordion (in einem eigenen Saal). Im Mittelpunkt steht die Rekonstruktion eines königlichen Grabmals (8. Jh. v. Chr.), das sich unter einem Grabhügel in einer Kammer aus Wacholderholz befand. Der König wurde mit Kochgeschirr und Möbeln aus Eichen-, Buchsbaum- und Wacholderholz beigesetzt.

Die andere Seite der Galerie zeigt die Funde aus neun Kulturen in Troja *(siehe S. 171)* von 3000 v. Chr. bis zur Zeit Jesu. Zu sehen sind auch Teile des Schatzes, den der Archäologe Heinrich Schliemann Ende des 19. Jahrhunderts entdeckte. Ein Großteil wurde aus der Türkei herausgeschmuggelt und ist in Museen in aller Welt zu sehen.

Anatoliens benachbarte Kulturen

Dieser lange Saal teilt sich in zypriotische und syrisch-palästinensische Kunst. Die zypriotische Sammlung wurde von Luigi Palma di Cesnola, dem amerikanischen und russischen Konsul Zyperns, zusammengetragen, der zwischen 1865 und 1873 alle Gräber der Insel plünderte. Neben einigen schönen Töpfen sind Figuren nackter Tempeljungen (3. Jh. v. Chr.) beachtenswert, die vermutlich in Aphroditetempeln der Prostitution nachgingen.

Unter den syrischen Exponaten befinden sich der Gezer-Kalender (925 v. Chr.), Grabreliefs, eine Kalksteintafel mit der ältesten hebräischen Inschrift sowie die Rekonstruktion eines Mausoleums (1.–3. Jh.) der Oasenstadt Palmyra.

Lünette aus İznik-Kacheln (16. Jh.) am Çinili-Pavillon

Türkische Kacheln und Keramik

Neben Teppichen sind Kacheln die typischste türkische Kunstform. Dies verdeutlicht der Fliesenschmuck von Moscheen und Pavillons wie des Çinili-Pavillons, dessen Eingang geometrische und kalligrafische Fayencen zieren.

Im größten Saal befindet sich ein gekachelter Mihrab aus Zentralanatolien (frühes 15. Jh.). Saal 3 und 4 zeigen Kacheln und Moscheenlampen aus İznik, dem Zentrum der türkischen Keramikproduktion *(siehe S. 161)*. Ende des 16. Jahrhunderts nahm jedoch die Qualität der Kacheln aus İsnik ab, andere Zentren entstanden. So brachte man nun auch in Kütahya hochwertige Stücke hervor, die man in den Sälen 5 und 6 sehen kann.

Museum des antiken Orients

Obwohl diese Sammlung sehr seltene und schöne Kostbarkeiten der Ägypter und Hethiter vorweist, stehen die Werke der frühen Kulturen Mesopotamiens (des heutigen Irak) zweifellos im Brennpunkt des Interesses.

Die monumentalen Glasurziegelreliefs am Ischtar-Tor, dem Haupttor von Babylon (Saal 3 und 9), entstanden zur Zeit Nebukadnezars II. (605–562 v. Chr.), unter dem die Hauptstadt Babylon eine letzte Blütezeit erlebte. Das elegante, einer Ente nachempfundene 30-Kilo-Gewicht in Saal 4 stammt aus einem weit früheren babylonischen Tempel (um 2000 v. Chr.).

Einige der frühesten bekannten Belege von Schrift in Form von tönernen Keilschrifttafeln (2700 v. Chr.) birgt Saal 5. Der berühmte Vertrag von Kadesch (Saal 7) zwischen Ägyptern und Hethitern (1269 v. Chr.) wurde ursprünglich auf einer Silbertafel niedergeschrieben. Hier ist eine hethitische Kopie zu sehen. Der Vertrag enthält Klauseln wie die Rückkehrmöglichkeit eines politischen Flüchtlings, dem »weder sein Verbrechen zur Last gelegt werden soll, noch dessen Haus und Frauen und Kinder Schaden leiden sollen«.

Ziegelrelief am babylonischen Ischtar-Tor

Cağaloğlu-Bad ⑩

Cağaloğlu Hamamı

Prof. Kazım İsmail Gürkan Cad. 34, Cağaloğlu. **Stadtplan** 3 E4 (5 D3). *(0212) 522 24 24.* *Sultanahmet.* *tägl. 8–20 Uhr.* **www**.cagalogluhamami.com.tr

Diese Badeanstalt, 1741 unter Sultan Mahmud I. erbaut, zählt zu den prunkvolleren Bädern der Stadt. Die Einnahmen sollten der Erhaltung von Mahmuds Bibliothek in der Hagia Sophia *(siehe S. 72–75)* dienen.

In den kleineren Bädern Istanbuls können Männer und Frauen zu unterschiedlichen Zeiten dieselben Einrichtungen in Anspruch nehmen. In größeren Bädern wie diesem gibt es völlig getrennte Abteilungen. Im Cağaloğlu-Bad sind Männer- und Frauenabteilung im rechten Winkel zueinander angeordnet mit separaten Eingängen. Jede Abteilung hat drei Bereiche: *camekan*, *soğukluk* und das eigentliche Dampfbad *hararet*, das in der Mitte eine Marmorplatte für Massagen hat.

Zugang zum Cağaloğlu-Bad, das unter Mahmud I. erbaut wurde

Das Cağaloğlu-Bad ist bei ausländischen Besuchern beliebt, weil das Personal bereitwillig die Prozedur erklärt. Wer ungern schwitzt, kann einen Blick in den Eingangskorridor und den *camekan* der Männerabteilung werfen. Hier sieht man einige Badeutensilien wie die Holzpantoffeln, die die Frauen früher bei ihrem meist einzigen Ausflug von Heim und Herd trugen. Man kann auch bei einem Getränk die Ruhe des *camekan* genießen.

Bahnhof Sirkeci ⑪

Sirkeci Garı

Sirkeci İstasyon Cad., Sirkeci. **Stadtplan** 3 E3 (5 E1). *(0212) 527 00 50 oder 520 65 75.* *Sirkeci.* *tägl.*

Bahnhof Sirkeci, Endstation des historischen Orient-Express

Dieser prächtige Bahnhof wurde als Endstation des lang ersehnten Orient-Express erbaut. Offiziell eröffnet wurde er 1890, obwohl der Luxuszug damals bereits seit einem Jahr nach Istanbul fuhr. Es gelang dem deutschen Architekten Jasmund, Elemente verschiedener architektonischer Traditionen Istanbuls zu vereinen. Der byzantinische Wechsel von Ziegel- und Naturstein wurde mit einem seldschukischen Monumentalportal und muslimischen Hufeisenbogen kombiniert.

Das Bahnhofscafé ist ein ruhiges Refugium im Rummel der Stadt. Vom Bahnhof Sirkeci fahren Züge nach Griechenland, in andere europäische Länder und in den europäischen Teil der Türkei. Haydarpaşa *(siehe S. 133)*, der andere Istanbuler Bahnhof, liegt auf der asiatischen Seite.

Der berühmte Orient-Express

Auf seiner ersten Fahrt von Paris nach Istanbul im Jahr 1889 bewältigte der Orient-Express die 2900 Kilometer in drei Tagen. Sowohl der Bahnhof Sirkeci als auch das Hotel Pera Palas *(siehe S. 104)* wurden eigens für seine Passagiere erbaut. Zu den distinguierten Fahrgästen des »Zugs der Könige« und »Königs der Züge« zählten neben Präsidenten, Politikern, Aristokraten und Schauspielerinnen tatsächlich auch Könige. König Boris III. von Bulgarien machte es sich zur Gewohnheit, selbst den Zug zu führen, wenn er darin durch sein Land fuhr. Der Express war ein Synonym für Exotik und Romantik und wurde mit dem orientalistischen Image Istanbuls als Schmelztiegel aus Diplomaten und Waffenhändlern assoziiert. Er war Inspiration für rund 20 Bücher – allen voran *Mord im Orient-Express* von Agatha Christie und *Orient-Express* von Graham Greene –, mindestens sechs Filme und ein Musikstück. Im Kalten Krieg war es mit dem Luxus vorbei, auch wenn der Zug noch bis 1977 mit einem gewissen Service, jedoch ohne Speisewagen, zweimal wöchentlich nach Istanbul fuhr.

Orient-Express-Poster aus den 1920er Jahren mit romantischer Ansicht Istanbuls

Hotels und Restaurants in Saray Burnu *siehe Seiten 184 und 198*

Türkisches Bad

Ein Istanbul-Besuch wäre unvollständig ohne den Besuch eines türkischen Bads *(hamam)*, nach dem man sich wie neugeboren fühlt. Bis auf das Becken mit kaltem Wasser unterscheiden sich türkische Bäder kaum von ihren römischen Vorgängern.

Zur vollen Prozedur gehört eine Entspannungsphase im Dampfbad, wobei man zwischendurch mehrmals eingeseift und massiert wird. So ein wohltuendes Erlebnis dauert gut eineinhalb Stunden. Handtücher und Seife werden gestellt, eigene Toilettenartikel können aber mitgebracht werden. Zwei historische Bäder in der Altstadt, das Çemberlitaş *(siehe S. 81)* und das Cağaloğlu *(siehe S. 66 und unten)*, sind an ausländische Besucher gewöhnt. Die meisten Luxushotels haben eigene Bäder.

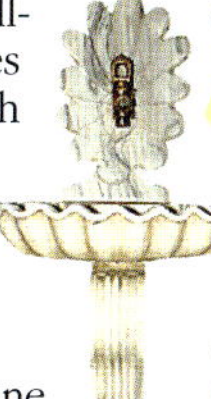

Stilvolles Waschbecken

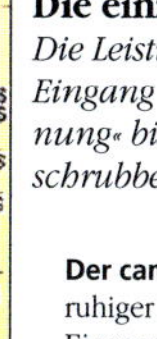

Die einzelnen Leistungen
Die Leistungen auf der Preisliste am Eingang reichen von »Selbstbedienung« bis zum Luxuspaket mit Abschrubben, Einseifen und Massage.

Umkleiden
Vor dem Umkleiden erhält man ein Tuch (peştemal), *das man sich um die Hüfte wickelt, und Sandalen für den feuchten, heißen Boden.*

Der camekan (Empfangsraum) ist ein ruhiger Innenhof in der Nähe des Eingangs, wo sich die Umkleidekabinen befinden. Im *camekan* entspannt man sich auch nach dem Bad bei einer Tasse Tee.

Eingangskorridor von der Straße

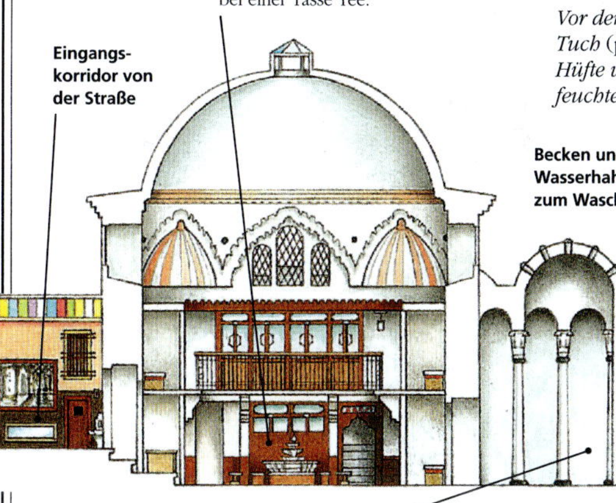

Becken und Wasserhahn zum Waschen

Kleine sternförmige Fenster durchbrechen die Kuppeln

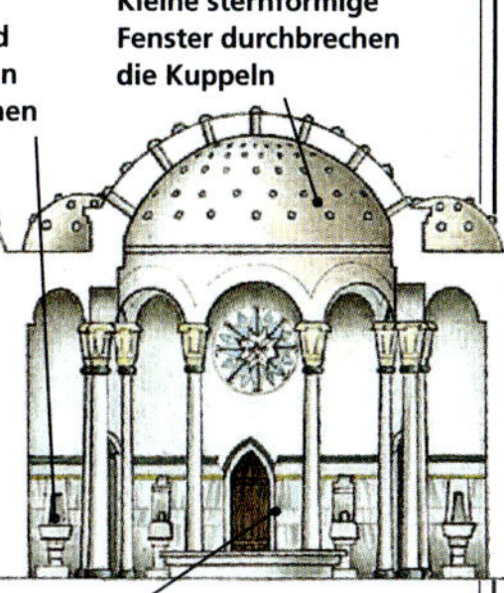

Cağaloğlu-Bad

Das prächtige Bad aus dem 18. Jahrhundert hat getrennte, identische Abteilungen für Männer und Frauen. Hier sieht man die Männerabteilung.

Der soğukluk (Warmraum) ist der temperierte Übergang vom Umkleideraum zum *hararet*. Hier erhält man beim Rückweg in den *camekan* trockene Handtücher.

Im hararet (Dampfbad), dem Zentrum jedes türkischen Bads, darf man sich, so lange man will, im Dampf aufhalten und schwitzen.

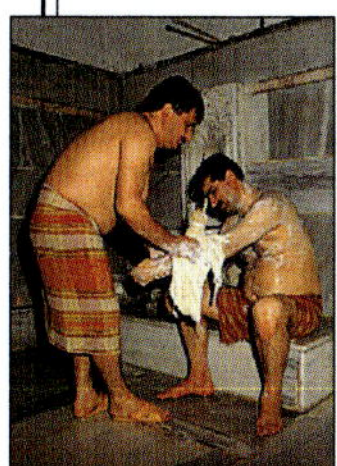

Das etwas andere Peeling
Beim Schwitzen schrubbt man selbst (oder das Personal) den Körper wiederholt energisch mit einem rauen Handschuh (kese) *ab.*

Massage
In der Mitte des Raums befindet sich eine große Marmorplatte (göbek taşı), *auf der man von Kopf bis Fuß ordentlich durchgeknetet wird.*

SULTANAHMET

Die zwei berühmtesten Gebäude Istanbuls flankieren eine Grünanlage, die gemeinhin Sultanahmet-Platz genannt wird. Der gleichnamige Stadtteil heißt nach Sultan Ahmed I., dem Bauherrn der Blauen Moschee. Dieser gegenüber erhebt sich die Hagia Sophia, ein Meisterwerk frühbyzantinischer Baukunst und heute noch eine der großartigsten Kirchen der Welt. Ein Platz in Form eines langen Rechtecks begrenzt eine Seite der Moschee. Hier lag das Hippodrom, die von den Römern um 200 n. Chr. eingerichtete Pferderennbahn. Auf der anderen Seite der Moschee erstreckte sich der byzantinische Kaiserpalast bis zum Marmarameer. Auf dem neuen Gelände stehen viele Holzhäuser.

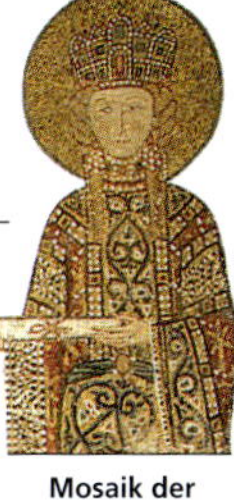

Mosaik der Kaiserin Irene in der Hagia Sophia

SEHENSWÜRDIGKEITEN AUF EINEN BLICK

Moscheen und Kirchen

Blaue Moschee S. 78f ❼
Hagia Sophia S. 72–75 ❶
Sergius-und-Bacchus-Kirche ⓮
Sokollu-Mehmed-Paşa-Moschee ⓭

Museen

Mosaikenmuseum ❻
Museum für türkische und islamische Kunst ❽
Vakıflar-Teppichmuseum ❺

Plätze und Höfe

Hippodrom ❾
Zentrum für Kunstgewerbe ❸

Historische Gebäude und Denkmäler

Bukoleon-Palast ⓯
Grabmal Sultan Mahmuds II. ⓫
Konstantinssäule ⓬
Roxelane-Bad ❹
Zisterne ❷
Zisterne der 1001 Säulen ❿

LEGENDE

Detailkarte *siehe S. 70f*
Tram-Haltestelle
Information
Moschee
Stadtmauer

IN SULTANAHMET UNTERWEGS

Die Tram zwischen Eminönü und Beyazıt hält in Sultanahmet bei der Firuz-Ağa-Moschee. Die meisten Sehenswürdigkeiten sind von dort zu Fuß erreichbar. Busse fahren zwischen Taksim und Sultanahmet.

◁ **Die eleganten Kuppeln der Blauen Moschee *(siehe S. 78f)* in der Abendsonne**

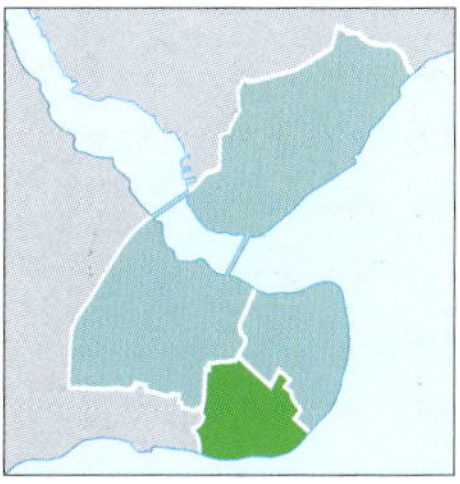

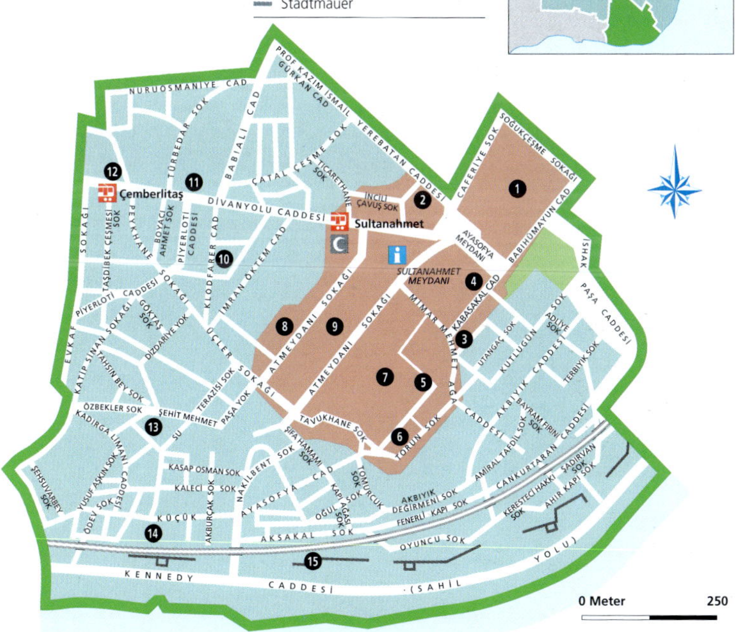

Im Detail: Sultanahmet-Platz

Der kleine Park namens Sultanahmet Meydanı (Sultanahmet-Platz) grenzt an das Hippodrom des alten Byzanz. Hier stehen sich zwei der majestätischsten Bauwerke Istanbuls gegenüber: die Blaue Moschee und die Hagia Sophia. Das historische Viertel beherbergt ferner mehrere Museen, darunter das Museum für türkische und islamische Kunst sowie das Mosaikenmuseum auf dem Areal des zerstörten Großen Palasts *(siehe S. 82f)*. Der kulturhistorische Streifzug wird stimmungsvoll begleitet von den Rufen der Teppich- und *Simit*-Verkäufer, die über den Platz hallen.

Grabmal Sultan Ahmeds I.
Bezaubernde İznik-Kacheln (17. Jh.; siehe S. 161*) zieren das Mausoleum auf dem Gelände der Blauen Moschee.*

★ Blaue Moschee
Ahmed I. ließ diese weltberühmte Moschee im frühen 17. Jahrhundert erbauen. Ihre sechs schlanken Minarette überragen weithin sichtbar den Sultanahmet-Platz. ❼

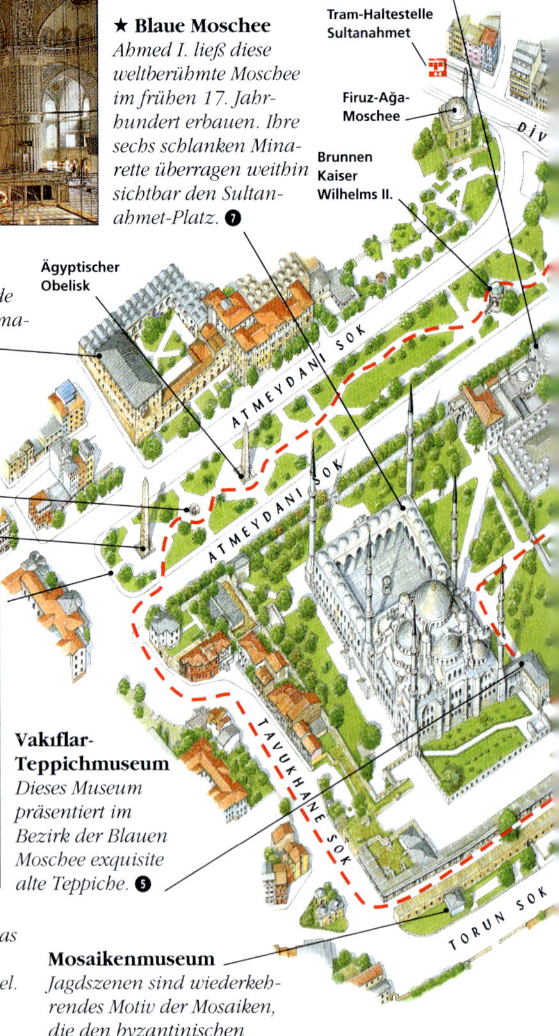

Museum für türkische und islamische Kunst
Die beeindruckenden Bestände dieses Museums umfassen Nomadenjurten und Teppiche. ❽

Tram-Haltestelle Sultanahmet

Firuz-Ağa-Moschee

Brunnen Kaiser Wilhelms II.

Ägyptischer Obelisk

ATMEYDANI SOK

ATMEYDANI SOK

DİV

LEGENDE

- - - Routenempfehlung

Schlangensäule

Bronzene Säule

TAVUKHANE SOK

TORUN SOK

Hippodrom
Über ein Jahrtausend stand das Stadion im Brennpunkt des Hauptstadtlebens, ehe es verfiel. Zu den wenigen Relikten gehören die in der Mittelachse aufgereihten Monumente. ❾

Vakıflar-Teppichmuseum
Dieses Museum präsentiert im Bezirk der Blauen Moschee exquisite alte Teppiche. ❺

Mosaikenmuseum
Jagdszenen sind wiederkehrendes Motiv der Mosaiken, die den byzantinischen Großen Palast zierten. ❻

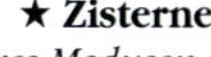

★ Zisterne
Dieses und ein weiteres Medusenhaupt dienen zwei Säulen der Zisterne als Basis. Der unterirdische Wasserspeicher wurde im 6. Jahrhundert unter Kaiser Justinian (siehe S. 20) *angelegt.* ❷

ZUR ORIENTIERUNG
Siehe Stadtplan, Karten 3 und 5

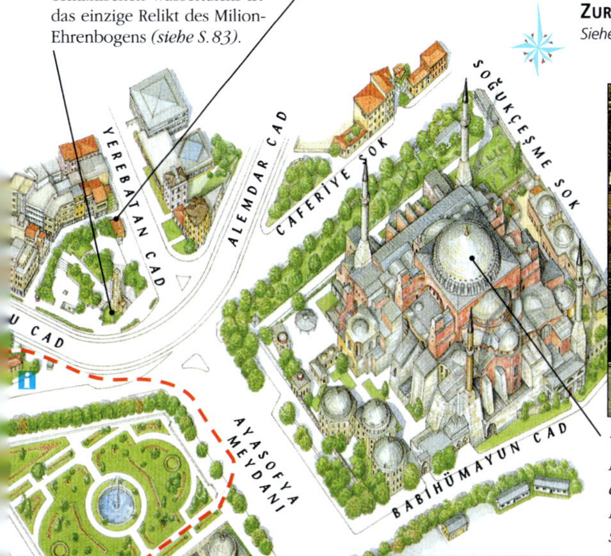

Ein steinerner Stützpfeiler nahe den Überresten eines osmanischen Wasserturms ist das einzige Relikt des Milion-Ehrenbogens *(siehe S. 83).*

★ Hagia Sophia
Die über 1400 Jahre alte, einst bedeutendste Kirche der byzantinischen Welt ist sehr gut erhalten. Besonders kostbare Details ihrer Innenausstattung sind die Mosaiken. ❶

Roxelane-Bad
Das elegante, nicht mehr betriebene Bad wurde Mitte des 16. Jahrhunderts von Sinan (siehe S. 91) *entworfen. Es ist heute Domizil eines staatlichen Teppichladens.* ❹

Hotel Yeşil Ev
(siehe S. 186)

Zentrum für Kunstgewerbe
Hier hat man Gelegenheit, türkischen Kunsthandwerkern über die Schulter zu sehen. ❸

Kavalleriebasar
Händler werden Sie bezirzen, ihre Waren, vorrangig Teppiche und Kunstgewerbliches, zumindest zu begutachten. Zwei lange Reihen von Läden säumen die Gasse dieses Basars, der früher einmal eine Stallung war.

NICHT VERSÄUMEN

- ★ Blaue Moschee
- ★ Hagia Sophia
- ★ Zisterne

Hagia Sophia ❶

Aya Sofya

Die weltberühmte Hagia Sophia oder »Kirche der Heiligen Weisheit« ist über 1400 Jahre alt – ein bewundernswertes Denkmal der hoch entwickelten byzantinischen Baukunst des 6. Jahrhunderts. Sie beeinflusste richtungsweisend die Architektur der folgenden Jahrhunderte. Die heutige, über zwei Vorgängerinnen errichtete Kirche wurde 537 n. Chr. von Kaiser Justinian geweiht. Im 15. Jahrhundert wandelten die Osmanen sie in eine Moschee um. Aus jener Zeit stammen die Minarette, Grabbauten und Brunnen. Um den gewaltigen Bau abzustützen, verstärkte man die Fassade im Lauf der Zeit mit immer mehr Pfeilern, was das ursprüngliche Erscheinungsbild veränderte.

Die Hagia Sophia auf einem Stich aus der Mitte des 19. Jahrhunderts

Seraphim zieren die Pendentifs. In der Kuppel selbst wurde im Juli 2009 das erste von vier Engelsgesichtern freigelegt.

Schmuckmedaillons

Kürsü
(siehe S. 39)

Byzantinischer Fries
Von der 415 eingeweihten Basilika Hagia Sophia sind Reste des monumentalen Portals erhalten, darunter dieser mit Schafen bebilderte Fries.

Stützende Strebepfeiler

Kaisertor

Äußerer Narthex

Innerer Narthex

Auf den Emporen wohnten früher die Frauen den Gottesdiensten bei.

Historischer Plan der Hagia Sophia

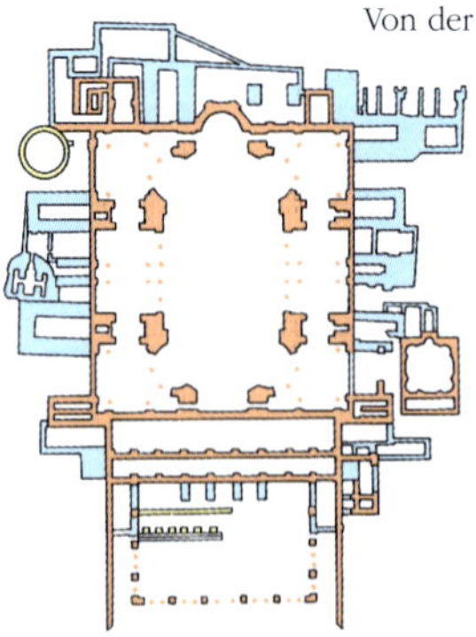

Von der ersten, im 4. Jahrhundert erbauten Kirche ist nichts mehr zu sehen. Von ihrer Nachfolgerin aus dem 5. Jahrhundert, die 532 abbrannte, erkennt man noch Spuren. Erdbeben setzten der dritten, oftmals verstärkten und erweiterten Kirche zu.

Legende

- Kirche (5. Jh.)
- Kirche (6. Jh.)
- Osmanische Anbauten

Nicht versäumen

- ★ Hauptschiff
- ★ Mosaiken
- ★ Reinigungsbrunnen

★ Hauptschiff
Die Großartigkeit dieses Raums, dessen mächtige Kuppel in einer Höhe von 56 Metern endet, nimmt jeden Besucher gefangen.

INFOBOX

Ayasofya Meydanı, Sultanahmet. **Stadtplan** 3 E4 (5 F3). *(0212) 522 17 50.* *Sultanahmet.* *Di–So 9–17 Uhr.* *drei Mausoleen derzeit wegen Restaurierung.* *nur Erdgeschoss.*

Ziegelminarett

★ Mosaiken
Herrliche byzantinische Mosaiken schmücken die Kirche. Dieses, zu sehen am Ende der Südempore, zeigt Christus zwischen Kaiser Konstantin IX. und dessen Gemahlin Zoe.

Sultansloge

Müezzin mahfili *(siehe S. 38)*

Auf dem Krönungsplatz wurden die Kaiser gekrönt.

Mausoleum Mehmeds III.

Bibliothek von Sultan Mahmud I.

Mausoleum Selims II.
Dieses älteste der drei Mausoleen wurde 1577 nach Entwürfen von Sinan (siehe S. 91) *fertiggestellt. Das Innere ist ganz und gar mit İznik-Kacheln verkleidet.*

Im Mausoleum Murads III. ruht der gleichnamige Sultan. Bis zu seinem Tod im Jahr 1599 hatte er 102 Kinder gezeugt.

Eingang

Ausgang

Das Baptisterium, Teil der Kirche aus dem 6. Jahrhundert, wurde zum Mausoleum zweier Sultane umgebaut.

★ Reinigungsbrunnen
Dieser um 1740 errichtete Brunnen ist ein entzückendes Beispiel des türkischen Rokoko. Bunte florale Reliefs zieren sein Dach.

Hagia Sophia: Glanzlichter

Medaillon mit Kalligrafiedekor

Ein irdischer Spiegel des Himmels sollte die Hagia Sophia sein – und man fühlt sich in ihr tatsächlich entrückt in höhere Sphären. Künstlerische Glanzlichter sind die schimmernden figürlichen Mosaiken, Überreste des Dekors, der einst die oberen Wandpartien überzog. Angefertigt wurden diese Meisterstücke byzantinischer Kunst nach dem Bildersturm *(siehe S. 20)*, im 9. Jahrhundert und später. Die ornamentalen Mosaikdecken dagegen, vor allem jene im Narthex und im benachbarten Kriegervestibül, entstammen teilweise der Erstausstattung des 6. Jahrhunderts.

Ansicht des Innenraums nach der Restaurierung im 19. Jahrhundert

Erdgeschoss

Man betritt die Kirche durch das einst dem Kaiser und seinem Gefolge vorbehaltene Kaisertor. Über diesem erblickt man das erste der erhaltenen byzantinischen Mosaiken. Es zeigt **Christus auf dem Thron mit einem niederknienden Kaiser** ①, sehr wahrscheinlich Kaiser Leon VI. *(siehe S. 21)*. Entstanden ist das Mosaik zwischen 886 und 912 n. Chr.

Die auffälligsten Akzente im Erdgeschoss des Hauptschiffs wurden von osmanischen Sultanen nach Konstantinopels Eroberung 1453 und der Umwandlung der Kirche zur Moschee gesetzt.

Der **Mihrab** ②, die gen Mekka gewandte Gebetsnische, wurde gegenüber dem Eingang in der Apsis platziert. Die **Sultansloge** ③ links davon ist ein Werk der Gebrüder Fossati, jener italienisch-schweizerischen Architekten, die 1847–49 im Auftrag von Sultan Abd ül-Medschid die Hagia Sophia überholten.

Murad III. (1574–1595) ließ den **Minbar** ④, die Kanzel, zur Rechten des Mihrab hinzufügen, ebenso die vier ***müezzin mahfilleri*** ⑤, Marmorpodeste für Koranleser. An das größte Podest neben dem Minbar schließt sich der marmorverzierte **Krönungsplatz** ⑥ an. Dort stand vermutlich der Thron der byzantinischen Kaiser, der als *omphalos* (»Nabel«) das Zentrum der Welt symbolisierte. 1739 wurde im südlichen Seitenschiff die **Bibliothek Mahmuds I.** ⑦ eingerichtet, die man durch eine dekorative Bronzetür betritt.

An der gegenüberliegenden Seite des Hauptschiffs flankieren zwei Säulen den marmornen, unter Murad IV. (1623–1640) installierten **Predigerthron** ⑧. Hinter diesem befindet sich eine von mehreren **Maqsuras** ⑨, jene umgitterten niedrigen Plattformen, die vor Wänden und an Pfeilern Älteren Gelegenheit zum Sitzen, Zuhören und Lesen des Korans bieten.

Im Nordwest- und Westeck der Kirche stechen zwei – vermutlich hellenistische oder frühbyzantinische – **Marmorurnen** ⑩ ins Auge. Hinter einer steht die rechteckige **Säule Gregors des Wundertäters** ⑪, der man wundersame Heilkraft zuschreibt.

Bei Verlassen der Kirche passieren Sie das Kriegervestibül; die Leibgarde des Kaisers wartete hier, wenn der Herrscher die Kirche besuchte. Blicken Sie nach Betreten des Raums zurück auf das herrliche **Mosaik der heiligen Maria mit Konstantin und Justinian** ⑫ über der Tür. Im Zentrum sitzt

Grundriss Hagia Sophia

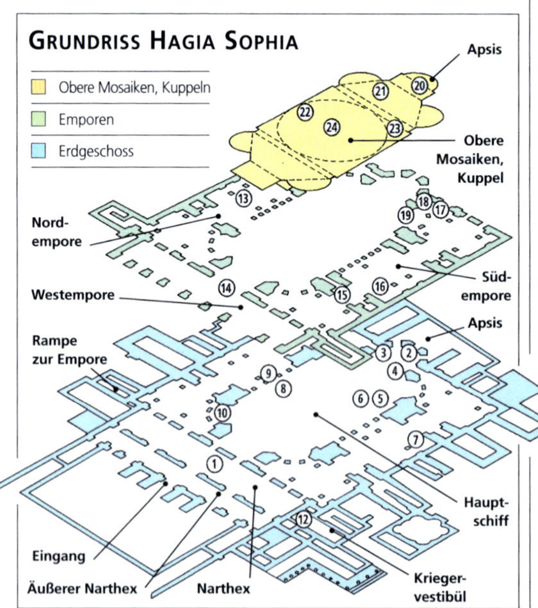

Maria mit dem Jesuskind auf einem Thron. Konstantin, abgebildet zu ihrer Rechten, bringt ihr die Stadt Konstantinopel, Justinian die Hagia Sophia dar. Das Mosaik entstand lange nach dem Tod dieser byzantinischen Kaiser, wohl im 10. Jahrhundert zur Regierungszeit von Basileios II. *(siehe S. 21)*. Besucher verlassen die Kirche durch das Portal, das wegen der Nähe zum Großen Palast *(siehe S. 82f)* für den Kaiser reserviert war.

Christusfigur (Ausschnitt des Deesismosaiks in der Südempore)

Emporen

Eine Rampe führt vom Erdgeschoss auf die Nordempore. Dort erblicken Sie an der Ostseite des großen Nordwestpfeilers auf einem Mosaik des 10. Jahrhunderts **Kaiser Alexander, einen Schädel haltend** ⑬. Eine mittelalterliche Zeichnung einer Galeone mit geblähten Segeln ziert die Westwand desselben Pfeilers.

Beachtung verdient auf der Westempore nur die grüne Marmorscheibe, die den Standort des byzantinischen **Kaiserinnenthrons** ⑭ markiert.

Mehr gibt es auf der Südempore zu sehen, etwa die marmornen **Tore von Himmel und Hölle** ⑮, über die man wenig mehr weiß, als dass sie schon vor der osmanischen Eroberung *(siehe S. 26)* hier standen. Nach Passieren der Tore entdecken Sie in der Ecke zur Rechten das **Deesismosaik** ⑯ mit Christus als Pantokrator (Allherrscher), Maria und Johannes dem Täufer. Hier gegenüber ist in den Boden das Grab von Enrico Dandolo eingelassen, jenem Dogen von Venedig, der die Einnahme von Konstantinopel durch die Kreuzfahrer 1204 *(siehe S. 24)* unterstützte.

Das letzte Wandfeld der Südempore birgt zwei weitere Mosaiken: rechts **Maria mit dem Jesuskind zwischen Kaiser Johannes II. Komnenos und Kaiserin Irene** ⑰, links **Christus mit Kaiser Konstantin IX. Monomachos und Kaiserin Zoe** ⑱, wobei man Konstantins und Zoes Gesichter verändert hat.

Die acht **Holztafeln** ⑲ über dem Hauptschiff wurden von den Gebrüdern Fossati angebracht. Ihre Kalligrafien nennen die Namen von Allah, dem Propheten Mohammed, den vier ersten Kalifen sowie von Hasan und Hussein, zwei als Märtyrer verehrten Enkeln des Propheten.

Mosaik Mariens mit dem Kaiserpaar Johannes II. Komnenos und Irene

Mosaik des Erzengels Gabriel an der unteren Apsiswand

Obere Mosaiken und Kuppeln

In der Apsis fesselt das **Mosaik der Muttergottes mit dem Jesuskind auf dem Schoß** ⑳. Zwei weitere Mosaiken zeigen die Erzengel **Gabriel** ㉑ und – fragmentarisch bewahrt – Michael. Die Enthüllung der Mosaiken am Ostersonntag 867 besiegelte triumphal die Beilegung des Bildersturms *(siehe S. 21)*.

Südempore und Hauptschiff geben den Blick frei auf drei **Mosaikporträts von Heiligen** ㉒ in den Nischen des nördlichen Tympanons; von links nach rechts: Ignatius der Jüngere, Johannes Chrysostomos und Ignatius Theophorus.

Auf den Mosaiken in den Pendentifs oder Hängezwickeln (konkave Dreiecksflächen im Fußkreis der Kuppel) schweben **Seraphim** ㉓, sechsflügelige Engel. Die Mosaiken in den östlichen Pendentifs wurden 1346–55 angebracht, jene an der Westseite im Zuge der Restaurierung des 19. Jahrhunderts historischen Vorbildern nachempfunden. Koranzitate zieren die 65 Meter hohe **Hauptkuppel** ㉔. Diese war einst mit einem goldenen Mosaikmantel verkleidet. Im Juli 2009 wurde unter sechs Schichten Putz in der Hauptkuppel das erste von vier riesigen Engelsgesichtern freigelegt.

Die unterirdische Höhlenwelt der byzantinischen Zisterne

Zisterne ❷

Yerebatan Sarayı

13 Yerebatan Cad., Sultanahmet. **Stadtplan** 3 E4 (5 E4). *(0212) 522 12 59.* *Sultanahmet.* *tägl. 9–17.30 Uhr (Okt–Apr: 8.30–16 Uhr).*

Der weitläufige unterirdische Wasserspeicher ist technisch wie ästhetisch ein Musterbeispiel byzantinischer Baukunst und Istanbuls ausgefallenste Sehenswürdigkeit. Ein kleineres Reservoir war wohl Vorläufer des höhlenartigen Gewölbes, welches 532 n. Chr. unter Kaiser Justinian angelegt wurde und vorrangig den steigenden Wasserbedarf des Großen Palasts *(siehe S. 82f)* auf der anderen Seite des Hippodroms *(siehe S. 80)* stillen sollte. Die Osmanen entdeckten die Zisterne erst ein Jahrhundert nach ihrer Eroberung der Stadt *(siehe S. 26)* – als sie bemerkt hatten, dass Einwohner mit Eimern Wasser und Fische aus Kellergruben schöpften.

Man kann die Gänge der Unterwelt zu Klängen klassischer Musik und tröpfelnden Wassers erkunden. Nur mehr zwei Drittel der Anlage sind zu sehen, der Rest wurde im 19. Jahrhundert zugemauert.

336 Säulen stützen das Gewölbe. Im äußersten linken Winkel ruhen zwei Säulen auf Medusenhäuptern – vermutlich wurden die Skulpturen geplündert, und die Säulen markierten ein Nymphäum, ein Heiligtum für Wassernymphen.

Zentrum für Kunstgewerbe ❸

Mehmet Efendi Medresesi

Kabasakal Cad. 5, Sultanahmet. **Stadtplan** 3 E4 (5 E4). *(0212) 517 67 82.* *Adliye.* *tägl. 9.30–17.30 Uhr.*

Wer sich für Handwerkskunst interessiert, sollte diese ehemalige Koranschule aufsuchen. Hier sieht man Meister am Werk: Sie binden Bücher, erstellen zierliche Kalligrafien oder glasieren und bemalen Tongefäße. Alle Produkte, wie exquisite Puppen, Meerschaumpfeifen und Schmuck in traditionellem osmanischem Design, sind zu kaufen.

Nebenan beherbergt ein osmanisches Haus das Hotel Yeşil Ev *(siehe S. 186)* mit einem Café im Hof.

Roxelane-Bad ❹

Haseki Hürrem Hamamı

Ayasofya Meydanı, Sultanahmet. **Stadtplan** 3 E4 (5 E4). *(0212) 638 00 35.* *Sultanahmet.* *Mi–Mo 9–17 Uhr.*

Dieses Bad ist nach der intriganten Hauptfrau von Suleiman I. *(siehe S. 26)* benannt. Sinan *(siehe S. 91)* schuf die Anlage 1556/57 in Suleimans Auftrag für die Gemeinde der damals als

Roxelane

Die machtgierige Roxelane (1500–1558), im Türkischen unter dem Namen »Haseki Hürrem« bekannt, soll russischer Abkunft gewesen sein. Sie stieg von einer Konkubine im Sultansharem zur Hauptfrau – der ersten *kadın* *(siehe S. 28)* – Suleimans I. auf und war die erste weibliche Bewohnerin des Topkapı-Palasts *(siehe S. 54–59)*. Roxelane kannte keine Skrupel. Als sie ihre Position durch Suleimans Jugendfreund und Großwesir İbrahim Paşa bedroht sah, brachte sie den Sultan dazu, den Rivalen strangulieren zu lassen. Jahre später, 1553, gelang ihr der größte Coup: Auf ihr Zureden hin ließ Suleiman seinen erstgeborenen Sohn, den hübschen und beliebten Mustafa, von Taubstummen umbringen. Damit war für Roxelanes Sohn Selim der Weg auf den Thron frei.

Das Roxelane-Bad (16. Jh.), lange Zeit Domizil eines Teppichladens, wurde rückgebaut

Moschee dienenden Hagia Sophia *(siehe S. 72–75)*. Die vollkommene Symmetrie macht den Bau zum schönsten Badehaus der Stadt.

Bis 1910 war das Bad in Benutzung, danach beherbergte der Bau viele Jahre lang einen staatlichen Teppichladen, und erst vor Kurzem wurde er in ein Museum umgewandelt.

Die typische Anlage eines türkischen Bads *(siehe S. 67)* ist noch klar erkennbar. Die Eingänge zum Männer- und Frauentrakt befinden sich an entgegengesetzten Seiten. Beide führen in einen *camekan*, eine weite Kuppelhalle, deren Zentrum ein Brunnen bildete. Der anschließende kleine Übergangsraum, der *soğukluk*, leitet in das Dampfbad oder *hararet*. In beiden *hararetler* steht ein sechseckiges Massagepodest, *göbek taşı* genannt. Die bunten Marmorintarsien der Podeste deuten an, dass sich hier hochherrschaftliche Gäste durchwalken ließen.

Vakıflar-Teppichmuseum ❺

Vakıflar Halı Müzesi

Herrscherpavillon, Blaue Moschee, Sultanahmet. **Stadtplan** 3 E5 (5 E4). *(0212) 518 13 30. Sultanahmet.* *Di–Sa 9–12, 13–16 Uhr.* *Feiertage.*

Links vom Haupteingang der Blauen Moschee *(siehe S. 78f)* führt eine Rampe hinauf zu diesem Museum im ehemaligen herrschaftlichen Pavillon. Ahmed I. ließ den Pavillon auf dem Moscheegelände erbauen. Darin lauschten er und seine Nachfolger der Freitagspredigt.

Die Teppiche *(siehe S. 218f)* dieser Kollektion sind zum Schutz vor Lichtschäden hinter getöntem Glas ausgestellt. Sie stammen aus dem 16. bis 19. Jahrhundert, vorwiegend aus den Regionen Uşak, Bergama und Konya in Westanatolien. Der Erhalt jahrhundertealter Teppiche ist oft ein wesentlicher Verdienst von Moscheen: So schmückten sämtliche Exponate dieses Museums vor noch nicht allzu langer Zeit Moscheen.

Detail eines Mosaiks (5. Jh.) im Mosaikenmuseum

Mosaikenmuseum ❻

Mozaik Müzesi

Arasta Çarşısı, Sultanahmet. **Stadtplan** 3 E5 (5 E5). *(0212) 518 12 05. Sultanahmet.* *Di–So 9–17.00 Uhr.*

Das Museum steht auf dem Ausgrabungsfeld des um 1930 entdeckten Großen Palasts der byzantinischen Kaiser *(siehe S. 82f)*. In seiner Blütezeit hatte der Palast Hunderte von Räumen, von denen viele mit goldenen Mosaiken verziert waren. Die freigelegten Bodenmosaiken sind am Fundort unter einem Schutzdach zu sehen. Sie stellen Haustiere und eine Reihe von wilden Tieren dar sowie Jagd- und Kampfszenen. Vermutlich pflasterten sie im späten 5. Jahrhundert n. Chr. den Säulengang von den Wohngemächern zur Kaiserloge.

Blaue Moschee ❼

Siehe S. 78f.

Museum für türkische und islamische Kunst ❽

Türk ve İslam Eserleri Müzesi

Atmeydanı Sok., Sultanahmet. **Stadtplan** 3 D4 (5 D4). *(0212) 518 18 05. Sultanahmet.* *Di–So 9–16.30 Uhr.*

Untergebracht ist diese ab dem 19. Jahrhundert zusammengetragene Kollektion im Palast von İbrahim Paşa (um 1493–1536), dem fähigsten Großwesir Suleimans. Die 40 000 Exponate reichen von frühislamischer Zeit, der Kalifendynastie der Omajjaden (661–750), bis zur Moderne.

Ausführlich in Türkisch und Englisch kommentiert, beleuchtet jeder Raum eine Epoche oder Region des islamischen Kulturraums. Die renommierte Teppichsammlung umfasst Fragmente seldschukischer Arbeiten des 13. Jahrhunderts ebenso wie prunkvolle persische Seidenteppiche, die vom Boden bis zur Decke die Wände der großen Halle ausfüllen.

Der Lebensweise von Turkvölkern, besonders der Nomaden Zentral- und Ostanatoliens widmet sich eine Abteilung im Erdgeschoss. Sehenswert sind hier z. B. die Rekonstruktionen einer Filzjurte und eines traditionellen Zeltes.

Inneres einer Jurte, Museum für türkische und islamische Kunst

Blaue Moschee ❼

Sultan Ahmet Camii

Der vorwiegend blaue Innenschmuck aus İznik-Fayencen *(siehe S. 161)* hat der Blauen Moschee, einem der berühmtesten Sakralbauten der Welt, ihren Namen verliehen. Die Moschee wirkt heiter-ruhig – und wie verzaubert, wenn sie nachts im Scheinwerferlicht erstrahlt und Seemöwen mit klagenden Schreien um ihre Minarette segeln. Der Mehmed Ağa erbaute sie 1609–16 im Auftrag von Sultan Ahmed I. Damals sank der Glücksstern der Osmanen, das kostspielige Projekt stieß auf harsche Kritik, zumal sechs Minarette als frevelhafte Anmaßung gegenüber Mekka begriffen wurden.

Blick vom Hippodrom *(siehe S. 80)* auf die Blaue Moschee, Stich aus dem 19. Jahrhundert

Dicke Pfeiler helfen das Gewicht der Kuppel zu tragen.

Mihrab

In der Loge *(siehe S. 39)* nahmen der Sultan und sein Gefolge an den Gebetsstunden teil.

Der Herrscherpavillon beherbergt heute das Vakıflar-Teppichmuseum *(siehe S. 77)*.

Minbar

Der fein gemeißelte Minbar aus weißem Marmor stammt aus dem 17. Jahrhundert. Auf ihm hält der Imam die Freitagspredigt (siehe S. 38f).

Gebetssaal

Besucherausgang

Müezzin mahfili *(siehe S. 38)*

Eingang zum Vorhof

★ İznik-Kacheln

Bei der Ausschmückung der Moschee scheute man keine Kosten. Die Kacheln wurden zur Blütezeit der İznik-Manufakturen (siehe S. 161) *hergestellt.*

NICHT VERSÄUMEN

- ★ Ansicht der Kuppeln
- ★ Dekor der Kuppeln
- ★ İznik-Kacheln

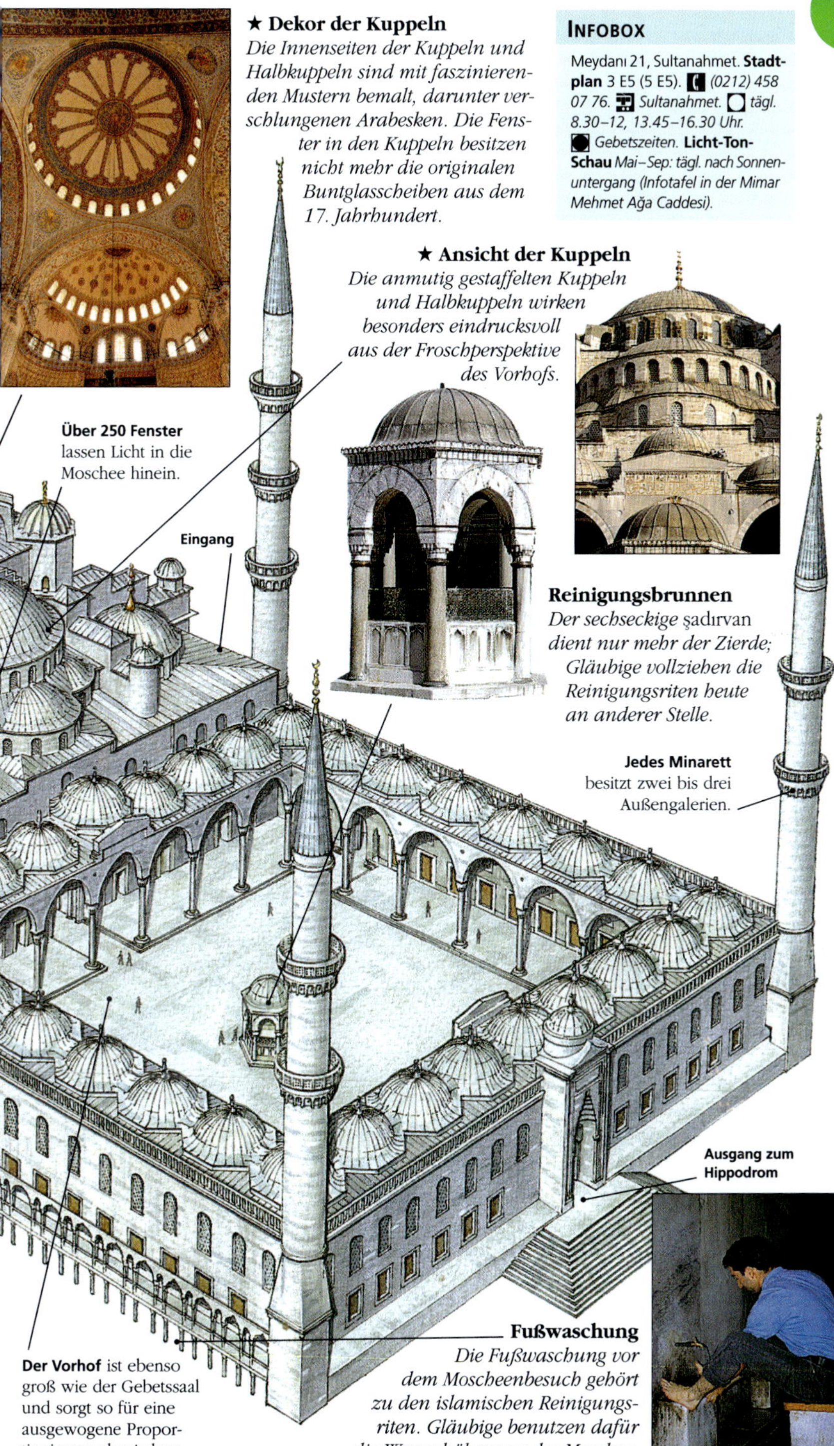

INFOBOX

Meydanı 21, Sultanahmet. **Stadtplan** 3 E5 (5 E5). *(0212) 458 07 76. Sultanahmet. tägl. 8.30–12, 13.45–16.30 Uhr. Gebetszeiten.* **Licht-Ton-Schau** *Mai–Sep: tägl. nach Sonnenuntergang (Infotafel in der Mimar Mehmet Ağa Caddesi).*

Stadtplan *siehe Seiten 246–263*

Der Ägyptische Obelisk und die Schlangensäule des Hippodroms

Hippodrom ❾

At Meydanı

Sultanahmet. **Stadtplan** 3 E4 (5 D4). *Sultanahmet.*

Wenig zeugt noch vom gigantischen Stadion im Herzen der byzantinischen Hauptstadt Konstantinopel *(siehe S. 22f).* Angelegt wurde es unter Kaiser Septimius Severus im 3. Jahrhundert beim Wiederaufbau der Stadt *(siehe S. 19).* Kaiser Konstantin *(siehe S. 20)* ließ es vergrößern und die Kaiserloge oder *kathisma* mit dem Großen Palast *(siehe S. 82f)* verbinden. 100 000 Personen soll das Hippodrom damals gefasst haben. Heute dient das Areal als Park namens At Meydanı, »Platz der Pferde«. So spärlich die Spuren sind, lassen sie doch Ausmaß und Bedeutung des Hippodroms ahnen.

Relief an der Basis des Ägyptischen Obelisken

Die Straße, die das Rechteck des Platzes umläuft, folgt ziemlich genau der Bahn, auf der die Wagenlenker ihre Pferde ins Ziel hetzten. Begibt man sich ein paar Schritte in die İbret Sokağı, entdeckt man Bogen, die an der Endkurve den Wendepunkt markierten. Konstantin schmückte die *spina*, das lange Podest in der Mitte der Bahn, mit altägyptischen Obelisken und griechischen Säulen und gab so seiner neuen Hauptstadt historischen Anstrich. Durch Abwesenheit glänzt die Säule, die an der Stelle des heutigen Fremdenverkehrsbüros aufragte: Sie war gekrönt von den berühmten vier bronzenen »Pferden von San Marco«, die beim vierten Kreuzzug *(siehe S. 24)* von Venezianern erbeutet und nach Venedig verschleppt wurden. Drei weitere Denkmäler stehen noch an Ort und Stelle, so der **Ägyptische Obelisk**. 1500 v. Chr. erbaut, wurde er auf Konstantins Befehl von seinem Platz bei Luxor hierher verbracht. Er ist meisterlich behauen, allerdings beschädigt und auf etwa ein Drittel seiner Originalgröße geschrumpft. Sein Reliefsockel (4. Jh. n. Chr.) zeigt Theodosius I. *(siehe S. 20)* mit Familie bei diversen Anlässen in der *kathisma*. An den vier Seiten sind ein Wagenrennen, Theodosius mit Lorbeerkranz für eine Siegerehrung, dem Kaiser huldigende Gefangene und die Aufstellung des Obelisken dargestellt.

Die **Schlangensäule** (um 479 v. Chr.) daneben wurde aus Delphi hierher verschifft. Im 18. Jahrhundert schlug ein betrunkener polnischer Edelmann den Schlangen die Häupter ab. Eines davon ist im Archäologischen Museum *(siehe S. 62–65)* ausgestellt.

Unbestimmten Alters ist der Obelisk, der – nach dem Kaiser, der ihn restaurieren ließ – **Säule des Konstantin VII. Porphyrogennetos** genannt wird. Da er angeblich einst mit Bronze verkleidet war, heißt er auch Bronzene Säule. Sein ramponierter Zustand geht nicht zuletzt auf das Konto der jungen Janitscharen *(siehe S. 127)*, die hier ihre Kletterkunst bewiesen.

Außer den drei Monumenten steht nur noch der überkuppelte Brunnen, der an den Istanbul-Besuch des deutschen Kaisers Wilhelm II. im Jahr 1898 erinnert.

Das Hippodrom war Schauplatz einer der blutigsten Begebenheiten der Stadtchronik. 532 n. Chr. artete ein Kampf gegnerischer Wagenlenkerteams in den Nika-Volksaufstand aus. Die Revolte wurde gnadenlos niedergeschlagen: Söldner unter Belisarius, dem General Justinians, metzelten 30 000 im Hippodrom eingekesselte Menschen nieder.

Zisterne der 1001 Säulen ❿

Binbirdirek Sarnıcı

Klodfarer Cad., Sultanahmet. **Stadtplan** 3 D4 (5 D4). *(0212) 638 22 38.* *Çemberlitaş.* *Mo–Fr 8.30–16 Uhr.*

Dieser nach der Zisterne *(siehe S. 76)* größte byzantinische Wasserspeicher der Stadt stammt aus dem 4. Jahrhundert n. Chr. Er bedeckt eine Fläche von 64 mal

Veranstaltungen im Hippodrom

Am 11. Mai 330 n. Chr. feierte man im Hippodrom die Einweihung der Hauptstadt Konstantinopel *(siehe S. 20)*. 1300 Jahre diente das Stadion dann als Megabühne der Stadt. Publikumsmagneten waren in byzantinischer Zeit die Wagenrennen. Nach der osmanischen Eroberung *(siehe S. 26)* verfiel das Hippodrom, wurde aber noch für Massenveranstaltungen genutzt. Auf dieser Illustration aus dem 16. Jahrhundert beobachtet Murad III. die 52 Tage währenden Feiern zu Ehren der Beschneidung seines Sohnes Mehmed. Dabei demonstrierten Istanbuls Gilden in einer Parade ihre Handwerkskünste.

Sultan Murad III.

Palast des İbrahim Paşa (Museum für türkische und islamische Kunst; *siehe S. 77*)

Säule des Konstantin VII. Porphyrogennetos

Schlangensäule

Ägyptischer Obelisk

56 Metern. 264 Marmorsäulen – die Zahl 1001 ist eine orientalisch-lyrische Übertreibung – stützen das im Fischgrätenverbund aus Mauerziegeln konstruierte Gewölbe. Es ist noch nicht lange her, dass nur abenteuerliche Besucher die verschüttete Zisterne erkundeten. Heute lockt sie als stimmungsvolles Einkaufszentrum mit Läden, die auf typisch osmanische Waren wie Schmuck, Teppiche und Kacheln spezialisiert sind.

Grabmal Sultan Mahmuds II. ⓫

Mahmut II Türbesi

Divanyolu Cad., Çemberlitaş. **Stadtplan** 3 D4 (4 C3). *Çemberlitaş.* *tägl. 9.30–16.30 Uhr.*

Dieses achteckige Mausoleum ist im Empirestil gestaltet, der altrömische Vorbilder aufgriff. Es wurde 1838 errichtet, ein Jahr vor dem Tod Mahmuds II. Auch die Sultane Abd ül-Asis und Abd ül-Hamid II. *(siehe S. 32f)* sind hier beigesetzt. Korinthische Säulen gliedern die mit Symbolen des Wohlstands und Sieges reich geschmückten Innenwände. Das Grabmal beherrscht einen Friedhof, in dem man kunstvolle Grabsteine, einen Brunnen und ein nettes Café entdeckt.

Konstantinssäule ⓬

Çemberlitaş

Yeniçeriler Cad., Çemberlitaş. **Stadtplan** 3 D4 (4 C3). *Çemberlitaş.* **Çemberlitaş-Bad** Vezirhanı Cad. 8. *(0212) 511 25 35.* *tägl. 6–24 Uhr.*

Stürmen und Bränden hat diese 35 Meter hohe Säule getrotzt. Sie wurde 330 n. Chr. bei der Einweihungsfeier der neuen byzantinischen Hauptstadt *(siehe S. 20)* aufgestellt und bildete den Blickfang des großartigen Konstantin-Forums *(siehe S. 23)*.

Die Säule besteht aus Porphyr aus dem ägyptischen Heliopolis. Sie trug auf einem korinthischen Kapitell eine Statue, die Kaiser Konstantin als Apollon zeigte, im Jahr 1106 aber bei einem Sturm zerschellte. Der Stumpf wurde, obwohl kein beeindruckendes Kunstwerk, auf sorgfältige Weise konserviert. Die zehn Trommeln des Schafts wurden 416 mit Metallringen verstärkt und diese 1701 unter Sultan Mustafa III. erneuert, weshalb die Säule im Türkischen Çemberlitaş (»Reifensäule«) heißt. Ausländer nennen sie auch »verbrannte Säule«, da sie mehrfach Brandschäden erlitt. Besonders heftig wütete das Feuer, das 1779 den Großen Basar *(siehe S. 98f)* zerstörte.

Der mit einem Steinmantel verstärkte Säulensockel soll ausgefallene heilige Reliquien gehütet haben, unter anderem die Axt, mit der Noah die Arche baute, das Salbgefäß der Maria Magdalena sowie Krumen der von Jesus wundersam vermehrten Brotlaibe.

Konstantinssäule

In nächster Nähe der Säule, an der Ecke zur Divanyolu Caddesi, liegt das Çemberlitaş-Bad. Dieser herrliche *hamam* *(siehe S. 67)* wurde im Jahr 1584 im Auftrag von Nur Banu, der Gemahlin von Sultan Selim II., nach Plänen von Sinan *(siehe S. 91)* erbaut. Es besitzt, obgleich der ursprüngliche Frauentrakt nicht erhalten ist, nach Geschlechtern getrennte Abteilungen. Das Personal ist an ausländische Gäste gewöhnt und der Ort daher ideal, um erstmals in den Genuss eines türkischen Bads zu kommen, für das man gut eineinhalb Stunden einrechnen sollte.

Sokollu-Mehmed-Paşa-Moschee ⓭

Sokollu Mehmet Paşa Camii

Şehit Çeşmesi Sok., Sultanahmet. **Stadtplan** 3 D5 (4 C5). *Çemberlitaş oder Sultanahmet.* *tägl.*

Der Baumeister Sinan *(siehe S. 91)* schuf die Moschee 1571/72 für Sokollu Mehmed Paşa, den Großwesir von Selim II. *(siehe S. 32).* Das Problem der Hanglage löste er durch eine viel bewunderte schlichte Konzeption. Vom Eingang an der Straße steigt eine steile Treppe, vorbei am erhöhten Unterrichtssaal der noch betriebenen Medrese *(siehe S. 38)*, zum Außenhof der Moschee auf.

Nur die gekachelten Bogenfelder über den Portikusfenstern lassen ahnen, welch zauberhaftes Interieur die Besucher erwartet: İznik-Fayencen *(siehe S. 161)* in herrlichem Grünblau bedecken die Wand, die gegenüber dem Eingang den geschnitzten Mihrab säumt. Sechs Buntglasfenster ergänzen das eigens für diesen Raum kreierte Kacheldekor, das auch den »Hut« des Minbar schmückt. Die übrigen Wände bestehen überwiegend aus schlichtem Stein, sparsam aufgelockert durch Fayencenfelder. Das kleine grünliche Steinfragment in der Wand über dem Eingang soll vom Hadschar stammen, dem heiligen Schwarzen Stein der Kaaba in Mekka.

Innenraum der Sokollu-Mehmed-Paşa-Moschee (16. Jh.)

Sergius-und-Bacchus-Kirche

Sergius-und-Bacchus-Kirche ⓮

Küçük Ayasofya Camii

Küçük Ayasofya Cad. **Stadtplan** 3 D5 (4 C5). *Çemberlitaş, Sultanahmet.* *tägl.*

Die sogenannte kleine Hagia Sophia wurde 527 in kaiserlichem Auftrag zu Beginn der langen Amtsära Justinians *(siehe S. 20)* und seiner Gemahlin Theodora errichtet, wenige Jahre vor dem Neubau ihrer großen Namensschwester *(siehe S. 72–75).* Die einfallsreiche, äußerst dekorative Kirche wirkt innen wie außen leicht chaotisch und ist dadurch eines der charmantesten Baudenkmäler der Stadt.

Innen stützt ein unregelmäßiges, zwei Stockwerke hohes Säulenachteck eine ausladende Mittelkuppel mit 16 Wöl-

Rekonstruktion des Grossen Palasts

Im heutigen Stadtteil Sultanahmet erstreckte sich der byzantinische Große Palast. In seiner Glanzzeit stand er in Europa einzig da: Mittelalterliche Besucher waren von seiner Pracht geblendet. Der weite Komplex – darunter Wohn- und Repräsentationsbauten, Kirchen, Höfe und Gärten – senkte sich vom Hippodrom über einen terrassierten Hang bis hinab zum kaiserlichen Hafen am Marmarameer. Der im 4. Jahrhundert von Kaiser Konstantin angelegte Palast wurde in Etappen erweitert, nach dem 532 beim Nika-Aufstand *(siehe S. 80)* entfachten Brand von Justinian, danach von späteren Kaisern, besonders aufwendig im 9. Jahrhundert von Basileios I. *(siehe S. 21).* In der zweiten Hälfte des 13. Jahrhunderts schließlich wurde er zugunsten des Blachernen-Palasts *(siehe S. 117)* aufgegeben.

Die Mese war eine von Läden und Statuen gesäumte Kolonnadenstraße.

Hippodrom *(siehe S. 80)*

Hormisdas-Palast

Kirche St. Peter und Paul

Sergius-und-Bacchus-Kirche

bungen. Die Mosaiken an den Wänden sind längst abgebröckelt, die grünen und roten Marmorsäulen jedoch, die feine Ornamentik der Kapitelle und der gemeißelte Fries über den Säulen sind Reste des Originaldekors.

Die Inschrift des Frieses nennt in scharf konturierten griechischen Lettern die Gründer der Kirche. Sie erwähnt auch Sergius, nicht aber Bacchus. Die beiden Heiligen waren römische Zenturionen, die sich zum Christentum bekannten und den Märtyrertod starben. Justinian betrachtete sie als seine Lebensretter: Als er als junger Mann in ein Mordkomplott gegen seinen Onkel Justin I. verwickelt war, sollen die Heiligen diesem im Traum zur Freilassung seines Neffen geraten haben. Die Kirche stand zwischen dem Hormisdas-Palast und der Kirche St. Peter und Paul. Sie war mit beiden Gebäuden verbunden und überlebte beide, wurde allerdings nach der osmanischen Einnahme 1453 *(siehe S. 26)* zur Moschee umfunktioniert.

Bukoleon-Palast ⓯

Bukoleon Sarayı

Kennedy Cad., Sultanahmet. **Stadtplan** 3 E5. *Sultanahmet.*

Es verlangt detektivischen Spürsinn, die Ruinen des Großen Palasts der byzantinischen Kaiser aufzustöbern. Allein sollte man sie nicht besuchen, da sie meist von Obdachlosen belagert sind.

Betreten Sie bei der Sergius-und-Bacchus-Kirche den Pfad, der die Eisenbahn unterquert, und wenden Sie sich dann nach links. Wenn Sie neben der Kennedy Caddesi am Marmarameer entlanggehen, erreichen Sie nach 400 Metern einen Abschnitt der alten Seemauer, eines Bollwerks gegen vom Meer angreifende Feinde. Im Schutz der Mauer steht ein von Pflanzen umschlungenes Fassadenfragment, in dem drei riesige marmorumrahmte Fensteröffnungen klaffen – einziges Überbleibsel des Bukoleon-Palasts auf dem weiten Gelände des Großen Palasts. Gegen seine Mauern schwappte einst das Wasser eines kleinen Privathafens, und über eine Treppe konnte der Kaiser geradenwegs eines seiner Segelboote besteigen. Unmittelbar östlich des Palasts liegt der verfallene byzantinische Leuchtturm.

Fassade des Bukoleon-Palasts, die einzige erhaltene Mauer des byzantinischen Baus

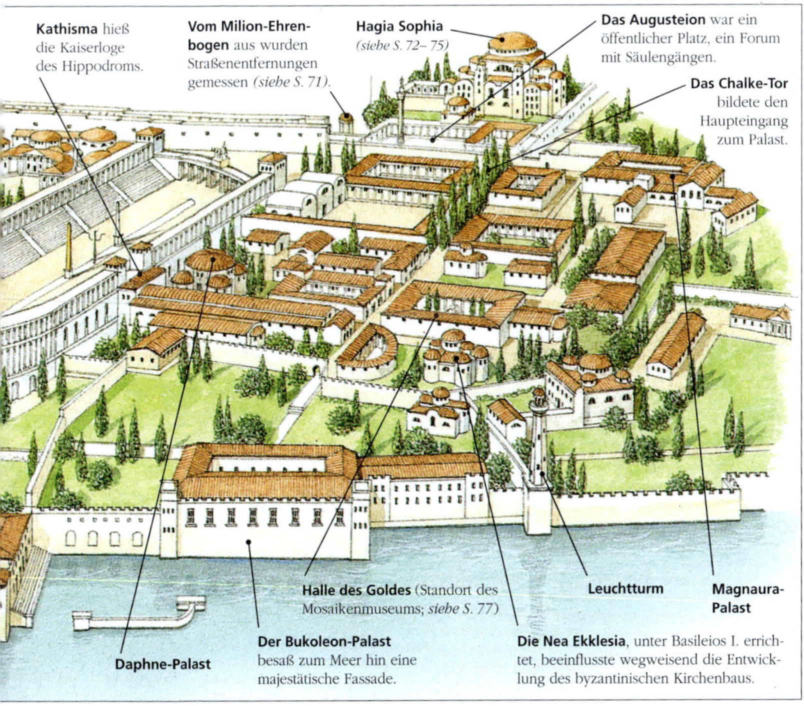

Kathisma hieß die Kaiserloge des Hippodroms.

Vom Milion-Ehrenbogen aus wurden Straßenentfernungen gemessen *(siehe S. 71)*.

Hagia Sophia *(siehe S. 72–75)*

Das Augusteion war ein öffentlicher Platz, ein Forum mit Säulengängen.

Das Chalke-Tor bildete den Haupteingang zum Palast.

Halle des Goldes (Standort des Mosaikenmuseums; *siehe S. 77*)

Leuchtturm

Magnaura-Palast

Daphne-Palast

Der Bukoleon-Palast besaß zum Meer hin eine majestätische Fassade.

Die Nea Ekklesia, unter Basileios I. errichtet, beeinflusste wegweisend die Entwicklung des byzantinischen Kirchenbaus.

Basarviertel

Der Handel spielt in dieser Stadt, in der sich zwei Kontinente treffen, seit je eine überragende Rolle. Dies zeigt sich nirgendwo deutlicher als im Straßengewirr zwischen dem Großen Basar und der Galata-Brücke: Überall quellen aus den Läden die Waren auf die Gehwege. Späht man durch die Torwege, entdeckt man Höfe oder *hanlar* (*siehe S. 96*) mit betriebsamen Werkstätten. Das Epizentrum der Geschäftigkeit ist der labyrinthische Große Basar mit seinem schier unbegrenzten Sortiment. Ähnlich lebhaft und farbenfroh, doch kleiner und überschaubarer ist der Gewürzbasar. Hügelan, nahe der Universität, legt die Süleymaniye-Moschee, eine von vielen bezaubernden Moscheen des Viertels, ein glanzvolles Zeugnis der osmanischen Kultur des 16. Jahrhunderts ab.

Fenster der Nuruosmaniye-Moschee

Sehenswürdigkeiten auf einen Blick

Moscheen und Kirchen

Basare und Läden

Museen und Denkmäler

Plätze und Höfe

Wasserweg

Legende

- Detailkarte *siehe S. 86f*
- Fähranlegestelle
- Tram-Haltestelle
- Bushaltestelle
- Moschee

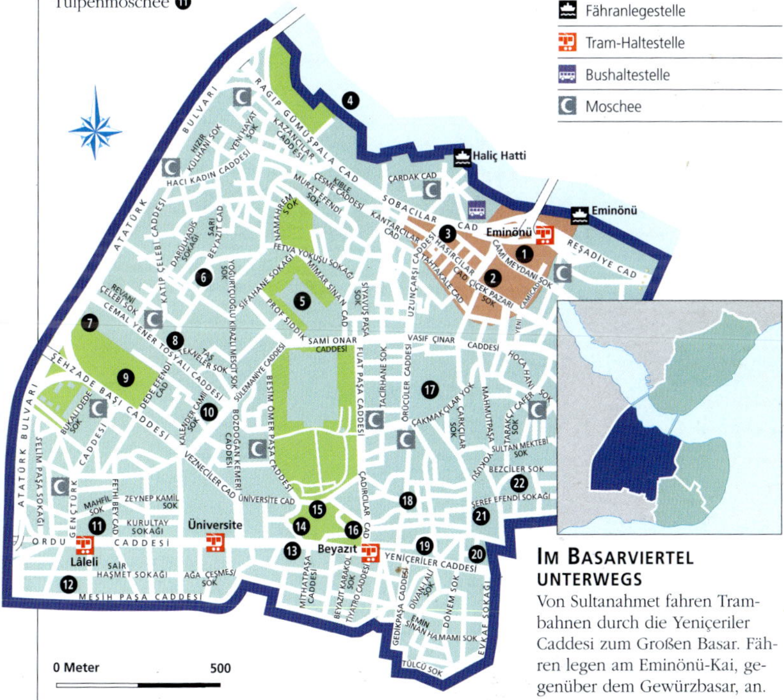

0 Meter 500

Im Basarviertel unterwegs

Von Sultanahmet fahren Trambahnen durch die Yeniçeriler Caddesi zum Großen Basar. Fähren legen am Eminönü-Kai, gegenüber dem Gewürzbasar, an.

◁ **Im Großen Basar (*siehe S. 98f*), Istanbuls immer belebtem Einkaufsrevier**

Im Detail: Gewürzbasar

Die Seele des alten Istanbul lebt fort in den schmalen Straßen um den Gewürzbasar. Von hier fahren Busse, Taxis und Trambahnen ins Zentrum und über die Galata-Brücke stadtauswärts. Tutende Schiffshörner verkünden das Auslaufen der Fähren von Eminönü ins asiatische Istanbul. Die Läden und Märkte locken viele Kauflustige an, die durch den Gewürzbasar und die Nachbarstraßen streifen und sich in baumbestandenen Höfen beim Tee entspannen. Einen Katzensprung vom Basar entfernt erheben sich ungerührt von aller Hektik die Kuppeln der Neuen Moschee. In einer der geschäftigen Gassen ihrer Umgebung führen bei einem unscheinbaren Torweg Stufen zur Terrasse der Rüstem-Paşa-Moschee hinauf, einem Juwel der Fayencendekoration.

Wasserpfeife auf dem Gewürzbasar

★ Rüstem-Paşa-Moschee
Das Interieur der ruhevollen Moschee gleicht einem Musterkatalog von İznik-Fayencen (siehe S. 161) *feinster Qualität.* ❸

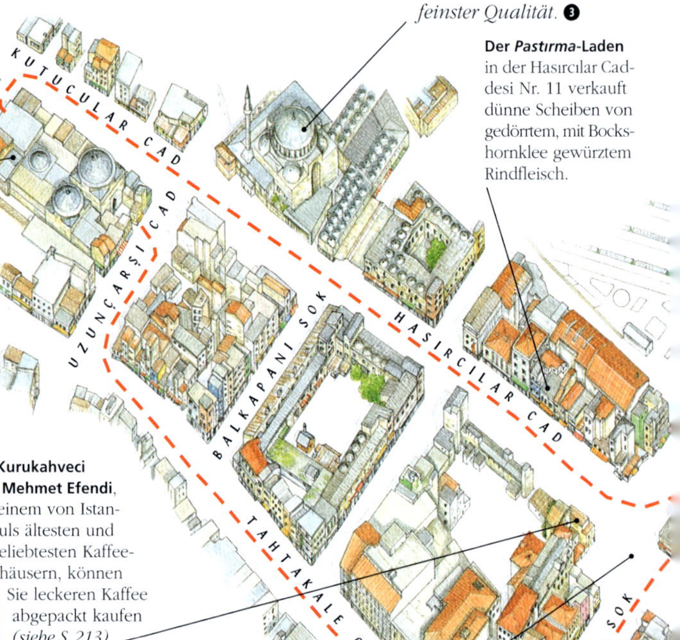

Der *Pastırma*-Laden in der Hasırcılar Caddesi Nr. 11 verkauft dünne Scheiben von gedörrtem, mit Bockshornklee gewürztem Rindfleisch.

Tahtakale Hamamı Çarşısı, heute ein Basar, war vormals ein türkisches Bad.

KUTUCULAR CAD
UZUNÇARŞI CAD
BALKAPANI SOK
HASIRCILAR CAD
TAHTAKALE CAD
SABUNCUHANI SOK
MARPUÇÇULAR

Im Kurukahveci Mehmet Efendi, einem von Istanbuls ältesten und beliebtesten Kaffeehäusern, können Sie leckeren Kaffee abgepackt kaufen *(siehe S. 213)*.

0 Meter 75

Nicht versäumen

★ Gewürzbasar

★ Neue Moschee

★ Rüstem-Paşa-Moschee

Standbesitzer und fliegende Händler bieten ihre Waren, hier Knoblauchknollen, in der Sabuncuhanı Sokağı und den anderen schmalen Nachbarstraßen des Gewürzbasars an.

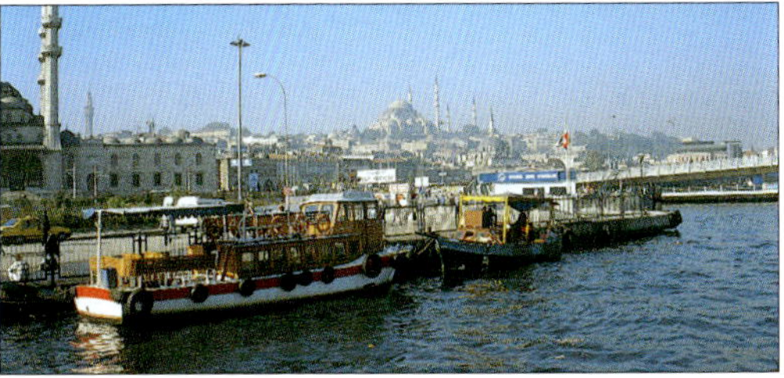

Vom Hafen in Eminönü laufen Fähren zu vielen Zielen *(siehe S. 242)* und Bosporus-Kreuzfahrten *(siehe S. 144–149)* aus. Mit all den emsigen Snackverkäufern geht es hier zu wie im Bienenkorb.

Goldenes Horn
BASAR-VIERTEL
SARAY BURNU

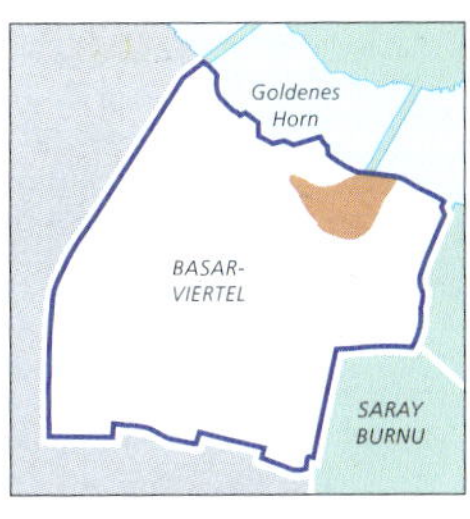

Zur Orientierung

Siehe Stadtplan, Karten 2–3

Der herrschaftliche Pavillon beherbergt exquisit gekachelte Privatgemächer. Ein Durchgang verbindet ihn mit der Sultansloge in der Neuen Moschee.

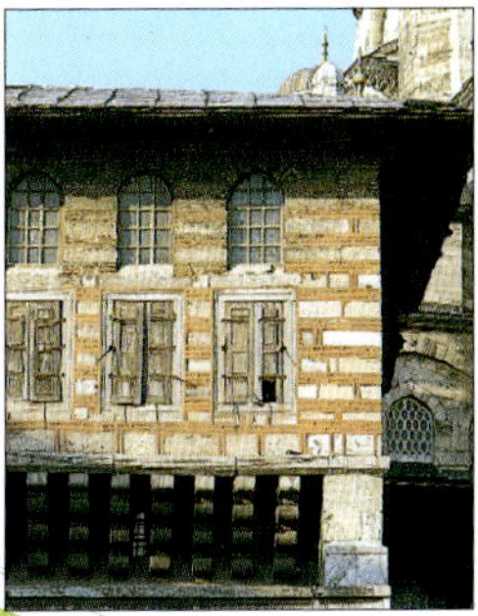

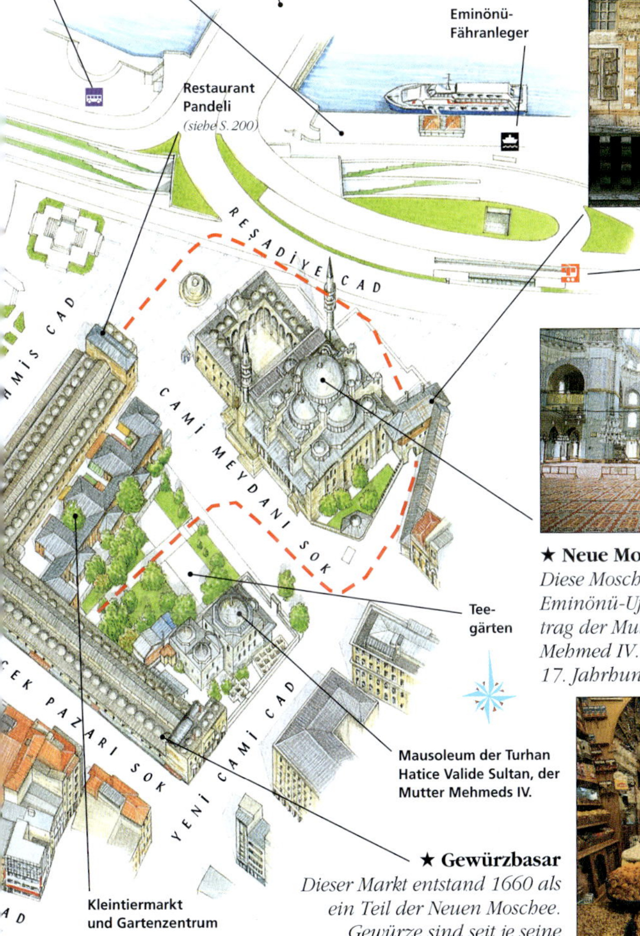
Bus-haltestelle Eminönü
Galata-Brücke
Eminönü-Fähranleger
Restaurant Pandeli (siehe S. 200)
REŞADIYE CAD
Tram-Haltestelle Eminönü
CAMİ MEYDANI SOK
HAMİS CAD
Tee-gärten
ÇEK PAZARI SOK
YENİ CAMİ CAD
Mausoleum der Turhan Hatice Valide Sultan, der Mutter Mehmeds IV.
Kleintiermarkt und Gartenzentrum

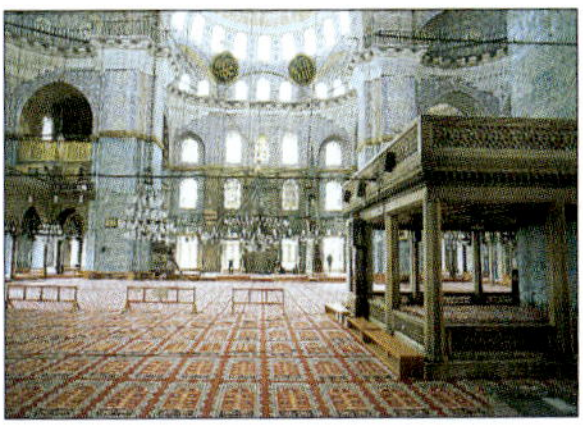

★ Neue Moschee

Diese Moschee, Blickfang am Eminönü-Ufer, wurde im Auftrag der Mutter von Sultan Mehmed IV. (siehe S. 33) *im 17. Jahrhundert fertiggestellt.* ❶

★ Gewürzbasar

Dieser Markt entstand 1660 als ein Teil der Neuen Moschee. Gewürze sind seit je seine Spezialität, wenngleich er heute weit mehr zu bieten hat. ❷

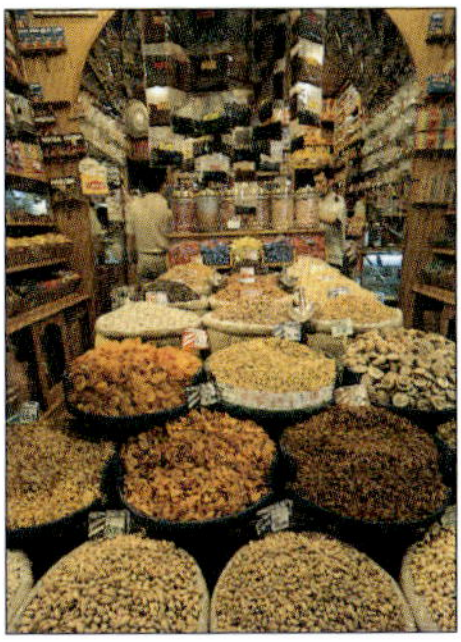

Legende

- - - Routenempfehlung

Neue Moschee ❶

Yeni Cami

Yeni Cami Meydanı, Eminönü. **Stadtplan** 3 D2. Eminönü. tägl.

Diese Moschee am Südende der Galata-Brücke, ein Wahrzeichen der Stadt, entstand in jenen Tagen, in denen Frauen des Sultansharems die Fäden der Politik zogen *(siehe S. 27)*. Safiye, die Mutter Mehmeds III., gab 1597 das Startzeichen zum Bau. Die Arbeiten stagnierten, als Mehmed 1603 starb und Safiye ihre Machtposition verlor. Vollendet wurde die Moschee erst 1663 auf Betreiben von Turhan Hatice, der Mutter Mehmeds IV.

Obgleich nach der klassischen Periode der osmanischen Architektur erbaut, weist die Moschee viele Charakteristika früherer Prachtbauten auf, zum Beispiel den großartigen Hof. Ihr Komplex umfasste Hospital, Schule und öffentliches Bad.

Die türkis, blau und weiß getönten floralen İznik-Fayencen *(siehe S. 161)* des Innendekors wurden im 17. Jahrhundert hergestellt, als die Qualität der İznik-Fliesen bereits nachließ. Stärker beeindrucken die gekachelten Bogenfelder und der prägnante Fries mit Koranzitaten über dem Portal zwischen Hof und Gebetssaal.

Die Sultansloge *(siehe S. 39)* im äußersten linken Eck der oberen Empore ist mit herrschaftlichen Privatgemächern *(siehe S. 87)* verbunden.

Eine Auswahl von Nüssen und Samenkernen auf dem Gewürzbasar

Gewürzbasar ❷

Mısır Çarşısı

Cami Meydanı Sok. **Stadtplan** 3 D2 (4 C1). Eminönü. Mo–Sa 8–19 Uhr.

Eingerichtet wurde dieser L-förmige, höhlenartige Markt im frühen 17. Jahrhundert, um die sozialen Institutionen der Neuen Moschee finanzieren zu helfen.

Er heißt im Türkischen Mısır Çarşısı, »Ägyptischer Basar«, weil er mithilfe der Zollabgaben für Importe aus Ägypten erbaut wurde. Der im Ausland geläufige Name Gewürzbasar rührt daher, dass Gewürze, seit dem Mittelalter begehrt und teuer bezahlt, die Hauptartikel dieses Markts darstellten, der von Istanbuls Lage an den Handelsrouten zwischen Europa und Asien, dem Hauptlieferanten von Gewürzen, profitierte.

Die Stände führen außer Gewürzen und Kräutern auch Lebensmittel wie Honig, Nüsse, Naschwerk und *pastırma* (Pökelfleisch). Ein gefragter Luxusartikel ist asiatischer – vor allem iranischer – Kaviar.

Inzwischen findet man hier weit mehr als Lebensmittel, unter anderem Haushaltsgeräte, Spielzeug, Bekleidung und sogar exotische Aphrodisiaka. Reger Betrieb herrscht auch auf dem Platz zwischen den beiden Armen des Basars. Hier findet man Cafés und Stände mit Pflanzen und Kleintieren.

Florale İznik-Fayencen in der Rüstem-Paşa-Moschee

Rüstem-Paşa-Moschee ❸

Rüstem Paşa Camii

Hasırcılar Cad., Eminönü. **Stadtplan** 3 D2. Eminönü. tägl.

Auf ihrem Hochsitz überblickt diese Moschee die Läden und Lagerhäuser im Umkreis des Gewürzbasars. Sie wurde 1561 von dem genialen Sinan *(siehe S. 91)* im Auftrag von Rüstem Paşa errichtet, dem Schwiegersohn und Großwesir Suleimans I. *(siehe S. 26)*. Zu ihrem Unterhalt trug der Pachtzins der Basarläden bei.

Die überwältigende Innendekoration lässt ahnen, welch saftige Schmiergelder der korrupte Rüstem Paşa einstrich. İznik-Kacheln edelster Qualität verkleiden fast vollständig den Gebetssaal, die vier

Die neue Moschee, Blickfang der Eminönü-Ufersilhouette

Hotels und Restaurants im Basarviertel *siehe Seiten 187 und 200*

Pfeiler in einheitlicher, die Wände in mannigfaltiger Musterung aus abstrakten bis zu floralen Motiven. Einige der kunstvollsten Kacheln zieren die Empore. Kurz: Keine Moschee in Istanbul weist einen reicheren und kostbareren Fayencenschmuck auf.

Eine weitere Besonderheit der Moschee ist die Vielzahl ihrer Fenster. Sinan fügte so viele davon ein, wie die Konstruktion erlaubte.

Goldenes Horn ❹

Haliç

Stadtplan 3 D2. *Eminönü.* *55T, 99A.*

Das Goldene Horn, oft als größter natürlicher Hafen der Welt bezeichnet, ist Mündungsbett eines Flusses, der aus Südwesten in den Bosporus strömt. Im 7. Jahrhundert v. Chr. lockte die Mündung Siedler an und förderte Konstantinopels Aufstieg zur mächtigen Hafenstadt. Als die Osmanen einzogen *(siehe S. 26)*, warfen die Byzantiner angeblich so viele Schätze in das Hafenbecken, dass das Wasser golden glänzte. Das tut es entgegen dem Namen längst nicht mehr. Vielmehr starrt es vom Schmutz der vielen nahen Fabriken.

Jahrhundertelang wurde am Goldenen Horn der Seehandel abgewickelt. An den Uferspeichern luden und entluden Schiffe ihre Fracht. Heute steuern die großen Containerschiffe Istanbuls Häfen am Marmarameer an. Die 1992 erbaute Galata-Brücke überspannt die Mündung des Goldenen Horns zwischen den Stadtteilen Eminönü und Galata. In ihrer Mitte können auch hohe Schiffe passieren. Sie ist ein idealer Aussichtspunkt, um die Anlage der Stadt und die von Minaretten geprägte Skyline zu bestaunen.

Dieser Zweckbau ersetzte die alte Galata-Pontonbrücke mit verlottertem Charme und einem lebhaften unteren Stockwerk mit Restaurants. Südlich des Rahmi-Koç-Museums *(siehe S. 127)* rekonstruierte man die alte Brücke. Zwischen diesen beiden Brücken befindet sich die Atatürk-Brücke, weiter landeinwärts die Fatih-Brücke. Zwischen Sütlüce und Eyüp wird die Da-Vinci-Fußgängerbrücke gerade fertiggestellt.

Süleymaniye-Moschee ❺

Siehe S. 90 f.

Theodorus-Kirche ❻

Kilise Camii

Vefa Cad., Cami Sok., Vefa. **Stadtplan** 2 B2. *28, 61B, 87.*

An die ursprünglich byzantinische Kirche – sie dient seit der osmanischen Eroberung 1453 *(siehe S. 26)* als Moschee – erinnert bis auf das alte, pittoresk vernachlässigte Äußere nur wenig. Der kunstvolle Bau entstand zwischen dem 12. und 14. Jahrhundert, in der letzten großen Epoche byzantinischer Architektur. Ein spätbyzantinischer Überrest ist das Mosaik aus dem 14. Jahrhundert in der Südkuppel der äußeren Vorhalle. Es zeigt Maria im Kreis der Propheten. Eine reizvolle Ergänzung bildet das kannelierte Minarett, das im 15. Jahrhundert dazukam.

Fischer auf der Galata-Brücke, die das Goldene Horn überspannt

Schnittpunkt von Valens-Aquädukt (4. Jh.) und Atatürk Bulvarı

Valens-Aquädukt ❼

Bozdoğan Kemeri

Atatürk Bulvarı, Saraçhane. **Stadtplan** 2 A3. *Laleli.* *28, 61B, 87.*

Kaiser Valens ließ diesen Aquädukt im späten 4. Jahrhundert n. Chr. anlegen. Der gewaltige, zweigeschossige Bogenbau war Teil des raffinierten Systems, das die Paläste und Brunnen der byzantinischen Hauptstadt speiste. Er leitete Wasser aus dem Belgrader Wald *(siehe S. 158)* und über 200 Kilometer entfernten Bergen in eine riesige Zisterne nahe dem heutigen Beyazıt-Platz *(siehe S. 94)*. Im Lauf der Zeit ersetzte man seine offenen Kanäle durch tönerne, später eiserne Rohrleitungen.

Oftmals repariert, zuletzt unter den Sultanen Mustafa II. (1695–1703) und Ahmed III. *(siehe S. 27)*, tat der Aquädukt seine Dienste bis ins späte 19. Jahrhundert, bis ein modernes Wasserversorgungssystem ihn überflüssig machte. Von dem ehemals einen Kilometer langen Bau steht noch ein Abschnitt von 625 Metern.

Süleymaniye-Moschee ❺

Süleymaniye Camii

Mit Istanbuls bedeutendster Moschee haben sich der große Baumeister Sinan und ihr Stifter Suleiman I. *(siehe S. 26)* ein großartiges Denkmal gesetzt. Die 1550–57 erbaute Moschee erhebt sich über dem Goldenen Horn auf dem einstigen Gelände des Eski Saray *(siehe S. 94)*. Wie bei Istanbuls herrschaftlichen Moscheen üblich, gehörte zu ihr eine *külliye* *(siehe S. 38)*: Um die Moschee gruppieren sich das ehemalige Hospital, das Badehaus, die Armenküche, Karawanserei und Schulen. Die wohltätigen Einrichtungen versorgten täglich über tausend bedürftige Istanbuler, Christen und Juden ebenso wie Muslime.

Innenhof
Die alten Säulen, die den Hof umsäumen, sollen von der kathisma *stammen, der byzantinischen Kaiserloge des Hippodroms* (siehe S. 80).

Muvakkithane-Tor
Der (heute geschlossene) Torbau war der Haupteingang zum Innenhof. Er beherbergte die Räume des Astronomen der Moschee, der die Gebetsstunden festsetzte.

Minarett

Grabmal des Sinan

Die Karawanserei bot Reisenden und Packtieren Kost und Logis.

İmaret-Tor

Café im tieferliegenden Garten

İmaret
Die Armenküche (imaret), *heute das Restaurant Dârüzziyafe* (siehe S. 200), *speiste Arme sowie die Angestellten der Moschee und deren Familien. Der große Mühlstein im Hof deutet an, wie viel Getreide dazu nötig war.*

★ **Innenraum**
Bei Betreten der Moschee überwältigt der Eindruck erhabener Weite und Ruhe. Zu diesem Effekt trägt wesentlich bei, dass der Raum doppelt so hoch ist wie der Kuppeldurchmesser lang.

Infobox

Prof. Sıddık Sami Onar Caddesi, Vefa. **Stadtplan** 2 C3 (4 A1). *(0212) 522 02 98. Beyazıt oder Eminönü, dann 10 Min. zu Fuß.* *tägl. (Einschränk. durch Renovierg. möglich.)* *Gebetszeiten.*

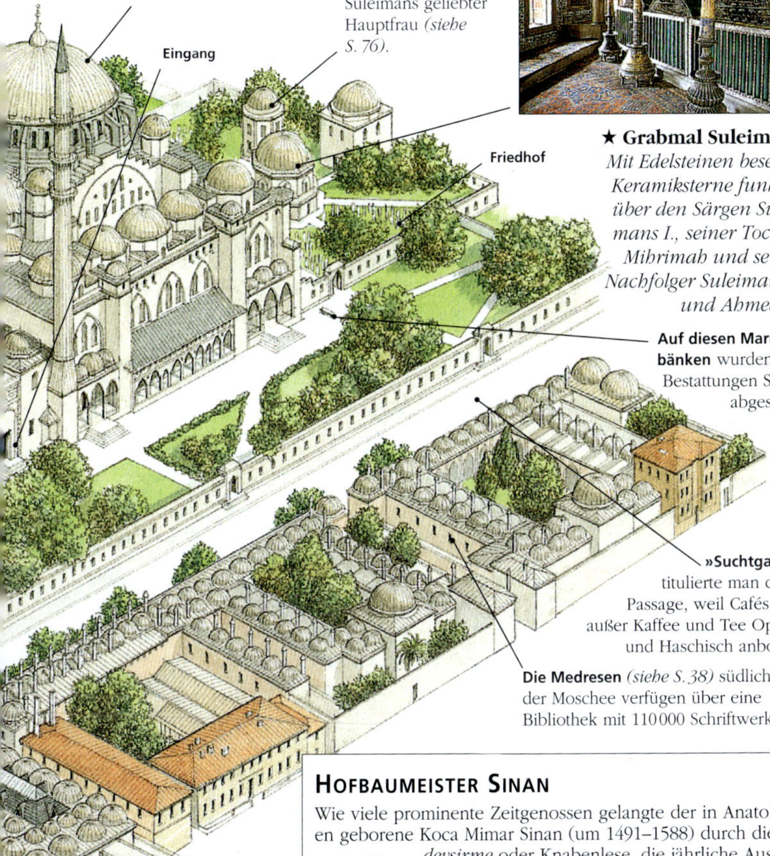

Das Grabmal der Roxelane ist letzte Ruhestätte von Suleimans geliebter Hauptfrau *(siehe S. 76)*.

Eingang

Friedhof

★ **Grabmal Suleimans**
Mit Edelsteinen besetzte Keramiksterne funkeln über den Särgen Suleimans I., seiner Tochter Mihrimah und seiner Nachfolger Suleiman II. und Ahmed II.

Auf diesen Marmorbänken wurden vor Bestattungen Särge abgesetzt.

»Suchtgasse« titulierte man diese Passage, weil Cafés hier außer Kaffee und Tee Opium und Haschisch anboten.

Die Medresen *(siehe S. 38)* südlich der Moschee verfügen über eine Bibliothek mit 110 000 Schriftwerken.

Ehemaliges Hospital

Hofbaumeister Sinan

Wie viele prominente Zeitgenossen gelangte der in Anatolien geborene Koca Mimar Sinan (um 1491–1588) durch die *devşirme* oder Knabenlese, die jährliche Aushebung junger Christen, nach Istanbul. Dort wurde er in einer Palastschule zum Muslim erzogen und ausgebildet. Als Militäringenieur fand er die Achtung Suleimans I., der ihn 1538 zum obersten Hofbaumeister ernannte. Die Meisterbauten von Sinan, der wie kein anderer alte Baukonzepte kühn fortentwickelte, versinnbildlichten Suleimans Macht. Als Sinan 97-jährig starb, hatte er 131 Moscheen und 200 weitere Bauwerke geschaffen.

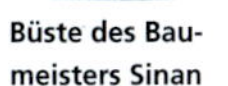

Büste des Baumeisters Sinan

Nicht versäumen

★ Grabmal Suleimans

★ Innenraum

Vefa Bozacısı 8

Katip Çelebi Cad. 104/1, Vefa. **Stadtplan** 2 B2. *(0212) 519 49 22.* *61B, 90.* *tägl. 8–24 Uhr.*

Holz, Kacheln und Säulen mit glitzernden Glasmosaiken schmücken das Innere dieses ausgefallenen Ladens mit Bar, der sich seit den 1930er Jahren kaum verändert hat. Spezialität ist seit der Eröffnung 1876 *boza* *(siehe S. 197)*, ein beliebtes Wintergetränk aus Bulgur (Weizenschrot). Im Sommer wird der leichte Traubenmost *şıra* verkauft, ganzjährig und vorrangig aber Weinessig.

Ein gläserner Schrein hütet das Ausstellungsstück des Ladens: das Glas, aus dem Kemal Atatürk *(siehe S. 31)* hier 1937 *boza* trank.

Spalier von Flaschen mit *boza*, einem Getränk aus Weizenschrot, im Vefa Bozacısı

Prinzenmoschee 9

Şehzade Camii

Şehzade Başı Cad. 70, Saraçhane. **Stadtplan** 2 B3. *Lâleli.* *tägl.* **Gräber** *Di–So 9–17 Uhr.*

Suleiman I. stiftete diese Moschee zum Gedenken an an Mehmed, seinen und Roxelanes ältesten, mit 21 Jahren an den Pocken gestorbenen Sohn. Die 1548 vollendete Moschee war der erste große Bau, den Sinan *(siehe S. 91)* für den Sultan ausführte. Sie zeigt noch den freudig-dekorativen Stil, den Sinan später zugunsten kristalliner Schlichtheit aufgab. Der Außenhof beherbergt die Medrese *(siehe S. 38)* und andere Sozialinstitutionen. Über einen eleganten Innenhof mit

Kuppel der Prinzenmoschee – Sinans erster Bau für den Sultan

Säulengang gelangt man in die Moschee. Den Innenraum gestaltete Sinan in damals ungewöhnlicher Symmetrie mit vier Halbkuppeln an den Seiten der Mittelkuppel.

In den drei Grabbauten im Rücken der Moschee sind Prinz Mehmed sowie die Großwesire İbrahim Paşa und Rüstem Paşa *(siehe S. 88f)* beigesetzt. Die Grabmäler gelten als Istanbuls schönste Mausoleen. Sie sind mit bezaubernden İznik-Fayencen *(siehe S. 161)* und leuchtendem, original erhaltenem Buntglas geschmückt, das Grab von Prinz Mehmed zudem mit einer unvergleichlich kunstvoll bemalten Kuppel.

Jeden Freitag pilgern nach einem über 400 Jahre alten Brauch Frauen zu einem weiteren Grabmal auf dem Moscheengelände. Dort ruht nämlich Helvacı Baba, der, wenn man ihn ordentlich bittet, behinderte Kinder heilt, Kindersegen bringt und auf wundersame Weise alleinstehenden Frauen einen Ehemann oder zumindest ein geborgenes Heim verschafft.

Kalenderhane-Moschee 10

Kalenderhane Camii

16 Mart Şehitleri Cad., Saraçhane. **Stadtplan** 2 B3. *Üniversite.* *nur zu Gebetszeiten.*

Die Geschicke dieser byzantinischen, im Schutz des Valens-Aquädukts *(siehe S. 89)* über einem römischen Bad angelegten Kirche waren wechselvoll: Zwischen dem 6. und 12. Jahrhundert erlebte sie mehrere Auf- und Umbauten, um nach dem Sieg der Osmanen im Jahr 1453 *(siehe S. 26)* zur Moschee umgewandelt zu werden. Diese diente mehrere Jahre dem Derwischorden der Kalender als Hauptsitz – daher der Name der Moschee.

Der Grundriss hat, typisch für byzantinische Kirchen jener Zeit, die Form eines Kreuzes. Aus der Zeit, als das Gebäude noch die Kirche der Theotokos Kyriotissa, der Gottesmutter Maria, war, sind Spuren des Schmucks an den marmorverzierten Wänden des Gebetssaals erhalten. Außerdem entdeckt man Fragmente eines Freskos im Narthex, der Vorhalle. Der Freskenzyklus mit Szenen aus dem Leben des Franz von Assisi ist seit den 1970er Jahren nicht mehr öffentlich zu sehen.

Lichtmoment im Dunkel der Kalenderhane-Moschee

Die barockisierte Tulpenmoschee über einem unterirdischen Markt

Tulpenmoschee ⓫
Lâleli Camii

Ordu Cad., Lâleli. **Stadtplan** 2 B4. *Lâleli.* *nur zu Gebetszeiten.*

Diese Moschee, Istanbuls Vorzeigestück des türkischen Barock, wurde 1759–63 von Mehmed Tahir Ağa erbaut, dem Hauptvertreter dieses Stils. Ihr Interieur schwelgt in buntem Marmor, der die Wände lückenlos überzieht.

Faszinierender ist die Unterwelt der Moschee: Im Keller des Hauptbaus tut sich eine weite, von acht Pfeilern gestützte Halle mit einem zentralen Brunnen auf – Schauplatz eines lebhaften Markts, auf dem vor allem Mode verkauft wird.

Zum Moscheenkomplex gehörte einst der nahe Büyük Taş Hanı *(siehe S. 96)*, die »Karawanserei des großen Steins«. Man erreicht den *han*, nun Sitz einiger Lederwarenläden und eines Restaurants, wenn man sich nach Verlassen der Moschee links in die Fethi Bey Caddesi wendet und bei der zweiten Abzweigung links in die Çukur Çeşme Sokağı einbiegt. Am Ende einer langen Seitenpassage stößt man auf den Haupthof des *han*.

Bodrum-Moschee ⓬
Bodrum Camii

Sait Efendi Sok., Lâleli. **Stadtplan** 2 A4. *Lâleli.* *nur zu Gebetszeiten.*

Die schmalen Ziegelschichten der Fassaden und die von Fenstern durchlöcherte Kuppel verraten, dass der Bau als byzantinische Kirche entstand. Der Mitkaiser Romanos I. Lekapenos (919–944) ließ sie als Kirche des Myrelaion-Klosters errichten. Der kleine Nachbarpalast wurde später in einen Nonnenkonvent verwandelt. Dort verbrachte Kaiserinwitwe Theophanu ihre letzten Jahre. Sie wurde in einer – nicht zu besichtigenden – Kapelle unter der Kirche bestattet.

Im späten 15. Jahrhundert erklärte Mesih Paşa, Sprössling der Palaiologos-Familie (des letzten byzantinischen Herrschergeschlechts), die Kirche zur Moschee. Als solche dient sie bis heute, allerdings haben Brände das Original-Interieur restlos zerstört. Zu ihr und einem von Verkaufsständen belagerten Platz steigt eine Treppe auf.

Theodosius-Forum ⓭

Ordu Cad., Beyazıt. **Stadtplan** 2 C4 (4 A3). *Üniversite, Beyazıt.*

Konstantinopel wurde um mehrere Foren herum erbaut *(siehe S. 20)*. Der größte dieser weiten Plätze lag beim heutigen Beyazıt-Platz. Er hieß zunächst Forum Tauri, »Forum des Stieres«, nach der Gestalt des riesigen Bronzegefäßes in der Mitte, in dem Opfertiere und mitunter sogar Verbrecher verbrannt wurden.

Man benannte das Forum nach Theodosius I., nachdem dieser es im späten 4. Jahrhundert erweitert hatte. Reste des Triumphbogens und anderer Bauten befinden sich neben den Straßenbahngleisen der Ordu Caddesi. An Pfauenaugen erinnernde Reliefs zieren die mächtigen Säulen, die nach dem Verfall des Forums in der gesamten Stadt wiederverwendet wurden, unter anderem in der Zisterne *(siehe S. 76)*.

Weitere Fragmente verarbeitete man weiter westlich in der Ordu Caddesi beim Beyazıt Hamamı, einem ehemaligen türkischen Bad *(siehe S. 67)*, in dem sich heute ein Basar befindet.

Pfauenaugenmuster einer Säule des Theodosius-Forums

Museum für Kalligrafie ⓮

Türk Vakıf Hat Sanatları Müzesi

Beyazıt Meydanı, Beyazıt. **Stadtplan** 2 C4 (4 A3). *(0212) 527 58 51. Üniversite. Di–Sa 9–16 Uhr. mit Hilfe.*

Dieses Museum nimmt an einem reizenden Hof die Räume einer ehemaligen Medrese *(siehe S. 38)* ein, die zur Beyazıt-Moschee gegenüber dem Platz gehörte. In wechselnden Ausstellungen werden Exponate aus dem reichen Archiv der Stiftung für türkische Kalligrafie gezeigt. Präsentiert werden dabei wertvolle Manuskripte, aber auch Kalligrafien auf Stein und Glas sowie die für die Herstellung benötigten Werkzeuge. In einer Zelle der Medrese zeigt ein Gruppenbild aus Wachs einen Kalligrafielehrer im Kreis seiner Schüler.

Beyazıt-Turm auf dem Campus der Universität von Istanbul

Beyazıt-Platz ⓯

Beyazıt Meydanı

Ordu Cad., Beyazıt. **Stadtplan** 2 C4 (4 A3). *Beyazıt.*

Dieser von Menschen und Tauben bevölkerte Platz ist der lebhafteste Ort der Altstadt. Auf dem täglichen Flohmarkt finden Sie von Teppichen *(siehe S. 218f)* und Seidenwaren aus Zentralasien bis hin zu Trödel fast alles, was das Herz begehrt. Erholung bieten die Cafés im Schatten von Platanen.

Der trutzige Eingang zur Universität von Istanbul am Beyazıt-Platz

An der Nordseite des Platzes gelangt man durch einen maurisch inspirierten Torbau auf den Campus der Universität von Istanbul. Ihr Hauptgebäude aus dem 19. Jahrhundert war einst Quartier des Kriegsministeriums, der marmorne Beyazıt-Turm aus dem Jahr 1828 Wachturm der Feuerwehr. Er steht auf dem Gelände des Eski Saray, in dem Mehmed II. *(siehe S. 26)* nach Konstantinopels Einnahme residierte. Einst konnte man den Turm besteigen, heute jedoch ist er für Besucher geschlossen. Zwei originale Holztürme des Gebäudes wurden durch einen Brand zerstört.

Die auf Geheiß von Beyazıt II. erbaute und im Jahr 1506 vollendete Beyazıt-Moschee an der Ostflanke des Platzes ist die älteste noch erhaltene herrschaftliche Moschee der Stadt. Ein stattliches Portal leitet in den mit buntem Marmor gepflasterten Innenhof, ein harmonisches Ensemble mit einem überkuppelten Brunnen im Zentrum und umlaufenden Arkadengängen, deren Säulen aus Granit sowie rotem und grünem ägyptischem Porphyr bestehen. Dem Innenraum der Moschee mit der von Halbkuppeln umringten Hauptkuppel stand unverkennbar die Hagia Sophia *(siehe S. 72–75)* Modell.

Bücherbasar ⓰

Sahaflar Çarşısı

Sahaflar Çarşısı Sok., Beyazıt. **Stadtplan** 2 C4 (4 A3). *Üniversite. tägl. 8–20 Uhr.*

Am Beyazıt-Platz und im Inneren des Großen Basars *(siehe S. 98f)* befinden sich die Eingänge zu diesem Hof, dessen Läden und Stände überborden von Lesestoff. Man findet darunter Reiseführer in vielen Sprachen ebenso wie wissenschaftliche Wälzer.

Ein Bücher- und Papiermarkt fand hier schon im Byzantinischen Reich statt. In frühosmanischer Zeit *(siehe S. 25–27)* durften nur Handschriften verkauft werden, da gedruckte Bücher als sittenverderbend galten. Das erste gedruckte Buch in türkischer Sprache erschien am 31. Januar 1729. Es war ein arabisches Wörterbuch von İbrahim Müteferrika (1674–1745), den auf dem Markt eine Büste ehrt. Buchpreise sind gebunden – Handeln ist ausgeschlossen.

Beim Stöbern auf dem Bücherbasar

Die Kunst der osmanischen Kalligrafie

Die Kalligrafie zählt zu den höchsten islamischen Künsten. Meister gaben ihr Können Schülern weiter, deren Ziel es war, den Stil des Lehrers perfekt zu imitieren. Im Osmanischen Reich wurden Fermane (Edikte des Sultans), Verse und Koranausgaben in kunstvoller Schönschrift abgefasst. Kalligrafien schmückten aber auch Gebäude; sie wurden in Holz geschnitzt oder auf Fayencen gemalt. Ein Kalligraf strebte in jedem Fall nach höchstmöglicher künstlerischer Schönheit, ohne den Sinn des Textes zu verfälschen. Letzteres war vor allem bei Koranmanuskripten oberstes Gebot. Niederschriften von Fermanen, die ebenso sehr imponieren wie leserlich sein sollten, erlaubten mehr künstlerische Freiheit.

Große Kalligrafen *der osmanischen Ära waren Şeyh Hamdullah (1436–1520), Schöpfer des obigen Koranmanuskripts, Hafiz Osman (1642–1698) und Ahmed Karahisari (gestorben 1556). Ihre Schüler gelangten ebenfalls zu Ruhm.*

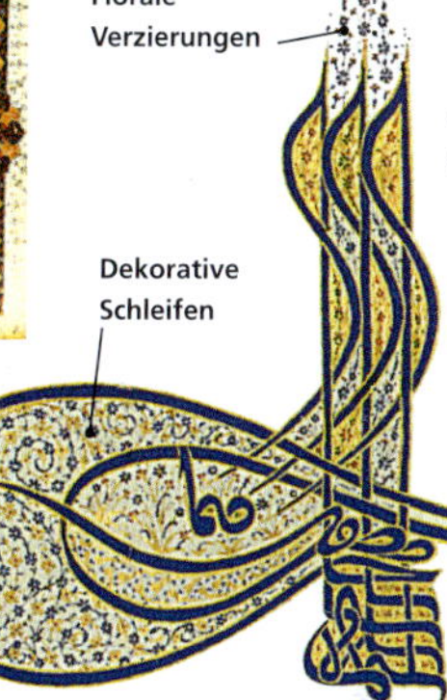

Die ***tuğra****, das kalligrafische Monogramm des Sultans, ersetzte die Unterschrift des Herrschers. Sie wurde von einem Kalligrafen gezeichnet oder in Holz geschnitten und auf Dokumente gestempelt. Der höchst stilisierte Schriftzug enthielt Titel, Eigen- und Vaternamen des Sultans sowie Glück- oder Siegeswünsche. Links ist die* tuğra *von Selim II. (1566–74) abgebildet.*

Die Kalligrafie *erhielt im 19. und frühen 20. Jahrhundert durch neue Formgebungen, Materialien und Techniken nochmals einen kreativen Schub. Kalligrafen schufen mit den Mitteln ihrer Kunst Tierfiguren und Menschengesichter, sie experimentierten mit dem Ausschneiden von Buchstaben und beschrifteten, wie links im Bild, hauchzarte getrocknete Blätter.*

Spätere Sultane *wurden im Rahmen ihrer Ausbildung in der Kalligrafie unterrichtet und zu Meistern dieser Kunst. Diese Tafel (19. Jh.) ist ein Werk Mahmuds II. (1808–1839).*

Atemübungen *halfen manchen Kalligrafen, ihre Hand ruhig und sicher zu führen – eine unabdingbare Voraussetzung ihrer Kunst.*

Glättstein

Messer zum Zuschneiden der Schreibfeder

Zum Werkzeug eines Kalligrafen *gehörten ein – meist aus Achat bestehender – Glättstein zum Vorbereiten des Papiers sowie ein Messer, mit dem die Schreibfeder aus Schilf zugeschnitten wurde.*

Valide Han ⑰

Kreuzung Çakmakçılar Yokuşu und Tarakçılar Cad., Beyazıt. **Stadtplan** 2 C3 (4 B2). *Beyazıt, dann 10 Min. zu Fuß.* *Mo–Sa 9.30–17 Uhr.*

Wer über die Weitläufigkeit des Großen Basars *(siehe S. 98f)* staunt, sollte sich vor Augen führen, dass er »nur« den überdachten Teil eines brodelnden Handelsviertels ausmacht, das erst am Goldenen Horn *(siehe S. 89)* endet. Hier wie dort finden Herstellung und Vertrieb zumeist hinter den dunklen Toren von *hanlar* statt, Hofanlagen abseits der Straßen.

Kösem, die Mutter Sultan Mehmeds IV., ließ 1651 Istanbuls größten *han* einrichten, den Valide Han. Durch das wuchtige Portal in der Çakmakçılar Yokuşu gelangt man in den Vorhof, dann in einen größeren Hof mit einer schiitischen Moschee. Diese wurde erbaut, weil der *han* Sammelbecken persischer Kaufleute war. Heute hört man hier rhythmisches Klappern Hunderter von Webstühlen.

Einen kurzen Fußweg entfernt schottet ein weiteres imposantes Tor den barocken Büyük Yeni Han (1764) von der Çakmakçılar Yokuşu ab. Man betritt den Hof im obersten Arkadengeschoss, dessen Warenkorb kunstvolle Vogelkäfige umfasst.

Teppichläden im Hof des Çorlulu Ali Paşa

Ordnung ins Chaos der schmalen Straßen im Umkreis dieser *hanlar* bringt die Ansiedlung der Handwerker nach Metiers: Die Bakırcılar Caddesi zum Beispiel ist die Adresse für Metall-, die Uzunçarşı Caddesi für Holzprodukte.

Großer Basar ⑱

Siehe S. 98f.

Çorlulu-Ali-Paşa-Hof ⑲

Çorlulu Ali Paşa Külliyesi

Yeniçeriler Cad., Beyazıt. **Stadtplan** 4 B3. *Beyazıt.* *tägl.*

Wie viele andere Koranschulen der Stadt ist die Medrese *(siehe S. 38)* dieser Moschee außerhalb des Großen Basars heute Domizil eines Cafés unter freiem Himmel. Bauherr des Komplexes war Çorlulu Ali Paşa, Schwiegersohn von Mustafa II. und Großwesir unter Ahmed III. *(siehe S. 27)*. Er wurde von Ahmed auf die Insel Lesbos verbannt und 1711 dort hingerichtet. Seine Familie baute ihm in Istanbul ein Mausoleum, in dem sie Ali Paşas einige Jahre später heimgeschmuggelten Schädel bestattete.

Von der Yeniçeriler Caddesi führen zwei schmale Passagen in den Hof. Teppichgeschäfte und ein bei Einheimischen und Studenten der nahen Universität beliebtes traditionelles *kahve* (Kaffeehaus; *siehe S. 208*) haben die Medrese bezogen. In Ersteres locken die überall liegenden und hängenden Teppiche zum Schauen, in Letzteres der unwiderstehliche Slogan »Traditioneller mystischer Wasserpfeifen- und Erenler-Teegarten«. Hier können Sie beim Tee, vielleicht auch bei einer

Der typische Han

Café im *han* Büyük Taş nahe der Tulpenmoschee *(siehe S. 93)*

Die zahlreichen *hanlar* in Istanbuls Zentrum entstanden als Karawansereien, die Reisenden samt Lasttieren und Waren Unterkunft boten. Der typische *han* war Teil eines Moscheenkomplexes *(siehe S. 38f)*. Seine zwei- bis dreistöckigen Gebäude umgeben einen Hof. In diesen führt ein großes Portal mit einer schweren, nachts verriegelten Holztür. Als Motortransporter Pferde und Maultiere verdrängten, verloren Istanbuls *hanlar* ihre ursprüngliche Funktion. Heute sind die meisten Obdach kleiner Fabriken und Werkstätten, oft zwar in schlechtem Zustand, doch Orte, an denen der orientalische Unternehmergeist des alten Istanbul noch sinnlich erfahrbar ist.

Hotels und Restaurants im Basarviertel *siehe Seiten 187 und 200*

nargile (Wasserpfeife), gelassen die Qual der Teppichwahl *(siehe S. 218f)* angehen.

Jenseits der vom Hof abzweigenden Bıleycıler Sokak lädt im Hof der Grabanlage von Koca Sinan Paşa, Großwesir unter Murad III. und Mehmed III., ein weiterer Teegarten ein. Davut Ağa, Sinans Nachfolger als oberster Hofbaumeister, schuf 1593 die reizende Medrese, den *sebil* (Brunnen mit Trinkwasser für Passanten) und das 16-seitige Mausoleum.

Der Gedik Paşa Hamamı auf der anderen Seite der Yeniçeriler Caddesi gilt als Istanbuls ältestes türkisches Bad, das noch in Betrieb ist *(siehe S. 67)*. Der schöne Bau wurde um 1475 für Gedik Ahmed Paşa, Großwesir unter Mehmed II. *(siehe S. 26)*, errichtet.

Kuppel und Minarett der Atik-Ali-Paşa-Moschee aus dem Jahr 1496

Atik-Ali-Paşa-Moschee ⑳

Atik Ali Paşa Camii

Yeniçeriler Cad., Beyazıt. **Stadtplan** 3 D4 (4 C3). *Çemberlitaş.* *61B.* *tägl.*

Im Viertel südlich des Großen Basars umschließen Mauern diese Moschee aus dem Jahr 1496. Sie ist eine der ältesten Moscheen der Stadt. Ihr Namensgeber und Stifter, der Eunuch Atik Ali Paşa, war Großwesir unter Beyazıt II., dem Nachfolger Mehmeds II. Ein kleiner Garten umgibt die Moschee, ein schlichtes Rechteck mit tiefem Eingangsportal. Der Mihrab ist – ungewöhnlicherweise – in einer Art Apsis eingerichtet. Die Armenküche *(imaret)*, die Medrese und das Derwischkloster *(tekke)*, die einst zum Komplex gehörten, sind dem Ausbau der Yeniçeriler Caddesi zum Opfer gefallen.

Nuruosmaniye-Moschee ㉑

Nuruosmaniye Camii

Vezirhanı Cad., Beyazıt. **Stadtplan** 3 D4 (4 C3). *Çemberlitaş.* *61B.* *tägl.*

Zwischen einem Spalier nobler Teppich- und Antiquitätengeschäfte führt die Nuruosmaniye Caddesi auf das Tor ihrer Namenspatronin zu. Die Moschee, die 1748 unter Mahmud I. begonnen und unter dessen Bruder Osman III. vollendet wurde, zeigte als Erste betont barocke Elemente wie das üppige Gesims.

Auffälligstes Merkmal sind jedoch die mächtigen, nicht kaschierten Stützbogen der Kuppel. Ihre zahlreichen Fenster leuchten den Gebetssaal aus, ein schlichtes Quadrat, und den fein geschnitzten kalligrafischen Holzfries, der oberhalb der Empore die Wände umläuft.

An der anderen Seite des Moscheenbezirks leitet das Nuruosmaniye-Tor in die Kalpakçılar Başi Caddesi, die Straße der Juwelierläden *(siehe S. 212)* des Großen Basars.

Grabmal des Mahmud Paşa, Bauherr der gleichnamigen Moschee

Mahmud-Paşa-Moschee ㉒

Mahmut Paşa Camii

Vezirhanı Cad., Beyazıt. **Stadtplan** 3 D3 (4 C3). *Çemberlitaş.* *61B.* *tägl.*

Diese Anlage entstand 1462, neun Jahre nach der osmanischen Eroberung Istanbuls, als erste Großmoschee innerhalb der Stadtmauer. Leider raubten übereifrige Restauratoren ihr viel Charme.

Stifter der Moschee war Mahmud Paşa, ein byzantinischer, zum Islam konvertierter Adliger. Er stieg zum Großwesir Mehmeds II. auf und wurde 1474 wegen miserabler militärischer Führungsqualitäten hingerichtet. Sein Grabmal im Rücken der Moschee ist, einzigartig in Istanbul, nach maurischer Manier verziert mit diffizilen geometrischen Mustern aus kleinen Kacheln in Schwarz, Blau, Türkis und Grün.

Fensterreihen erhellen den Gebetssaal der Nuruosmaniye-Moschee

Großer Basar ⓲

Kapalı Çarşı

Der von Mehmed II. kurz nach Istanbuls Eroberung *(siehe S. 26)* eingerichtete Große Basar übertrifft alle Erwartungen. Trotz der Ausschilderungen verirrt man sich nur zu leicht in seinem Gassendschungel: Unter den bemalten Gewölben befinden sich Tausende von Waren berstender »Schatzhöhlen«. Die meisten Artikel wurden einst hinter den Kulissen in *hanlar (siehe S. 96)* hergestellt. Mehrere Tore führen in diesen sprichwörtlichen Supermarkt. Besonders verkehrsgünstig liegen das Çarşıkapı-Tor bei der Tram-Haltestelle Beyazıt und das Nuruosmaniye-Tor bei der gleichnamigen Moschee.

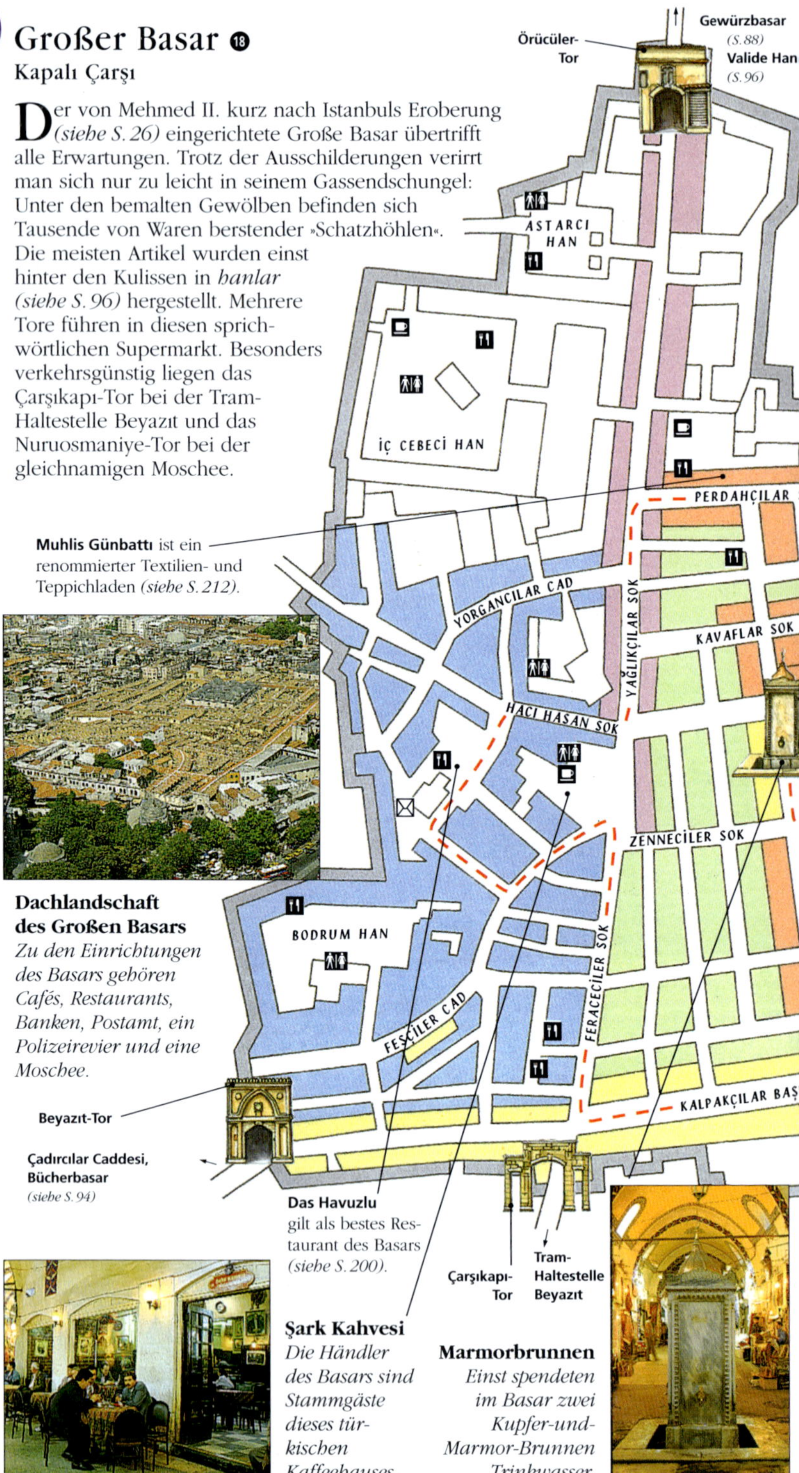

Muhlis Günbattı ist ein renommierter Textilien- und Teppichladen *(siehe S. 212)*.

Dachlandschaft des Großen Basars
Zu den Einrichtungen des Basars gehören Cafés, Restaurants, Banken, Postamt, ein Polizeirevier und eine Moschee.

Das Havuzlu gilt als bestes Restaurant des Basars *(siehe S. 200)*.

Şark Kahvesi
Die Händler des Basars sind Stammgäste dieses türkischen Kaffeehauses.

Marmorbrunnen
Einst spendeten im Basar zwei Kupfer-und-Marmor-Brunnen Trinkwasser.

Zincirli Han
In diesem han, *einem der schönsten des Basars, fertigt man Schmuckstücke auch nach individuellen Vorgaben.*

INFOBOX

Çarşıkapı Cad., Beyazıt. **Stadtplan** 2 C4 (4 B3). *Beyazıt (zum Çarşıkapı-Tor), Çemberlitaş (zum Nuruosmaniye-Tor).* *61B.* *Mo–Sa 9–20 Uhr.*

İç Bedesten, der älteste Teil des Basars, war früher ein abgeschlossenes Lagerhaus sowie Werk- und Verkaufsstätte von Juwelieren.

Im Orientalischen Kiosk, im 17. Jahrhundert als Kaffeehaus eingerichtet, befindet sich heute ein Schmuckladen.

Teppiche
Teppiche (siehe S. 218f), *geknüpfte wie gewebte, bestücken den Basar.*

Mahmud-Paşa-Tor

Geldtransaktionen werden mit Handys abgewickelt.

Tor zum İç Bedesten
Der Adler war Symbol der byzantinischen Kaiser (siehe S. 25). *Der Adler dieses Tors stammt allerdings aus nachbyzantinischer Zeit.*

Den Sandal Bedesteni (16. Jh.) überdachen 20 von Pfeilern gestützte Mauerziegelkuppeln.

Nuruosmaniye-Moschee *(siehe S. 97)*
Tram-Haltestelle Çemberlitaş

Nuruosmaniye-Tor

Souvenirs
Der Basar ist eine Fundgrube für Kunsthandwerk wie diese Kaffeekanne aus Messing.

Die Kalpakçılar Başı Caddesi, die breiteste Basarstraße, wird flankiert von den glitzernden Auslagen unzähliger Juwelierläden.

0 Meter 40

LEGENDE

- Routenempfehlung
- Antiquitäten und Teppiche
- Leder- und Jeanswaren
- Gold und Silber
- Stoffe
- Souvenirs
- Haushaltswaren und Werkstätten
- Mauern um den Basar

Stadtplan *siehe Seiten 246–263*

İSTE
RAHATLIK.
TELECARD
YAPI KREDI

Beyoğlu

Der Stadtteil Beyoğlu an einem steilen Hügel nördlich des Goldenen Horns war lange Zeit von Ausländern bevorzugt. Als Erste siedelten sich Genuesen an. Zum Dank für ihren Einsatz bei Konstantinopels Rückeroberung aus den Händen der »lateinischen Christen« *(siehe S. 24)* 1261 sprachen die Byzantiner ihnen das Galata-Viertel zu. In osmanischer Zeit formierten sich Gemeinden von Juden, Arabern, Griechen und Armeniern. Angelockt von den Reichtümern des Osmanischen Reichs hissten ab dem 16. Jahrhundert Botschaften europäischer Mächte ihre Flagge. Seinen Charakter als Geschäftsviertel hat Beyoğlu bis heute bewahrt.

Unabhängigkeitsdenkmal am Taksim-Platz

Sehenswürdigkeiten auf einen Blick

Historische Gebäude und Denkmäler
Galata-Turm 4
Mevlevi-Loge 3
Pera Palas Hotel 1
Tophane-Brunnen 11

Moscheen und Kirchen
Arabische Moschee 6
Azap-Kapı-Moschee 7
Kılıç-Ali-Paşa-Moschee 10
Nusretiye-Moschee 12
Peter-und-Pauls-Kirche 5
Yeraltı-Moschee 9

Museen
Istanbul Modern – Museum für Moderne Kunst 13
Museum der Osmanischen Bank 8
Pera-Museum 2

Viertel
Çukurcuma 14
Taksim 15

0 Meter 500

Legende

Detailkarte *siehe S. 102f*
Fähranlegestelle
U-Bahn-Station (Metro)
Tram-Haltestelle
Bushaltestelle
Information
Moschee
Kirche
Tünel (U-Standseilbahn)
Nostalgie-Tram

In Beyoğlu unterwegs

Die Tünel, eine unterirdische Standseilbahn, fährt von der Talstation Karaköy zur Bergstation am Tünel-Platz. Ab hier rattert dann eine altmodische Straßenbahn (Nostalgie-Tram) durch die İstiklâl Caddesi. Ihre Route empfiehlt sich auch als Spazierweg. Der Taksim-Platz ist Drehscheibe des Bus-, Taxi- und Dolmuş-Verkehrs.

◁ **Blick von der Mündung des Goldenen Horns auf den Galata-Turm *(siehe S. 105)* und Beyoğlu**

Im Detail: İstiklal Caddesi

Torschmuck, Russisches Konsulat

Die Fußgängerstraße İstiklal Caddesi ist die Hauptschlagader des früher Pera genannten Stadtteils Beyoğlu. Zu Recht hieß sie früher Grande Rue de Pera: Sie wird gesäumt von imposanten Wohnhäusern des späten 19. Jahrhunderts und europäischen Botschaftsgebäuden, deren herrschaftliche Tore und Fassaden ignorieren, dass Ankaras Ernennung zur Landeshauptstadt 1923 *(siehe S. 31)* sie zu Konsulaten degradiert hat. Dem Blick entziehen sich die Kirchen von Peras ehemaligen Ausländergemeinden. Einige sind noch vitale Glaubenszentren, andere verstummte Zeugen vergangener Tage. In die einst schäbigen Seitenstraßen der İstiklal Caddesi ziehen zunehmend schicke Jazzlokale sowie Möbel-, Designerschmuck- und andere Edelboutiquen. Treffpunkte sind nicht zuletzt die Kinos und die vielen eleganten Restaurants.

★ Pera Palas Hotel
Das 1892 eröffnete Hotel hat noch viele Originaldetails. Zahlreiche Prominente stiegen hier ab, auch Agatha Christie. ❶

Heilige Maria Draperis ist eine Franziskanerkirche aus dem Jahr 1789. Diese kleine Statue der Jungfrau Maria befindet sich über dem Eingang. Das bogenförmige Innere der Kirche ist reich verziert. Eine – angeblich wundertätige – Marienikone hängt über dem Altar.

★ Mevlevi-Loge
Ein Garten umgibt dieses kleine Museum des sufistischen Mevlevi-Ordens (siehe S. 104f). *Am letzten Sonntag jeden Monats finden Vorführungen der berühmten Derwischtänze statt.* ❸

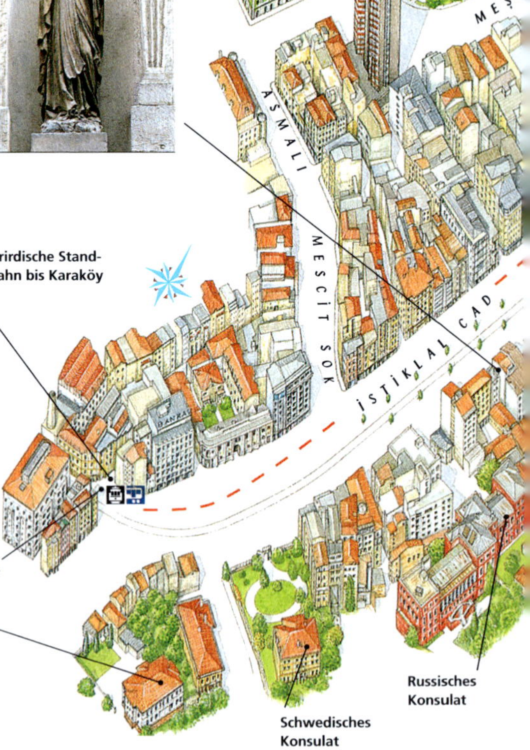

Unterirdische Standseilbahn bis Karaköy

Tünel-Platz

Schwedisches Konsulat

Russisches Konsulat

ASMALI MESCİT SOK

İSTİKLAL CAD

LEGENDE

Routenempfehlung

0 Meter 75

Der Galatasaray-Fischmarkt (Balık Pazarı) bietet mehr als frischen Fisch: Auch Fleisch-, Käse-, süße, eingelegte und zahlreiche andere Spezialitäten sind in der Halle erhältlich.

BEYOĞLU

BOSPORUS

ZUR ORIENTIERUNG

Siehe Stadtplan, Karte 7

Britisches Konsulat

Armenische Kirche

HAMALBAŞI CAD

İSTİKLAL CAD

YENİ ÇARŞI CAD

Galatasaray-Oberschule

Niederländisches Konsulat

Çiçek Pasajı war früher Schauplatz eines Blumenmarkts. Bars und Restaurants haben die Buden der Passage bezogen. Hier beginnt es erst abends, richtig lebhaft zu werden.

Pera-Museum

Die Sammlung enthält orientalische Gemälde, anatolische Gewichte und Messinstrumente sowie Kütahya-Kacheln und -Keramiken. ❷

Die Panaghia-Kirche, das Gotteshaus von Beyoğlus sehr geschrumpfter griechisch-orthodoxer Gemeinde, ist der Jungfrau Maria geweiht. Diese Ikonostase trennt Altar- und Gemeinderaum.

NICHT VERSÄUMEN

★ Mevlevi-Loge

★ Pera Palas Hotel

Die Hotelbar Grand Orient des Pera Palas Hotel

Pera Palas Hotel ❶

Pera Palas Oteli

Meşrutiyet Cad. 98–100, Tepebaşı. **Stadtplan** 7 D5. *(0212) 251 45 60.* *Tünel.* *nach Vereinbarung.* **www**.perapalas.com

Es gibt viele ruhmreiche Hotels, eines davon ist das Pera Palas *(siehe S. 189)*. Es wurde 1892 für Passagiere des Orient-Express *(siehe S. 66)* eröffnet und seither kaum verändert. Nach der jüngsten umfangreichen Renovierung entrückt es in jene glorreichen Tage, als das Reisen langwierig war und livrierte Diener Gäste auf dem Weg zu Zielen wie Bagdad hofierten. In der Cocktailbar hängen noch die alten Lüster, und die Patisserie glänzt mit distinguiertem Ambiente.

Sein Renommee verdankt das Hotel unter anderem illustren Gästen wie Sarah Bernhardt, Mata Hari, Atatürk *(siehe S. 31)*, Greta Garbo, Josephine Baker und Jackie Onassis. Das Zimmer, in dem Agatha Christie einst logierte, ist auf Anfrage zu besichtigen.

Sufismus und Derwische

Der Begriff Sufismus bezeichnet die mystische Ausrichtung des Islam *(siehe S. 38f)*. Er geht zurück auf das arabische Wort *suf* (Wolle), da die asketischen Sufis früher grobe Wollgewänder getragen haben sollen. Ziel des Sufismus ist die Überwindung der Kluft zwischen Mensch und Gott. Durch Selbstentäußerung und meditative Rituale, die mit Rezitationen, Tanz und Musik einhergehen, strebt der Sufi nach dem Augenblick der Ekstase, in dem ihn nichts mehr von Allah trennt. Die Brüder des bekanntesten Sufi-Ordens, die Mevlevi, sind als »Tanzende Derwische« berühmt.

Tanzende Derwische, Illustration (1837) in der Mevlevi-Loge

Pera-Museum ❷

Pera Müzesi

Meşrutiyet Cad 141, Tepebaşı. **Stadtplan** 7 D4. *(0212) 334 99 00.* *Tünel.* *vom Taksim-Platz nach Tarlabaşı.* *Di–Sa 10–19 Uhr, So 12–18 Uhr.* *1. Jan, einige religiöse Feiertage.* *frei für Behinderte.* **www**.peramuzesi.org.tr

Das Pera-Museum wurde im Juni 2005 von der Suna-und-İnan-Kıraç-Stiftung eröffnet, mit dem Ziel, ein Kulturzentrum zu schaffen. Das historische Gebäude, das ehemalige Bristol Hotel, wurde in ein bestens ausgestattetes, modernes Museum umgebaut. Bemerkenswerte Sammlungen zeigen osmanische Gewichte und Messinstrumente, über 400 Exemplare von Kütahya-Kacheln und Keramiken (18. Jh.) sowie eine Ausstellung orientalischer Kunst. Die Sammlung hat auch Werke europäischer Künstler, die sich von der Osmanischen Welt des 17. bis 19. Jahrhunderts inspirieren ließen. Man erhält Einblick in das Leben der Oberschicht aus der Zeit des Osmanischen Reichs. Im Museum finden auch Ausstellungen Moderner Kunst statt.

Der beschauliche Hof der Mevlevi-Loge

Mevlevi-Loge ❸

Mevlevi Tekkesi

Galip Dede Cad. 15, Beyoğlu. **Stadtplan** 7 D5. *(0212) 245 41 41.* *Tünel.* *Mi–Mo 9–16.00 Uhr.*

Atatürks Verbot des Derwischordens von 1924 ist bis heute nicht aufgehoben. Fortleben durfte dieses Kloster als Divan Edebiyatı Müzesi, als Museum für klassische osmanische Gedichtsammlungen. Die Klosterbrüder gehörten dem sufistischen Mevlevi-Orden der »Tanzenden Derwische« an. Mevlana (»Unser Meister«) lautet der Ehrentitel

Hotels und Restaurants in Beyoğlu *siehe Seiten 187–189 und 200–203*

des Ordensstifters, des Mystikers und Dichters Jelaleddin Rumi, der 1273 in Konya in Zentralanatolien starb.

Die Loge versteckt sich abseits einer Straße, deren Name an Galip Dede erinnert, einen brillanten Dichter dieses Ordens. Den Mittelpunkt des Museums bildet das Tanzhaus aus dem 18. Jahrhundert. In dem bezaubernden hölzernen Tanzsaal, einem achteckigen Raum, führen junge Anhänger des Sufismus (das Verbot kommt gegen seine Faszination nicht an) am letzten Sonntag jeden Monats um 15 Uhr den Sema genannten Tanz vor. Zehn bis zwölf Tänzer drehen sich mit wirbelnden Röcken immer schneller bis zur Ekstase, begleitet von aufwühlender Musik.

Um den Tanzsaal herum ist in Vitrinen eine kleine Auswahl des Klosterbesitzes ausgestellt, darunter Ordenskleidung, Manuskripte, Fotos und Musikinstrumente. Im stillen terrassierten Garten stehen die kunstvoll behauenen Grabsteine von Klosterbrüdern und Meistern des Ordens.

Galata-Turm ❹

Galata Kulesi

Büyük Hendek Sok., Beyoğlu. **Stadtplan** 3 D1. *(0212) 293 81 80.* *Tünel.* *tägl. 9–19 Uhr.* **Restaurant u. Nachtclub** *tägl. 20–24 Uhr.* **www**.galatatower.net

Auffälligster Blickfang des Galata-Viertels ist dieser 62 Meter hohe Turm, ein

Tür zum Haupthof der Peter-und-Pauls-Kirche

Rundbau mit einem Kegel als Krone. Die Genuesen *(siehe S. 25)* errichteten ihn 1348 als Teil ihrer Befestigungsanlagen, und die Osmanen nutzten ihn weiter als Wachturm. Der Galata-Turm ist inzwischen eine beliebte Touristenattraktion, in den obersten Stockwerken findet man ein Restaurant und einen Nachtclub *(siehe S. 223)*. Leider wurden im Inneren des Baus alle mittelalterlichen Spuren getilgt.

Auf den Turm führt eine Wendeltreppe, allerdings müssen Besucher den kostenpflichtigen Lift nehmen. Die Galerie eröffnet ein märchenhaftes Panorama mit Istanbuls Hauptsehenswürdigkeiten und im Hintergrund den Prinzeninseln *(siehe S. 159)*.

Blick über das Goldene Horn auf den unverkennbaren Galata-Turm

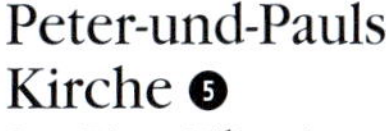

Peter-und-Pauls-Kirche ❺

Sen Piyer Kilisesi

Galata Kulesi Sok. 44, Karaköy. **Stadtplan** 3 D1. *(0212) 249 23 85.* *Tünel.* *Mo–Sa 7–17, So 10.30–12 Uhr.*

Als Galatas Dominikaner im frühen 16. Jahrhundert ihr Gotteshaus (die heutige Arabische Moschee) den Muslimen überlassen mussten, bauten sie unweit davon zu Füßen des Galata-Turms eine neue Kirche. Diese wurde 1841 durch den heutigen Bau der Gebrüder Fossati ersetzt, jener italienisch-schweizerischen Architekten, die auch die Hagia Sophia *(siehe S. 72–75)* restaurierten.

Die Rückseite der Kirche wurde in die genuesischen Befestigungen integriert. Die Hauptfassade durfte nach osmanischem Gesetz nicht unmittelbar an der Straße liegen. Daher ist der Kirche ein Hof mit einem unscheinbaren Eingang vorgelagert; Besucher müssen am Tor klingeln.

Die Kirche ist als Basilika mit vier Seitenaltären angelegt. Den Chor überwölbt eine himmelblaue Kuppel mit goldenen Sternen. Jeden Morgen werden Messen in italienischer Sprache gefeiert.

Arabische Moschee ❻

Arap Camii

Kalyon Sok. 1, Galata. **Stadtplan** 3 D1. *Tünel.* *zu Gebetszeiten.*

Aus Spanien vertriebene Mauren verliehen der Moschee ihren Namen. Viele strandeten nach dem Fall des andalusischen Granada 1492, dem Abschluss der christlichen Rückeroberung Spaniens, in Galata. Als Moschee wies man ihnen die Dominikanerkirche St. Paulus und Dominikus (14. Jh.) zu. Der Bau bietet einen ungewöhnlichen Anblick: mächtig, gotisch, auffallend rechteckig, dazu ein hoher Glockenturm als Minarett. Trotz Umbauten überzeugt er als Moschee weniger als jede andere frühere Kirche der Stadt.

Die Azap-Kapı-Moschee, ein Werk des großen Baumeisters Sinan

Azap-Kapı-Moschee 7

Azap Kapı Camii

Tersane Cad., Azapkapı. **Stadtplan** 2 C1. *Tünel.* *46H, 61B.* *nur zu Gebetszeiten.*

Leider trübt der Verkehr, der unablässig über die benachbarte Atatürk-Brücke donnert, den Zauber dieses kleinen Ensembles aus Moschee und Brunnen. Die umstehenden Bäume dämpfen aber ein wenig den Lärm. Der Zugang zur Moschee befindet sich, eine Seltenheit, innerhalb des Komplexes auf einer Treppenflucht. Sinan *(siehe S. 91)* errichtete die Moschee, eine seiner schönsten, 1577/78 für den Großwesir Sokollu Mehmed Paşa.

Museum der Osmanischen Bank 8

Osmanlı Bankası Müzesi

Voyvoda Cad. 35–37, Karaköy. **Stadtplan** 3 D1. *(0212) 334 22 70.* *Tünel.* *25E, 56.* *tägl. 10–18 Uhr.* **www**.obmuseum.com

Das Museum der Osmanischen Bank widmet sich der Geschichte des Bankwesens und gibt damit auch einen Überblick über die historische Sozialstruktur. Anhand von Kundenprofilen, Belegen über Marktentwicklungen und Personalakten mit Fotos der Angestellten können sich Besucher den sozialen, ökonomischen und politischen Gegebenheiten der osmanischen Zeit nähern.

Yeraltı-Moschee 9

Yeraltı Camii

Karantina Sok., Karaköy. **Stadtplan** 3 E1. *Tünel.* *tägl.*

Diese vergrabene Moschee, buchstäblich die »Unterirdische Moschee«, hütet die Schreine der muslimischen Heiligen Abu Sufyan und Amiri Wahibi, die bei Konstantinopels erster arabischer Belagerung im 7. Jahrhundert ums Leben kamen. 1640 entdeckte man ihre Gebeine und richtete am Fundort einen Schrein, 1757 eine Moschee ein.

İznik-Kacheln *(siehe S. 161)* bekleiden den Eingang und Mihrab des düsteren Gebetssaals. Ein Gitter am Ende des Saals schirmt die Gräber der Heiligen ab.

Ausschnitt einer Relieftafel des Tophane-Brunnens

Kılıç-Ali-Paşa-Moschee 10

Kılıç Ali Paşa Camii

Necatibey Cad., Tophane. **Stadtplan** 7 E5. *25E, 56.* *tägl.* *Tophane.*

Sinan schuf diese Moschee 1580 im Alter von über 90 Jahren. Quell seiner Inspiration war die Hagia Sophia *(siehe S. 72–75)*. Die Inschrift über dem Eingang nennt ihr Baudatum. Blickfänge sind der tiefe Vorbau des Haupttors und die den Mihrab zierenden İznik-Fayencen.

Kılıç Ali Paşa, der Stifter der Moschee, führte ein bewegtes Leben. In Italien geboren, wurde er von muslimischen Piraten gekidnappt. Im Dienst Suleimans I. (1520–66) trat er zum Islam über. Unter drei Sultanen amtierte er als Flottenkommandant. Im Ruhestand beschloss er den Bau einer Moschee. Murad III. *(siehe S. 27)* soll »das Territorium eines Admirals, das Meer« als Standort empfohlen haben. Kılıç Ali Paşa nahm den Sultan beim Wort und ließ am Bosporus eine Parzelle trockenlegen.

İznik-Kacheln mit Korantexten, Kılıç-Ali-Paşa-Moschee

Tophane-Brunnen 11

Tophane Çeşmesi

Tophane İskele Cad., Tophane. **Stadtplan** 7 E5. *25E, 56.* *Tophane.*

Er sprudelt nicht mehr, dieser schmucke Barockbrunnen gegenüber der Kılıç-Ali-Paşa-Moschee. Mahmud I. ließ ihn 1732 anlegen. Elegant überdacht und überkuppelt, erinnert er an den Brunnen Ahmeds III. *(siehe S. 60)*. Florale, früher farbenfroh bemalte Basreliefs bedecken seine vier Seitenwände.

Der Name Tophane, »Kanonengießerei«, verweist auf das aus Mauerziegeln und Steinen gefügte Gebäude am nahen Hügel. 1453 von Mehmed II. *(siehe S. 26)* begründet und mehrfach renoviert, dient es zwar nicht mehr als Waffenfabrik, ist aber weiterhin in Besitz des Militärs.

Nusretiye-Moschee 12

Nusretiye Camii

Necatibey Cad., Tophane. **Stadtplan** 7 E5. *25E, 56.* *tägl.*

Die barocke »Siegesmoschee« aus den 1820er Jahren ist ein Werk von Kirkor Balyan *(siehe S. 128)*, der eine ganze Architekten-Dynastie begründete. Mit den dekorativen Außenbauten und der Marmorterrasse mutet

Kuppel und Stützbogen der Nusretiye-Moschee

der reich verzierte Bau wie ein Palastpavillon an.

Die Moschee entstand im Auftrag von Mahmud II. zum Gedenken an seine Auflösung des Janitscharenkorps 1826 *(siehe S. 30)*. Sie blickt auf die Selimiye-Kaserne *(siehe S. 132)* am anderen Bosporus-Ufer, in der die neuen Truppen stationiert waren. Im Innenraum bringen der Dekor im Empirestil den Stolz des Sultans über seine Heeresreform zum Ausdruck. Besonders gelungen sind der kalligrafische Marmorfries und die außen liegenden *sebiller* (Ausschankbrunnen).

Istanbul Modern – Museum für Moderne Kunst ⓭

İstanbul Modern Sanat Müzesi

Meclis-i Mebusan Cad., Liman İşletmeleri Sahası, Antrepo 4, Karaköy. **Stadtplan** 7 F5. *(0212) 234 73 00.* *Tophane.* *56.* *Di–Sa 10–18 Uhr.* **www**.istanbulmodern.org

Das Istanbul Modern – Museum für Moderne Kunst wurde im Dezember 2004 in einem ehemaligen Lagerhaus direkt am Ufer des Goldenen Horns eröffnet. Es zeigt sowohl Dauer- als auch Wechselausstellungen, darunter ausgefallene Werke von Künstlern, die die Moderne in der Türkei vom 20. Jahrhundert bis heute geprägt haben. Viele Werke stammen aus der privaten Sammlung der Eczacıbaşı-Familie, die das Museum gründete. Zu sehen sind unter anderem abstrakte Kunst, Landschaftsmalerei, Aquarelle sowie ein Skulpturengarten und eine atemberaubende Sammlung von Schwarz-Weiß-Fotografien.

Çukurcuma ⓮

Stadtplan 7 E4. *Taksim.*

Das attraktive alte Viertel des Stadtteils Beyoğlu liegt um eine Moschee in der Çukurcuma Caddesi. Es hat sich zu einem Möbel- und Antiquitätenzentrum gemausert. Aus Lager- und Wohnhäusern wurden Verkaufs- und Ausstellungsräume, in denen sich ein bunter Wirrwarr von Waren auftürmt.

***Suzani*-Stoffe *(siehe S. 212)* in Çukurcuma**

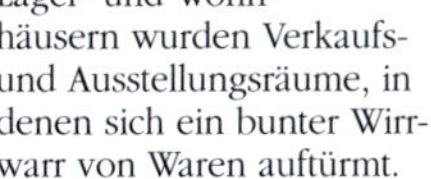

Hier zu stöbern lohnt sich: Die versteckten Schätze erstrecken sich von osmanischen Stickereien aus dem 19. Jahrhundert über wertvolle Gemälde und Drucke bis hin zu Keksdosen aus den 1950er Jahren und modernen Dekostoffen, die in skulptierten Marmorbecken und schönen alten Holztruhen gestapelt sind.

Taksim ⓯

Stadtplan 7 E3. *Taksim.* *Taksim.* **Taksim Art Gallery** Cumhuriyet Caddesi 24, Taksim. *(0212) 245 20 65.* *Mo–Sa 10–19 Uhr.* *Juni–Sep.*

Der weite Taksim-Platz (Taksim Meydanı) bildet den Kern des gleichnamigen Viertels in Beyoğlu. Taksim heißt »Wasserverteilung«: Ab dem frühen 18. Jahrhundert wurde von hier aus die Stadt mit Wasser aus dem Belgrader Wald *(siehe S. 158)* beliefert. Das steinerne, 1732 unter Mahmud I. angelegte Reservoir am oberen Ende der İstiklal Caddesi ist noch erhalten.

Im Südwesten des Platzes erinnert das Denkmal der Republik (Cumhuriyet Anıtı), ein Werk des italienischen Bildhauers Pietro Canonica von 1928, an Atatürk *(siehe S. 30f)* und andere Väter des modernen türkischen Staats.

Am östlichen Ende des Platzes steht das Atatürk-Kulturzentrum. Im Norden zeigt die **Taksim Art Gallery** Wechselausstellungen und eine Sammlung von Istanbul-Ansichten herausragender türkischer Maler des 20. Jahrhunderts.

Blumenverkäuferinnen am Taksim-Platz

Abstecher

Außerhalb der Innenstadt gibt es einige Sehenswürdigkeiten, für die sich die Anfahrt lohnt. Der Großraum Istanbul ist in diesem Buch in fünf Zonen unterteilt. Dem Zentrum am nächsten liegen die Moscheen und Kirchen von Fatih, Fener und Balat. Die bekannteste Attraktion ist die gigantische Fatih-Moschee. Am Ufer des Goldenen Horns *(siehe S. 89)*, gegenüber von Balat, faszinieren der Aynalı-Kavak-Palast und ein Industriemuseum. Zu Istanbuls großartigsten Bauwerken zählt die Theodosianische Mauer zwischen Goldenem Horn und Marmarameer, an der alte Paläste und Kirchen stehen. Ein Juwel ist die Erlöserkirche des Chora-Klosters mit ihren Mosaiken. Außerhalb der Stadtmauer, von der Mündung des Goldenen Horns weiter entfernt, liegt Eyüp, Pilgerziel frommer Muslime. Dort können Sie kunstvolle Mausoleen bestaunen und in den Fußstapfen des französischen Schriftstellers Pierre Loti zum Café wandern. Jenseits von Beyoğlu *(siehe S. 100–107)* glitzert am Bosporus ein atemberaubendes, märchenhaftes Highlight der Stadt: der unter Sultan Abd ül-Medschid I. im 19. Jahrhundert erbaute Dolmabahçe-Palast, dessen Besuch Muße verlangt. Paläste und Pavillons bezaubern auch etwas weiter im erholsamen Yıldız-Park. Wer Zeit erübrigen kann (ein halber Tag genügt), sollte die kurze Fährfahrt von Eminönü *(siehe S. 242f)* ans asiatische Ufer nicht auslassen: Zu besichtigen gibt es dort unter anderem prächtige Moscheen, einen hübschen Bahnhof und ein Florence Nightingale gewidmetes Museum.

Mekka-Kachelbild, Cezri-Kasım-Paşa-Moschee

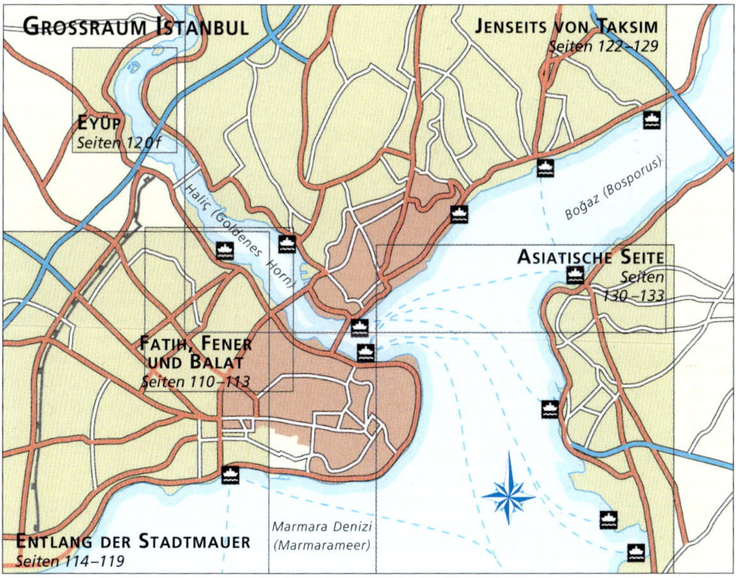

Grossraum Istanbul

Eyüp
Seiten 120f

Jenseits von Taksim
Seiten 122–129

Haliç (Goldenes Horn)

Boğaz (Bosporus)

Asiatische Seite
Seiten 130–133

Fatih, Fener und Balat
Seiten 110–113

Marmara Denizi (Marmarameer)

Entlang der Stadtmauer
Seiten 114–119

Legende

Zentrum von Istanbul

Großraum Istanbul

Fähranlegestelle

Autobahn

Hauptstraße

Nebenstraße

Stadtmauer

0 Kilometer 1

◁ **Brunnen im Garten des prächtigen Dolmabahçe-Palasts *(siehe S. 128f)***

Fatih, Fener und Balat

Diese Viertel erinnern daran, dass Juden und Christen auch nach dem Einzug des Islam jahrhundertelang gut 40 Prozent der Istanbuler Bevölkerung stellten. Balat war seit byzantinischer Zeit die Heimat griechischsprachiger, ab dem 15. Jahrhundert auch sephardischer Juden aus Spanien. Fener entwickelte sich im frühen 16. Jahrhundert zu einer griechischen Enklave; viele seiner wohlhabenden Bewohner stiegen im Osmanischen Reich zu hohem Rang auf. In Fatih, der traditionellen Hochburg von Muslimen, werden Sie mehr Strenggläubigen begegnen als in anderen Stadtteilen. Alle drei Bezirke sind Wohnviertel, geprägt von Wäscheleinen und spielenden Kindern auf den Straßen.

Ahrida-Synagoge ❶

Ahrida Sinagogu

Gevgili Sok., Balat. **Stadtplan** 1 C1. *55T, 99A.* *nur im Rahmen von Stadtführungen.*

Der Name von Istanbuls ältester und schönster Synagoge ist eine Verballhornung von Ohrid, einer Stadt in Mazedonien, aus der sich die Gemeindemitglieder rekrutierten. Die 500 Personen fassende Synagoge bestand bereits vor Einmarsch der Osmanen 1453 und hat sich bis heute ununterbrochen behauptet. Die Wand- und Deckenmalereien aus dem späten 17. Jahrhundert strahlen in barockem Glanz. Ihr ganzer Stolz ist jedoch der mit Vorhängen reich geschmückte Thoraschrein, der seltene heilige Schriftrollen hütet. Besucher haben nur im Rahmen organisierter Stadtbesichtigungen *(siehe S. 228)* Zutritt.

Sabbatai Zewi (1626–1676) predigte hier im 17. Jahrhundert, in einer Zeit messianischer Endzeiterwartung. Der selbst ernannte Messias löste die Bewegung des Sabbatianismus aus. Er wurde aus der Stadt verbannt und konvertierte daraufhin zum Islam. Unter dem Namen Dönme (wörtlich: Konvertiten) siedelten Sabbatais Anhänger in der Türkei. Kleine Gruppen von ihnen existieren noch heute.

Kirche St. Stephan von Bulgarien ❷

Bulgar Kilisesi

Mürsel Paşa Cad. 85, Balat. **Stadtplan** 1 C1. *55T, 99A.* *Balat.* *tägl. 9–17 Uhr.*

Diese Kirche besteht fast komplett – jedenfalls einschließlich der Säulen und Emporen im Innenraum – aus Gusseisen. Man fertigte ihre Teile 1871 in Wien an, verschiffte sie ans Goldene Horn *(siehe S. 89)* und setzte sie dort am Ufer zusammen. Erbaut wurde die Kirche für die bulgarische Gemeinde nach deren Abspaltung von der Kirche des griechisch-orthodoxen Patriarchats am nahe gelegenen Hügel. Sie wird weiterhin von orthodoxen Bulgaren besucht, die ihren ersten Patriarchen regelmäßig Blumen an die Marmorgräber bringen.

Bäume und blühende Sträucher stehen in ihrem hübsch angelegten kleinen Park, der sich zum Saum des Goldenen Horns hin absenkt.

Die gusseiserne Kirche St. Stephan von Bulgarien

Pammakaristos-Kirche ❸

Fethiye Camii

Fethiye Cad., Draman. **Stadtplan** 1 C2. *90, 90B.* *nur zu Gebetszeiten.*

Ihre Geschichte und ihre prächtigen Mosaikenzyklen machen die byzantinische Kirche zu einem Kleinod. Umso mehr verwundert es, dass sie vielen Besuchern nicht bekannt ist. Nach Konstantino-

Die byzantinische Fassade der Pammakaristos-Kirche

pels Fall an die Osmanen war sie ein Jahrhundert lang Sitz des griechisch-orthodoxen Patriarchats. Murad III. *(siehe S. 32)* ließ sie im späten 16. Jahrhundert zum Gedenken an seine Eroberung von Georgien und Aserbaidschan in die heutige »Siegesmoschee« umwandeln.

Die wechselnden Schichten aus Mauerziegeln und Stein sowie die feinen Marmorplastiken der Fassaden belegen den byzantinischen Ursprung des Baus. Der Hauptraum beherbergt die noch genutzte Moschee, eine zum Museum ausgewiesene Seitenkapelle die kostbaren Mosaiken. Um die Kapelle zu besichtigen, muss man bei der Hagia Sophia *(siehe S. 72–75)* die Erlaubnis einholen; wer den Hausmeister antrifft, wird vielleicht ohne Umstände eingelassen.

Die Mosaiken aus dem 14. Jahrhundert, der letzten Blütezeit der byzantinischen Kunst *(siehe S. 25)*, zeigen Heiligenfiguren in einem Meer aus Gold, Sinnbild des Himmels. Im Kreis von Propheten des Alten Testaments sieht Christus als Pantokrator (»Allherrscher«) aus der Mitte der Hauptkuppel ernst herab. In der Apsis erteilt Christus auf einem juwelenbesetzten Thron, flankiert von Maria und Johannes dem Täufer als Fürbittenden, unter den Blicken der Erzengel den Segen. Weitere Heilige sind in den Seitenapsiden dargestellt.

Kirche St. Maria der Mongolen ❹

Kanlı Kilise

Tevkii Cafer Mektebi Sok., Fener. **Stadtplan** 1 C2. *(0212) 521 71 39.* *55T, 99A.* *nach Vereinbarung.*

Dies ist Istanbuls einzige byzantinische Kirche, die seit ihrer Einweihung im späten 13. Jahrhundert ununterbrochen der griechisch-orthodoxen Gemeinde dient. Ein Erlass Mehmeds II. *(siehe S. 26)* verschonte sie vor der Umwandlung zur Moschee. Die Kirche bewahrt eine Kopie der von ihm signierten Verfügung. Der Name der Kirche erinnert an ihre Stifterin, die illegitime byzantinische Prinzessin Maria Palaiologina. Diese wurde mit dem mongolischen Khan Abagu vermählt und lebte an seiner Seite als fromme Christin 15 Jahre in Persien. Nach seiner Ermordung kehrte sie nach Konstantinopel zurück, ließ diese Kirche errichten und beschloss ihr Leben als Nonne.

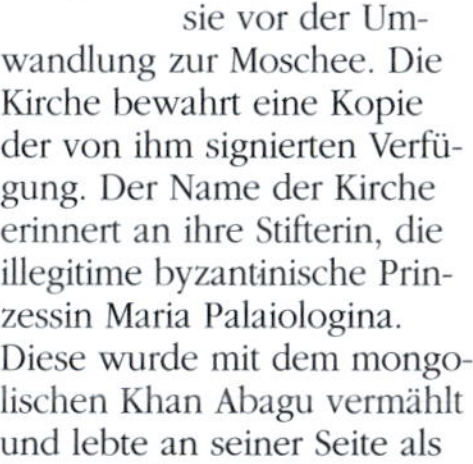

Detail der Kirche St. Maria der Mongolen

Wertvollster Kirchenschatz ist ein anmutiges byzantinisches Marienmosaik der Theotokos Pammakaristos, der »Immerfrohen Muttergottes«.

Griechisch-orthodoxes Patriarchat ❺

Ortodoks Patrikhanesi

Sadrazam Ali Paşa Cad. 35, Fener. *(0212) 525 54 16.* *55T, 99A.* *tägl. 9–17 Uhr.*

Seit dem frühen 17. Jahrhundert ist der ummauerte Komplex Domizil des Patriarchats der griechisch-orthodoxen Kirche. Obzwar nominell Oberhaupt der gesamten Kirche, betreut der Patriarch nur mehr eine schwindende Gemeinde in und um Istanbul.

Wenn Sie die Stufen zum Eingang an der Seite hochsteigen, bemerken Sie, dass man das Haupttor zugeschweißt hat. Dies geschah zum mahnenden Gedenken an den Patriarchen Gregor V., der hier 1821 wegen Landesverrats gehängt wurde, weil er bei Ausbruch des griechischen Freiheitskampfes (1821–32) ansässige Griechen gegen das osmanische Regime aufgewiegelt hatte. In den 1920er Jahren verschärften sich die Spannungen zwischen Türken und Griechen, als Griechenland Teile der Türkei besetzte. 1955 kam es in Istanbul zu Ausschreitungen gegen Griechen, von denen viele Mitte der 1960er Jahre vertrieben wurden. Der Klerus versucht sich heute mit Metalldetektoren am Eingang zu schützen.

Das Zentrum der Anlage ist die Georgskirche, eine Basilika von 1720. Teile des Inventars sind weit älter, so der byzantinische hohe Thron des Patriarchen rechts vom Hauptschiff. Holzintarsien und Ikonen zieren die Kanzel.

Vergoldete Innenausstattung der Georgskirche im griechisch-orthodoxen Patriarchat

İznik-Fayencen in einem Fensterbogenfeld der Moschee Selims I.

Moschee Selims I. ❻

Selim I Camii

Yavuz Selim Cad., Fener. **Stadtplan** 1 C2. *55T, 90, 90B, 99A.* *tägl.*

Im Volksmund heißt dieses Bauwerk von 1522 Yavuz-Sultan-Moschee: Unter dem Beinamen Yavuz (»der Strenge«) war Sultan Selim I. *(siehe S. 26)* berüchtigt. In Kontrast zu seinem martialischen Nimbus wirkt die Moschee eigentümlich idyllisch. Sie steht einsam auf einem Hügel neben einem Parkplatz, der in einer früheren Existenz die byzantinische Aspar-Zisterne war. Zu Unrecht wenig besucht, erscheint sie auf melancholische Weise vernachlässigt. Im Hof gibt sie eine Ahnung von der Paradiesvorstellung des Islam. Im Zentrum dieses entzückenden Gartens steht ein achteckiger Brunnen mit Kuppeldach, umgeben von Bäumen, in denen Vögel zwitschern.

Frühe İznik-Fayencen *(siehe S. 161)* verkleiden die Fenstergiebel der Portiken im Hof. Ähnliche Kacheln verleihen dem schlichten Gebetssaal einen dekorativen Anstrich. Weitere Blickfänge des Raums sind das erlesene Moscheenmobiliar *(siehe S. 38f)* und original erhaltene bemalte Holzschnitzereien.

Moschee des heiligen Mantels ❼

Hırka-i Şerif Camii

Keçeciler Cad., Karagümrük. **Stadtplan** 1 B3. *28, 87, 90, 91.* *tägl.*

Diese Moschee im Empirestil wurde 1851 erbaut, um einen Umhang *(hırka)* aus der Palastsammlung zu hüten, den der Prophet Mohammed getragen haben soll. Ein Schrein unmittelbar hinter dem Mihrab bewahrt die Reliquie. Der Stifter der Moschee, Sultan Abd ül-Medschid I., entwarf den kalligrafischen Fries des achteckigen Gebetssaals, der mit viel Marmor ausgeschmückt ist. Die Minarette haben die klassische griechische Säulenform zum Vorbild, ihre Galerien sind wie korinthische Kapitelle geformt.

Türklopfer, Moschee des heiligen Mantels

Kirche des Konstantin Lips ❽

Fenari İsa Camii

Vatan Cad., Fatih. **Stadtplan** 1 B4. *90B.* *tägl.*

Der byzantinische Flottenkommandant Konstantin Lips Dungarios stiftete im 10. Jahrhundert diese Klosterkirche, die man der Maria der Unbefleckten Empfängnis weihte. Nach der byzantinischen Rückeroberung Konstantinopels 1261 *(siehe S. 24)* ließ Kaiserin Theodora, die Gemahlin von Michael VIII. Palaiologos *(siehe S. 24f)*, eine weitere Kirche hinzufügen, außerdem eine Grabkapelle für sich und ihre Söhne.

Aufgrund dieser Entstehungsgeschichte wirkt der Komplex etwas zusammengewürfelt. Die vier winzigen, um die Hauptkuppel gruppierten Kapellen auf dem Dach setzen exzentrische i-Tüpfelchen. Wirklich beeindruckend sind die meisterhaften Backsteinfriese der Ostfassade, ein Merkmal byzantinischer Kirchen jener Epoche. 1496 wurde aus der Kirche die Moschee Fenari İsa oder »Licht Jesu«, so genannt zu Ehren des Meisters eines Sufi-Ordens *(siehe S. 104)* namens İsa (arabisch für »Jesus«), der damals hier wirkte. Im Inneren der noch genutzten Moschee sind restaurierte Kapitelle und verzierte Simse zu bewundern.

Byzantinische Fassadenplastiken an der Kirche des Konstantin Lips

Markianssäule ❾

Kız Taşı

Kıztaşı Cad., Saraçhane. **Stadtplan** 1 C4 (2 A3). *28, 87, 90, 91.*

Eine Statue des Kaisers Markian (450–457) krönte diese byzantinische, an einem kleinen Platz aufgestellte Säule. Das Sockelrelief zeigt noch zwei Niken, geflügelte griechische Siegesgöttinnen, die eine beschriftete Schaumünze halten.

Der türkische Name des Denkmals, der übersetzt »Mädchensäule« bedeutet, lässt auf eine Verwechslung mit der berühmten Venussäule schließen. Diese mächtige Marmorsäule stand ursprünglich in der Nähe. Es heißt, sie habe geschwankt, wenn unzüchtige junge Frauen an ihr vorbeigingen. Man vermutet, dass sie in die Suleimaniye-Moschee *(siehe S. 90f)* integriert wurde.

Lüster in der großzügigen Fatih-Moschee

Fatih-Moschee ⑩

Fatih Camii

Macar Kardeşler Cad., Fatih. **Stadtplan** 1 C3. 🚌 *28, 87, 90, 91.* ◯ *tägl.*

Die großartige, von einem weiten Hof umgebene Barockmoschee ist der dritte bedeutende Sakralbau an dieser Stelle: Anfänglich stand hier die Kirche der heiligen Apostel *(siehe S. 23)*, Grabstätte der meisten byzantinischen Kaiser. Sie war verfallen, als Mehmed II. *(siehe S. 26)* an diesem symbolträchtigen Ort die erste Fatih-Moschee bauen ließ. Diese stürzte 1766 durch ein Erdbeben ein. Die heutige Anlage ist überwiegend das Werk von Mehmed Tahir Ağa, oberster Hofbaumeister unter Mustafa III. Viele der Gebäude, die er um die Moschee gruppierte – darunter acht Medresen (Koranschulen) und ein Krankenhaus –, stehen heute noch.

Von der Moschee Mehmeds II. sind nur die drei Portiken des Hofs, der Reinigungsbrunnen, das Haupttor des Gebetssaals und dessen Mihrab erhalten. Über den Fenstern der Portiken sind exquisite Beispiele zweier raffinierter Schmuckformen des 15. Jahrhunderts zu bewundern: İznik-Kacheln in *Cuerda-seca*-Technik und kalligrafische Marmorintarsien an den Bogenfeldern. Weniger kunstfertige Fayencen dekorieren die unteren Wandpartien des Gebetssaals, Schablonenmuster seine Kuppeln.

Hinter der Moschee ragt das Mausoleum Mehmeds II. auf, nahe dem seiner Frau Gülbahar. Größe von Sarkophag und Turban entsprechen der Bedeutung des Sultans, und die Pilgerscharen belegen die zeitlose Anziehungskraft des majestätischen Orts.

Mittwochs ist Markttag *(siehe S. 214)*. Dann gleichen die Straßen um die Moschee einem Hexenkessel. An Ständen wird um Obst und Gemüse, auf Ladeflächen von Kleintransportern um ungesponnene Wolle und etliches mehr gehandelt. Selbst wenn Sie nichts kaufen wollen: Dieses Spektakel ist mitreißender als jeder Zirkus.

Pantokrator-Kirche ⑪

Zeyrek Camii

İbadethane Sok., Küçükpazar. **Stadtplan** 2 B2. 🚌 *28, 61B, 87.* ◯ *tägl. zu Gebetszeiten.* ♿

Kaiserin Irene, die Gemahlin von Johannes II. Komnenos *(siehe S. 21)*, stiftete im 12. Jahrhundert diese Kirche des »Allherrschers«. Der wuchtige byzantinische Bau war Herzstück einer der bedeutendsten religiösen Stätten Konstantinopels, des Pantokrator-Klosters. Dieser Komplex umfasste ein Altenheim, ein Heim für Pilger und Bedürftige sowie ein Krankenhaus. Damit erfüllte das Kloster ähnliche soziale Funktionen wie in osmanischer Zeit die großen Sultansmoscheen der Stadt *(siehe S. 38f)*.

Die Kirche, heute eine Moschee, ist ausgesprochen kunstvoll in figürlicher Musterung mit Marmor gepflastert und zusammengesetzt aus drei Kapellen: Kaiserin Irene ließ die Kapelle mit der höchsten Kuppel errichten, Kaiser Johannes veranlasste anlässlich von Irenes Tod 1124 den Bau der Grabkapelle. Später ließ er beide Bauten mit einer Apsiskapelle verbinden. Die drei Kapellen dienten fortan der Komnenos- und vielen Mitgliedern der Palaiologos-Dynastie als Grablege.

Die Osmanen erklärten die Kirche kurz nach ihrer Einnahme Konstantinopels 1453 *(siehe S. 26)* zur Moschee. Außerhalb der Gebetszeiten am Nachmittag lässt Sie der Hausmeister vielleicht ein.

Pantokrator-Kirche, gestiftet von Kaiserin Irene im 12. Jahrhundert

Entlang der Stadtmauer

Zu Istanbuls imposantesten byzantinischen Denkmälern gehört die von massiven Toren durchsetzte, mit Türmen verstärkte Landmauer. Sie begrenzt von Yedikule am Marmarameer bis Ayvansaray am Goldenen Horn *(siehe S. 89)* in einem weiten Bogen die Innenstadt.

Die umliegenden Bezirke, allen voran Edirnekapı und Topkapı, sind hauptsächlich Arbeiterwohnviertel mit einigen unbebauten Flecken, die man besser nicht allein durchstreift. In diesen Stadtteilen finden sich bedeutende, vorrangig byzantinische, kulturhistorische Relikte. Glanzlicht ist die Erlöserkirche des Chora-Klosters *(siehe S. 118f)* mit ihren außerordentlich gut konservierten Mosaiken und Fresken.

Das Silivrikapı, eines der Tore der Theodosianischen Mauer

Theodosianische Mauer ❶

Teodos II Surları

Von Yedikule nach Ayvansaray.
Stadtplan 1 A1. *Topkapı, Ulubatlı.*

Über ein Jahrtausend lang fungierte diese gewaltige, 6,5 Kilometer lange Doppelmauer zwischen Marmarameer und Goldenem Horn als Konstantinopels landseitiges Bollwerk. Sie wurde aus roten Ziegeln und behauenen Kalksteinblöcken geschichtet und mit elf Toren und 192 Türmen befestigt. Abschnitte lassen sich per Zug, Bus, Tram oder U-Bahn erreichen. Um aber die Straße an der Außenflanke abzufahren und das Bauwerk in seiner vollen Länge zu bestaunen, brauchen Sie ein Taxi oder Dolmuş *(siehe S. 238)*.

Erbaut wurde die Mauer 412–422 unter Kaiser Theodosius II. (408–450). 447 zerstörte ein Erdbeben 54 Türme. Man baute sie aus Furcht vor dem vorrückenden Hunnenkönig Attila unverzüglich wieder auf. Die Mauer wehrte Araber, Bulgaren, Russen und Türken ab. Beim fatalen vierten Kreuzzug *(siehe S. 24)* wurde zwar die Seemauer am Goldenen Horn gestürmt, nicht aber die Landmauer. Dies gelang erst Mehmed II. im Mai 1453 *(siehe S. 26)*. Bis zum Ende des 17. Jahrhunderts hielten die osmanischen Sultane die Mauer instand.

In jüngster Zeit wurden Mauerabschnitte, vor allem beim Belgratkapı (Belgrader Tor), rekonstruiert. Auch wenn Experten den unsensiblen Einsatz moderner Baustoffe bemängeln, vermitteln die Aufbauten doch einen guten Eindruck des byzantinischen Originals.

Gemeißelter byzantinischer Adler über dem Yedikule-Tor

Viele Tore befinden sich in gutem Zustand. Seine schwersten Geschütze richtete Mehmed II. auf das Romanos- und das Charisios-Tor. Ersteres nannten die Osmanen »Kanonentor«, Topkapı (nicht zu verwechseln mit

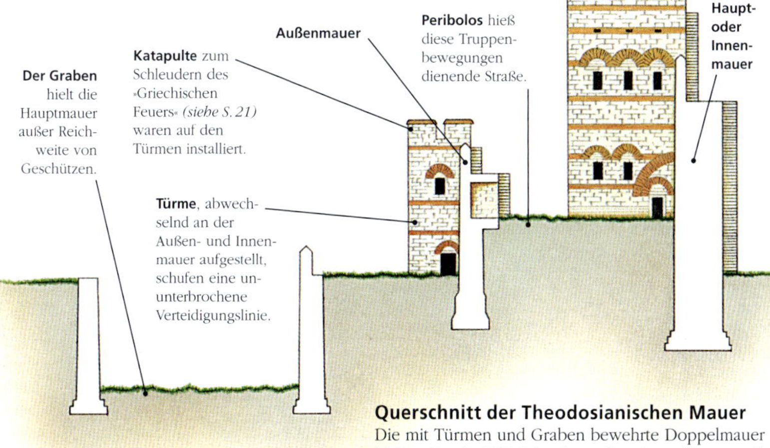

Querschnitt der Theodosianischen Mauer
Die mit Türmen und Graben bewehrte Doppelmauer hielt mehr als 1000 Jahre lang allen Angreifern stand.

dem Topkapı-Palast; *siehe S. 54–59*). Ein benachbartes Mauersegment wurde in den 1950er Jahren bedauerlicherweise beim Bau einer Straße, der Millet Caddesi, planiert.

Als Stadtpforten dienen weiterhin Edirnekapı (das ehemalige Charisios-Tor), Silivrikapı, Yeni Mevlanakapı und einige andere alte Tore. Über dem Hauptbogen des Yedikule-Tors neben der gleichnamigen Festung prangt das Relief eines gemeißelten byzantinischen Kaiseradlers *(siehe S. 25)*.

Yedikule-Festung ❷

Yedikule Müzesi

Yedikule Meydanı Sok., Yedikule. *31, 80, 93T.* *(0212) 263 53 05.* *Do–Di 9–16.30 Uhr.*

Der Name dieser gewaltigen Festung am Südabschnitt der Theodosianischen Mauer bedeutet »Sieben Türme«. Dicke Mauern verbinden die Türme zu einem imposanten Fünfeck, dessen eine, mit vier Türmen besetzte Seite von der Landmauer gezogen wird.

Das heute zu sehende Bauwerk vereint byzantinische und osmanische Elemente. Die beiden stämmigen quadratischen Marmortürme an der Landmauer flankierten das nun verschlossene Goldene Tor, die majestätische Pforte zum mittelalterlichen, von Theodosius II. erbauten Byzanz *(siehe S. 22)*. Kaiser zogen vor der Inthronisierung und nach siegreichen Feldzügen triumphierend durch dieses einst goldverkleidete Tor ein, dessen Fassade eine geflügelte Siegesgöttin, vier Bronze-Elefanten, ein Bildnis des Kaisers Theodosius und andere Statuen zierten.

Im 15. Jahrhundert ließ Mehmed II. die drei hohen, der Landmauer vorgesetzten Rundtürme hinzufügen und den Festungsring mit Blendmauern schließen.

Durch ein Tor in der Nordostwand können Besucher die Festung betreten. Der Turm unmittelbar links, der *yazılı kule* oder auch »Inschriftenturm« genannt, diente als Kerker für unbotmäßige Untertanen des Sultans, unter ihnen auch ausländische Gesandte. Die Häftlinge ritzten Namen, Daten und andere »Graffiti« in die Wände. Teilweise sind sie heute noch zu erkennen.

Die Henker verübten ihr Werk in der Yedikule-Festung im nördlichen der beiden Seitentürme des Goldenen Tors. Auf Betreiben seiner eigenen Janitscharen *(siehe S. 127)* wurde hier im Jahr 1622, nach vier Amtsjahren als Sultan, der gerade mal 17-jährige Osman II. *(siehe S. 33)* hingerichtet. Man warf ihm unter anderem vor, seine Pagen als Zielscheiben beim Bogenschießen benutzt zu haben.

Zum Rundweg auf der Umwallung führt eine steile Treppe, die eine unbeschreibliche Aussicht auf die Landmauer, benachbarte Stadtviertel und Friedhöfe freigibt.

Die Yedikule-Festung mit dem Marmarameer im Hintergrund

Johanneskirche des Studios-Klosters ❸

İmrahor Camii

İmam Aşir Sok., Yedikule.  *80, 80B, 80T.* *Yedikule.*

Von dieser ältesten erhaltenen Kirche der Stadt steht nur noch die Außenwand – genügend, um die Schönheit des Baus zu erahnen, der einem berühmten byzantinischen Kloster zugehörte.

Gegründet wurden Kloster und Kirche 463 von dem römischen Patrizier Studios, der unter Kaiser Markian (450–457) als Konsul amtierte. Das Kloster entwickelte sich zum mächtigsten des Byzantinischen Reichs und wurde im späten 8. Jahrhundert unter Abt Theodoros zu einem führenden spirituellen und intellektuellen Zentrum. Der im Kirchhof beigesetzte Theodoros ist ein Heiliger der griechisch-orthodoxen Kirche.

Das Haupt Johannes' des Täufers war bis zur Zerstörung des Klosters beim vierten Kreuzzug *(siehe S. 24)* heiligste Reliquie der Kirche; Kaiser besuchten die Kirche am 29. August, dem Jahrestag von Johannes' Enthauptung.

Im 15. Jahrhundert beherbergte die Kirche eine Hochschule und wurde zur Moschee. Als sie 1894 bei einem Erdbeben beschädigt wurde, gab man das Gebäude auf.

Das Bauwerk ist eine Bilderbuchbasilika mit nur einer Apsis im Osten, Narthex als Eingangshalle und vorgelagertem Hof. Korinthische Kapitelle, ein Architrav und ein Sims schmücken das Eingangsportal. Im Innenraum gähnt bis auf eine Kolonne von sechs mit Grünspan überzogenen Säulen Leere.

Verfallene Johanneskirche des Studios-Klosters

Der Zoodochus-Pege-Schrein, errichtet bei einer heiligen Quelle

Zoodochus-Pege-Schrein ❹

Balıklı Kilise

Seyit Nizam Cad. 3, Silivrikapı. *(0212) 582 30 81.* *Seyitnizam.* *93T.* *tägl. 8–16 Uhr.*

Der Brunnen der »Leben spendenden Quelle« (Zoodochus Pege) steht über Istanbuls berühmtester heiliger Quelle. Dem Wasser, in dem sich Fische tummeln, wird wundersame Heilkraft zugesagt.

Kurz vor Konstantinopels Fall *(siehe S. 26)* sollen erstmals Fische in der Quelle aufgetaucht sein – angeblich entsprungen der Bratpfanne eines Mönches, als dieser verkündete, dass eine türkische Invasion so wahrscheinlich sei wie die Auferstehung eines toten Fisches.

Vermutlich stand bei der Quelle ein antikes Artemis-Heiligtum. Christen errichteten darüber später eine Marienkirche. Die Quelle blieb bis zum Ende der byzantinischen Ära ein Wallfahrtsort. An Christi Himmelfahrt pilgerten sogar die Kaiser hierher. Die Kirche wurde wiederholt zerstört und von byzantinischen Kaisern wiederhergestellt. Der heutige Bau stammt aus dem Jahr 1833. Gräber von Bischöfen und Patriarchen der griechisch-orthodoxen Kirche füllen den Innenhof.

Kara-Ahmed-Paşa-Moschee ❺

Kara Ahmet Paşa Camii

Undeğirmeni Sok., Fatma Sultan. *nur zu Gebetszeiten.* *Ulubatlı.* *Topkapı.* *93T.*

Bei der Stadtmauer führt ein äußerst lohnenswerter Abstecher zu diesem auch Gazi-Ahmed-Paşa-Moschee genannten Gebäude. Die anmutige, ausgewogen proportionierte Moschee zählt zu Sinans *(siehe S. 91)* unbekannteren Werken. Sinan schuf sie 1554 für Kara Ahmed Paşa, einen Großwesir Suleimans I. *(siehe S. 26)*.

Den ruhigen, begrünten Hof umgeben die Zellen und der Hauptlehrraum oder *dershane* der Medrese. Hübsche İznik-Kacheln *(siehe S. 161)* in Apfelgrün und Gelb verzieren die Vorhalle, blauweiße Fayencen die Ostwand des Gebetssaals. Gebrannt wurden die Kacheln im 16. Jahrhundert. Die Holzdecke über der westlichen der drei Galerien ist kunstvoll bemalt in Rot, Blau, Gold und Schwarz.

Kachelfeld über einer Medresentür der Kara-Ahmed-Paşa-Moschee

Außerhalb der Stadtmauer steht nahebei die 1592 erbaute Takkeci-İbrahim-Ağa-Moschee, ein winziger Bau mit Holzkuppel und erlesenen İznik-Fayencen.

Mihrimah-Moschee ❻

Mihrimah Camii

Sulukule Cad., Edirnekapı. **Stadtplan** 1 A2. *28, 87, 91.* *tägl.*

Dicht an der Innenseite der Stadtmauer ragt auf einer Plattform am höchsten Punkt der Stadt diese beeindruckende Moschee auf. Vom Bosporus aus und bei der Anreise aus Edirne *(siehe S. 154–157)*

Hotels und Restaurants bei den Abstechern *siehe Seiten 189f und 203–205*

sieht man ihre Silhouette bereits aus weiter Ferne.

Sinan errichtete die Moschee 1562–65 für die kurz zuvor verwitwete Mihrimah, eine Tochter Suleimans I. *(siehe S. 26)*. Benannt ist die für ihre Fayencen berühmte Moschee nahe dem Gewürzbasar *(siehe S. 88)* nach Mihrimahs verstorbenem Gatten Rüstem Paşa.

Vier kräftige Ecktürme umstehen den Hauptbau, ein Quadrat mit 37 Meter hoher Kuppel. Das einzige Minarett ist dermaßen hoch und schlank, dass Erdbeben es zweimal einstürzen ließen. Beim zweiten Mal, 1894, durchbrach es das Dach der Moschee. Ihr Schablonendekor erhielten die Innenwände des Gebetssaals nach diesem Vorfall im 20. Jahrhundert.

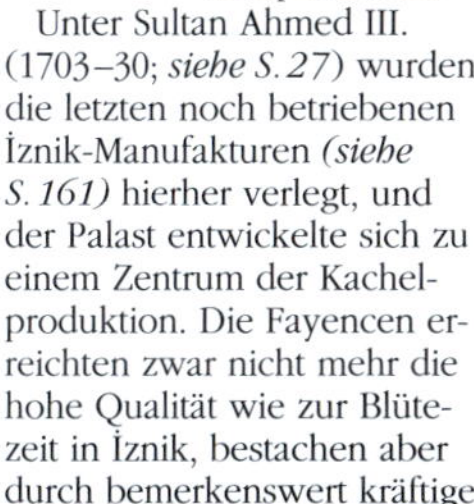

Buntglasfenster der Mihrimah-Moschee

Durch zahlreiche – teils mit Buntglas ausgefüllte – Fenster flutet Licht in den Innenraum. Die Bemalung der Stützbogen der Sultansloge *(siehe S. 39)* täuscht rot-grünen Marmor vor. Eine Augenweide ist auch der fein behauene Minbar aus Marmor.

Erlöserkirche des Chora-Klosters ❼

Siehe S. 118f.

Porphyrogennetos-Palast ❽

Tekfur Sarayı

Şişehane Cad., Edirnekapı. **Stadtplan** 1 B1. 🚌 *87, 90, 126.*

Die spärlichen Überreste verraten wenig vom ehemaligen Glanz dieser Kaiserresidenz. Nur eine Wind und Wetter ausgesetzte Hallenruine zeugt noch vom Palast des Porphyrogennetos (Herrschers). Ihre dreistöckige Fassade gibt jedoch ein Musterbeispiel byzantinischer Baukunst ab. Sie ist verziert mit rotem Ziegel und weißem Marmor, Torbogen zu ebener Erde und zwei Fensterreihen, die einen Hof überblicken.

Der spätbyzantinische Palast lässt sich schlecht exakt datieren. Die wechselnde Folge aus einer Lage Stein und drei Schichten Ziegeln ist typisch für das 10., die geometrische Musterung dagegen für das 14. Jahrhundert. Wahrscheinlich gehörte der Bau zu dem nahen Blachernen-Palast. Der Komplex dieser beiden Paläste diente in den zwei Jahrhunderten vor Untergang des Byzantinischen Reiches 1453 *(siehe S. 26)* als kaiserliche Hauptresidenz.

Unter Sultan Ahmed III. (1703–30; *siehe S. 27*) wurden die letzten noch betriebenen İznik-Manufakturen *(siehe S. 161)* hierher verlegt, und der Palast entwickelte sich zu einem Zentrum der Kachelproduktion. Die Fayencen erreichten zwar nicht mehr die hohe Qualität wie zur Blütezeit in İznik, bestachen aber durch bemerkenswert kräftige Farben. Gelungene Exemplare, teilweise in stark leuchtenden Farben, verkleiden die Cezri-Kasım-Paşa-Moschee *(siehe S. 121)* in Eyüp.

Blachernen-Palast ❾

Anemas Zindanları

İvaz Ağa Cad., Ayvansaray. 🚌 *55T, 99A.*

Kurz vor dem Endpunkt der Landmauer am Goldenen Horn stößt man auf die kümmerlichen Relikte des Blachernen-Palasts: einen in die Stadtmauer eingefügten Turm, das sogenannte Anemas-Gefängnis, eine Terrasse im Osten (Standort der heutigen İvaz-Efendi-Moschee) und den südlich davon aufragenden Isaak-Angelos-Turm.

Die Geschichte des Palasts reicht bis ins Jahr 500 zurück. Damals diente er kaiserlichen Besuchern des Blachernen-Schreins als Herberge. Die Kaiser der Komnenos-Dynastie *(siehe S. 21)* ließen ihn im 12. Jahrhundert schließlich zu einem majestätischen Palast ausbauen.

Ein kaiserliches Quartier war vermutlich, wie Reste des Marmorschmucks und der Wandfresken nahelegen, der Anemas-Turm. Man kann auf dem Gelände frei herumstreifen, die Türme aber nur betreten, wenn der Hausmeister anwesend ist.

Ziegel-und-Marmor-Fassade des Porphyrogennetos-Palasts

Erlöserkirche des Chora-Klosters 7

Kariye Camii

Szene aus dem Leben Mariens

Einige der exquisitesten byzantinischen Mosaiken und Fresken sind in der Chora-Kirche im Stadtteil Edirnekapı bewahrt. Über die frühe Geschichte der Kirche weiß man wenig; der Name Chora (»auf dem Lande«) lässt darauf schließen, dass sie in ländlicher Umgebung entstand. Der heutige Bau geht auf das 11. Jahrhundert zurück. Zwischen 1315 und 1321 ließ der Theologe, Philosoph und hochrangige byzantinische Beamte Theodoros Metochites ihn umgestalten und mit Mosaiken und Fresken ausschmücken.

Erlöserkirche des Chora-Klosters

Stammbaum Jesu

Nach eigenem Bekunden wollte Theodoros Metochites in der Erlöserkirche darstellen, wie »der Herr zu unserem Heil Mensch wurde«.

Als Ausgangspunkt der Mosaikenzyklen wählte er den *Stammbaum Jesu*: In den Kuppeln des inneren Narthex porträtieren die Mosaiken 66 Ahnen Jesu. Die Südkuppel zeigt im Scheitel Christus, im Rippenkranz in zwei Reihen die Väter des Alten Testaments von Adam über Jakob bis zu dessen zwölf Söhnen. In der Nordkuppel sind im Zentrum Maria mit dem Kind, in der oberen Reihe die Könige der David-Dynastie, in der unteren Reihe die Vorfahren Christi abgebildet.

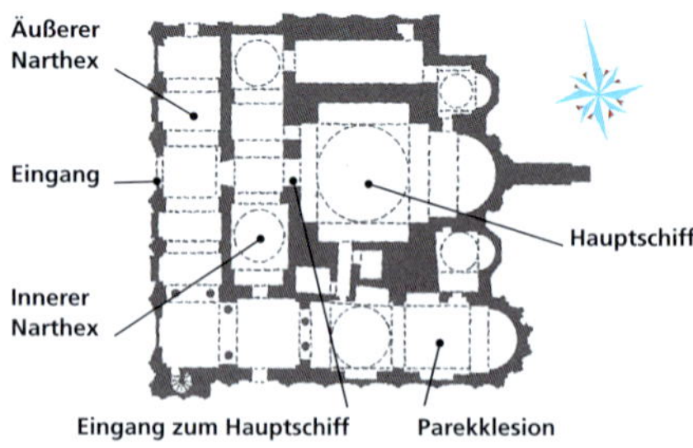

Christus und seine Vorfahren – Mosaik in der Südkuppel des inneren Narthex

Leben Mariens

Bis auf eine einzige sind die 20 Mosaiken des Zyklus *Leben Mariens* im inneren Narthex gut instand. Reicher Quell der mittelalterlichen Kirchenkunst war die vornehmlich auf dem nicht kanonischen Jakobus-Evangelium (2. Jh. n. Chr.) basierende Schilderung des Lebens der Jungfrau Maria.

Die einzelnen Folgen des Zyklus illustrieren unter anderem, wie Maria Josef anvertraut wird und wie Maria Brot von einem Engel dargereicht bekommt.

Jesu Kindheit

Der Zyklus *Jesu Kindheit* in den halbrunden Wandfeldern des äußeren Narthex schöpft aus dem Neuen Testament, beginnend an der

Mosaiken und Fresken

Äußerer Narthex

Eingang

Innerer Narthex

Eingang zum Hauptschiff

Hauptschiff

Parekklesion

Ostansicht des äußeren Narthex

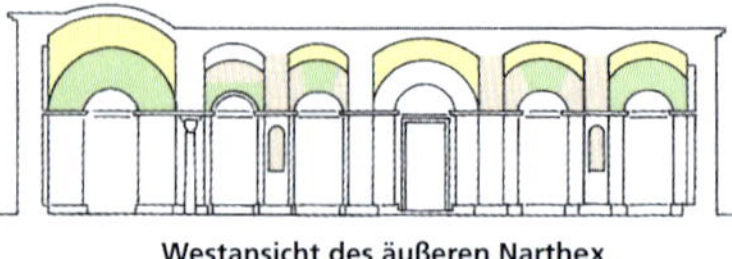

Westansicht des äußeren Narthex

Legende

- Stammbaum Jesu
- Leben Mariens
- Jesu Kindheit
- Jesu Wirken
- Weitere Mosaiken
- Fresken

Nordwand mit einem Mosaik, auf dem ein Engel Josef erscheint. Die folgenden Illustrationen stellen u.a. Mariä und Josefs Reise nach Bethlehem, ihre Einschreibung in das Steuerregister, Christi Geburt und Herodes' Befehl zum Kindermord dar.

Einschreibung in das Steuerregister

Jesu Wirken

Dieser Zyklus besetzt die sieben Gewölbejoche des äußeren sowie einige Felder des südlichen Jochs im inneren Narthex. Viele Mosaiken sind schwer beschädigt, doch einige bezaubernde blieben erhalten. Besonders beeindruckt im zweiten Joch des äußeren Narthex Jesu Versuchung in der Wüste.

Theodoros Metochites übergibt Christus die Erlöserkirche

Weitere Mosaiken

Drei Mosaikfelder zieren das Hauptschiff. Jenes über dem Hauptportal des inneren Narthex – das am besten erhaltene der Kirche, durch einen Marmorrahmen geschützt – schildert die *Grablegung Mariens*: Maria ruht auf einer Bahre, bewacht von den Aposteln und dem thronenden Christus im Hintergrund. Zu den frommen Bildern im inneren und äußeren Narthex zählt, zu sehen in Ersterem an der Ostwand des Südjochs, das Deesismosaik mit Christus und Maria, aber – ungewöhnlich – ohne Johannes den Täufer.

Ebenfalls im inneren Narthex, über dem Portal zum Hauptschiff, ist Theodoros Metochites mit einem großen Turban verewigt, der Christus die restaurierte Kirche darbringt.

Fresken

Die Wandmalereien im Parekklesion (Seitenkapelle), vermutlich im Anschluss an die Mosaiken um 1320 entstanden, spiegeln die Bestimmung des Parekklesion als Grabkapelle wider. Das fesselndste Fresko führt in der Halbkuppel über der Apsis die Anastasis vor, die Auferstehung Christi. Zentrale Figur ist Christus als Sieger über den Tod. Er befreit Adam und Eva aus ihren Gräbern. Zu seinen Füßen sieht man die Höllentore, vor ihm niedergestreckt Satan. Die Kuppel darüber setzt das Jüngste Gericht mit den Seelen der erlösten Gerechten an der rechten, jenen der Verdammten an der linken Seite ins Bild.

Infobox

Kariye Camii Sok., Edirnekapı.
Stadtplan 1 B1. *(0212) 631 92 41.* *28, 86 oder 90, dann 5 Min. zu Fuß.* *Do–Di 9–16.30 Uhr.*

Christusbild des Anastasisfreskos im Parekklesion

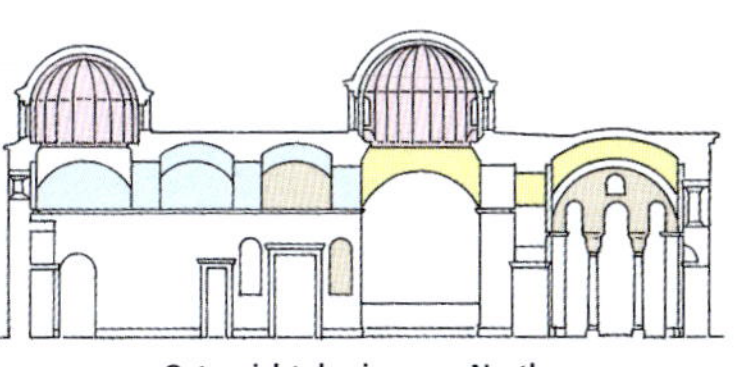

Ostansicht des inneren Narthex

Südansicht von Parekklesion und äußerem Narthex

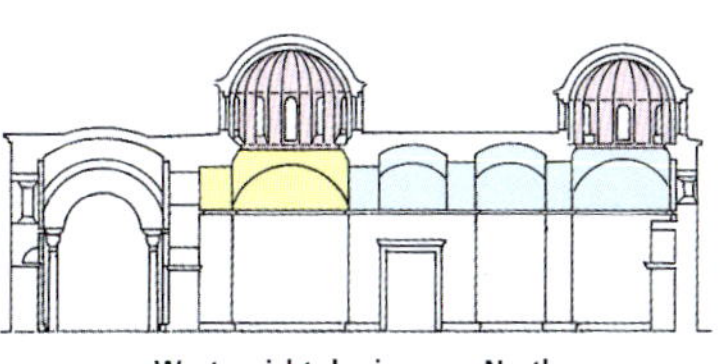

Westansicht des inneren Narthex

Nordansicht von Parekklesion und äußerem Narthex

Stadtplan *siehe Seiten 246–263*

Eyüp

Muslime aus aller Welt pilgern in das Dorf Eyüp zum Grabmal von Eyüp Ensari, dem Bannerträger des Propheten Mohammed. Seine heilige Aura hat Eyüp zu einem Hort der Besinnung gemacht, der sich von der Verunreinigung des Goldenen Horns *(siehe S. 89)* durch die Industrialisierung nicht behelligen lässt. Die Oberschicht hat überall im Dorf Moscheen und Straßenbrunnen gestiftet, vor allem aber Eyüp zur bevorzugten Grabstätte erkoren. Ihre großartigen Mausoleen säumen die Straßen um die Eyüp-Sultan-Moschee, während sich die Grabsteine der »normalen Sterblichen« in den Zypressenhainen auf den Hügeln über Eyüp befinden.

Eingang zum barocken Valide-Sultan-Mihrişah-Komplex

Pierre Loti Café 1

Piyer Loti Kahvesi

Gümüşsuyu Karyağdı Sok. 5, Eyüp. *(0212) 581 26 96.* *39, 55T, 99A.* *tägl. 8.30–24 Uhr.*

Von der Eyüp-Moschee führt ein 20-minütiger Spazierweg durch die Karyağdı Sokağı zu diesem berühmten Café. Alternativ kann man auch die neue Seilbahn nehmen. Vom Eyüp-Friedhof am Gipfel des Hügels hat man einen Panoramablick weit über das Goldene Horn.

Der Name des Cafés erinnert an den turkophilen französischen Schriftsteller und Marineoffizier Pierre Loti, der hier bei seinem Istanbul-Aufenthalt 1876 häufig eingekehrt sein soll. Seine Liebe zu einer verheirateten Türkin schilderte Loti im Roman *Aziyadeh*. Die stilvolle Einrichtung des Cafés und die Kleidung der Kellner halten die Atmosphäre des 19. Jahrhunderts fest.

Beim Aufstieg passiert man ein Spalier von alten Grabsteinen, die überwiegend aus osmanischer Zeit stammen. Die hohen Steine kurz vor dem Café markieren die Ruhestätten von Scharfrichtern.

Interieur des Pierre Loti Café

Valide-Sultan-Mihrişah-Komplex 2

Mihrişah Valide Sultan Külliyesi

Seyit Reşat Cad. *39, 55T, 99A.* *Di–So 9–18 Uhr.*

Diese Anlage nimmt einen Großteil des Geländes am Nordsaum der Straße ein, die vom Nordtor der Eyüp-Sultan-Moschee ausläuft. Sie ist Istanbuls größte barocke *külliye (siehe S. 38)* und ausnahmsweise nicht um eine Moschee gruppiert. Benannt ist der Komplex nach seiner Stifterin Mihrişah, der Mutter Selims III. *(siehe S. 33)*.

Die 1791 vollendete Anlage umfasst Mihrişahs Marmorgrab, eine noch betriebene Armenküche sowie einen *sebil*, einen Brunnen, bei dem an Passanten Erfrischungsgetränke ausgeschenkt wurden.

Eyüp-Sultan-Moschee 3

Eyüp Sultan Camii

Cami-i Kebir Sok. *39, 55T, 99A.* *tägl.* *(0212) 564 73 68.*

Mehmed II. ließ hier 1458, fünf Jahre nachdem er die Stadt eingenommen hatte *(siehe S. 26)*, zu Ehren von Eyüp Ensari eine Moschee errichten. Diese wurde vermutlich von einem Erdbeben zerstört und unter Selim III. *(siehe S. 33)* durch den heutigen Bau ersetzt.

Im Innenhof betritt man einen entzückenden Garten. Auf der von zwei mächtigen Platanen beschatteten Plattform legten Sultane das

Schwert des Osman an, eine Zeremonie der Thronfeierlichkeiten, die seit Mehmed II. üblich ist. Schimmernd weißer Marmor überzieht fast vollständig die Fassaden der Moschee.

Gegenüber der Moschee ragt das Grabmal von Eyüp Ensari auf, der im 7. Jahrhundert bei Konstantinopels erster arabischer Belagerung *(siehe S. 20)* umgekommen sein soll. Das Grabmal wurde zur gleichen Zeit wie die Moschee erbaut und ist stilistisch von osmanischem Barock geprägt. Erlesene, teils in İznik *(siehe S. 160)* gefertigte Kacheln verkleiden die der Moschee zugewandte Fassade sowie den größten Teil des Innenraums.

Im Grabmal von Mohammeds Bannerträger Eyüp Ensari

Grabmal des Sokollu Mehmed Paşa ❹

Sokollu Mehmet Paşa Türbesi

Cami-i Kebir Sok. 🚌 *39, 55T, 99A.*
☐ *Di–So 9.30–16.30 Uhr.*

Der Großwesir *(siehe S. 29)* Sokollu Mehmed Paşa ließ sein Grabmal um 1574, fünf Jahre vor seinem Tod, errichten. Der Sprössling des Hochadels stieg vom Falkner am Sultanshof stetig auf, bis Suleiman I. *(siehe S. 26)* ihn 1565 zum Großwesir ernannte. Dieses Amt bekleidete er auch unter Selim II. *(siehe S. 27)* und Murad III. Mehmed Paşa starb im Topkapı-Palast *(siehe S. 54–59)* durch die Hand eines Geistesgestörten.

Blick vom Mausoleumsgarten auf die Zal-Mahmud-Paşa-Moschee

Das von Sinan *(siehe S. 91)* achteckig erbaute, elegant proportionierte Mausoleum hat einige original erhaltene Buntglasfenster. Ein Säulengang verbindet es mit einer ehemaligen Koranschule.

Zal-Mahmud-Paşa-Moschee ❺

Zal Mahmut Paşa Camii

Zal Paşa Cad. 🚌 *39, 55T, 99A.*
☐ *tägl.*

Von Eyüps Zentrum führt ein kurzer Spaziergang nach Süden zu dieser von Baumeister Sinan *(siehe S. 91)* entworfenen Anlage. Ihr Stifter Zal Mahmud Paşa war der Mörder von Mustafa, dem erstgeborenen Sohn Suleimans I.

Schmuckstücke der in den 1560er Jahren entstandenen Moschee sind die floralen Fayencen um den Mihrab sowie der marmorne Minbar und die *müezzin mahfili* *(siehe S. 38)*. Nördlich steigen Stufen hinab zum Garten um das Mausoleum von Zal Mahmud Paşa und seiner Frau. Das Paar soll am selben Tag gestorben sein.

Ein Portal führt in derselben Straße in die kleine Cezri-Kasım-Paşa-Moschee (1515). Der Großteil der Kacheln in ihrer Gebetsnische wurde Anfang des 18. Jahrhunderts im Porphyrogennetos-Palast *(siehe S. 117)* angefertigt.

Osmanische Grabsteine

Osmanische Friedhöfe sollten Gärten der Entschlafenen sein, in denen die Lebenden ohne düstere Gedanken an den Tod wandeln konnten. Der reiche Grabsteinschmuck hat oft Symbolgehalt: Er gibt Auskunft über Geschlecht, Beruf, Rang, sogar Kinderzahl der Verstorbenen. Nach Verbot des Turbans 1829 zierte nur noch der Fes die Grabsteine von Männern.

An Frauengräbern *entspricht die Anzahl von Blumen jener der Kinder.*

Die Turbangröße *verkündet den Rang des Noblen.*

Dieser Hut *ziert Grabsteine von Mitgliedern eines Sufi-Ordens.*

Am Fes *war ein Paşa* (siehe S. 28) *erkennbar.*

Jenseits von Taksim

Die Gegend nördlich des Taksim-Platzes *(siehe S. 107)* war im 19. Jahrhundert en vogue. Sultane errichteten dort Paläste – sowohl am Bosporus-Ufer als auch oberhalb der waldigen Hänge. Den Trend setzte Abd ül-Medschid I. *(siehe S. 30)* mit dem extravaganten Dolmabahçe-Palast, und alsbald zogen hochrangige Würdenträger nach. Ihren Glamour hat diese Gegend bis heute nicht verloren. Zwei weitere Sehenswürdigkeiten lohnen die Reise ans Nordufer des Goldenen Horns: der Aynalı-Kavak-Palast Ahmeds III. *(siehe S. 27)* als einer der erhaltenen großen Palastbauten und im nahen Hasköy das faszinierende Industriemuseum von Rahmi Koç. Hasköy wurde im 15. Jahrhundert Gelände eines Parks, später von Obsthainen und im 19. Jahrhundert, mit Werften als Vorboten, Standort der Industrie.

Kai in Ortaköy: Fährstation und beliebter Treff

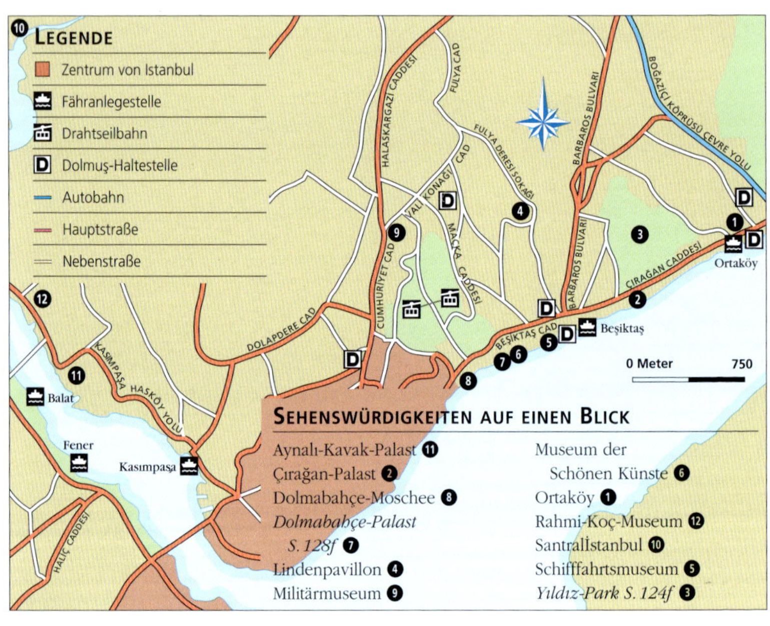

Von Cafés und Läden flankierte Straße in Ortaköy

Ortaköy ❶

Stadtplan 9 F3. *25E, 40.*

Der Vorort Ortaköy zu Füßen der Bosporus-Brücke *(siehe S. 138)* besitzt dörflichen Charme. Sein Leben kreist um den İskele Meydanı am Kai. Bis vor Kurzem wimmelte dieser Platz von Fischern, die ihren Tagesfang entluden. Heute ist Ortaköy bekannter für den quirligen Sonntagsmarkt *(siehe S. 215)*, der sich vom Platz in die Nachbarstraßen ausbreitet, sowie für die Läden mit heimischem Kunsthandwerk.

Ein Brennpunkt des Istanbuler Nachtlebens *(siehe S. 221)* sind, vor allem im Sommer, die lebhaften Bars und Cafés.

Am Ufer steht Ortaköys auffälligstes Wahrzeichen, die 1855 vom Baumeister des Dolmabahçe-Palasts *(siehe S. 128f)*, Nikoğos Balyan, geschaffene Mecidiye-Moschee – ein Bau von schlichter Eleganz mit Ecktürmen, Bogen und Fenstern im Tympanon.

Die Ursprünge der griechisch-orthodoxen Kirche Hagios Phocas und der Synagoge Etz Ahayim liegen in byzantinischer Zeit.

Hotels und Restaurants bei den Abstechern *siehe Seiten 189f und 203–205*

Çırağan-Palast ❷

Çırağan Sarayı

Çırağan Cad. 32, Beşiktaş. **Stadtplan** 9 D3. *(0212) 326 46 46. 25E, 40.* **www**.ciragan-palace.com

Fertiggestellt wurde dieser im Auftrag von Abd ül-Medschid I. um 1864 begonnene Bau erst 1871 unter Sultan Abd ül-Asis *(siehe S. 30)*. Er ersetzte einen Holzpalast, der in der »Tulpenzeit« *(siehe S. 27)* Schauplatz von Fackelprozessionen war. Auf Wunsch des Sultans erhielt der Palast einen maurischen Touch, was man außen am Wabenmuster der Kapitelle über den Fenstern sehen kann. Als Anregung diente dem Architekten Nikoğos Balyan u.a. die Alhambra im spanischen Granada. Vom Bosporus aus betrat der Sultan den Palast durch die Prunktore am Ufer.

Als Sultansresidenz machte der Palast kurze und unfrohe Geschichte: Hier starb 1876 Abd ül-Asis – Freunden zufolge durch Mord und nicht, wie verlautbart, durch eigene Hand. Sein Nachfolger Murad V. *(siehe S. 33)* saß hier nach drei Amtsmonaten ein Jahr Hausarrest ab; er verschied 27 Jahre später, immer noch in Haft, im Malta-Pavillon *(siehe S. 125)*. 1910 machte ein Brand aus dem Palast eine Ruine. Erst 1990 wurde er restauriert, um unter dem Namen Çırağan Palace Kempinski *(siehe S. 190)* als Luxushotel zu neuem, glanzvollem Leben zu erwachen.

Der Çırağan-Palast mit maurisch inspiriertem Fassadenschmuck über den Fenstern

Barock verspielter Treppenaufgang des Lindenpavillons

Yıldız-Park ❸

Siehe S. 124f.

Lindenpavillon ❹

Ihlamur Kasrı

Ihlamur Teşvikiye Yolu, Beşiktaş. **Stadtplan** 8 B2. *(0212) 259 50 86. 26 (von Eminönü). Di, Mi, Fr–So 9.30–16 Uhr.*

Ein idyllischer Garten, aufgelockert von Zierbrunnen zwischen Magnolien und Kamelien, umgibt diese ehemalige Sultansresidenz aus dem frühen 19. Jahrhundert. Mauern schotten sie von ihren Nachbarn im modernen Vorort Ihlamur ab, der nicht so recht zu dieser osmanischen Perle passt.

Wie der Name des Palasts andeutet, war die Gegend zur damaligen Zeit von Linden bestanden. Der Garten ist der klägliche Rest eines weitläufigen bewaldeten Parks, den die osmanischen Sultane als Erholungs- und Jagdrevier sehr schätzten. Abd ül-Medschid I. *(siehe S. 30)* logierte im frühen 19. Jahrhundert bei seinen häufigen Besuchen im Vorgängerbau des Lindenpavillons. Dieser scheint offenbar äußerst bescheiden gewesen zu sein: Der französische Dichter Alphonse de Lamartine (1790–1869) äußerte sein Befremden darüber, dass ein Sultan sich wohlfühlen könne in »solch einer Hütte«, vor deren Fenstern man den Gärtner beim Werkeln sah.

Mit dem Neubau beauftragte Abd ül-Medschid 1857 Nikoğos Balyan, der mit seinem Vater zusammen den Dolmabahçe-Palast gestaltet hatte. Balyan errichtete zwei getrennte Pavillons: für den Sultan und seine Gäste den größeren Mabeyn Köşkü (Zeremonienpavillon), für den Harem und das sonstige Gefolge etwas abseits davon den Maiyet Köşkü (Gefolgschaftspavillon). Beide Bauten sind zu besichtigen, im Maiyet Köşkü sind auch ein Café und ein Buchladen eingerichtet.

Balyan benutzte für die beiden Pavillons vorwiegend Sandstein und Marmor, setzte vor die Bauten Doppeltreppen und schmückte die Fassaden in Barockmanier so reich, dass man kaum eine gerade Linie erblickt. Das europäisch angehauchte Interieur entspricht der osmanischen Mode des 19. Jahrhunderts. Die Räume wurden mit Spiegeln, kostbaren Möbeln und sehr viel Goldzierrat ausstaffiert und ähneln denen des prächtigen Dolmabahçe-Palasts, auch wenn sie weniger verschwenderisch anmuten.

Yıldız-Park ❸

Yıldız Parkı

Brunnen, Yıldız-Palasttheater

Angelegt an einem steilen Hügel als Garten des ersten Çırağan-Palasts *(siehe S. 123)*, bildete dieser Grüngürtel später den Bezirk des Yıldız-Palasts. Heute umgrenzt eine Mauer mit separatem Eingang an der Ihlamur Yıldız Caddesi das Palastensemble mit Bauten diverser Epochen. Weitere Pavillons finden sich im Park, der mit seinen alten Bäumen und exotischen Sträuchern beliebter Ort für ein Familienpicknick ist. Wer den recht langen Aufstieg scheut, kann mit dem Taxi zum Şale-Pavillon fahren und bergab bummelnd die übrigen Attraktionen erkunden.

Brücke über den See im Gelände des Yıldız-Palasts

Yıldız-Palast

Die Pavillons und Villen des Palasts entstanden im 19. und 20. Jahrhundert, viele unter dem exzentrischen Abd ül-Hamid II. (1876–1909; *siehe S. 33*). Der Sultan erkor Yıldız zur Hauptresidenz aus Angst, im Dolmabahçe-Palast *(siehe S. 128f)* Opfer eines Anschlags zu werden.

Der Hauptbau im Eingangshof, der **Zeremonienpalast** (Büyük Mabeyn) aus der Regierungszeit Selims III. (1789–1807; *siehe S. 33*), steht Besuchern derzeit nicht offen. Ums Eck präsentiert das **Stadtmuseum** (Şehir Müzesi) unter anderem Yıldız-Porzellan. Sein italienisch inspiriertes Gegenüber diente als Arsenal (Silahhane). Neben dem Stadtmuseum zeigt das **Yıldız-Palastmuseum** in den Räumen von Abd ül-Hamids Zimmerei (Marangozhane) wechselnde Ausstellungen von Kunst- und anderen Schätzen des Palastinventars.

Ein monumentaler Bogen führt vom ersten Hof in den Haremsbereich. Das hübsche Gewächshaus links heißt

Das ehemalige Arsenal des Yıldız-Palasts

Limonluk Serası, »Zitronenhaus«.

Dahinter gelangt man zum **Yıldız-Theater**, das heute ein Museum ist. Abd ül-Hamid, ein Förderer westlicher Künste, ließ es 1889 erbauen. Blau und Gold geben im restaurierten Inneren den Ton an. Die Sterne in der Kuppeldecke spielen auf den Palastnamen an: *yıldız* bedeutet »Stern«.

Abd ül-Hamid saß allein in der Loge über dem Eingang. Da niemand mit dem Rücken zum Sultan sitzen durfte, blieben die Vorderplätze im Parkett frei. In den Garderoben sind Kostüme, Programmhefte und andere Exponate aus den Theaterbeständen zu sehen.

Der See auf dem Palastgelände hat die Form von Abd ül-Hamids *tuğra* *(siehe S. 95)*. Auf den Inseln hüteten 30 Wärter die Menagerie des Sultans mit Tigern, Löwen, Giraffen und Zebras.

Legende

- Palastgebäude
- Parkmauer/Palastmauer
- P Parken

Salon im prächtigen Şale-Pavillon

Infobox

Çırağan Cad., Beşiktaş. **Stadtplan** 9 D2 *25E, 40.* *tägl.* **Yıldız-Palast** *(0212) 258 30 80.* *56.* *Mi–So 9.30–16 Uhr.* **Şale-Pavillon** *(0212) 259 45 70.* *tägl. 9.30–16.30 Uhr.* *Mo, Do, 1. Tag religiöser Feiern.* **Malta- und Çadır-Pavillon** *(0212) 258 94 53.* *tägl. 9–21 Uhr (Malta-Pavillon bis 22.30 Uhr).* **Höfische Porzellanfabrik** *(0212) 260 23 70.* *Mo–Fr 9–12, 13–16.30 Uhr.*

Şale-Pavillon

Der Şale-Pavillon (Şale Köşkü), das imposanteste Gebäude im Park, entstand unter Abd ül-Hamid II. in drei Etappen, was man der geschlossenen Fassadengestaltung aber nicht ansieht.

Der erste Trakt linker Hand wurde, vermutlich zwischen 1870 und 1880, einem Schweizer Chalet nachempfunden. Winston Churchill, Charles de Gaulle, Nicolae Ceauşescu und andere hohe Staatsgäste wohnten hier.

Der zweite Trakt kam im Jahr 1889 als Logis für Kaiser Wilhelm II. hinzu, der als erster ausländischer Monarch dem Osmanischen Reich einen Staatsbesuch abstattete. Die Suite umfasst 14 Räume. Das Esszimmer heißt wegen der nahezu lückenlosen filigranen Intarsienverkleidung Sedefli Salon (»Perlmuttsaal«). Die zweite Visite Kaiser Wilhelms II. 1898 gab Anlass zum Bau des dritten Trakts. Der Empfangssaal ist der größte Raum des Şale-Pavillons und sein Hereke-Seidenteppich *(siehe S. 218)* das Werk von 60 Knüpfern.

Malta- und Çadır-Pavillon

Diese Pavillons aus der Amtszeit von Abd ül-Asis (1861–1876; *siehe S. 30*) laden beide als Café, der Malta-Pavillon auch als Restaurant ein. Letzterer ist ein beliebter Sonntagstreff von Istanbulern, die sich hier entspannen und die Aussicht genießen.

Früher dienten die Gebäude als Gefängnis. Im Çadır-Pavillon saß, der Ermordung von Abd ül-Asis beschuldigt, Midhat Paşa, Reformpolitiker und Urheber der Verfassung von 1876, ein. Im Malta-Pavillon verbüßten, nach Gewahrsam im Çırağan-Palast *(siehe S. 123)*, Murad V. und seine Mutter 27 Jahre Arrest.

Fassade des zum Café umgewandelten Çadır-Pavillons

Höfische Porzellanfabrik

Baulich stellt die im Jahr 1895 gegründete Fabrik eine exotische Variante einer mittelalterlichen europäischen Burg mit Türmen und Fallgattern vor den Fenstern dar. Sie stillte die Nachfrage der Oberschicht nach Feinkeramik europäischer Machart, die damals zur Dekoration verwendet wurde. Bosporus- und andere Landschaftsidyllen zierten die Zuckerdosen, Vasen und Teller; Beispiele sind heute in Istanbuls Museen und Palästen zu bewundern. Inzwischen produziert die Fabrik Massenartikel, die man im Laden erstehen kann.

Schifffahrtsmuseum ❺

Deniz Müzesi

Hayrettin Paşa İskelesi Sok., Beşiktaş. **Stadtplan** 8 B4. *(0212) 327 43 45.* *25E, 28, 40, 56.* *Mi–So 9–17 Uhr.*

Das Museum am Fähranleger von Beşiktaş eröffnete 2008 nach Renovierungsarbeiten erneut. Es ist mit 20 000 Exponaten das größte Schifffahrtsmuseum der Türkei. In einem Gebäude, der Kajikengalerie, liegen prunkvolle Kajiken der Sultansflotte aus dem 17. Jahrhundert. Einige der Boote sind mit Puppen bemannt. Mehmed IV. besaß das mit 40 Metern längste Ruderboot, das mit 144 Männern besetzt wurde. Dagegen erscheinen die Kajiken von Atatürk *(siehe S. 31)*, auf die er auch Staatsoberhäupter einlud, winzig.

Ruderboot von Atatürk

Zu den Exponaten im Hauptgebäude zählen Ölgemälde mit Seeschlachten, Galionsfiguren, Marineuniformen und Navigationsinstrumente.

Museum der Schönen Künste ❻

Resim ve Heykel Müzesi

Hayrettin Paşa İskelesi Sok., Beşiktaş. **Stadtplan** 8 B4. *(0212) 261 42 98.* *25E, 28, 40, 56.* *Mi–So 12.30–16.30 Uhr.*

Der ehemalige Kronprinzenpavillon neben dem Dolmabahçe-Palast *(siehe S. 128f)* ist heute ein Museum für Gemälde und Skulpturen des 19. und 20. Jahrhunderts. Im 19. Jahrhundert ermunterte die Öffnung des Osmanischen Reichs gegenüber dem Westen *(siehe S. 30f)* Künstler wie den Maler Osman Hamdi Bey (1842–1910; *siehe S. 62)* zum Experimentieren mit westlichen Stilen und Ausdrucksmitteln. In der Form stark europäisiert, spiegeln die Arbeiten thematisch Istanbuls

***Frau mit Mimosen* von Osman Hamdi Bey**

orientalische Tradition wider. Beachten Sie Osman Hamdi Beys *Frau mit Mimosen*, *Porträt eines jungen Mädchens* und *Mann mit gelber Robe*, das Gemälde *Die Sultan-Ahmed-Moschee* von Ahmet Ziya Akbulut (1869–1938) und die Bardenstatue *Âşık* von İsa Behzat (1867–1944).

Dolmabahçe-Palast ❼

Siehe S. 128f.

Dolmabahçe-Moschee ❽

Dolmabahçe Camii

Meclis-i Mebusan Cad., Kabataş. **Stadtplan** 8 A5. *25E, 40.* *Kabataş.* *tägl.*

Die Moschee wurde wie ihr gleichnamiger Palastnachbar 1853 von der berühmten Architektenfamilie Balyan gebaut. Ihre Minarette ragen in Gestalt korinthischer Säulen auf. Große Bogenfenster lassen Licht hinein. Der Innendekor glänzt mit Marmor- und Trompe-l'œil-Effekten.

Militärmuseum ❾

Askeri Müzesi

Vali Konağı Cad., Harbiye. **Stadtplan** 7 F1. *(0212) 233 27 20.* *46H.* *Osmanbey.* *Mi–So 9–17 Uhr.* **Aufführungen der Mehter-Kapelle** *Mi–So 15–16 Uhr.*

Dieses Museum, eines der interessantesten der Stadt, rollt die kriegerische Landesgeschichte von der Einnahme Konstantinopels 1453 *(siehe S. 26)* bis zur Gegenwart auf. Das Gebäude beherbergte früher die Militärakademie, die Atatürk zwischen 1899 und 1905 besuchte. Ein Unterrichtsraum sieht noch genauso aus wie zur Zeit von Atatürks Studium.

Das Museum ist Hauptbühne von Konzerten der Mehter-Kapelle. Diese im 14. Jahrhundert unter Osman I. *(siehe S. 25)* gebildete Militärkapelle der Janitscharen zog bis zum 19. Jahrhundert mit dem Sultan ins Feld, um mit Liedern über osmanische Helden und historische Siege den Kampfgeist zu stärken. Europas Militärorchester griffen Elemente dieser »Janitscharenmusik« auf, die auch Mozart und Beethoven in Werken verarbeiteten.

Im Erdgeschoss strotzen Waffen. Silberfiligran gravierte florale und geometrische Motive zieren die Krummdolche *(cembiyeler)*, die Infanteristen

Dolmabahçe-Moschee, ein Wahrzeichen am Bosporus-Ufer

Osmanische Krummdolche, *cembiyeler*, im Miltärmuseum

im 15. Jahrhundert am Rockbund trugen. Handwerkliche Meisterstücke sind auch die kupfernen Pferdehelme aus dem 17. Jahrhundert und die osmanischen Schilde aus Rohr und Weidengeflecht mit Seidenbezug. Die Ausstellung über die Schlacht von Gallipoli und das ANZAC-Korps, das 1915 bei Chunuk Bair landete *(siehe S. 170)*, wurde 1995 um eine Dokumentation dieses Stellungskriegs bereichert. Im Obergeschoss faszinieren die bestickten Feldherrenzelte der Sultane.

SantralIstanbul ⑩

Kazim Karabekir Cad. 5, Eyüp. *(0212) 444 04 282. 47. Vom AKM am Taksim-Platz fährt alle 20 Minuten ein kostenloser Shuttle-Bus zum SantralIstanbul. Di–So 10–20 Uhr. 1. Jan, erster Tag religiöser Feiern.*

Am oberen Ende des Goldenen Horns wurde im Juli 2007 ein neues ambitioniertes Kunst- und Bildungszentrum eröffnet. Auf dem Gelände des umgebauten osmanischen Kraftwerks Silahtarağa entstand ein Museum für Zeitgenössische Kunst. Außerdem gibt es hier ein Energiemuseum, eine Bibliothek, mehrere Kinos sowie Freiluftbühnen in einem Park. Zudem sollen hier Arbeitsräume für Künstler entstehen. SantralIstanbul will in Zukunft eine zentrale Rolle im lokalen Kunstgeschehen spielen.

Aynalı-Kavak-Palast ⑪

Aynalı Kavak Kasrı

Kasımpaşa Cad., Hasköy. **Stadtplan** 6 A3. *(0212) 227 34 41. 47, 54. Fr–So 9.30–16 Uhr.*

Aynalı Kavak Kasrı ist die jüngste der großen osmanischen Palastanlagen am einst lieblichen Goldenen Horn *(siehe S. 89)*. Seinen Namen hat der Palast von den vielen Spiegeln, die seine Wände schmücken. Im Inneren nennen zahlreiche Inschriften die Jahreszahl 1791. Da sich um das Gebäude aber Spuren älterer Baustile finden lassen, vermutet Historiker, dass es schon in der »Tulpenzeit« *(siehe S. 27)* unter Sultan Ahmed III. entstanden sein muss.

Der wegen seiner Hügellage im Nordosten ein-, im Südwesten zweistöckige Palast weist bis ins Detail bezaubernde Charakteristika osmanischer Baukunst auf, so die krummlinigen, mit Buntglas gefüllten Stuckgitter an den oberen Fenstern der Südwestfassade. Im Kompositionszimmer soll Sultan Selim III. (1789–1807), der die klassische türkische Musik förderte, Musikwerke kreiert haben.

Der Audienzraum des Aynalı-Kavak-Palasts am Goldenen Horn

Heute birgt der Raum eine Sammlung traditioneller Musikinstrumente.

Womit Selim sich außerdem befasste, das berichtet im Audienzraum eine goldene Inschrift auf blauem Grund.

Rahmi-Koç-Museum ⑫

Rahmi Koç Müzesi

Hasköy Cad. 5, Hasköy. *(0212) 369 66 01/02. 47. Di–Fr 10–17 Uhr, Sa, So 10–19 Uhr.*

Der Unternehmer Rahmi Koç gründete die Sammlung, die in einer Fabrik aus dem 19. Jahrhundert untergebracht ist. Vier Kuppeln und Gewölbegänge prägen den Bau. Das Motto »Industrielles Zeitalter« verbindet die Exponate: mechanisches Spielzeug, wissenschaftliche Instrumente, Dampf- und andere Maschinen, Gegenstände aus der Luftfahrt und vieles mehr.

JANITSCHAREN

Das im 14. Jahrhundert formierte Korps der Janitscharen (»Neue Truppen«) war die Elitetruppe des Sultans. Es rekrutierte sich durch die jährliche *devşirme*, die »Knabenlese«: Man verschleppte Kinder, oft junge Christen, die man in Konstantinopel zu Muslimen und loyalen Dienern des Sultans erzog. Als erstklassige Soldaten trugen die Janitscharen wesentlich zur Expansion des Osmanischen Reichs bei. Auch stellten sie die Leibwache des Sultans. Mit der Zeit verlor das Korps jedoch seine Disziplin: Um 1800 wurde es ein Unsicherheitsfaktor, der Aufstände schürte und Sultane stürzte, bis Mahmud II. es 1826 auflöste.

Janitscharen, Miniaturmalerei aus dem 16. Jahrhundert

Stadtplan *siehe Seiten 246–263*

Dolmabahçe-Palast ❼

Dolmabahçe Sarayı

Sèvres-Vase am Fuß der Kristalltreppe

Karabet Balyan und sein Sohn Nikoğos schufen den »Palast der aufgeschütteten Gärten« 1843–56 für Sultan Abd ül-Medschid *(siehe S. 33)*. Sie gehörten der berühmten Familie armenischer Architekten an, die im 19. Jahrhundert am Bosporus *(siehe S. 137–149)* zahlreiche Bauten errichtete. Extravaganz und Opulenz des Palasts verschleiern, dass das Osmanische Reich zur Bauzeit schon der »kranke Mann am Bosporus« war. Der Sultan finanzierte das Projekt durch Anleihen bei Auslandsbanken. Besucher müssen sich Führungen anschließen. Zwei Touren sind im Angebot: Die interessantere besichtigt den Selamlık (oder Mabeyn-i Hümayun), den öffentlichen, einst Männern vorbehaltenen Bereich mit den Empfangsräumen und der großartigen Zeremonienhalle. Die andere Tour führt durch den Harem, die Privatgemächer des Sultans und die Räume seines Gefolges.

★ Kristalltreppe
Diese gläserne, fragil wirkende Treppe in der Form eines doppelten Hufeisens war eine viel bestaunte Novität. Sie besteht aus Kristall und Kupfer, das Geländer aus schimmerndem Mahagoni.

Der Süfera-Saal, in dem Gesandte auf Audienzen beim Sultan warteten, zählt zu den prunkvollsten Palasträumen.

Eingang

Sultanstor
Dieses einst für den Sultan und seine Minister reservierte Tor bildet heute den Haupteingang. Die Mehter- oder Janitscharenkapelle (siehe S. 126f) *tritt im Sommer jeden Dienstagnachmittag vor dem Tor auf.*

Schwanenbrunnen
Dieser Brunnen ziert den Sultansgarten. Der im 16. Jahrhundert auf einer trockengelegten Parzelle entstandene Garten gab dem Palast seinen Namen: Dolmabahçe bedeutet »aufgeschüttete Gärten«.

Selamlık

Im Roten Gemach empfing der Sultan Gesandte.

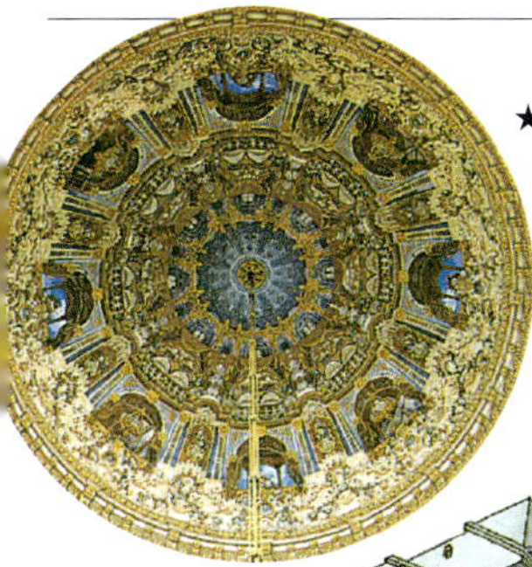

★ Zeremonienhalle
Der majestätische Kuppelsaal fasst 2500 Personen. Der in England erworbene Kronleuchter soll der schwerste der Welt sein.

Infobox

Dolmabahçe Cad., Beşiktaş. **Stadtplan** 8 B4. *(0212) 236 90 00.* *25E, 40.* *Di, Mi, Fr–So 9–16 Uhr (Okt–Feb: letzter Einlass 15 Uhr).* *einige religiöse Feiertage.*

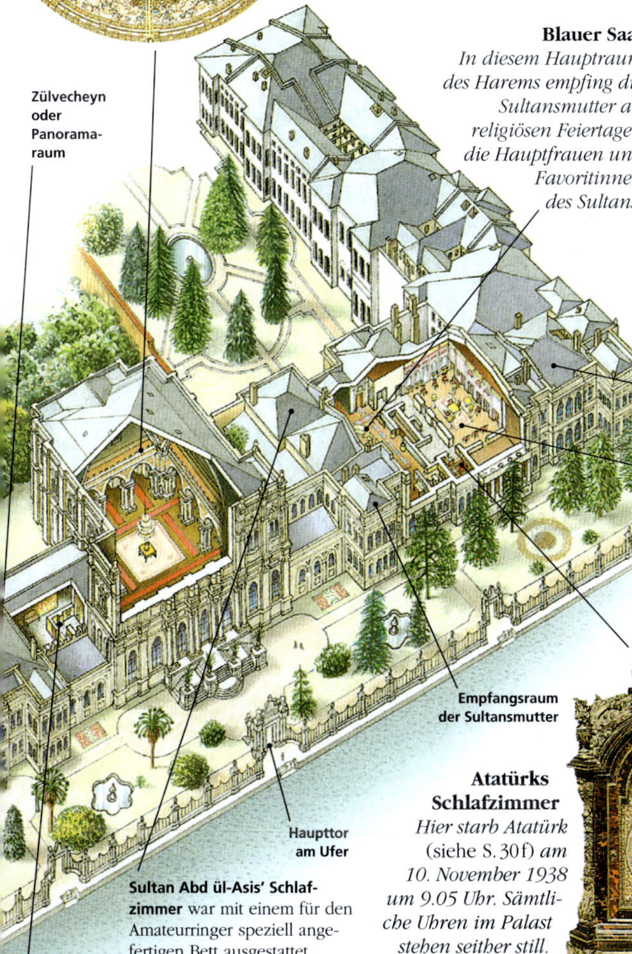

Blauer Saal
In diesem Hauptraum des Harems empfing die Sultansmutter an religiösen Feiertagen die Hauptfrauen und Favoritinnen des Sultans.

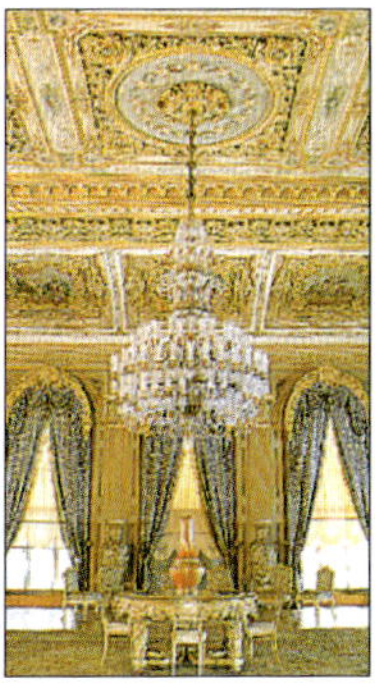

Zülvecheyn oder Panoramaraum

Harem

Der Rosarote Saal diente als Gesellschaftsraum des Harems.

Empfangsraum der Sultansmutter

Haupttor am Ufer

Sultan Abd ül-Asis' Schlafzimmer war mit einem für den Amateurringer speziell angefertigen Bett ausgestattet.

Atatürks Schlafzimmer
Hier starb Atatürk (siehe S. 30f) *am 10. November 1938 um 9.05 Uhr. Sämtliche Uhren im Palast stehen seither still.*

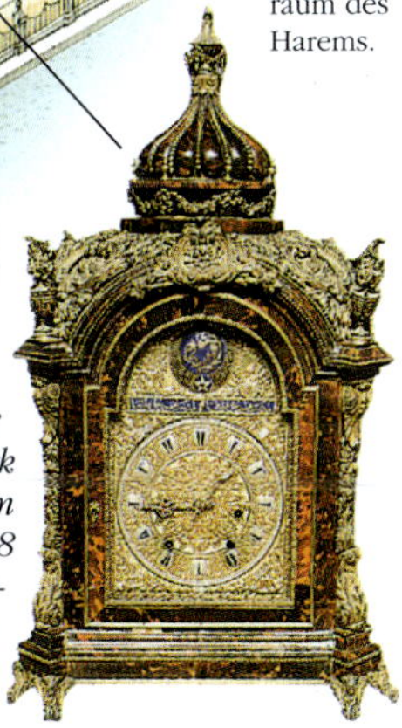

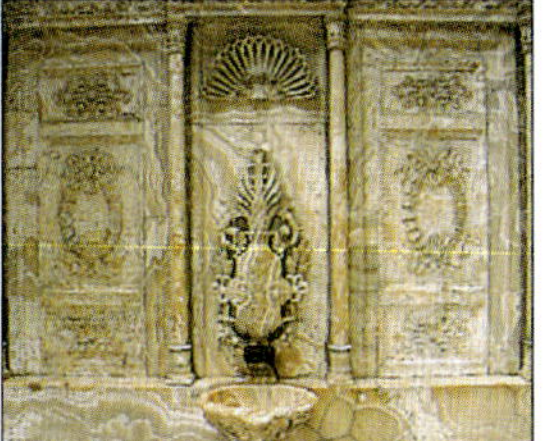

★ Großes Bad
Edelster ägyptischer Marmor verkleidet die Wände dieses Bads, die Wasserhähne sind aus massivem Silber. Die mit Messing gerahmten Fenster geben einzigartige Blicke auf den Bosporus frei.

Nicht versäumen

★ Großes Bad

★ Kristalltreppe

★ Zeremonienhalle

Stadtplan *siehe Seiten 246–263*

Asiatische Seite

Auf asiatischer Seite liegen die großen Stadtteile Üsküdar und Kadıköy, deren Geschichte ins 7. Jahrhundert v. Chr. *(siehe S. 19)* zurückreicht. Üsküdar hieß früher nach dem (zerstörten) Scutarion-Palast aus dem 12. Jahrhundert gegenüber dem Leanderturm Scutari. Hier begannen die byzantinischen Handelswege nach Asien. Es wahrte im Osmanischen Reich seine Bedeutung und ist heute für seine vielen klassisch-osmanischen Moscheen bekannt. Mehrere Wohnviertel umgeben Üsküdar und Kadıköy. Das angenehme grüne Moda ist ein Tipp für Eiscremefans. Ein Leuchtturm und ein Park locken in Fenerbahçe. Von dort erreicht man zu Fuß bequem die Bağdat Caddesi, eine von Istanbuls Haupteinkaufsstraßen *(siehe S. 212)*.

Der Leanderturm auf seinem Inselchen

Leanderturm ❶

Kız Kulesi

Üsküdar. **Stadtplan** 10 A3. *Üsküdar.* *(0216) 342 47 47.* **www**.kizkulesi.com.tr

Der kleine weiße Turm aus dem 18. Jahrhundert ist ein bekanntes Wahrzeichen am Bosporus. Er steht vor Üsküdar auf einem Inselchen, auf dem einst eine byzantinische, im 12. Jahrhundert unter Manuel I. Komnenos aufgezogene Feste Konstantinopel schützte. Der Turm diente während einer Choleraepidemie als Quarantänelager, Leuchtturm und Zollstation. Heute ist er ein Restaurant mit Nachtclub *(siehe S. 206)*.

Den türkischen Namen Kız Kulesi, »Mädchenturm«, erklärt eine Sage: Ein Seher sagte einer Prinzessin den Tod durch Schlangenbiss voraus. Um das Schicksal zu wenden, schloss man sie in dem Turm ein. Die Schlange fand trotzdem zu ihr: Sie kroch aus einem Korb mit Feigen. Der Name Leanderturm gedenkt des griechischen Helden, der allnächtlich zum Stelldichein mit seiner Geliebten Hero den Hellespont (die Dardanellen; *siehe S. 170f*) durchschwamm.

Şemsi-Paşa-Moschee ❷

Şemsi Paşa Camii

Sahil Yolu, Üsküdar. **Stadtplan** 10 A2. *Üsküdar.* *tägl.*

Diese Moschee zählt zu den kleinsten, die von Großwesiren *(siehe S. 29)* gestiftet wurden. Doch gerade ihre bescheidenen Ausmaße und dazu die malerische Uferlage machen sie zu einer der reizendsten der Stadt.

Großwesir Şemsi Ahmed Paşa war Amtsnachfolger von Sokollu Mehmed Paşa *(siehe S. 82)* und womöglich in dessen Ermordung verwickelt. 1580 ließ er Sinan *(siehe S. 91)* die Moschee errichten.

Der Garten blickt über den Bosporus. Die Medrese *(siehe S. 38)* begrenzt ihn an zwei Seiten, die Moschee an der dritten, die Seemauer an der vierten Seite. Şemsi Ahmeds Grab ist mit dem Hauptgebäude der Moschee verbunden und nur durch ein Gitter vom Innenraum getrennt.

Şemsi-Paşa-Moschee, gestiftet vom Großwesir Şemsi Ahmed Paşa

İskele-Moschee ❸
İskele Camii

Hakimiyeti Milliye Cad., Üsküdar. **Stadtplan** 10 B2. *Üsküdar.* *tägl.*

Dieses prägnante, auch Mihrimah-Sultan-Moschee genannte Wahrzeichen von Üsküdar ist nach dem Fähranleger benannt, in dessen Nähe es steht. Sinan baute die stattliche Moschee 1547/48 für Mihrimah Sultan, Lieblingstochter von Suleiman I. und Gattin des Großwesirs Rüstem Paşa *(siehe S. 88)*.

Sinan musste aus Platzmangel auf einen Hof verzichten. Er stellte die Moschee dafür auf ein Podest. Ihr weit vorspringendes Dach überdeckt den vorgesetzten *şadırvan* (Reinigungsbrunnen), raubt aber Vorhalle und Innenraum Licht. Vom erhöhten Portikus hat man einen ausgezeichneten Blick auf den Hauptplatz, den Ahmed III. 1726 mit einem Barockbrunnen herausputzen ließ.

In das Podest der İskele-Moschee eingelassener Brunnen

Yeni-Valide-Moschee ❹
Yeni Valide Camii

Hakimiyeti Milliye Cad., Üsküdar. **Stadtplan** 10 B2. *Üsküdar.* *tägl.*

Am Hauptplatz gegenüber der İskele-Moschee steht diese »Neue Moschee der Sultansmutter«. Ahmed III. ließ sie 1708–10 zu Ehren seiner Mutter Gülnuş Emetullah errichten. Ein imposantes Eingangstor mit einer *mektep* (Koranschule) im Obergeschoss führt in den großzügigen Hof. Die Anlage lässt erkennen, dass die osmanische Architektur damals an einem Wendepunkt stand: Die Moschee hält am klassischen Stil fest, während sich am Grab der Sultansmutter, dem benachbarten *sebil* (Brunnen zum Ausschenken von Getränken) und dem *şadırvan* barocker Zierrat findet.

Tor der Yeni-Valide-Moschee mit *mektep* (Koranschule) unter dem Dach

Atik-Valide-Moschee ❺
Atik Valide Camii

Çinili Camii Sok., Üsküdar. **Stadtplan** 10 C3. *12C (von Üsküdar).* *Gebetszeiten.*

Der Komplex der »Alten Moschee der Sultansmutter« am Hügel über Üsküdar gehörte zu den größten der Stadt. Sinan vollendete ihn 1583 für die in Venedig geborene Nur Banu, die Gemahlin von Selim II. und Mutter von Murad III. Sie war die erste Sultansmutter, die vom Harem aus die osmanische Politik dirigierte *(siehe S. 27)*. Sinan setzte der Moschee, seinem letzten großen Werk, eine niedrige, weite Kuppel auf, die auf fünf Halbkuppeln ruht. Über das Eingangsportal spannte er einen flachen Bogen.

Emporen umziehen drei Wände des Innenraums. An ihren Unterseiten ist der zeittypische reiche Schablonendekor in Schwarz, Rot und Gold erhalten. Erlesene İznik-Fayencen *(siehe S. 161)* verkleiden fast vollständig die Apsis des Mihrab, der wie der Minbar aus kunstvoll behauenem Marmor besteht. Die Seitenschiffe im Norden und Süden kamen im 17. Jahrhundert, das Gitterwerk und die Trompe-l'œil-Malereien der Sultansloge auf der Westempore im 18. Jahrhundert hinzu.

Von einer Tür in der Nordmauer des Hofes führen Stufen hinab zur Medrese. Gestützt von einem Bogen, überragt der *dershane*, der Lehrraum der Medrese, die schmale Straße. Von den übrigen Gebäuden des Komplexes ist nur der *şifahane*, das Hospital, restauriert und zu besichtigen. Seine 40 Zellen sind östlich der Moschee um einen Hof angeordnet. Genutzt wurde das Krankenhaus bis weit in das 20. Jahrhundert hinein.

Kuppel im Eingang zur Atik-Valide-Moschee

Frauen beim Religionsunterricht in der Fayencenmoschee

Fayencenmoschee ❻

Çinili Camii

Çinili Camii Sok., Üsküdar. **Stadtplan** 10 C3. *Üsküdar, dann 20 Min. zu Fuß.* *nur zu Gebetszeiten.*

Der Name verrät die größte Attraktion dieser Sehenswürdigkeit: den herrlichen Kacheldekor. Die Moschee von 1640 ist erheblich kleiner als andere Stiftungen von Sultansfamilien aus dem 17. Jahrhundert. Ein Grund dafür liegt darin, dass um die Jahrhundertmitte weite Teile der begehrtesten Grundstücke bebaut waren und diese Parzelle keinen größeren Bau zuließ. Zudem nahm die Bereitschaft ab, der Stadt noch mehr Großmoscheen zu bescheren.

Spenderin der Moschee war Mahpeyker Kösem Sultan. Als Gemahlin Sultan Ahmeds I. *(siehe S. 33)* und Mutter der Sultane Murad IV. und İbrahim »der Verrückte« war sie sehr einflussreich und brillierte als eine der letzten Haremsdamen auf dem politischen Parkett *(siehe S. 27)*.

Der Reinigungsbrunnen im Hof ist so mächtig wie die Medrese *(siehe S. 38)* daneben winzig. Bunte İznik-Kacheln überziehen die Moschee innen und außen. Rote und grüne Farbpigmente, ein Merkmal der Blütezeit der İznik-Fayencenkunst, fehlen zwar, doch machen die Muster dieses Manko wett. Der Minbar hat eine gekachelte kegelförmige Überdeckung.

Zu den öffentlichen Einrichtungen der Moschee gehört das türkische Bad in der Çinili Hamam Sokağı.

Karaca-Ahmed-Friedhof ❼

Karaca Ahmet Mezarlığı

Nuh Kuyusu Cad., Selimiye. **Stadtplan** 10 C4. *12.* *tägl. 8.30–17.30 Uhr.* **Grab** *tägl. 9.30–16.30 Uhr.*

Dieser Friedhof ist eine Oase, in der man unter Zypressen spazieren kann. Der älteste Grabstein wurde 1521 aufgestellt, der Friedhof allerdings vermutlich 1338 eingerichtet. Der Grabsteinschmuck ist wie ein Buch, in dem man lesen kann *(siehe S. 121)*. Männergräber erkennt man oft an einem Fes oder Turban, an dessen Machart ist der Rang des Verstorbenen ablesbar. Die Reliefs an Frauengräbern zeigen Blumen, Hüte und Tücher.

Krimkrieg-Denkmal, britischer Soldatenfriedhof

Zwischen Gündoğumu Caddesi und Nuh Kuyusu Caddesi steht das Grab von Karaca Ahmed, der Mitte des 14. Jahrhunderts bei der osmanischen Eroberung der byzantinischen Städte Chrysopolis und Chalkedon (Üsküdar und Kadıköy) fiel. Sein Grab und das Denkmal seines Lieblingspferdes stammen aus dem 19. Jahrhundert.

Selimiye-Kaserne ❽

Selimiye Kışlası

Çeşme-i Kebir Cad., Selimiye. **Stadtplan** 10 B5. *(0216) 556 80 00.* *Harem.* *12.* *Sa, So 9–17 Uhr.*

Selim III. ließ hier 1799 eine Kaserne einrichten, um darin ein potenzielles Nachfolgeheer des Janitscharenkorps *(siehe S. 127)* zu stationieren. Ein Aufstand der Janitscharen 1807/08 *(siehe S. 30)* führte jedoch zu seiner Absetzung und Ermordung. Kurz danach brannte die Kaserne ab. Nachdem Mahmud II. 1826 das Janitscharenkorps aufgelöst hatte, begann er 1828 mit dem Bau des Komplexes, der heute die asiatische Ufersilhouette beherrscht. Abd ül-Medschid I. ließ 1842–53 drei neue Trakte hinzufügen.

Als die Kaserne im Krimkrieg (1853–56) als Lazarett diente, wirkte hier ab 1854 Florence Nightingale. Die berühmt gewordene Krankenpflegerin wohnte und arbeitete im Nordostturm. Ihre Räume stehen als einziger Teil der Kaserne für Besucher offen. Das kleine Museum zeigt die Einrichtung und die Leuchte, die Florence Nightingale posthum den Beinamen »Lady with the Lamp« eintrug. Besucher müssen sich unter der Faxnummer (0216) 310 79 29 anmelden.

Betender am Grab des Kriegers Karaca Ahmed

Hotels und Restaurants bei den Abstechern *siehe Seiten 189f und 203–205*

Der Bahnhof Haydarpaşa, Endstation von Zügen aus Anatolien

Nahe der Kaserne lohnen die Selimiye-Moschee und der britische Soldatenfriedhof einen Besuch. Ein lieblicher, wenn auch etwas vernachlässigter Hofgarten umgibt die 1804 erbaute Moschee. Blickfänge im schlichten, durch hohe Bogenfenster erhellten Innenraum sind die in klassischer Manier bemalte Kuppel und der Minbar aus grauem Marmor. Bogen flankieren den Sultanspavillon im Nordwesteck des Geländes.

Ein kurzer Bummel nach Süden führt zum britischen Soldatenfriedhof an der Burhan Felek Caddesi. Dort ruhen Gefallene aus dem Krimkrieg, dem Ersten Weltkrieg (Schlacht von Gallipoli) und dem Zweiten Weltkrieg. Es gibt keine festen Öffnungszeiten; der Wächter lässt Sie ein.

Bahnhof Haydarpaşa ⑨

Haydarpaşa Garı

Haydarpaşa İstasyon Cad., Haydarpaşa. ☎ *(0216) 336 04 75 od. 336 20 63.* ⛴ *Haydarpaşa od. Kadıköy.* ◯ *tägl.*

Seine Uferlage und Grandezza sowie der fayencenverzierte Pier nebenan machen diesen Bahnhof zu einem der stimmungsvollsten An- und Abreiseorte Istanbuls. Von hier aus dampften 1873 die ersten Eisenbahnen in Richtung Anatolien nach İznik *(siehe S. 160)*.

Der Streckenausbau war ein wesentlicher Teil des Modernisierungsprogramms von Abd ül-Hamid II. Als die Gelder versiegten, wandte der Sultan sich an seinen Verbündeten, den deutschen Kaiser Wilhelm II. Die Deutsche Bank gewährte daraufhin Kredite für Bau und Betrieb der Bahn. 1898 wurden deutsche Ingenieure für den Bau von Strecken engagiert, die durch Anatolien zu den äußersten Zipfeln des Osmanischen Reichs führten. Im Zuge dessen entstanden Bahnhöfe. Der größte ist der 1908 fertiggestellte Bahnhof Haydarpaşa, von dem die Züge zu Zielen in Asien abfahren.

Großer Pinienhügel ⑩

Büyük Çamlıca

Çamlıca. 🚌 *11F, KÇ1, dann 30 Min. zu Fuß.* **Park** ◯ *tägl. 9–24 Uhr.*

Bei klarem Wetter blickt man vom Gipfel dieses Hügels über die Prinzeninseln, das Marmarameer, das Goldene Horn, Beyoğlu und den Bosporus bis hin zum Schwarzen Meer. Im Süden kann man sogar die Schneekappe des Uludağ bei Bursa *(siehe S. 169)* ausmachen. Mit 261 Metern ist der vier Kilometer östlich von Üsküdar aufragende Büyük Çamlıca oder Großer Pinienhügel Istanbuls höchste Erhebung. Nicht einmal der Wald von Rundfunk- und Fernsehantennen an den unteren Hängen kann die Aussicht verstellen.

Der Türkische Touring- und Automobilclub *(siehe S. 181)* ließ 1980 am Gipfel einen Park mit Marmorkiosken und zwei Cafés im Stil des 18. Jahrhunderts gestalten.

Der Küçük Çamlıca (Kleiner Pinienhügel) ist weniger erschlossen und sein Teegarten daher noch touristisches Stiefkind. Auch er bietet Spazierwege und Aussichten.

Florence Nightingale

Florence Nightingale in der Selimiye-Kaserne (Gemälde 19. Jh.)

Die britische Krankenschwester Florence Nightingale (1820–1910) engagierte sich für Verbesserungen der Sozial-, Kriegsversehrten- und Krankenfürsorge. Als Frankreich und Großbritannien im Krimkrieg auf Seiten des Osmanischen Reichs gegen Russland kämpften, mobilisierte sie ein Team von 38 britischen Krankenpflegerinnen, die das Lazarett in der Selimiye-Kaserne von Scutari (Üsküdar) betreuten. Dadurch wurde die Sterberate des Lazaretts von 20 auf zwei Prozent gesenkt und eine fortschrittliche medizinische Basis geschaffen. Bei Kriegsende 1856 kehrte Nightingale nach Großbritannien zurück, wo sie eine Schwesternschule gründete.

UMGEBUNG VON ISTANBUL

LÜFER 1

Bosporus

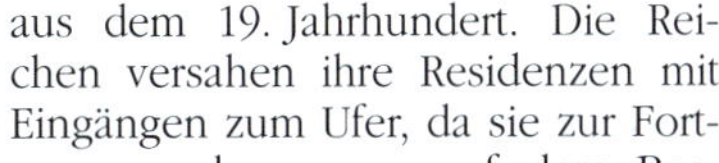

Wenn Hitze und Hektik der Stadt die Nerven strapazieren, ist der beste Fluchtort der Bosporus (türkisch Boğaz, »Schlund«; *siehe S. 144–149*), die Meerenge, die Europa von Asien trennt und das Schwarze Meer mit dem Marmarameer verbindet. Mit dem Schiff reist man am bequemsten, auf dem Landweg lassen sich die Ufer besser nach eigenem Gutdünken erkunden. Schöne Bauten säumen den Bosporus: *yalılar* genannte Villen, Moscheen und Paläste aus dem 19. Jahrhundert. Die Reichen versahen ihre Residenzen mit Eingängen zum Ufer, da sie zur Fortbewegung auf dem Bosporus bevorzugt Kajiken (Holzboote) benutzten. Zwischen den repräsentativen Bauten liegen ehemalige Fischerdörfer, in denen Sie einige von Istanbuls feinsten Clubs und Restaurants finden.

Faik Yalı und Bekir Bey Yalı in Yeniköy

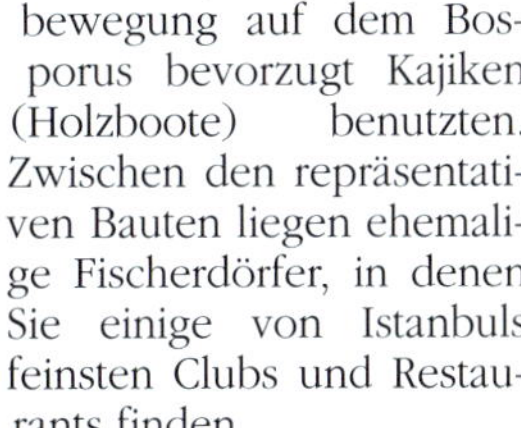

An der Oberfläche fließt das Wasser vom Schwarzen Meer ins Marmarameer, in 40 Metern Tiefe gibt es eine Unterströmung in entgegengesetzter Richtung.

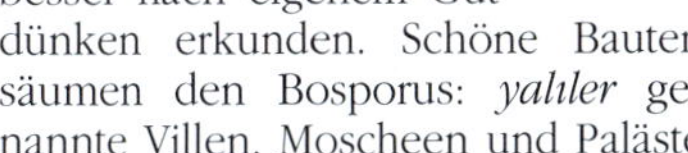

Sehenswürdigkeiten auf einen Blick

Museen und Paläste

- Aşiyan-Museum 5
- Beylerbeyi-Palast 2
- Khedivenpalast 11
- Küçüksu-Palast 4
- Maslak-Pavillons 10
- Sadberk-Hanım-Museum 13
- Sakıp-Sabancı-Museum 9

Städte und Dörfer

- Bebek 3
- Beykoz 12
- Kanlıca 7
- Rumeli Kavağı 14

Historische Bauwerke

- Bosporus-Brücke 1
- Europäische Festung 6

Park

- Emirgan-Park 8

Legende

- Zentrum von Istanbul
- Großraum Istanbul
- Fähranlegestelle
- Autobahn
- Hauptstraße

0 Kilometer 5

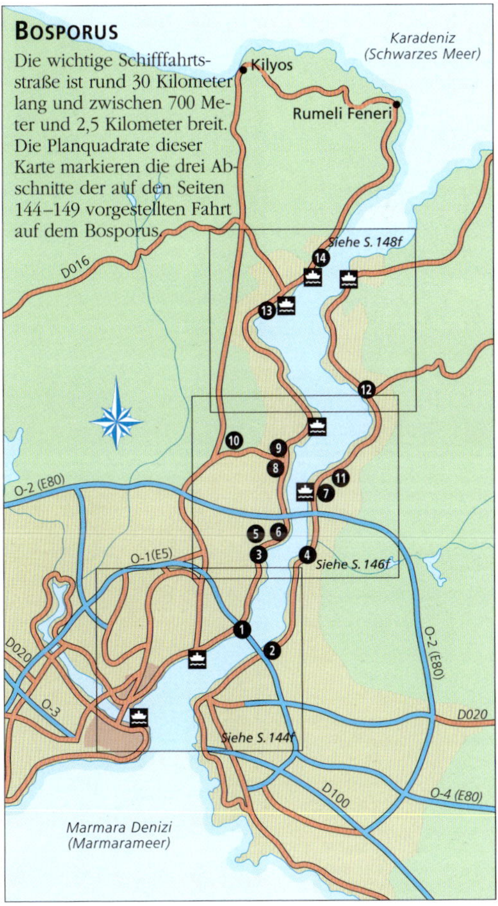

Bosporus

Die wichtige Schifffahrtsstraße ist rund 30 Kilometer lang und zwischen 700 Meter und 2,5 Kilometer breit. Die Planquadrate dieser Karte markieren die drei Abschnitte der auf den Seiten 144–149 vorgestellten Fahrt auf dem Bosporus.

◁ **Anadolu Hisarı, die Anatolische Festung *(siehe S. 147)* auf der asiatischen Seite des Bosporus**

Die Bosporus-Hängebrücke zwischen Ortaköy und Beylerbeyi

Bosporus-Brücke ❶

Boğaziçi Köprüsü

Ortaköy und Beylerbeyi. **Stadtplan** 9 F2. *40, 200, 202 (Doppeldecker, ab Taksim).*

Diese Brücke zwischen Ortaköy und Beylerbeyi, auch Atatürk-Brücke genannt, überspannte als Erste die Meerenge, die Istanbul durchtrennt. Sie wurde am 29. Oktober 1973 eingeweiht, dem 50. »Geburtstag« der türkischen Republik *(siehe S. 31)*. Mit 1074 Metern ist sie eine der längsten Hängebrücken der Welt, vom Wasserspiegel gemessen ca. 64 Meter hoch.

Beylerbeyi-Palast ❷

Beylerbeyi Sarayı

Çayırbaşı Cad., Asiatische Seite. *(0216) 321 93 20. 15 (ab Üsküdar). ab Üsküdar. Di, Mi, Fr–So 9.30–17 Uhr (Okt–Apr: bis 16 Uhr).*

Verglichen mit den extravaganten älteren Palästen Dolmabahçe *(siehe S. 128f)* und Küçüksu *(siehe S. 140)*, wirkt dieser Barockpalast maßvoll. Sultan Abd ül-Asis *(siehe S. 30)* ließ ihn von Sarkis Balyan 1861–65 als Sommerresidenz und Gästehaus für ausländische Staatsoberhäupter errichten. Kaiserin Eugénie von Frankreich logierte hier 1869 auf dem Weg zur Eröffnung des Suezkanals – und fing sich eine Ohrfeige der Sultansmutter ein, weil sie den Palast an Abd ül-Asis' Arm betrat.

Beylerbeyi entzückte Kaiserin Eugénie so sehr, dass sie für ihr Schlafgemach im Pariser Palais des Tuileries ein Fenster des Gästezimmers kopieren ließ. Zu den weiteren blaublütigen Besuchern zählte das Herzogspaar von Windsor.

Vom Bosporus hat man den schönsten Blick auf den Palast und seine zwei Badepavillons, einer bestimmt für die Frauen des Harems, der andere für die Männer im *selamlık* (öffentlicher Empfangsbereich).

Der reizvollste Raum, der Empfangssaal, ist mit Bassin und Brunnen ausgestattet. Fließendes Wasser war wegen seines beruhigenden Plätscherns und des kühlenden Effekts ein beliebtes Element osmanischer Wohnkultur. Als natürliches Isoliermaterial dient der Bodenbelag des Palasts aus ägyptischen Schilfmatten. Akzente setzen – vorwiegend böhmische – Kristallüster und wunderschöne Hereke-Teppiche *(siehe S. 218f)*.

Prächtiger oberer Treppenabsatz im Beylerbeyi-Palast

Bebek ❸

Europäische Seite. *25E, 40.*

Bebek, bekannt für sein Marzipan *(badem ezmesi)* und seine Ufercafés, zählt zu den schicksten Plätzen am Bosporus. Es war beliebter Standort von Sommervillen und Palästen der osmanischen Oberschicht. Ende des 19. Jahrhunderts fuhren von der Bucht Abendgesellschaften in Kajiken *(siehe S. 126)* zu Mondscheinpartien aus. Die Frauen warfen an Satin- oder Samtstreifen befestigte silberne Fische über Bord und ließen sie im Kielwasser tanzen, während in Begleitbooten Musiker aufspielten.

Detail am Tor des Ägyptischen Konsulats in Bebek

An diesen Festen nahm auch die Mutter des letzten Khediven von Ägypten *(siehe S. 29)*, Abbas Hilmi II., teil. Das Haus des ägyptischen Konsulats aus dem späten 19. Jahrhundert ist der letzte in Bebek erhaltene Prunkbau. Es entstand wie der Khedivenpalast *(siehe S. 142)* im Auftrag von Abbas Hilmi II. Das steile Mansardendach erinnert an nordfranzösische Häuser des 19. Jahrhunderts. Einen eleganteren, vom Jugendstil geprägten Touch geben ihm die von schmiedeeisernen Weinranken umlaubten Gitter und die zwischen zwei Türmchen strahlende Sonne, Symbol des anbrechenden Jahrhunderts.

Der Khedive nutzte das prächtige *yalı* als Sommerpalast, bis ihn die Briten 1914 absetzten und den Titel abschafften. Seither ist hier der Sitz des ägyptischen Konsulats.

Hotels und Restaurants am Bosporus *siehe Seiten 190 und 205–207*

Villen am Bosporus

Am Ende des 17. Jahrhunderts begannen *paşalar*, Großwesire und andere feine Leute des osmanischen Istanbul, sich an den Ufern des Bosporus Villen zuzulegen. Diese *yalıler* dienten als Sommerhäuser, ihre Bauweisen spiegelten den Status der Besitzer wider. Mit der Zeit entstanden zunehmend größere und einfallsreichere *yalıler*, ihre Architektur nahm Anleihen bei Barock und später beim Jugendstil. Dabei hielt man meist am Prinzip fest, die Uferseite bestmöglichst zu nutzen und innen die Schlafzimmer um einen geräumigen Salon zu gruppieren.

Alter *yalı* im asiatischen Kandilli

Köprülü Amcazade Hüseyin Paşa Yalı *(siehe S. 147), 1699 nahe der Feste Anadolu Hisarı errichtet, ist das älteste Gebäude am Bosporus-Ufer. Wie dieses standen die* yalıler *anfänglich unmittelbar am Wasser, später eine Spur abgerückt.*

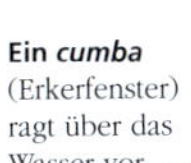

Ein *cumba* (Erkerfenster) ragt über das Wasser vor.

Traditionelle hölzerne *yalıler* besaßen in der Regel einen rostroten Anstrich.

Jüngere *yalıler*, d. h. ab dem 18. Jahrhundert erbaute Villen, tünchte man in Pastelltönen.

Stützbalken sichern das vorspringende Obergeschoss.

Fethi Ahmet Paşa Yalı (siehe S. 145) *oder Mohan Yalı, erbaut im späten 18. Jahrhundert, war Sommerresidenz für Gäste wie den Komponisten Franz Liszt und den Architekten Le Corbusier. Wegen des auffälligen Fassadenanstrichs ist sie als »Rosafarbene Villa« bekannt, allerdings vom Land aus kaum zu sehen.*

Ethem Pertev Yalı (siehe S. 147) *bei Kanlıca ist ein Musterbeispiel des »kosmopolitischen Stils«, der von 1867 bis 1908 die Fantasie von Architekten beflügelte. Es steht über einem Bootshaus und verbindet die jüngere Vorliebe für verschlungene Holzschnitzereien mit den traditionelleren Merkmalen eines* yalı.

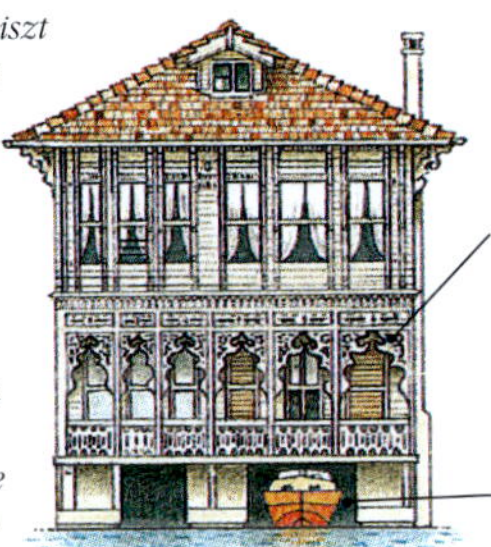

Barockeinflüsse zeigen sich am üppigen Schnitzwerk des Balkons.

Bootshaus unter dem *yalı*

Das ägyptische Konsulat (siehe S. 146) *in Bebek zeigt deutlich Jugendstilelemente wie das schmiedeeiserne Blattwerk der Gitter. Der Khedive von Ägypten* (siehe S. 138) *ließ es um 1900 erbauen.*

Mansardendach in französischer Manier

Der Bauschmuck hatte Vorbilder im Wiener Jugendstil.

Ein schmaler Kai trennt die *yalıler* aus dem 19. Jahrhundert vom Ufer.

Küçüksu-Palast ❹

Küçüksu Kasrı

Küçüksu Cad., Asiatische Seite. (0216) 332 02 37. 15 (ab Üsküdar) oder 101 (ab Beşiktaş). Di, Mi, Fr–So 9.30–17 Uhr (Okt–Apr: bis 16 Uhr).

Die marmorverkleidete Palastfassade ist eine der schönsten am Bosporus und die geschwungene Doppeltreppe vor dem Haupteingang am Ufer ein gekonnter Schönheitstupfer.

Sultan Abd ül-Medschid I. *(siehe S. 30)* bestellte den Hofarchitekten Nikoğos Balyan *(siehe S. 128)* für den Bau. Der Palast sollte seinem Hofstaat bei Ausflügen an die »süßen Wasser Asiens« – ein schwärmerischer europäischer Begriff für die Flüsse Küçüksu und Göksu – Quartier bieten. In die Auen zwischen diesen beiden Wasserarmen zog es die osmanische Oberschicht seit Jahrhunderten.

Als 1856 der Palast stand, war er dem Sultan zu schlicht. Also erhielt er mehr Zierrat, so das in die Fassade gemeißelte Sultansmonogramm. Unter Abd ül-Asis *(siehe S. 30)* wurde die Fassade weiter geschmückt – mit dem Ergebnis, dass der Dekor das Original kaum erkennen lässt.

Die Anordnung der Räume entspricht osmanischem Brauch: Mittelpunkt jeder Etage ist ein Salon, von dem vier Eckzimmer abgehen. Ausstaffiert wurde der Palast von Charles-Polycarpe Séchan, Bühnenbildner der Pariser Oper, u. a. mit Hereke-Teppichen *(siehe S. 218f)* und böhmischen Kristalllüstern.

Am Ufer nahe dem Palast steht der pittoreske Brunnen der Valide Sultan Mihrişah, ein türmchenbesetztes Stück türkischen Barocks aus dem Jahr 1796.

Der schmucke Küçüksu-Palast am Bosporus aus dem Jahr 1856

Unmittelbar südlich des Palasts strahlt am Bosporus die weiße Fassade – mit ganzen 60 Metern der längste aller *yalılar (siehe S. 139)* – des 1760 errichteten Kıbrıslı Yalı. Von ihm hebt sich etwas weiter südlich das wunderschöne karmesinrote, um 1830 für Sultan Mahmud II. gebaute Kırmızı Yalı ab.

Aşiyan-Museum ❺

Aşiyan Müzesi

Aşiyan Yolu, Asiatische Seite. (0212) 263 69 86. 25E, 40. Di–Sa 9–16.30 Uhr.

Dieses Holzhaus mit dem Namen Aşiyan (»Vogelnest«) war das Heim von Tevfik Fikret (1867–1915), einem Lehrer, Sozialutopisten und bekannten türkischen Dichter. Fikret selbst schuf es 1906 und hinterließ damit ein Vorzeigestück traditionell türkischen Hausbaus. Die Aussicht vom Balkon ist umwerfend.

Ausgestellt sind Fikrets persönliche Habe und Abd ül-Medschids Gemälde *Sis* (»Nebel«, 1922–24), das Titel und Thema eines Gedichts von Fikret ins Bild setzt.

Europäische Festung ❻

Rumeli Hisarı

Yahya Kemal Cad., Europäische Seite. (0212) 263 53 05. 25E, 40. Do–Di 9–16.30 Uhr.

Mit dem Bau der Feste bereitete Mehmed II. 1452 seine Belagerung Konstantinopels *(siehe S. 26)* vor. Hier, an der schmalsten Stelle des Bosporus, konnte er eine wichtige Nachschublinie der Byzantiner kontrollieren. Gegenüber, auf der asiatischen Seite des Bosporus, wacht Anadolu Hisarı, die von Beyazıt I. im Jahr 1395 aufgezogene Anatolische Festung.

Mehmed selbst entwarf die Anlage. Die Verantwortung für den Bau der drei mächtigen Türme übertrug er seinem Großwesir *(siehe S. 29)* und zwei Wesiren, während er sich um die Wehrmauern kümmerte. Seine Festung stand binnen vier Monaten. Schon bald hatte sie den

Die Europäische Festung, angelegt von Mehmed II. für den Sturm auf Konstantinopel

Hotels und Restaurants am Bosporus *siehe Seiten 190 und 205–207*

Spitznamen Boğazkesen, »Halsabschneider«, schnürte sie doch an der Bosporus-Gurgel Konstantinopel die Luft ab. Die stationierte Janitscharengarnison *(siehe S. 127)* hinderte fremde Schiffe mit Kanonen an der Passage. Nachdem sie ein venezianisches Schiff versenkt hatte, war Konstantinopels Bosporus-Ader abgebunden. Nach Einnahme der Stadt verlor die Feste ihre militärische Bedeutung. Später diente sie als Kerker, vorzugsweise für missliebige ausländische Gesandte.

1953 restauriert, ist die Burg heute Freilichtbühne für Vorstellungen im Rahmen der Istanbuler Musik- und Tanzfestspiele *(siehe S. 45)*.

Ein Café, das Kanlıcas Delikatesse, vorzüglichen Joghurt, serviert

Kanlıca ❼

Asiatische Seite. 🚌 *15, 101.*

Die İskender-Paşa-Moschee, ein kleineres Werk Sinans *(siehe S. 91)*, überblickt den Dorfplatz Kanlıcas. Sie entstand 1559/60 für Suleimans Großwesir İskender Paşa. Später wurde ihre Holzkuppel durch das Flachdach ersetzt und der Vorbau angefügt.

In und um Kanlıca finden Sie mehrere *yalıler*, etwa am südlichen Dorfrand den Köprülü Amcazade Hüseyin Paşa Yalı *(siehe S. 139)*. Dieser älteste erhaltene *yalı* am Bosporus wurde 1698 für Hüseyin Paşa, den Großwesir von Mustafa II., gebaut. In ihm wurde 1699 der Frieden von Karlowitz unterzeichnet, in dem die Osmanen an Österreich, Venedig, Polen und Russland Gebiete abtreten mussten *(siehe S. 27)*. Holzbalken sichern die Kuppel des T-förmigen Salons, des einzigen Überrests des *yalı*, der leider für Besucher nicht zugänglich ist.

Emirgan-Park ❽

Emirgan Parkı

Emirgan Sahil Yolu, Europäische Seite. ☎ *(0212) 277 57 82.* 🚌 *25E, 40.* *tägl. 7–22.30 Uhr.* *für Fahrzeuge.*

Die berühmten Tulpengärten dieses Parks entfalten ihre volle Schönheit zum Tulpenfest im April *(siehe S. 44)*. Tulpen, ursprünglich heimisch in Asiens Steppen, wurden in großem Maßstab erstmals in den Niederlanden gezüchtet. Mehmed IV. (1648–1687) verhalf den Tulpen zu einem Comeback, sein Sohn Ahmed III. liebte sie so sehr, dass seine Regierungszeit als »Tulpenzeit« bekannt wurde *(siehe S. 27)*.

Im späten 19. Jahrhundert übereignete Sultan Abd ül-Asis den Park İsmail Paşa, dem Khediven von Ägypten *(siehe S. 29)*. Aus dieser Zeit stammen die drei nach ihren Farben benannten Pavillons. Die Fassade des aus Beton rekonstruierten Sarı Köşk (»Gelber Pavillon«) ähnelt wie das 1954 abgebrannte Holzoriginal einem Schweizer Chalet, der Beyaz Köşk (»Weißer Pavillon«) einer klassizistischen Villa. Der Pembe Köşk (»Rosafarbener Pavillon«) ist im Stil eines traditionellen osmanischen Hauses gebaut. Alle drei Pavillons beherbergen heute Cafés.

Der Pembe Köşk im Emirgan-Park

Sakıp-Sabancı-Museum ❾

Sakıp Sabancı Müzesi

İstinye Cad. 22, Emirgan 34467. ☎ *(0212) 277 22 00.* 🚌 *40, 41 vom Taksim-Platz; dann Richtung İstinye oder Sarıyer.* *Di–So 10–18 Uhr (Mi bis 22, Sa bis 19 Uhr).* *1. Jan, erster Tag religiöser Feiern.*

http://muze.sabanciuniv.edu

Am Ufer des Bosporus, etwa eine halbe Autostunde vom Stadtzentrum entfernt, steht die prachtvolle Sabancı-Villa. Seit 2002 ist hier das auch Altı Kösk (Pferdepavillon) genannte Sakıp-Sabancı-Museum untergebracht. Die rund 130 Exponate stammen vornehmlich aus Familienbesitz. Zu sehen sind Gemälde, Statuen, Kunstobjekte, Porzellan aus der Türkei und aus Europa sowie über 400 Jahre alte osmanische Kalligrafien aus der privaten Sammlung Sakıp Sabancıs (1933–2004).

Vögel am Bosporus

Im September und Oktober ziehen Tausende von Weißstörchen und Greifvögeln von ihren Brutplätzen in Osteuropa über den Bosporus zu den Winterquartieren in Afrika. Große Vögel überqueren zumeist lieber schmale Wasserstraßen wie den Bosporus als weite Gewässer wie das Mittelmeer. Zu den Greifvögeln, die den Bosporus passieren, zählen Schreiadler und Wespenbussard. Man sieht die Vögel auch bei ihrem Rückzug im Frühjahr, allerdings, da vor der Brutzeit, in kleineren Scharen.

Der Weißstorch, einer der Bosporus-»Überflieger«

Treibhausgewächse im Wintergarten der Maslak-Pavillons

Maslak-Pavillons ⑩

Maslak Kasırları

Büyükdere Cad., Maslak. *(0212) 276 10 22.* *40S (ab Taksim).* *Di, Mi, Fr–So 9–18 Uhr (Okt–März: bis 15 Uhr).*

Dieses kleine Ensemble war wegen seiner Aussicht ein beliebtes Jagdhaus des Sultanshofs. Seine Pavillons entstanden Anfang bis Mitte des 19. Jahrhunderts. Damals verlagerte sich der Brennpunkt des höfischen Lebens vom Topkapı-Palast *(siehe S. 54–59)* im Stadtzentrum zu den luxuriösen Sultansresidenzen am Bosporus. Vermutlich ließ Abd ül-Asis (1861–1871) die meisten Gebäude errichten. Er schenkte Maslak seinem Sohn Abd ül-Hamid in der Hoffnung, dem Kronprinzen damit das ihm zu riskante Segeln bei Tarabya *(siehe S. 148)* abzugewöhnen.

Dass die vier Hauptbauten schlichter ausfielen als andere Istanbuler Pavillons des 19. Jahrhunderts, mag an Abd ül-Hamids ernstem Naturell gelegen haben. Die Balustraden der reizvollen zentralen Treppe des Kasr-ı Hümayun, des Sultanspavillons, schuf er selbst, und auch die Aufsätze der Spiegel zeigen in lateinischer Schrift seine Initialen. Das Wohnzimmer des Pavillons verströmt mit dem tiefen Sofa und dem Kohlenbecken in der Mitte orientalische Atmosphäre.

Im Wintergarten, hinter dem eleganten kleinen Mabeyn-i Hümayun, dem Privatpavillon, wuchern, fast wie in einer kleinen Oase, Kamelien, Farne und Bananenstauden. Am nahen Waldsaum fällt ein winziger achteckiger Zierbau mit verspieltem Balkon ins Auge: der Çadır Köşkü (»Zeltpavillon«), nun ein Buchladen. An der entgegengesetzten Seite des Anwesens liegen die Wohngemächer, die Paşalar Dairesi.

Jason und die Symplegaden

Der Bosporus gilt als ein Schauplatz der griechischen Sage von den Argonauten, die unter Jasons Führung das Goldene Vlies eroberten. Auf ihrer Reise erlösten sie König Phineus von den Harpyien, grässlichen von Zeus gesandten Vögeln. Zum Dank verriet Phineus ihnen, wie sie die Symplegaden durchfahren konnten, zwei der Sage nach im Wasser treibende Felsen im Bosporus, die schon viele Schiffe zerquetscht hatten: Flöge eine Taube dazwischen hindurch, wäre die Passage zu wagen. Die Argonauten ließen eine Taube fliegen. Als die Felsen ihr nur die Schwanzfedern abklemmten, folgten sie und kamen nahezu heil hindurch.

Jason und die Argonauten beim Durchqueren der Symplegaden

Khedivenpalast ⑪

Hidiv Kasrı

Hıdiv Kasrı Yolu 32, Çubuklu. *(0216) 413 92 53.* *15, 15A, 15P (ab Üsküdar) oder 221 (ab Taksim), dann 5 Min. zu Fuß von Kanlıca.* *tägl. 9–23 Uhr (Mai–Okt: bis 22.30 Uhr).*

Der letzte Khedive (erblicher Titel des Vizekönigs von Ägypten; *siehe S. 29)*, Abbas Hilmi II., ließ diesen Sommerpalast 1907 errichten. Der Bau ist einer der erstaunlichsten seiner Zeit in Istanbul und sein Turm auffälliger Blickfang. Der Italiener Delfo Seminati gestaltete den Palast in italienischer Villenmanier mit Prisen von Jugendstil und osmanischem Hausbau. Glanzlicht ist die Eingangshalle: Jugendstil-Glastüren führen in den runden Raum, in dessen Mitte unter einem Buntglas-Oberlicht ein Brunnen steht, umgeben von acht eleganten Säulenpaaren.

Der vom Türkischen Touring- und Automobilclub TTOK *(siehe S. 245)* renovierte Palast ist heute ein Luxusrestaurant *(siehe S. 206)*.

Beykoz ⑫

Asiatische Seite. *15 (ab Üsküdar) oder 221 (ab Taksim).*

Walnüsse und seine Glaskunst des 19. Jahrhunderts haben das Dorf bekannt gemacht. Satte Farben und graziöse Muster zeichnen die meist undurchsichtigen Beykoz-Glaswaren *(siehe S. 213)*

Hotels und Restaurants am Bosporus *siehe Seiten 190 und 205–207*

Brunnen am Dorfplatz von Beykoz

aus, die Museen landesweit bestücken. Heute machen die Fischrestaurants, die erstklassigen Steinbutt servieren, Beykoz' Hauptattraktion aus.

Den kunstvollen Brunnen am Hauptplatz stiftete Sultan Mahmud I. *(siehe S. 33)* im 18. Jahrhundert. Er heißt nach dem Zollinspektor İshak Ağa Çeşmesi, der ihn 1780 in Auftrag gab. Das Wasser perlt unter einer luftigen, überkuppelten Säulenloggia aus zehn Düsen.

Das Dorf hat für den Einzug von Industrie, vor allem Flaschenabfüllungs- und Lederwarenfabriken, Tribut gezahlt. Vom alten Glanz zeugen nur noch einige wenige Bauten wie das schmucke Halil Ethem Yalı aus dem 19. Jahrhundert. Das mit Klassizismus und Neobarock kokettierende *yalı* steht an der İbrahim Kelle Caddesi gleich südlich der Fähranlegestelle.

Sadberk-Hanım-Museum ⓭

Sadberk Hanım Müzesi

Piyasa Cad. 27–29, Büyükdere.
(0212) 242 38 13. *25E.*
Do–Di 10–17 Uhr (Okt–März: 9–17 Uhr).
www.sadberkhanimmuzesi.org.tr

Dieses älteste, 1981 eröffnete Privatmuseum der Türkei ist in zwei hölzernen Bilderbuch-*yalı (siehe S. 139)* am Bosporus untergebracht. Das größere vierstöckige Azaryan Yalı aus dem Jahr 1911 war das Sommerhaus der reichen Familie Koç. Wie viele zeitgleich entstandene Bauten europäisch beeinflusst, hebt sich die Villa von ihren Nachbarn durch die überkreuzten Holzlatten der Fassade ab. Sie hütet beachtliche völkerkundliche Sammelstücke von Sadberk Hanım. Die Gattin des Unternehmers Vehbi Koç und Namenspatronin des Museums trieb viele dieser Objekte im Großen Basar *(siehe S. 98f)* und auf anderen Istanbuler Märkten auf. Mithilfe einiger Exponate hat man Szenen des osmanischen Lebens im 19. Jahrhundert dargestellt, etwa eine Hennanacht, in der weibliche Verwandte des Bräutigams die Hände der Braut mit Henna bestreichen. Eine andere zeigt einen Knaben in traditioneller Tracht auf dem Beschneidungsbett. Sehenswert sind auch die zarten, zum Teil im 18. Jahrhundert in Palastharems angefertigten Stickereien, *oyalar* genannt: Täuschend echt wirken die gestickten Girlanden von Nelken, Rosen, Lilien und anderen Blumen, die Schals und Unterröcke säumen.

Attische Vase, Sadberk-Hanım-Museum

Der Nachbarbau, der Sevgi-Gönul-Flügel, entstammt ebenfalls dem frühen 20. Jahrhundert. Er wurde für die Ausstellung der archäologischen Sammlung von Hüseyin Kocabaş angekauft, einem Freund der Familie Koç. Die chronologisch präsentierten Exponate reichen vom späten Neolithikum (5400 v. Chr.) bis zur osmanischen Zeit. Sie werden gelegentlich ausgewechselt, umfassen in der Regel aber assyrische Keilschrifttafeln aus dem 2. Jahrtausend v. Chr., phrygische Metallarbeiten, griechische Keramiken aus der späten Geometrischen Periode (750–680 v. Chr.) sowie altrömischen Goldschmuck, byzantinische Reliquienschreine und Kreuzanhänger.

Rumeli Kavağı ⓮

Europäische Seite. *25A (ab Beşiktaş).* *Rumeli Kavağı.*

Das hübsche Dorf offeriert eine breite Restaurantauswahl. Hiesige Spezialitäten sind Fisch und gebratene Muscheln. Die Lokale scharen sich um den Hafen, der Blick auf die rauen, steinigen Ufer vor dem Schwarzen Meer bietet. Auf dem Hügel über dem Dorf befinden sich die spärlichen Reste der Burg İmros Kalesi. Manuel I. Komnenos ließ sie im 12. Jahrhundert als Zollposten errichten.

Nördlich von Rumeli Kavağı erreicht die Bosporus-Uferstraße den Strand von Altın Kum. Der schmale, von Restaurants gesäumte Sandstreifen wird gern von Einheimischen besucht.

Das Fischerdorf Rumeli Kavaği

Unterer Bosporus

Prunktor des Çırağan-Palasts

Zu den Höhepunkten eines Istanbul-Besuchs zählt eine Fahrt auf dem Bosporus. Sie können sich einer Sightseeing-Kreuzfahrt anschließen oder in Eminönü eines der vielen kleinen Passagierboote besteigen. Am empfehlenswertesten aber ist die auf den folgenden Seiten beschriebene Fährfahrt von İDO *(siehe S. 242f)*. Zwei- bis dreimal täglich schippern Linienfähren Ausflügler auf einer Tour durch den Bosporus. Die Schiffe legen unterwegs an etwa sechs Stellen an, eine Mittagspause in Anadolu Kavağı inbegriffen. Sie können mit dem Schiff nach Eminönü zurückkehren, aber auch mit Bus, Dolmuş oder Taxi.

Schwarzes Meer
EUROPA
ASIEN
ISTANBUL

ZUR ORIENTIERUNG

Dolmabahçe-Palast
Verzierte Tore säumen die Uferfront des prunkvollen Palasts aus dem 19. Jahrhundert (siehe S. 128f). *Durch sie betrat der Sultan von seiner Prunkbarke aus den Palast.*

Stadtansicht
Beim Auslaufen der Fähre umfasst der Blick zahlreiche von Istanbuls altehrwürdigen Bauwerken, darunter – wie im Bild oben – die Süleymaniye-Moschee.

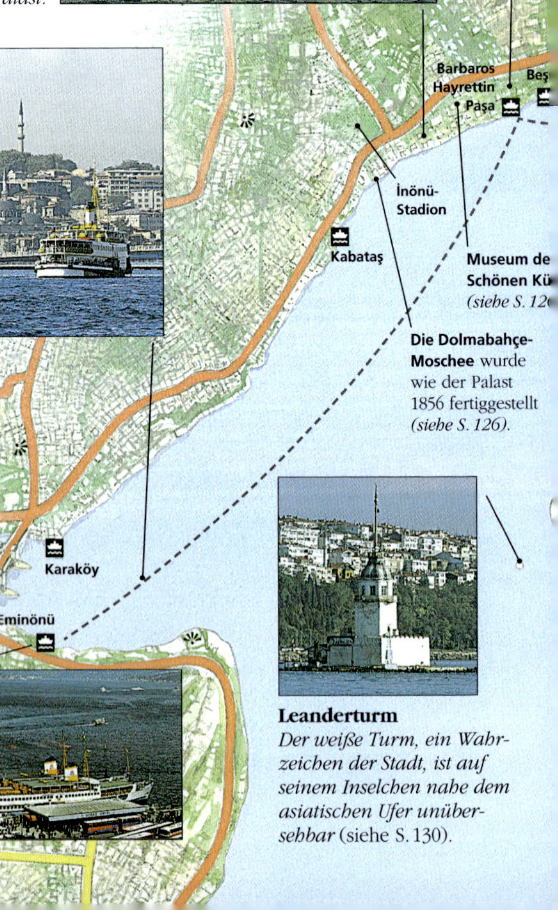

Museum de
Schönen Kü
(siehe S. 12

Die Dolmabahçe-Moschee wurde wie der Palast 1856 fertiggestellt *(siehe S. 126)*.

Eminönü
An Istanbuls geschäftigstem Fährhafen legen Linienfähren und Schiffe für die »Scenic Bosphorus Tour« ab.

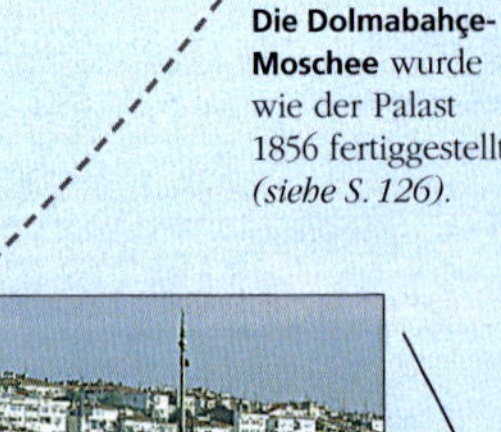

Leanderturm
Der weiße Turm, ein Wahrzeichen der Stadt, ist auf seinem Inselchen nahe dem asiatischen Ufer unübersehbar (siehe S. 130).

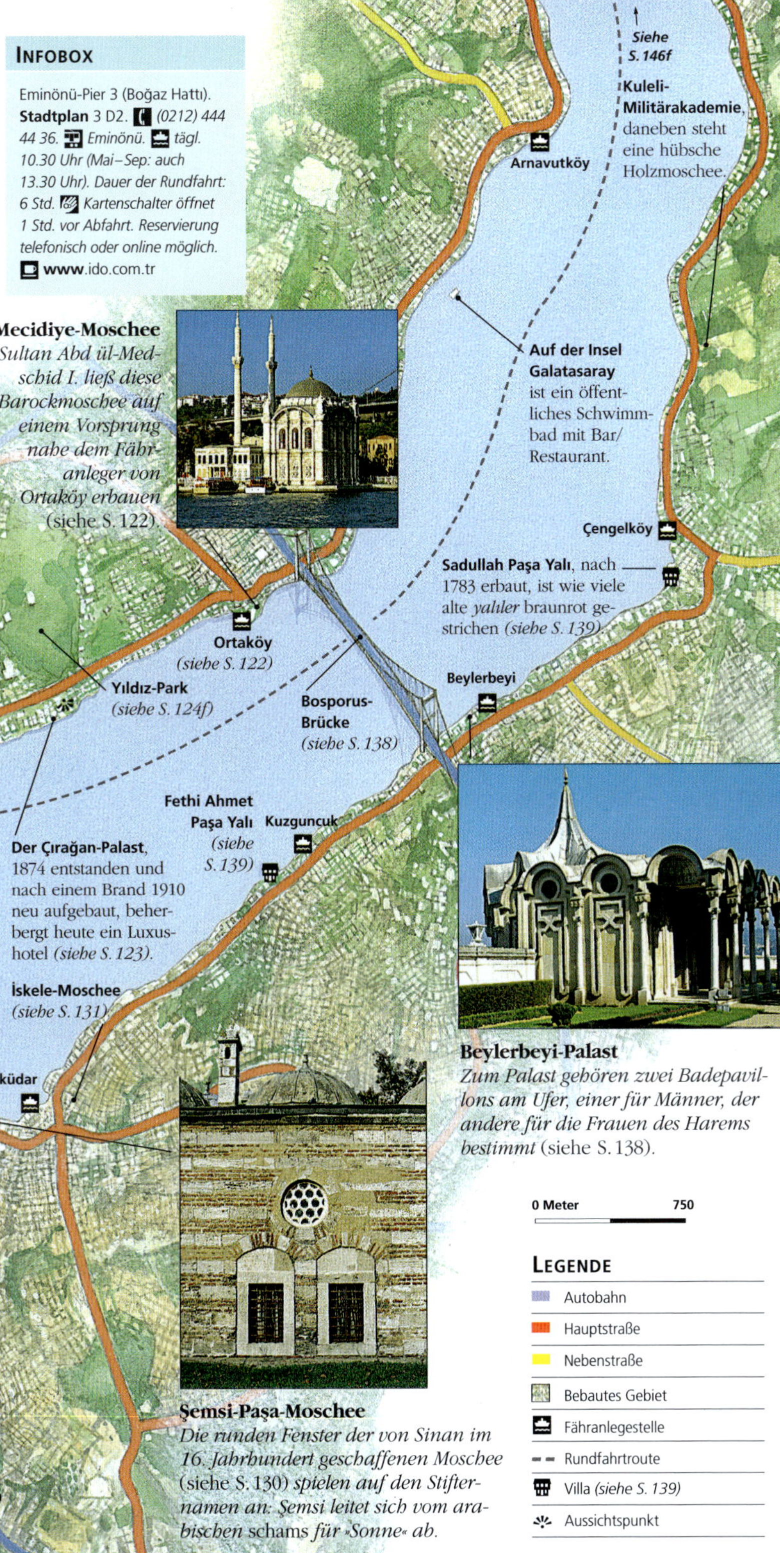

Mecidiye-Moschee
Sultan Abd ül-Medschid I. ließ diese Barockmoschee auf einem Vorsprung nahe dem Fähranleger von Ortaköy erbauen (siehe S. 122).

Beylerbeyi-Palast
Zum Palast gehören zwei Badepavillons am Ufer, einer für Männer, der andere für die Frauen des Harems bestimmt (siehe S. 138).

Şemsi-Paşa-Moschee
Die runden Fenster der von Sinan im 16. Jahrhundert geschaffenen Moschee (siehe S. 130) *spielen auf den Stifternamen an: Şemsi leitet sich vom arabischen* schams *für »Sonne« ab.*

Mittlerer Bosporus

Paşabahçe-Glasvase

Nördlich von Arnavutköy weichen die städtischen Randbezirke aparten Städtchen und Dörfern wie Bebek, einem Zentrum der Bar- und Cafészene. Tief und schnell strömt der Bosporus auf seinen 700 Meter schmalen, von der Fatih-Sultan-Mehmed-Hängebrücke überspannten Engpass zu. An dieser Stelle überquerten der Perserkönig Darius I. und seine Truppen 512 v. Chr. beim Feldzug gegen die Griechen auf einer Pontonbrücke die Meerenge. Ganz in der Nähe stehen sich zwei berühmte alte Festungen gegenüber: Rumeli Hisarı und Anadolu Hisarı. Auch elegante *yalıler* findet man an diesem Bosporus-Abschnitt, die meisten an den Flüssen Göksu und Küçüksu, die Europäer als »süße Wasser Asiens« priesen.

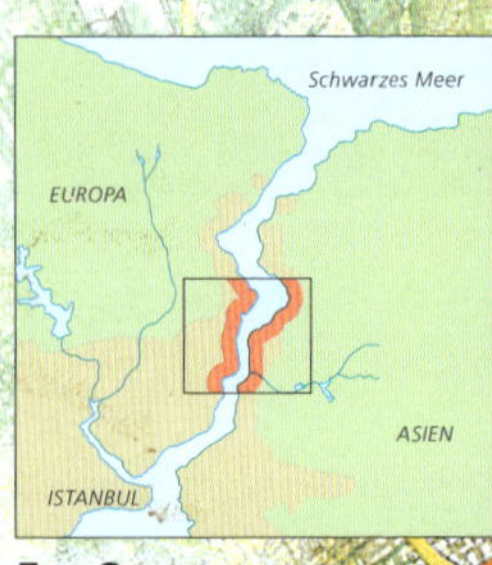

Zur Orientierung

İstinye-Bucht
Diese weite natürliche Bucht, die größte am Bosporus, dient seit Jahrhunderten als Ankerplatz. Am Ufer des Kais findet jeden Morgen ein Fischmarkt statt.

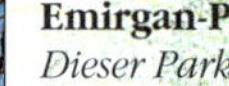

Emirgan-Park
Dieser Park über dem hübschen Dorf Emirgan ist für seine Tulpenpracht im Frühling berühmt (siehe S. 44). *Er beherbergt Pavillons und angenehme Cafés* (siehe S. 141).

Die Bosporus-Universität genießt eine großartige Aussicht und landesweit hohes Ansehen; Hauptunterrichtssprache ist Englisch.

Europäische Festung (Rumeli Hisarı)
Die Feste (siehe S. 140f) *an der schmalsten Stelle des Bosporus wurde 1452 von Mehmed II. in Vorbereitung seiner Belagerung Konstantinopels* (siehe S. 26) *aufgezogen.*

Yeniköy

Ein paar Villen aus dem 19. Jahrhundert stehen am Ufer des Ortes.

Khedivenpalast

Der Palast oberhalb von Çubuklu entstand um 1900 im Auftrag von Abbas Hilmi II., dem letzten Vizekönig von Ägypten. Heute ist er Domizil eines Hotels (siehe S. 142).

Anadolu Hisarı

Die Anatolische Festung ist 50 Jahre älter als die Europäische Festung gegenüber. Beyazıt I. ließ sie 1395 bauen.

Göksu

Hübsche Häuser säumen den kleinen Fluss Göksu und den Küçüksu, der südlich davon fließt (siehe S. 140).

Oberer Bosporus

Schwarzmeer-Muscheln

Ausländische Gesandte bauten sich im 19. Jahrhundert zwischen Tarabya und Büyükdere am europäischen Bosporus-Ufer Sommerhäuser. Wo die Hänge steiler nach Norden hin abfallen, wird die Besiedlung dünner. Die Linienfähren legen bei Anadolu Kavağı auf asiatischer Seite eine Mittagspause ein, um dann nach Istanbul zurückzukehren. Als Alternative bietet sich die Rückreise mit Bus oder Dolmuş an. Der Bosporus mündet ungefähr acht Kilometer weiter nördlich ins Schwarze Meer. Beide Ufer dieser Strecke sind militärisches Sperrgebiet.

ZUR ORIENTIERUNG

Sadberk-Hanım-Museum
Die in zwei hölzernen yalıler *präsentierten Exponate dieses Museums umfassen antike griechische und römische Fundstücke sowie osmanisches Kunsthandwerk* (siehe S. 143).

Sarıyer

Büyükdere

Tarabya-Bucht
Reiche Griechen »entdeckten« im 18. Jahrhundert das Dörfchen in dieser idyllischen Bucht. Die Bucht ist heute noch ein exklusives Ferienrevier mit feinen Fischrestaurants.

Huber Köşkü, ein *yalı* (19. Jh), gehört der Regierung.

FISCHFANG AM BOSPORUS

Eine wahre Armada, große Trawler ebenso wie winzige Ruderboote mit Angelleinen, betreibt im Bosporus Fischfang. Bei der Schiffsreise werden Sie oft Scherbrettnetze sehen, die von schwimmenden Holzbrettern herabhängen. Makrelen, Meerbarben, Sardinen und die sardellenähnlichen *hamsiler (siehe S. 194)* machen das Gros der Ausbeute aus. Ein Gutteil davon wird anschließend auf Istanbuls größtem Fischmarkt in Kumkapı verkauft.

Fischerboote in Sarıyer, dem wichtigsten Fischerhafen am Bosporus

Rumeli Kavağı
Das Dorf ist der nördlichste Fähranleger am europäischen Ufer (siehe S. 143). *Ab hier wird der Bosporus immer breiter, bis er ins Schwarze Meer übergeht.*

Anadolu Kavağı
Bei diesem Dorf, letzter Stopp der Fährpartie, führt ein kurzer Aufstieg zur Ruine einer byzantinischen Burg, einem Kastell der Genuesen aus dem 14. Jahrhundert. Dort tut sich eine großartige Bosporus-Aussicht auf.

Beykoz
Der Brunnen aus dem Jahr 1746 steht am Hauptplatz von Beykoz, dem größten Fischerdorf auf asiatischer Seite. Die Fischrestaurants in der Nachbarschaft sind im Sommer äußerst beliebt (siehe S. 142f).

Ausflüge

Seine Lage an einer natürlichen Wegscheide macht Istanbul zum guten Ausgangspunkt für Ausflüge in das europäische Thrakien und das asiatische Anatolien. Ob Ihnen der Sinn nach Meisterwerken islamischer Baukunst oder Vogelbeobachtung, Basargewimmel oder Ausruhen auf einer Insel steht: In bequemer Reichweite der Stadt erfüllt eine Palette von Zielen Ihre Wünsche.

An Wochenenden und Feiertagen fliehen die Istanbuler ins Umland, in längeren Ferien lieber ans Mittelmeer oder ans Ägäische Meer. Wer Massen scheut, dem empfiehlt sich daher der Sommer für Trips zum Marmarameer und ans westliche Schwarze Meer.

Die Landschaften um Istanbul reichen von dichten Wäldern zu offenen Ebenen mit dräuenden Bergen am Horizont. Wer wenig Zeit hat, findet nahe Oasen wie den Belgrader Wald und, mit dem Boot ein Katzensprung, die Prinzeninseln, deren Pinienwälder und Klöster man gemütlich in Pferdekutschen erkunden kann.

Leuchtende Sonnenblumenfelder begleiten die Fahrt zum ferneren, schönen Edirne, das schon seit dem 7. Jahrhundert v. Chr. besiedelt ist. Besonders sehenswert in der ehemaligen osmanischen Hauptstadt sind ihre Moscheen, allen voran die Selimiye-Moschee.

Fenster der Selimiye-Moschee, Edirne

Architektonische Attraktionen bietet südlich des Marmarameers auch der Kurort Bursa, als griechische Siedlung 183 v. Chr. gegründet und später die erste Hauptstadt des Osmanischen Reichs. Beim Ausgang der Dardanellen, der Meerenge zwischen Ägäis und Marmarameer, grub man das sagenumwobene Troja aus, dessen älteste Schichten auf rund 3600 v. Chr. datiert werden. Nördlich der Dardanellen erinnern Friedhöfe an die im Ersten Weltkrieg bei Gallipoli (Gelibolu) Gefallenen.

Der Hafen von Burgaz auf den Prinzeninseln ist einen kurzen Fährtrip von Istanbul entfernt

◁ Das Grüne Grab Mehmeds I. *(siehe S. 162)*, eines der Wahrzeichen von Bursa *(siehe S. 162–168)*

Überblick: Ausflüge

Zu den Ausflugszielen im Umkreis von 250 Kilometern von Istanbul zählt Edirne im Nordwesten, eine Provinzhauptstadt mit Universität und exquisiten Moscheen. Im Süden liegt das Handelszentrum Bursa am Fuß des von Skifahrern geschätzten Uludağ. Schneller erreicht man Şile und Kilyos, zwei bekannte Badeorte am Schwarzen Meer, und mit der Fähre die im Sommer viel besuchten Prinzeninseln. Mehr Zeit erfordern Exkursionen zu den Soldatenfriedhöfen der Dardanellen und zum antiken Troja.

Die Beyazıt-Moschee aus dem 15. Jahrhundert in Edirne

LEGENDE

- Autobahn
- Hauptstraße
- Nebenstraße
- Panoramastraße
- Eisenbahn (Hauptstrecke)
- Eisenbahn (Nebenstrecke)
- Staatsgrenze

0 Kilometer 50

Weitere Zeichenerklärungen *siehe hintere Umschlagklappe*

Sehenswürdigkeiten auf einen Blick

Die pittoreske Stadt Bursa

In der Umgebung von Istanbul unterwegs

Das Straßennetz um Istanbul wird stetig ausgebaut. Moderne Busse *(siehe S. 244)* bringen Sie mühelos und preiswert zu den meisten Zielen, Fähren und Wasserbusse *(siehe S. 244)* zu Häfen am Südufer des Marmarameers sowie zu den Marmara- und Prinzeninseln.

Eines der Skizentren im Uludağ-Nationalpark

Edirne ❶

Die Provinzhauptstadt am Fluss Tunca dicht an der Grenze zu Griechenland ist Sitz einer Universität und einer Hauptattraktion der Türkei: der Selimiye-Moschee *(siehe S. 156f)*. Das großartige Baudenkmal lässt die historische Bedeutung der Stadt erahnen. Sie entstand, Hadrianopolis oder Adrianopel genannt, 125 n. Chr. unter dem römischen Kaiser Hadrian. Von 1368, nach der Eroberung durch Murad I. *(siehe S. 25)*, bis zum Fall von Konstantinopel 1453 *(siehe S. 26)* war Edirne Hauptstadt des Osmanischen Reichs. Für Fans des türkischen Nationalsports Ölringen ist Edirne ein Begriff als Austragungsort der Meisterschaften Ende Juni/Anfang Juli.

Torbogen der Drei-Galerien-Moschee

Blick vom inneren Hof auf den Eingang der Beyazıt-Moschee

Beyazıt-Moschee
Beyazıt II Külliyesi
Yeni Maharet Cad. *tägl.* **Medizinmuseum** *(0284) 212 09 22.* *tägl. 9.30–17.30 Uhr.*

Die Moschee liegt eineinhalb Kilometer vom Zentrum entfernt beschaulich am Nordufer des Flusses Tunca. Sultan Beyazıt II. *(siehe S. 32)* ließ sie 1484–88 erbauen, kurz nachdem er die Nachfolge von Mehmed II. *(siehe S. 26)* angetreten hatte.

Die Moschee und ihre Höfe stehen Besuchern offen. Das zur Anlage gehörige Hospital, heute ein **Medizinmuseum**, umfasste ein fortschrittliches Heim für psychisch Kranke – darunter viele Haschischabhängige –, die man mit Wasser-, Farben- und Blumentherapie behandelte. Wie der türkische Schriftsteller Evliya Çelebi (1611–1684) berichtete, spielten dreimal wöchentlich Musiker, begleitet von Sängern, besänftigende Weisen. Kolonnaden umgeben den Innenhof, der, anders als später üblich, die dreifache Fläche der Moschee einnimmt. Im Innenraum beeindruckt die Wirkung der Kuppel, die auf geschwungenen, knapp über Kopfhöhe ansetzenden Pendentifs ruht.

Drei-Galerien-Moschee
Üç Şerefeli Camii
Hükümet Cad. *tägl.*

Die 1447 fertiggestellte Moschee war bis zur Eroberung von Konstantinopel der großartigste Bau im Osmanischen Reich. Ihr Name verweist auf die drei Umgänge des südöstlichen – seinerzeit höchsten – Minaretts. Ungewöhnlich sind die individuelle Formgebung und die Höhe der drei übrigen Minarette. Anders als ihre Vorgängerinnen in Bursa *(siehe S. 162–168)* besitzt die Moschee einen offenen Hof, was Istanbuls große Sultansmoscheen kopierten.

Die Gestaltung des Innenraums war ebenfalls ein Novum: Fast jeder Winkel des Gebetssaals bietet unverstellte Sicht auf Mihrab und Minbar. Wie die Höhe der Minarette waren auch die Ausmaße der Kuppel seinerzeit unübertroffen.

Alte Moschee
Eski Cami
Talat Paşa Asfaltı. *tägl.*

Diese kleine Ausgabe der Großen Moschee in Bursa *(siehe S. 164)* ist die älteste Moschee in Edirne. Der Bau wurde unter dem ältesten Sohn Beyazıts I. *(siehe S. 32)*, Suleiman, 1403 begonnen und 1414 unter dem jüngsten Sohn Mehmed I. vollendet. Die Anlage hat exakt den Grundriss eines Quadrats. Vier Pfeiler gliedern sie in neun überkuppelte Bereiche. Am Eingang zum Gebetssaal prangen große arabische Inschriften der Namen »Allah« und »Mohammed«.

Ölringen

In einer Arena am Stadtrand treten Ringer im Juni/Juli zu den jährlichen Kırkpınar-Meisterschaften im Ölringen an. Festtrubel begleitet das einwöchige, landesweit berühmte Spektakel. Vor Kampfbeginn übergießen sich die bis auf knielange Lederhosen *(kispet)* nackten Ringer von Kopf bis Fuß mit Olivenöl, was den Einsatz von Hebeln und Griffen sehr erschwert. Dirigiert vom Zeremonienmeister *(cazgır)*, paradieren sie dann zu den Klängen einer Trommel *(davul)* und einer Oboe *(zurna)* durch die Arena. Die bis zu zweistündigen Kämpfe gehen mit langen Konzentrationsphasen einher, gefolgt von jähen Versuchen, den Gegner mit den Schultern zu Boden zu drücken.

Vor dem Ölringen präsentieren sich die Sportler

Rüstem-Paşa-Karawanserei

Rüstem Paşa Kervansarayı
İki Kapılı Han Cad. 57. *(0284) 215 24 89.*

Sinan *(siehe S. 91)* schuf diese Karawanserei 1560/61 für Rüstem Paşa, Suleimans mächtigsten Großwesir *(siehe S. 88)*. Er entwarf zwei Komplexe: Der größere Hof *(han; siehe S. 96)* für Edirnes Kaufleute ist heute das Hotel Rüstempaşa Kervansaray *(siehe S. 191)*, der kleinere Hof für andere Reisende ist ein Studentenheim.

Auf dem nahe gelegenen Semiz-Ali-Paşa-Basar an der Westseite der Saraçlar Caddesi bieten Händler ihre Waren an. Sinan gestaltete den Basar im Jahr 1589 als schmale Straße, an der Läden mit Gewölben liegen.

Museum für türkische und islamische Kunst

Türk ve İslam Eserleri Müzesi
Kadir Paşa Mektep Sok. *(0284) 225 16 25.* *Di–So 9–12, 13.30–17 Uhr.*

Edirnes kleine Kollektion türkischer und islamischer Kunst kann man sich in der schön gestalteten Medrese der Selimiye-Moschee *(siehe S. 156f)* ansehen.

Die Ausstellung im ersten Raum widmet sich der 600-jährigen Tradition des Ölringens. Sie umfasst vergrößerte Reproduktionen von Miniaturen, auf denen die Champions dieses Nationalsports in ihren Lederhosen verewigt sind. Zu den weiteren Exponaten zählen die originalen Türen der Beyazıt-Moschee. Kunstvoll gearbeitete, mit Seide bespannte osmanische Schilde aus dem 18. Jahrhundert und Gemälde bestücken eine Sammlung zum Thema »Kunst der Kriegsführung«.

Die ruhig gelegene Muradiye-Moschee (15. Jh.)

Infobox

210 km nordwestl. von Istanbul. 140 000. Ayşekadin, (0284) 235 26 73. Talat Paşa Cad., (0284) 225 19 79. Hotel Rüstempaşa Kervansaray. Hürriyet Meydanı 17, (0284) 213 92 08. Mo–Do, Sa. Meisterschaften im Ölringen (Ende Juni); Befreiungstag (25. Nov).

Muradiye-Moschee

Muradiye Camii
Küçükpazar Cad. *nur zu Gebetszeiten.*

Murad II. *(siehe S. 32)* ließ den Bau 1421 als *zaviye* (Hospiz eines Derwischklosters) errichten, nachdem der Sufi-Meister Jelaleddin Rumi *(siehe S. 104f)* ihm dies im Traum angetragen hatte. Erst später machte man daraus eine Moschee. Große Schriftzeichen und İznik-Kacheln aus dem 15. Jahrhundert *(siehe S. 161)* schmücken den Innenraum.

Zentrum von Edirne

Alte Moschee ③
Beyazıt-Moschee ①
Drei-Galerien-Moschee ②
Muradiye-Moschee ⑦
Museum für türkische und islamische Kunst ⑥
Rüstem-Paşa-Karawanserei ④
Selimiye-Moschee ⑤ *(siehe S. 156f)*

Beyazıt-Moschee ①
Beyazıt-Brücke
Horozlu Bayır Cad
Tunca
Hükümet Cad
Karanfilloğlu Cad
Saray Hamam Cad
Muradiye-Moschee ⑦
Ağaç Pazarı Cad
Ruinen des Janısserien-Hamams
Gazi-Mihal-Brücke
Talat Paşa Cad
Kule Kapisi
Drei-Galerien-Moschee ②
Mimar Sinan Cad
Archäologisches und Ethnografisches Museum
Hürriyet Meyd
Belediye
Museum für türkische und islamische Kunst ⑥
Ortakapı Cad
Semiz-Ali-Paşa-Basar
Bedesten
Dilaver-Bey-Park
Selimiye-Moschee ⑤
Alte Moschee ③
Balıkpazarı Cad
Maarif Cad
Saraçlar Cad
Mithat Paşa Cad
Rüstem-Paşa-Karawanserai ④
Kıyık Cad
Istanbul
Cumhuriyet Cad
Busbahnhof 2 km
Bahnhof 3 km

0 Meter 750

Zeichenerklärung *siehe hintere Umschlagklappe*

Edirne: Selimiye-Moschee

Selimiye Camii

Die größte osmanische Moschee ist die Krönung einer Kunstform und des Lebenswerks des Baumeisters Sinan *(siehe S. 91)*. Sie wurde auf eine kleine Anhöhe gebaut und prägt Edirnes Silhouette. Zu ihr gehören eine Medrese *(siehe S. 38)*, nun Museum für türkische und islamische Kunst *(siehe S. 155)*, eine Schule und der überdachte Kavaflar-Arasta-Basar. Selim II. *(siehe S. 27)* stiftete den 1569 begonnenen und 1575, ein Jahr nach seinem Tod, abgeschlossenen Bau. Mit der Kuppel vollbrachte Sinan eine Glanzleistung: »Dank Allahs Hilfe und der Gunst des Sultans Selim Khan ist mir der Bau einer Kuppel gelungen, die sechs Ellen breiter und vier Ellen höher ist als jene der Hagia Sophia«, bemerkte er in seinen Memoiren. Tatsächlich ist der Durchmesser gleich, die Selimiye-Kuppel ist jedoch ein klein wenig flacher als die Hagia Sophia *(siehe S. 72–75)*, der Sinan zeitlebens nacheiferte.

★ Minarette
Jedes der vier schlanken, 84 Meter hohen Minarette besitzt drei Umgänge. In den beiden nördlichen Minaretten führen drei umeinandergewundene Wendeltreppen auf die einzelnen Galerien.

Reinigungsbrunnen
Feine, durchbrochene Meißelungen zieren die obere Einfassung des offenen, 16-seitigen şadırvan (Reinigungsbrunnen) im Zentrum des Hofs. Die Überdachung fehlt der Geschlossenheit des Hofs zuliebe.

Nicht versäumen

- ★ Kuppel
- ★ Minarette
- ★ Minbar

Die Säulen der Hofarkaden bestehen aus dem Marmor abgetragener byzantinischer Bauten.

Hofportale
Der auffällige Rahmen der Bogen über den Hofportalen ist aus wechselnden Folgen roten und honigfarbenen Steins gefügt. Dieser Dekor wiederholt sich im Hof an den Bogen der großartigen Arkaden.

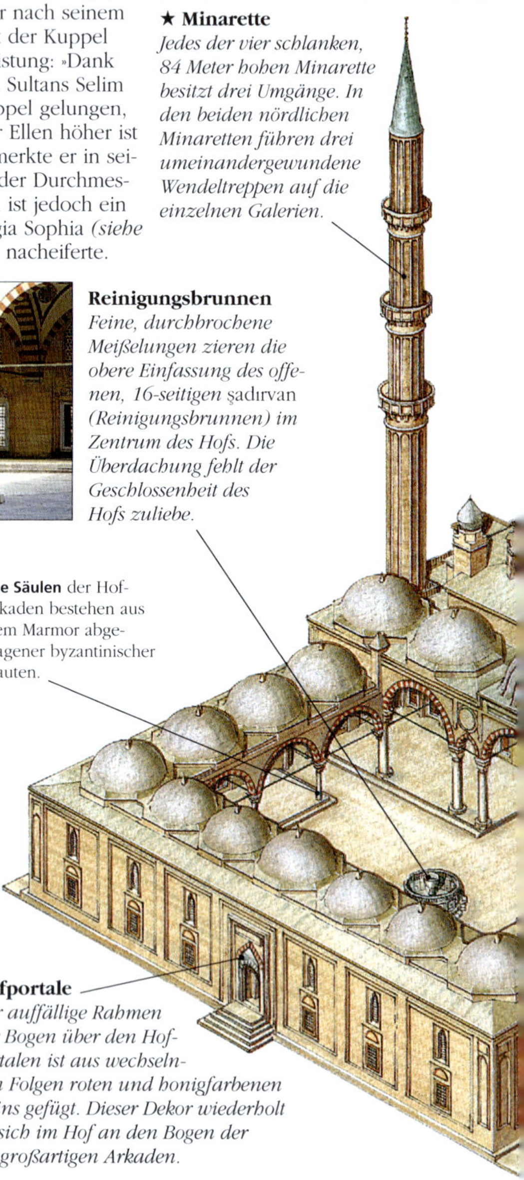

★ Kuppel
Das Innere der Moschee lebt von der räumlichen Wirkung der Kuppel. Nicht einmal die komplexe Ausmalung – der Originaldekor aus dem 16. Jahrhundert wurde im 19. Jahrhundert erneuert – vermag davon abzulenken.

Infobox

Mimar Sinan Cad., Edirne.
☎ *(0284) 213 97 35.* ◯ *tägl.*
● *Gebetszeiten.*

★ Minbar
Der Minbar der Selimiye-Moschee gilt mit seiner verkachelten Kegelkappe und filigranen, wie duftige Spitze wirkenden Seitenverkleidung vielen als schönster im Lande.

Mihrab aus Marmara-Marmor

Innenraum
Die Moschee ist ein Triumph islamischer Baukunst. Wegen des achteckigen Grundrisses benötigte die Kuppel weniger mächtige Stützpfeiler. Dies ermöglichte mehr Fenster und damit die außergewöhnliche Helligkeit des Innenraums.

An der *müezzin mahfili* *(siehe S. 38)* blieb an der Unterseite die aufwendige Ornamentmalerei aus dem 16. Jahrhundert erhalten. Darunter befindet sich ein kleiner Brunnen.

Eingang vom Kavaflar-Arasta-Basar

Sultansloge
Grüne Marmorsäulen stützen die Sultansloge. Ihre zugespitzten Verbindungsbogen sind umrahmt von floralen İznik-Fayencen (siehe S. 161). *Der reich verzierte Mihrab der Loge besitzt – sehr selten – ein Fenster mit Holzladen, das ehemals eine ländliche Aussicht eröffnete.*

Haupteingang

Kilyos ❷

27 km nördl. von Istanbul.
1700. D ab Sarıyer.

Kilyos am Schwarzen Meer ist der Istanbul nächstgelegene Badeort und viel besucht. Sosehr der lange Sandstrand und das klare Wasser verlocken: Baden Sie nur, wenn Rettungsschwimmer wachen, denn die Strömung unter der glatten Oberfläche ist heimtückisch.

Die Ruine eines (nicht zu besichtigenden) genuesischen Kastells aus dem 14. Jahrhundert überragt auf einer Klippe das Dorf.

An der Haupteinfahrt nach Kilyos sehen Sie links drei verfallene Wassertürme, Teile des alten Versorgungssystems, das Wasser aus dem Belgrader Wald speicherte.

Damm und Wasserspeicher Büyük Bent im Belgrader Wald

Belgrader Wald ❸

Belgrad Ormanı

20 km nördl. von Istanbul. 42, 40S ab Taksim bis Çayırbaşı, dann 42 bis Bahçeköy. **Park** (0212) 226 23 35. Mai–Sep: tägl. 6–21 Uhr; Okt–Apr: tägl. 7–19.30 Uhr.

Dieses einzige große stadtnahe Waldgebiet zählt zu den beliebtesten Erholungszielen der Istanbuler. Unter seinen Kiefern, Eichen, Buchen, Kastanien und Pappeln bilden Wildblumen im Frühjahr Blütenteppiche. Den weiten Waldpark auf seinem Gelände besucht man besser nicht an Wochenenden, da ihn dann Heerscharen von Picknickausflüglern belagern. Der Picknickplatz Neşetsuyu liegt einen halbstündigen Marsch vom Haupteingang des Parks nahe dem Dorf Bahçeköy entfernt, bei dem reizvolle Waldwege ihren Anfang haben.

Einen weiteren Reiz des Parks machen die Relikte der Dämme, Speicher und Aquädukte aus, die über ein Jahrtausend Istanbul Quellwasser zuführten. Vom Picknickplatz Neşetsuyu führt eine angenehme halbstündige Wanderung zum ältesten Bauwerk, dem frühbyzantinischen »Großen Reservoir« (Büyük Bent). Der marmorne Sultan-Mahmud-Damm vor dem Parktor wurde 1839 angelegt.

Eğri Kemer (»Gebogener Aquädukt«) und Uzun Kemer (»Langer Aquädukt«) an der Straße 016 zwischen Levent und Kısırmandıra erreicht man am einfachsten mit dem Taxi. Ersterer wurde vermutlich im 12. Jahrhundert, Letzterer unter Suleiman I. *(siehe S. 26)* von Sinan *(siehe S. 91)* erbaut.

Şile ❹

72 km nordöstl. von Istanbul.
28000. ab Üsküdar.

In der Antike diente Şile, das damals Kalpe hieß, als Hafen für Schiffe, die vom Bosporus ostwärts segelten. Heute ist es ein typischer Urlaubsort am Schwarzen Meer mit feinen Sandstränden. Auf einer Klippe wacht der schwarz-weiß gestreifte, von Franzosen für Sultan Abd ül-Asis *(siehe S. 30)* 1858/59 erbaute Leuchtturm. Er ist der größte der Türkei und nach Einbruch der Dunkelheit zu besichtigen.

Außer vom Tourismus lebt Şile von der Herstellung grober Baumwollstoffe für Kleidung, die an der Üsküdar Caddesi verkauft wird.

Şile, ein Zentrum des Fremdenverkehrs und der Baumwollindustrie

Polonezköy ❺

25 km nordöstl. von Istanbul.
500. 221 ab Taksim bis Beykoz, dann Dolmuş.

Früher hieß dieser Ort Adampol – nach dem polnischen Prinzen Adam Czartoryski, der hier 1842 für polnische Immigranten bestes Ackerland aufkaufte. 1853 zog ein Kosakenverband dieser Polen für Abd ül-Medschid I. *(siehe S. 30)* in den Krimkrieg. Zum Dank erklärte der Sultan ihr Land zum steuerfreien Gebiet.

Heute schlägt Polonezköy aus seinem rustikalen Charme Profit, wie Heilbäder und Villen anzeigen. Einige Restaurants *(siehe S. 207)* servieren noch das Schweinefleisch, das ein Markenzeichen dieser polnischen Enklave war.

Ein angenehmes Wanderrevier ist der Buchenwald am Ortsrand. Er steht unter Naturschutz, den Einheimische mit Verzicht auf das Schlagen von Brennholz unterstützen.

Hotels und Restaurants bei den Ausflügen *siehe Seiten 190f und 207*

Prinzeninseln 6

Kızıl Adalar

12 km südöstl. von Istanbul.
16 000. 14 Uhr ab Sirkeci (Wasserbus). (0216) 382 70 71.

Südöstlich von Istanbul, mit der Fähre nur einen Katzensprung entfernt, bieten die Prinzeninseln wohltuende Erholung vom urbanen Stress. Die meisten Fähren laufen nacheinander die vier größten der neun Inseln an: Kınalıada, Burgazada, Heybeliada und Büyükada.

Die pinienbestandenen Inseln sind bequem an einem Tag zu erkunden. Sie heißen nach dem Palast, den Justin II. 569 auf Büyükada, damals Prinkipo (»Prinzeninsel«) genannt, errichten ließ. Im Byzantinischen Reich waren die Inseln berüchtigt als Ort der Verbannung. In ihren Klöstern verstummten viele Mitglieder der Herrscherfamilien und andere Prominente.

Portal des Georgsklosters

Als in der zweiten Hälfte des 19. Jahrhunderts Dampfer einen regelmäßigen Fährverkehr aufnahmen, richteten sich wohlhabende Istanbuler auf den Inseln ein. Auch ausländische Exilanten kamen, so Leo Trotzki, der 1929–33 in der Çankaya Caddesi Nr. 55 eine der schönsten Villen auf Büyükada bewohnte.

Die Hauptinsel **Büyükada** zieht mit ihren Sandstränden, den Eisdielen und der Fin-de-Siècle-Eleganz die meisten Besucher an. Die allgegenwärtigen Pferdekutschen unterstreichen die nostalgische Atmosphäre: Auf Büyükada (und Heybeliada) sind Motorfahrzeuge verboten und die vierrädrigen Zweispänner das einzige öffentliche Transportmittel. Auf Büyükadas südlichem Hügel erhebt sich in einer Waldlichtung über byzantinischen Fundamenten das Georgskloster (20. Jh.).

Am Fährhafen von **Heybeliada**, der zweitgrößten Insel, imponiert links das ehemalige, 1942 erbaute Quartier der Marineakademie (Deniz Harp Okulu). Eine großartige Lage am Nordhügel der Insel genießt die griechisch-orthodoxe theologische Hochschule (1841). Die Schule wurde geschlossen, nicht aber ihre in orthodoxen Gelehrtenkreisen berühmte Bibliothek. Bei Çam Limanı Köyü an der Südküste lockt ein hübscher Strand.

Die kleineren Inseln **Kınalıada** und **Burgazada** empfehlen sich für eine Einkehr.

Termal 7

38 km südöstl. von Istanbul. *5000. ab Kabataş bis Yalova. Yalı Cad., Varol İşhanı, (0226) 813 85 07.*

In diesem kleinen Heilbad, das zwölf Kilometer vom Hafenort Yalova entfernt tief in einem waldigen Tal liegt, kurt seit der Römerzeit die Oberschicht. Sultan Abd ül-Hamid II. *(siehe S. 33)* belebte den Kurbetrieb, als er im frühen 20. Jahrhundert **Yalova Termal** renovieren ließ. Das Bad gehört jetzt zu Turban Termal, einer Anlage mit vier Heilbädern, Hotels, türkischen Bädern *(siehe S. 67)*, Saunen und Swimmingpools.

Zierbrunnen vor Atatürks ehemaligem Haus in Termal

Auch Atatürk schätzte die Thermalquellen. Er besaß im Talgrund ein kleines Haus, in dem heute das **Atatürk-Museum** sein Andenken hochhält.

Yalova Termal
Termal. *(0226) 675 74 00. tägl. 8–22 Uhr.*

Atatürk-Museum
Atatürk Köşkü, Termal. *(0226) 675 70 28. Di, Mi, Fr–So 9–17 Uhr (Nov–Apr: 9.30–16 Uhr).*

Der Hafen von Burgazada, einer der malerischen, erholsamen Prinzeninseln nahe Istanbul

İznik 8

87 km südöstl. von Istanbul. *20 100.* *Yeni Mahalle, Yakup Sok., (0224) 757 25 83.* *Belediye Hizmet Binasi, Kılıçaslan Cad. 97, (0224) 757 19 33.* *Mi.* *İznik-Messe (5.–10. Okt); Unabhängigkeitstag (28. Nov).*

Dass er zeitweise den Rang einer byzantinischen Hauptstadt bekleidete, sieht man dem reizenden Ort, gelegen an einem See, nicht an. Nachhaltigen Ruhm erlangte er ab dem 16. Jahrhundert durch seine Manufakturen, aus denen die hochwertigsten Keramiken des osmanischen Kulturraums kamen.

Von sich reden machte die Stadt erstmals im Jahr 325 unter dem Namen Nicäa, als hier das erste, von Konstantin *(siehe S. 20)* einberufene ökumenische Konzil tagte. Dieses fasste das Nicänische Glaubensbekenntnis ab, das erste offizielle christliche Glaubensbekenntnis, das die Wesenseinheit von Vater und Sohn (Jesus Christus) lehrt.

Die Seldschuken *(siehe S. 21)* besetzten 1081 Nicäa und nannten es İznik. Im ersten Kreuzzug, 1097, fiel İznik an Kaiser Alexios I. Komnenos zurück. Nach Konstantinopels Eroberung durch die Kreuzfahrer 1204 *(siehe S. 24)* fungierte die Stadt ein knappes Jahrhundert als Metropole des »Kaiserreichs Nicäa«, eines kläglichen Restbestands des Byzantinischen Reichs. 1331 verleibte sie Orhan Gasi *(siehe S. 32)* dem Osmanischen Reich ein.

Der großartige Kuppelvorbau des Archäologischen Museums

İzniks Straßennetz blieb darüber unverändert: Vom Kreuz der beiden Hauptachsen zweigen Seitenstraßen im Schachbrettmuster ab. Die drei Kilometer lange, von mächtigen Toren durchbrochene **Stadtmauer** markiert heute noch die Stadtgrenzen. Im Jahr 300 v. Chr. unter dem hellenistischen Machthaber Lysimachos angelegt, wurde sie von Byzantinern wie Osmanen fleißig ausgebessert. Byzantinische Türme flankieren den Haupteingang, das Istanbuler Tor (İstanbul Kapısı), am Nordzipfel. Auf seinem Schmuckrelief sind kämpfende Reiter zu sehen.

Innenseite des Istanbuler Tors

Am Schnittpunkt der Hauptstraßen Atatürk Caddesi und Kılıçaslan Caddesi liegt die verfallene **Hagia Sophia**, eines von İzniks ältesten erhaltenen Bauwerken. Der heutige Bau entstand nach einem Erdbeben 1065. Glas schützt die Überreste eines kunstvollen Bodenmosaiks und eines Deesisfreskos, einer Darstellung Christi zwischen Maria und Johannes dem Täufer.

Aus dem 14. Jahrhundert stammt die **Grüne Moschee** (Yeşil Cami) am Ostende der Kılıçaslan Caddesi. Sie verdankt ihren Namen der Farbe der Minarettkacheln, die leider durch minderwertige moderne Kopien ersetzt wurden.

Gegenüber der Moschee steht eines von İzniks reizendsten Gebäuden: die Armenküche der Nilüfer Hatun (Nilüfer Hatun İmareti). Sie wurde 1388 von Nilüfer Hatun, der Gemahlin von Orhan Gasi, eingerichtet und diente auch als Herberge für wandernde Derwische. Fünf Kuppeln überdachen den weiten Portikus am Eingang, zwei weitere die Seitenschiffe des zentralen Kuppelraums. Heute präsentiert hier das städtische **Archäologische Museum** seine Schätze, darunter altrömische Funde, Glasarbeiten sowie jüngst entdeckte seldschukische und osmanische Fayencen.

İzniks Grüne Moschee, so genannt wegen der grünen Minarettkacheln

Hagia Sophia
Atatürk Cad. *(0224) 757 10 27.* *nach Vereinbarung.*

Grüne Moschee
Müze Sok. *tägl. (nach den Gebetszeiten).*

Archäologisches Museum
Müze Sok. *(0224) 757 10 27.* *nach Vereinbarung.*

Hotels und Restaurants bei den Ausflügen *siehe Seiten 190f und 207*

İznik-Fayencen

Gegen Ende des 15. Jahrhunderts begannen İzniks Töpfer, in großer Zahl Schalen, Krüge und später auch Kacheln für Istanbuls zahlreiche Paläste und Moscheen herzustellen. Dank örtlicher Vorkommen hochwertigen Lehms und chinesischer Vorbilder brachten sie bald handwerkliche wie ästhetische Meisterstücke hervor. Dabei handelte es sich um – in Ägypten seit etwa dem 12. Jahrhundert bekanntes – Frittenporzellan. Mit seiner Struktur aus feingeschlämmten Tonsorten, der weiß deckenden Glasur und dem glänzenden Überzug ähnelt es »echtem« Porzellan. Zunächst bemalte man es leuchtend blau, dann auch in anderen Farben, gern in kräftigem Rot. Kurz nach der Blüte im späten 16. und frühen 17. Jahrhundert setzte der Niedergang der İznik-Keramikkunst ein.

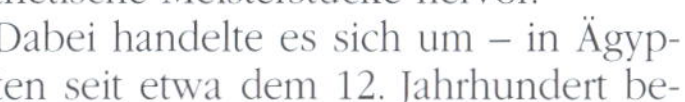

Moscheelampe (16. Jh.) aus İznik

Chinesisches Porzellan *gelangte ab dem 14. Jahrhundert in die heutige Türkei; der Topkapı-Palast* (siehe S. 54–59) *zeigt eine reiche Sammlung. Chinesische Schmuckmotive inspirierten İzniks Töpfer, die im 16. Jahrhundert auch Kopien von Stücken wie diesem Ming-Teller schufen.*

Randmuster aus Felsen und Wellen

Kobaltblau *und Weiß kennzeichneten die frühe İznik-Keramikkunst (um 1470–1520). Kacheln wie diese an der Wand des Beschneidungssaals im Topkapı-Palast zeigten häufig chinois-arabesken Dekor. Auch Pflanzen und Tiere waren beliebte Ziermotive dieser Periode.*

Damaskus-Keramik *lautete der irreführende Begriff für İznik-Produkte aus der ersten Hälfte des 16. Jahrhunderts. Merkmal waren fantasievolle Blumenmotive in den neuen Farben Türkis, Salbeigrün und Mangan. Weil man in Damaskus Kacheln dieses Stils entdeckte, glaubte man, die ähnlichen İznik-Keramiken seien dort hergestellt worden.*

Armenischer Bolus, *eine eisenhaltige rote Tonerde, wurde ab etwa 1550 verwendet (rechts ein Trinkgefäß aus dem 16. Jh.). Zugleich kamen realistische Tulpen- und andere Pflanzenmotive auf. Kreative Schübe förderten die Blüte der İznik-Keramikkunst, die bis ungefähr 1630 währte.*

Töpfer auf einem Miniaturbild

Wandkacheln *wurden bis zur Regierungszeit Suleimans I. (1520–66) nur begrenzt hergestellt. Suleiman ließ mit İznik-Kacheln u.a. Jerusalems Felsendom ausschmücken. Schöne Beispiele sind in Istanbuls Moscheen zu bewundern, etwa in der Süleymaniye-* (siehe S. 90f), *der Rüstem-Paşa-* (siehe S. 88f) *und der Blauen Moschee* (siehe S. 78f).

Bursa ❾

Wasserbecken, Museum für türkische und islamische Kunst

Blick auf Bursa

Bursa schmiegt sich an die nördlichen Ausläufer des Uludağ *(siehe S. 169)*. Der bithynische König Prusias I. soll hier im 3. Jahrhundert v. Chr. die Siedlung Prusa gegründet haben. Es waren die Römer, die das Potenzial der Mineralquellen erkannten: Schätzungsweise 3000 Bäder besitzt Bursa heute. 1326, nach der Einnahme durch Osman Gasi *(siehe S. 25)*, stieg Bursa zur ersten Hauptstadt des Osmanischen Reichs auf. Heute ist Bursa eine lebhafte Provinzhauptstadt und, wie die vielen Läden, Basare und breiten Boulevards anzeigen, eine Handels- und Industriehochburg. Besucher zieht es vor allem zum Marktviertel im Zentrum *(siehe S. 164f)* sowie zur Grünen Moschee und dem Grünen Grab im Stadtteil Yeşil östlich des Flusses Gök.

Yıldırım-Beyazıt-Moschee

Yıldırım Beyazıt Camii

Yıldırım Cad. *tägl.*

Beyazıt I. *(siehe S. 32)* kam zu dem Beinamen Yıldırım (»der Blitz«), weil er blitzschnell auf feindliche Schachzüge reagierte. Die Moschee ließ er 1389, kurz nachdem er den Sultansthron bestiegen hatte, errichten. Anfangs diente der Bau auch als Unterkunft für Sufi-Derwische *(siehe S. 104)*.

Kuppeln überwölben den anmutigen fünfjochigen Portikus. Den inneren, im Bursa-Stil überdachten »Hof« (spätere osmanische Architekten bevorzugten offene Höfe) trennt ein mächtiger, aus zwei mihrabähnlichen Nischen aufsteigender Bogen vom Gebetssaal. Schwungvolle Kalligrafien *(siehe S. 95)* ziehen an den Wänden des Gebetssaals den Blick auf sich.

Grünes Grab

Yeşil Türbe

Yeşil Cad. *tägl. Spende.*

Das Grab Mehmeds I. *(siehe S. 25)*, eines von Bursas auffälligsten Wahrzeichen, ragt zwischen Zypressen erhöht neben der gleichnamigen Moschee auf. 1414–21 errichtet, ähnelt es weit mehr seldschukischen *(siehe S. 21)* als klassisch-osmanischen Bauten. Die grünen Fassadenkacheln sind größtenteils Imitationen aus dem 19. Jahrhundert, doch einige Originale blieben an der Umfassung des Eingangsportals erhalten.

Betritt man durch die herrlich geschnitzte Doppeltür das Innere, bleibt man wie angewurzelt stehen: So klein der Raum, so farbenfroh und detailreich ist der in satten Farben komponierte Dekor. Außergewöhnlich aufwendige Kacheln verkleiden den Mihrab; ein Ziermotiv zeigt eine Moscheelampe mit goldener Kette zwischen zwei Kerzen.

Exquisite Fayencen und ein langes Koranzitat schmücken den prächtigen Sarkophag des Sultans. In den anderen Särgen ruhen seine Söhne und Töchter sowie sein Kindermädchen.

Grüne Moschee

Yeşil Cami

Yeşil Cad. *tägl.*

Mehmed I. stiftete diese 1412 begonnene Moschee. Bei seinem Tod 1421 war sie immer noch unvollendet, und einen Portikus hat sie bis heute nicht. Gleichwohl stellt sie die schönste osmanische Moschee aus der Zeit vor Konstantinopels Eroberung *(siehe S. 26)* und Bursas berühmtestes Baudenkmal dar.

Das elegante, hohe Hauptportal trägt ein kunstvoll geschnitztes Schutzdach. Es führt in den Innenhof mit einem skulptierten Brunnen im Zentrum. Vom Hof steigen Stufen zum Gebetssaal auf. In den Nischen beiderseits der Stufen stellten Gläubige ihre Schuhe ab *(siehe S. 39)*. Raffinierte Kacheln bekleiden die Sultansloge über dem hofseitigen Eingang. Man wandte bei ihnen die *cuerda seca* (»Trockenschnur«) genannte Technik an: Nach dem Brand aufgebrachte Goldstreifen lockern die in bezaubernden Grün-, Blau- und Gelbtönen glasierten Kacheln auf.

Grünes Grab und Grüne Moschee, Bursas bedeutendste Baudenkmäler

Der Gebetssaal strahlt im Licht bodennaher Fenster. Ali İbn İlyas Ali, der sein Handwerk in Samarkand gelernt hatte, schuf den Kachelschmuck. Die schlichte grüne Wandverkleidung aus achteckigen Kacheln unterstreicht den Effekt des zauberhaften Mihrab: eine Sinfonie in Türkis, Dunkelblau und Weiß, dazu ein Hauch Gold, bemalt mit arabesken und geometrischen Blumen- und Blattmotiven. Erstmals zeigte eine osmanische Moschee ein derart reiches Fayencendekor – ein Beispiel, das die İznik-Keramikkunst *(siehe S. 161)* berühmt machte. Die Außenverkachelung der Moschee ist leider nicht erhalten.

Museum für türkische und islamische Kunst

Türk ve İslam Eserleri Müzesi
Yeşil Cad. *(0224) 327 76 79.*
Mo–Fr 9–12, 13–16.30 Uhr.

Dieses Museum residiert in einer schmucken osmanischen Anlage, der ehemaligen Medrese *(siehe S. 38)* der Grünen Moschee. Kolonnaden mit – zu Ausstellungsräumen umgewandelten – Wohnzellen säumen drei Seiten des Hofs. Am hintersten Hofende liegt der einstige Lehrraum, ein großer Kuppelsaal.

Die Sammlung mit Exponaten aus dem 12. bis 20. Jahrhundert umfasst osmanische und seldschukische Keramiken, bibliophile Koranausgaben, Leinengewänder von Derwischen, prächtige Hochzeitskleider und andere Trachten. Bestickte Handtücher und Exotika wie hochhackige silberne Badepantinen sind in der Ausstellung über türkische Bäder *(siehe S. 67)* zu bestaunen, außerdem ein rekonstruiertes traditionelles Beschneidungszimmer samt Himmelbett.

Infobox

90 km südl. von Istanbul.
1 400 000. 20 km nordwestl. Kıbrıs Şehitler Cad., (0224) 261 54 00. Atatürk Cad., Osman Gazi Cad. Ulucami Parkı, Orhangazi Altgeçidi Nr. 1, (0224) 220 18 48.
Textilmesse (Mitte Apr); Bursa-Festival (12. Juni–12. Juli).

Fassade des Museums für türkische und islamische Kunst

Zentrum von Bursa

Alaeddin-Moschee (7)
Archäologisches Museum (10)
Grüne Moschee (3)
Grünes Grab (2)
Hüsnü-Züber-Haus (9)
Muradiye-Moschee (8)
Museum für türkische und islamische Kunst (4)
Grab von Osman Gasi (6)
Tophane-Zitadelle (5)
Yıldırım-Beyazıt-Moschee (1)

Legende

Detailkarte *siehe S. 164f*

Zeichenerklärung
siehe hintere Umschlagklappe

0 Meter 750

Ankara Cad
Kıbrıs Şehitler Cad
Stadyum Cad
Archäologisches Museum
Kültür Parki
Hamzabey Cad
Çekirge Cad
Muradiye-Moschee
Hüsnü-Züber-Haus
Altıparmak Cad
Sakarya Cad
Fevzi Çakmak Cad
Muradiye
Kaplıca Cad
Hastalaryurdu Cad
Haşim Işcan Cad
Flughafen 20 km
Ankara Istanbul
Yıldırım-Beyazıt-Moschee
Demirkapı Cad
Orhaneli Cad
Ortapazar Cad
Grab von Osman Gasi
Tophane-Zitadelle
Cumhuriyet Cad
İnönü Cad
Tophane
Alaeddin-Moschee
Uzun Çarşı Cad
Atatürk Cad
Museum für türkische und islamische Kunst
Incirli Cad
Çakır Ağa Hamamı
Alacahırka Cad
İnebey Cad
Maksem Cad
Namazgah Cad
Yeşil Cad
Grüne Moschee
Grünes Grab
Pınarbaşı Cad
Gök Dere
Ipekçilik Cad
Yeşil

Bursa: Marktviertel

Das Marktviertel, ein Labyrinth verschachtelter Straßen und alter osmanischer Höfe *(hanlar)* im Zentrum, ist heute noch Brennpunkt des Handels und ideal, um die Nase in Bursas Alltag zu stecken – und natürlich nach Herzenslust einzukaufen: zum Beispiel reizende handbemalte Karagöz-Puppen *(siehe S. 168)* aus Kamelhaut oder die bekannten Bursa-Textilien, insbesondere handgearbeitete Spitzen sowie Handtuch- und Seidenstoffe. Die Byzantiner führten im 6. Jahrhundert die Seidenraupenzucht ein. Im Koza Hanı floriert bis heute das ganze Jahr über ungebrochen der Handel mit Kokons.

★ Überdachter Basar
Der unter Mehmed I. im 15. Jahrhundert installierte Basar besteht aus einer langen Halle mit vier überkuppelten Jochen und einer angeschlossenen Gewölbehalle. Im Bedesten haben die Juweliere ihre Läden.

★ Große Moschee
Ein dreistöckiger Reinigungsbrunnen steht unter der zentralen Kuppel dieser gewaltigen, 1396–99 erbauten Moschee.

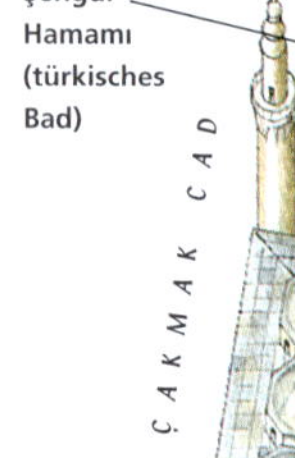

Şengül Hamamı (türkisches Bad)

Der Bey Hanı, auch Emir Hanı genannt, wurde zur Finanzierung des Unterhalts der Orhan-Gasi-Moschee eingerichtet.

Cafés

Das Bey Hamamı, das älteste (1339) türkische Bad der Welt, beherbergt heute Werkstätten.

Koza-Park
Brunnen, Bänke und beschattete Kaffeehaustische machen diesen Garten vor dem Koza Hanı zum beliebten Treffpunkt von Einheimischen und Besuchern.

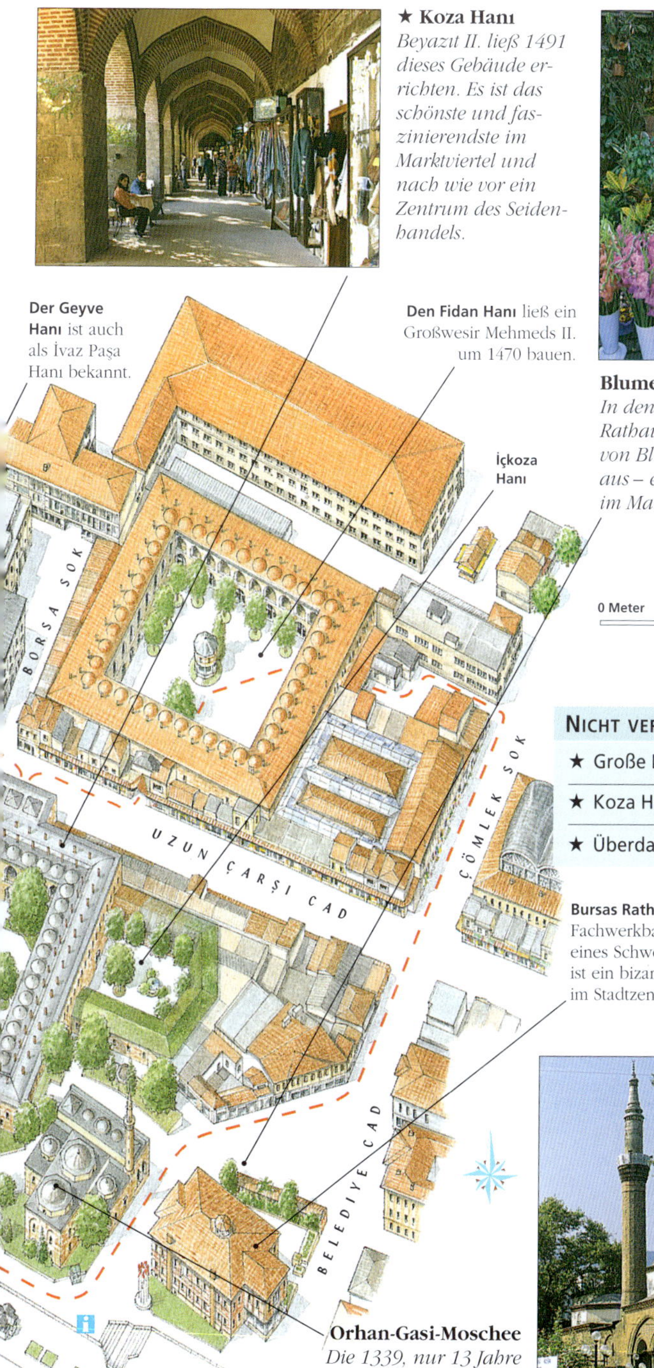

★ Koza Hanı
Beyazıt II. ließ 1491 dieses Gebäude errichten. Es ist das schönste und faszinierendste im Marktviertel und nach wie vor ein Zentrum des Seidenhandels.

Der Geyve Hanı ist auch als İvaz Paşa Hanı bekannt.

Den Fidan Hanı ließ ein Großwesir Mehmeds II. um 1470 bauen.

İçkoza Hanı

Blumenmarkt
In den Straßen um das Rathaus liegen Meere von Blumensträußen aus – eine Augenweide im Marktviertel.

Nicht versäumen

★ Große Moschee

★ Koza Hanı

★ Überdachter Basar

Bursas Rathaus, ein Fachwerkbau im Stil eines Schweizer Chalets, ist ein bizarrer Blickfang im Stadtzentrum.

Orhan-Gasi-Moschee
Die 1339, nur 13 Jahre nach Bursas osmanischer Eroberung entstandene Moschee ist die älteste Sultansmoschee der Stadt.

Legende

Routenempfehlung

Bursa: Tophane und Muradiye

Der Uhrturm in Tophane

Tophane ist Bursas ältestes Viertel. Sein Wahrzeichen ist der Uhrturm hoch auf einem Hügel. Weil in dieser Gegend einst die Zitadelle stand, wird dieser Stadtteil auch Hisar (»Festung«) genannt. Die Reste der byzantinischen Stadtmauer bestimmen seine Grenzen. Zwei Kilometer westlich von Tophane, jenseits des Flusses Cılımboz, stößt man auf das historische Viertel Muradiye. Es ist nach der Muradiye-Moschee aus dem 15. Jahrhundert, einer von Bursas beeindruckendsten herrschaftlichen Moscheenanlagen mit Gräberkomplex, benannt.

Überblick: Tophane

Der besterhaltene Abschnitt der Stadtmauer markiert auf einem Felsvorsprung Tophanes Nordgrenze. Auf der Anhöhe liegt ein hübscher Park mit Cafés, dem imposanten Uhrturm, den Gräbern der Gründer der Osmanen-Dynastie und guter Aussicht auf Tophanes Unterstadt, in der viele traditionelle osmanische Häuser die gewundenen Straßen säumen. Durch das Pınarbaşı Kapısı, das Tor an Tophanes Südzipfel, zog Orhan Gasi 1326 in Bursa ein *(siehe S. 25)*.

Tophane-Zitadelle

Hisar

Osman Gazi Cad. tägl.

Die Stufen, die an der Kreuzung der Cemal Nadir Caddesi mit der Atatürk Caddesi aufsteigen, eröffnen Blicke auf die Zitadellenmauern, um oberhalb davon bei einem entzückenden Teegarten zu enden. Nachdem Orhan Gasi die Zitadelle gestürmt hatte, ließ er auf ihrem Gelände einen Holzpalast errichten und die byzantinischen Wälle ausbessern. Zugleich »sprengte« er Bursas von den Mauern gezogene Grenzen, indem er die urbane Expansion förderte und weiter östlich die Grundsteine für das heutige Handelszentrum legte.

Alte osmanische Häuser *(siehe S. 61)*, meist mit vorspringenden Obergeschossen, prägen ein Viertel südlich der Hastalaryurdu Caddesi. Ihre Gerüste bestehen aus Holz und sind mit luftgetrockneten Lehmziegeln ausgefüllt; der Gipsverputz wurde in heiteren Farben aufgetragen. Von der Hastalaryurdu Caddesi führt die Karadut Sokağı zur Kaleiçi Sokağı, einer der malerischsten alten Gassen der ganzen Stadt.

Beliebtes Café im Park über der verfallenen Tophane-Zitadelle

Grabmäler von Osman und Orhan Gasi

Osman & Orhan Gazi Türbeleri

Ulu Cami Cad. *tägl.* *Spende.*

Mit Osman Gasi begann im 13. Jahrhundert die Ausbreitung der Osmanen *(siehe S. 25)*. Lange belagerte er Bursa, das kurz vor seinem Tod von seinem Sohn Orhan eingenommen wurde. Orhan ließ seinen Vater in der Taufkapelle einer vormaligen Kirche beisetzen. Er selbst wurde im Hauptschiff bestattet. 1855 zerstörte ein Erdbeben die Kirche mitsamt den Gräbern. Die heute zu sehenden Grabmäler stammen aus dem Jahr 1868. Orhan Gasis Mausoleum birgt im Inneren Fragmente des Bodenmosaiks der Kirche.

Grabmal von Osman Gasi, dem Begründer der Osmanen-Dynastie

Alaeddin-Moschee

Alaeddin Camii

Alaeddin Mahallesi. *nur zu Gebetszeiten.*

Beim Streifzug durch Tophane stößt man auf die älteste Moschee der Stadt, einen Kuppelbau mit quadratischem Grundriss. Sie entstand binnen zehn Jahren nach Bursas osmanischer Eroberung im Auftrag von Orhan Gasis Bruder und Großwesir Alaeddin Bey. Den Portikus tragen vier byzantinische Säulen mit Kapitellen.

Überblick: Muradiye

Das grüne Muradiye ist vornehmlich ein Wohnviertel. Nahe der Muradiye-Moschee bezeugen das Hüsnü-Züber-Haus und das Osmanische Haus die stilvolle Tradition türkischer Wohnkultur. Ein See zum Bootfahren und das Archäologische Museum zählen zu den Attraktionen des Parks im Norden.

Muradiye-Moschee

Muradiye Külliyesi

Murat II Cad. *tägl.* *Spende.*

Murad II., Mehmeds II. Vater *(siehe S. 26)*, stiftete im frühen 15. Jahrhundert diesen Komplex. Ein graziöser überkuppelter Portikus und ein

Hotels und Restaurants bei den Ausflügen *siehe Seiten 190f und 207*

Prinz Mustafas achteckiges Mausoleum im Garten der Muradiye-Moschee

fein geschnitztes Holztor leiten in den mit frühen İznik-Kacheln *(siehe S. 161)* dekorierten Gebetssaal. Die Medrese nebenan, heute eine Armenapotheke, bildet ein perfektes Quadrat mit um den zentralen Gartenhof gruppierten Wohnzellen. Ihr großzügig verkachelter *dershane*, der Lehrraum, fällt durch seine reich ornamentierte Backsteinfassade auf.

Der Garten ist mit seinen Zypressen, gepflegten Blumenbeeten und Brunnen eine der stimmungsvollsten grünen Oasen der Stadt. Neben der Moschee und der Medrese steht das 1437 errichtete Mausoleum Murads II., der als letzter osmanischer Sultan in Bursa bestattet wurde. Murads Sarkophag ist unter einer Dachöffnung platziert und mit Erde aufgeschüttet. Aus dem 16. Jahrhundert stammt der Vorbau des Grabs mit originaler Ornamentmalerei an den Dachkanten.

Der Garten beherbergt elf weitere Gräber. In einigen ruhen meuchlings ermordete Prinzen, so Mustafa, jener Sohn Suleimans I., dessen Tod seinem jüngeren Bruder Selim II. auf den Thron verhalf *(siehe S. 76)*. Laut einer Inschrift »verdankt« Mustafa Selim sein Mausoleum. Das Innere bekleiden einige sehr schöne, mit Nelken, Tulpen und Hyazinthen bemalte Fayencen aus dem späten 16. Jahrhundert, der Blütezeit der İznik-Keramikkunst.

Hüsnü-Züber-Haus

Hüsnü Züber Evi, Yaşayan Müze
Uzunyol Sok. 3, Muradiye.
(0224) 221 35 42. Di–So 10–12, 13–17 Uhr.
Osmanisches Haus *Di–So 8–12, 13–17 Uhr.*

Die 150 Jahre alte Villa, einer der zahlreichen gut erhaltenen Altbauten im Muradiye-Viertel, wurde von ihrem gegenwärtigen Besitzer Hüsnü Züber als Museum eingerichtet. Anfangs diente sie als Gästehaus für hohen Besuch, dann als russisches Konsulat und schließlich als Privatdomizil.

Die Villa ist ein interessantes Beispiel traditionell osmanischen Hausbaus *(siehe S. 61)*. Das Obergeschoss ragt in die Straße hinein, während eine früher offene, nun aber verglaste Loggia den Innenhof überblickt. Vom Hof gehen an drei Seiten Zimmer ab. Aus neuerer Zeit stammende Highlights des Interieurs sind die sehr dekorativen, teils mit handbemalten Bordüren umrandeten Holzdecken.

In der Villa kann man sich eine Sammlung von Holzschnitzereien, darunter Löffel, Musikinstrumente und bäuerliche Gerätschaften, ansehen. Alles ist mit charakteristischen anatolischen Brandmalereien verziert.

Aus dem 18. Jahrhundert stammt das ebenfalls äußerst geschmackvolle, allerdings derzeit geschlossene **Osmanische Haus** (Osmanlı Evi) am Platz vor der Muradiye-Moschee. Das obere Stockwerk wird kunstvoll von gemustertem Mauerwerk geschmückt. Die Fenster verstecken sich hinter schützenden Läden und Gittern.

Das Hüsnü-Züber-Haus aus der Mitte des 19. Jahrhunderts

Archäologisches Museum

Arkeoloji Müzesi
Kültür Parkı. *(0224) 234 49 18.*
Di–So 8–12, 13–17 Uhr.

Das Museum spannt mit seinen Exponaten einen Bogen vom 3. Jahrtausend v. Chr. bis zur osmanischen Eroberung Bursas. Der erste Saal dokumentiert mit Gefäßen und einer Inschrift die phrygische Kulturgeschichte. Zu sehen sind außerdem Schmuck und Keramiken aus Griechenland und Rom, römische Statuen der Fruchtbarkeitsgöttin Kybele, eine römische Apollo-Bronze mit sehr lebensecht wirkenden Augen, byzantinische Sakralkunst und Münzen.

Die von Murad II. gestiftete Muradiye-Moschee

Bursa: Çekirge

Dem »Reich der Zikaden«, so die wörtliche Übersetzung von Çekirge, verdankt Bursa seinen Beinamen Yeşil (»grün«), unter dem es in der Türkei bekannt ist. Grün ist dieser westliche Vorort heute noch und seit der Römerzeit ein beliebtes Thermalbad: Kaiser Justinian *(siehe S. 20)* ließ im 6. Jahrhundert ein Badehaus errichten, das seine Gemahlin Theodora mit 4000 Gefolgsleuten aufsuchte. Çekirge bietet mehr feine Hotels als andere Teile der Stadt und durch seine Hanglage großartige Ausblicke.

Çekirges Altes Thermalbad, unter Murad I. im 14. Jahrhundert erbaut

Neues Thermalbad

Yeni Kaplıca

Mudanya Yolu 6. *(0224) 236 69 68.* *tägl. 5–24 Uhr.*

Entgegen dem Namen besitzt dieses Bad eine altehrwürdige Tradition. Es entstand 1522 im Auftrag von Rüstem Paşa, Großwesir *(siehe S. 29)* Suleimans I. *(siehe S. 26)*, über einem byzantinischen Bad. In diesem hatte Suleiman, heißt es, seine Gicht kuriert und zum Dank die Modernisierung des Bads angeordnet.

Herrliche, aber leider beschädigte İznik-Kacheln *(siehe S. 161)* verkleiden die Nischen, die das zentrale Becken des Männern vorbehaltenen »Neuen Bads« umgeben. Zum Komplex gehören weiter das Kaynarca-Bad für Frauen und das Karamustafa-Bad für Paare.

Hotel Çelik Palas

Çelik Palas Otel

Çekirge Cad. 79.

(0224) 233 38 00.

An einer Hauptverkehrsader steht dieses Fünf-Sterne-Haus *(siehe S. 191)*, Bursas ältestes und renommiertestes Kurhotel; Atatürk *(siehe S. 30f)* gehörte zu den Hausgästen. Mittelpunkt der – beiden Geschlechtern geöffneten – Badeanlage bildet ein marmorner Kuppelraum mit elegantem rundem Bassin.

Altes Thermalbad

Eski Kaplıca

Hotel Kervansaray, Çekirge Meydanı, Kervansaray. *(0224) 233 93 00.*

tägl. 8–22.30 Uhr.

Dieses Bad wurde von Murad I. im späten 14. Jahrhundert gestiftet und 1512 unter Beyazıt II. renoviert. Vom byzantinischen, wahrscheinlich unter Kaiser Justinian *(siehe S. 20)* erbauten Vorgänger sind einige Reste erhalten, so im *hararet* (Heißraum) der Männerabteilung *(siehe S. 67)* Säulen und Kapitelle. Man betritt das Bad durch das neue Hotel Kervansaray Termal. In den zentralen Becken beider Abteilungen blubbert 45 °C warmes Quellwasser, das Haut- und Rheumaleiden lindern soll. Die jüngere Frauenabteilung ist zwar weniger großartig, gleichwohl aber das schönste Frauenbad in ganz Bursa.

Moschee von Murad I. Hüdavendigar

Murat I Hüdavendigar Camii

Murat Cad., Çekirge. *tägl.*

Bursas sicherlich ausgefallenste Moschee wurde 1385 im Auftrag Murads I. erbaut, der sich selbst »Hüdavendigar« nannte, »Schöpfer des Universums«. Sie ist die einzige osmanische Moschee mit ebenerdigem Gebetssaal und einer Medrese im Obergeschoss.

Ihre Fassade ähnelt mehr der eines Palasts. Den fünfbogigen Portikus krönen Arkaden mit wiederum fünf doppelbogigen, von byzantinischen Säulen unterteilten Fensterfächern. Dahinter besetzen der überkuppelte Innenhof und der Gebetssaal zwei Stockwerke.

Oben gehen von den Arkaden die Zellen der Medrese ab, während beiderseits der Moschee Gänge zu einem Raum über dem Mihrab führen, dessen Zweck bis heute unbekannt blieb.

Karagöz-Schattenspiel

Über der Çekirge Caddesi prangt ein Denkmal für Karagöz und Hacıvat, Bursas berühmteste Schildbürger. Angeblich wurden die beiden im 14. Jahrhundert hingerichtet, weil sie beim Bau der Orhan-Gasi-Moschee *(siehe S. 165)* ihre Kollegen von der Arbeit abhielten. Aus Reue soll Sultan Orhan *(siehe S. 32)* sie zu den Stars eines volksnahen Schattenspiels gemacht haben. Tatsächlich fand das (wohl in Südostasien entwickelte) Schattentheater erst später via Ägypten, das Selim I. 1517 unterworfen hatte, ein Massenpublikum. Die farbenfrohen, 35–40 Zentimeter hohen und durch eine Ölschicht transparent wirkenden Figuren aus Kamelhaut werden heute noch hergestellt. Şinasi Çelikkol verkauft sie in seinem Antiquitätenladen im Bedesten und veranstaltet zuweilen auch Vorführungen.

Die Hexe Cadi, eine Figur des Karagöz-Schattenspiels

Hotels und Restaurants bei den Ausflügen *siehe Seiten 190f und 207*

Der Uludağ-Nationalpark, ein beliebtes Skigebiet

Uludağ-Nationalpark ⑩
Uludağ Milli Parkı

100 km südl. von Istanbul.
(0224) 283 21 97. Teleferik bis Sarıalan, dann Dolmuş. tägl. für Fahrzeuge.

Mehrere Berge in der Türkei rühmen sich als Olymp, so auch der Uludağ, der den Bithyniern im nordwestlichen Kleinasien als Göttersitz galt. Im Byzantinischen Reich zog er mehrere Mönchsorden an. Nach Bursas osmanischer Eroberung übernahmen Derwische *(siehe S. 104)* die verlassenen Klöster. Die Spuren dieser religiösen Gemeinschaften sind allerdings ausgelöscht.

Im Frühjahr und Sommer, wenn die Hochgebirgsluft angenehm kühlt, ist der Uludağ-Nationalpark ein geschätztes Wander- und Picknickrevier. Der Park umschließt 67 000 Hektar Wald. Beim Aufstieg weichen Buche, Eiche und Hasel allmählich Espe und Wacholder und schließlich Zwergwacholder. Im Frühling bedecken Hyazinthen und Krokusse die bewaldeten Hänge.

Im Winter verwandelt sich der Uludağ in das beliebteste Skigelände der Türkei. Hochburg des Wintertourismus ist das Oteller-Gebiet mit guten Berghotels.

Osman Gasi *(siehe S. 25)* soll für seine sieben Söhne und ihre Bräute in Bursas Umgebung sieben Dörfer gegründet haben.

Fünf Dörfer sind erhalten geblieben, am besten davon **Cumalıkızık** an den unteren Hängen des Uludağ. Das Dorf mit seinen vielen charmanten, bis zu 750 Jahre alten Fachwerkhäusern ist ein Nationaldenkmal und von Bursa aus gut mit Minibussen zu erreichen.

Vogelparadies-Nationalpark ⑪
Kuşcenneti Milli Parkı

115 km südwestl. von Istanbul.
(0266) 735 54 22. ab Bandırma. tägl. 8–20 Uhr.

Dieser Nationalpark wird von ungefähr 250 Vogelarten bevölkert. Er liegt am Ufer des Sees Kuş Gölü (vormals Manyas Gölü) an Hauptrouten des Vogelzugs zwischen Europa und Asien. Mit seiner dichten Pflanzendecke, den Schilfbeständen und den mindestens 20 Fischarten im See ist er wahrhaftig ein Paradies für Vögel.

Am Parkeingang findet man ein kleines Museum, das über die reiche Vogelwelt informiert. Dort kann man sich auch mit Ferngläsern ausrüsten und den Aussichtsturm erklimmen.

Löffelreiher im Vogelparadies-Nationalpark

Die gefiederten Gäste des Sees kommen hauptsächlich aus zwei Gründen: die einen zur Brut (Mai/Juli), die anderen zur Rast auf ihrem langen Zug nach Süden (November) beziehungsweise nach Norden (April/Mai). Unter anderem brüten hier der vom Aussterben bedrohte Krauskopfpelikan sowie Haubentaucher, Kormorane, Reiher, Rohrdommeln und Löffelreiher. Im Frühjahr und im Herbst machen Störche, Kraniche, Pelikane, Greifvögel wie Sperber, Schreiadler und andere Zugvögel hier Station.

Sandstrand auf Avşa, der beliebtesten Marmara-Insel

Marmara-Inseln ⑫
Marmara Adaları

120 km südwestl. von Istanbul.
ab Yenikapı. Neyire Sıtkı Cad. 31/3, Erdek, (0266) 835 11 69.

Auf diesem reizvollen Archipel im Marmarameer machen vor allem Istanbuler gern Urlaub. Im Sommer verbinden Fähren Istanbul regelmäßig mit Avşa, der schönsten und zunehmend auch von ausländischen Besuchern angesteuerten Insel. Sie legen bei Türkeli an der Westküste an. Zum beliebtesten Strand bei Maviköy gelangt man mit einer von einem Traktor gezogenen Bahn.

Marmara (Marmara Adası), die größte und seit der Antike für ihren weißen Marmor berühmte Insel, lockt zum Wandern und – bei Çınarlı – mit einem Sandstrand.

Dardanellen ⑬

Çanakkale Boğazı

200 km südwestl. von Istanbul. *Autofähre Çanakkale–Eceabat.* Çanakkale. *Çanakkale İskele Meydanı 27, (0286) 217 11 87.*

Der Name Dardanellen geht zurück auf Dardanos, den König der gleichnamigen antiken Stadt bei Çanakkale. Er bezeichnet die etwa 40 Kilometer lange, an der schmalsten Stelle wenig mehr als einen Kilometer breite Meerenge zwischen Ägäischem Meer und Marmarameer. Legenden umranken diese seit Jahrtausenden strategisch wichtige Scheide zwischen der europäischen Türkei und Asien. Heute ist sie als Schauplatz einer Niederlage der Alliierten im Ersten Weltkrieg bekannt.

In der Antike hieß die Meerenge Hellespont. Die Göttin Helle stürzte, erzählt die griechische Mythologie, von einem geflügelten goldenen Widder ins Wasser. Laut einer anderen Sage schwamm Leander allnächtlich durch den Hellespont, um seine Geliebte Hero zu treffen (wobei er eines Nachts ertrank). Leander vor Augen, durchschwamm 1810 der englische Dichter Lord Byron die – nach seinem Bericht unromantisch tückische – Meerenge.

Die alte Stadt **Çanakkale** nahe der Agäis hat zwei Museen. Einen kurzen Fußweg vom Fährkai entfernt hütet das **Militär- und Marinemuseum** u.a. die Taschenuhr,

Çanakkale Şehitleri, Gedenkstätte für die türkischen Gefallenen

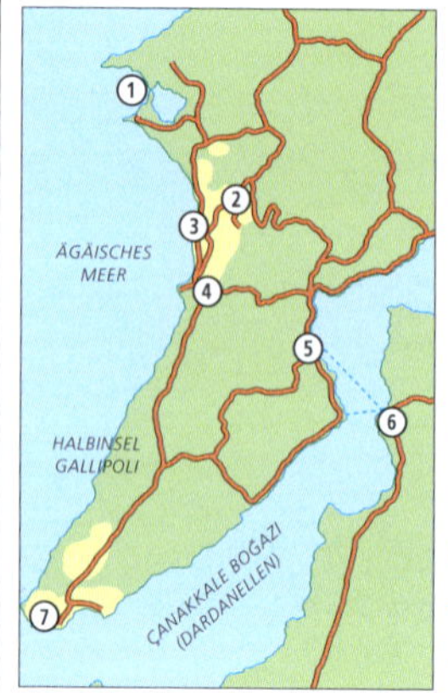

Sehenswürdigkeiten auf einen Blick

Anzac-Bucht ③
Çanakkale ⑥
Chunuk Bair ②
Kabatepe-Besucherzentrum ④
Kap Helles ⑦
Nationalpark-Informationszentrum ⑤
Suvla-Bucht ①

Legende

Areal der Kriegerdenkmäler
Straße
Fährroute

die Atatürk *(siehe S. 30)* das Leben rettete, als ein Schrapnell ihn traf. Das **Archäologische Museum** südlich des Zentrums zeigt Funde aus dem antiken Troja.

Ein Teil der **Halbinsel Gallipoli** (Gelibolu) im Westen wurde zum Nationalpark erklärt; das Informationszentrum befindet sich bei Eceabat. Die blutige Schlacht, die hier 1915 ausgetragen wurde, hat deutliche Spuren hinterlassen. Ziel des alliierten Angriffs war es, durch die Meerenge nach Istanbul vorzustoßen, die Türkei in die Knie zu zwingen und eine Nachschublinie bis Russland zu schaffen. Am 25. April 1915 landeten britische und französische Truppen beim **Kap Helles**. Das australisch-neuseeländische Armeekorps ANZAC hatte den Strand von Kabatepe angepeilt. Die Strömung trieb es jedoch 1,5 Kilometer nördlich in eine Bucht mit einer Klippe und unbekanntem, widrigem Terrain. Dieser Fleck heißt heute **Anzac-Bucht**.

Die Türken hielten ihre hochgelegene Stellung **Chunuk Bair**. Binnen drei Tagen fielen 28000 Männer. Nachdem die Alliierten keinen Boden gewonnen hatten, landete eine britische Verstärkung am 6. August in der **Suvla-Bucht**. Diese erneute Offensive hätte Erfolg haben können. Doch die alliierten Befehlshaber unterschätzten den Gegner und das schwierige Gelände. Der mörderische Stellungskrieg dauerte an, bis am 19. Dezember die alliierten Truppen abzogen. Mehr als 500000 alliierte und türkische Soldaten verloren dabei ihr Leben. An das Grauen erinnern heute Denkmäler und Friedhöfe.

Mehmetcik-Denkmal bei der Anzac-Bucht

Ein guter Ausgangspunkt für eine Erkundung der Kriegsschauplätze ist das **Kabatepe-Besucherzentrum**. Es zeigt eine Sammlung von Hinterlassenschaften wie Waffen, Uniformen und erschütternde Briefe. Nördlich davon findet man nahe der Anzac-Bucht mehrere Friedhöfe und Denkmäler, bei Chunuk Bair, heute ein friedlicher Pinienhain, eine Gedenkstätte für die gefallenen Neuseeländer und rekonstruierte Schützengräben der Türken. Beim Kap Helles am äußersten Zipfel der Halbinsel steht das britische, weiter östlich an der Küste das französische Kriegerdenkmal sowie das mächtige Çanakkale Şehitleri zu Ehren der bei Gallipoli gefallenen Türken.

Militär- und Marinemuseum
Çimenlik Kalesi, Çanakkale.
(0286) 217 24 60. *Di, Mi, Fr–So 9–12, 13.30–17.30 Uhr.*

Archäologisches Museum
Atatürk Cad., Çanakkale. *(0286) 217 67 40.* *tel. erfragen.*

Nationalpark-Informationszentrum
Nahe Eceabat. *(0286) 814 11 28.* *Mo–Fr 9–18 Uhr.* ***Park*** *tägl.*

Kabatepe-Besucherzentrum
Nahe Kabatepe. *(0286) 814 12 97.* *tägl. 9–18 Uhr.*

Nachbau des berühmt-berüchtigten Trojanischen Pferdes

Troja ⓮

Truva

350 km südwestl. von Istanbul.
ab Çanakkale. *Çanakkale, İskele Meydanı 27, (0286) 217 11 87.* *tägl. 8–19 Uhr (Nov–Apr: bis 17 Uhr).*

Zehn Jahre belagerten die Griechen Troja, so erzählt Homer in seinem Epos *Ilias* (ca. 730 v. Chr.). Lange Zeit hielten die meisten Gelehrten die Stadt für ebenso legendär wie Achilles, Hektor und all die anderen Helden des homerischen Epos. Im 19. Jahrhundert aber machten sich einige Archäologen bei den Dardanellen auf die Suche nach dem sagenhaften Troja. Sie sahen in Homers Epos mehr als Dichtung. Der britische Konsul Frank Calvert initiierte 1865 Ausgrabungen am Hügel von Hisarlık. Dies inspirierte Heinrich Schliemann, der bald Beweise dafür vorlegte, dass die freigelegte antike Siedlung das homerische Troja war. Unter Fachleuten ist heute unbestritten, dass Troja bzw. *Ilion* oder *Ilios* Schauplatz des von Homer beschriebenen Trojanischen Krieges war. Als fragwürdig gilt nach wie vor, ob dieser Krieg im 12. oder 13. Jahrhundert v. Chr. tatsächlich stattgefunden hat.

Bis heute wurden bei Ausgrabungen zehn Siedlungsschichten entdeckt. Dabei ist die sogenannte Schicht Troja I der Zeit von 2950–2550 v. Chr. zuzurechnen, während Troja X noch im frühen Mittelalter existierte. Schliemann hielt Troja II für das homerische Troja. Heute geht man davon aus, dass die Schicht VII dem Troja Homers entspricht. Seit 1992 wird in Troja erneut gegraben (von dem Archäologen Korfmann und seinen Nachfolgern). Beim neuen Streit um Troja geht es um die Frage, ob es, wie Korfmann behauptet, tatsächlich ein wichtiges Handelszentrum war oder nur eine unbedeutende Siedlung. Korfmanns These gilt als relativ gesichert.

Nur mit viel Fantasie fügen sich dem Besucher die verschiedenen Ruinen – Wehrmauer, Paläste und Häuser aus diversen Epochen, zwei Heiligtümer (vermutlich 8. Jh. v. Chr.) und ein Amphitheater – zu einem Stadtbild. Im Besucherzentrum erläutern ein Videofilm und ein maßstabgetreues Modell die Ausgrabungen. Blickfang ist das nachgebaute Trojanische Pferd. 1998 wurde Troja zur UNESCO-Welterbestätte erklärt. Geplant ist ein Museum vor den Toren der Stadt.

Schliemanns Suche nach Troja

Mit dem Vermögen, das er als Kaufmann erworben hatte, realisierte Heinrich Schliemann seinen großen Traum: die Entdeckung Trojas. Nach 1860 erforschte er mehrere Stätten, ab 1870 Hisarlık. Aber Schliemann war ein Laie, und indem er einen großen Graben durch den Hügel ziehen ließ, zerstörte er vieles. Bald verkündete er die Entdeckung Trojas, obwohl er wusste, dass einiges dagegen sprach. »Schatz des Priamos« *(siehe S. 65)* nannte er seinen kostbarsten Fund, den er mit nach Deutschland brachte. Aber der Gold- und Silberschmuck war 1000 Jahre älter als Homers Troja. Nach dem Zweiten Weltkrieg war der Schatz verschollen, erst 1994 tauchte ein Teil in Moskau wieder auf.

Schliemanns Frau, geschmückt mit dem »Schatz des Priamos«

Drei Spaziergänge

Sich zu Fuß durch Istanbul zu bewegen, das heißt, diese pulsierende Großstadt hautnah an sich heranzulassen. Die Stadt kommt Ihnen dabei entgegen. Nicht nur, dass Sie an jeder Ecke etwas entdecken, was sich anzusehen lohnt, Sie finden auch überall Cafés, in denen Sie das bunte Treiben aus der Beobachterperspektive genießen können.

Auf den folgenden fünf Seiten schlagen wir Ihnen drei Spazierrouten vor, bei denen Sie viele der interessantesten Sehenswürdigkeiten streifen. Sie entdecken dabei verschiedene Gesichter Istanbuls. Da sind zum einen die alten griechischen und jüdischen Viertel Balat und Fener mit ihren Holzhäusern, byzantinischen Kirchen und Synagogen. Ein ganz anderes Bild vermittelt das quirlige Galata-Viertel, wo exotische Düfte die Luft schwängern, wo es nach Gewürzen, Kaffee und Fisch riecht. Ein Bummel durch die elegante İstiklâl Caddesi lässt verstehen, warum sich diese Bosporus-Seite eher als europäisch definiert. Ziel dieses Spaziergangs ist das Istanbul Modern – Museum für Moderne Kunst *(siehe S. 107)*. Detailliertere Informationen finden Sie im Teil *Die Stadtteile Istanbuls*, hilfreich ist auch der *Stadtplan*.

Wahrzeichen des Istanbul Modern

Spaziergänge auf einen Blick

Großer Basar in Galata: Gewürzstand *(siehe S. 98f)*

Drei Spaziergänge
Auf dieser Karte sehen Sie die Spaziergänge und die wichtigsten Viertel im Zentrum Istanbuls.

Blick vom Goldenen Horn auf den Stadtteil Beyoğlu *(siehe S. 100–107)*

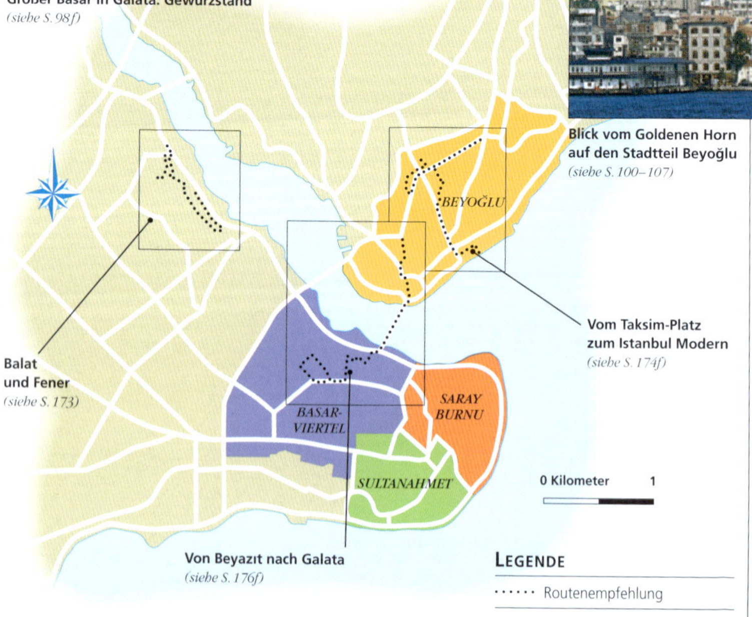

BEYOĞLU
BASAR-VIERTEL
SARAY BURNU
SULTANAHMET

Balat und Fener *(siehe S. 173)*

Vom Taksim-Platz zum Istanbul Modern *(siehe S. 174f)*

Von Beyazıt nach Galata *(siehe S. 176f)*

0 Kilometer 1

Legende

······ Routenempfehlung

Spaziergang in Balat und Fener (45 Min.)

Die Viertel Balat und Fener machen die kulturelle Vielfalt und die Toleranz deutlich, die typisch für die Osmanenzeit waren. Fener war primär ein griechisches Viertel, Balat ein jüdisches. Der Spaziergang führt Sie durch malerische Seitenstraßen, vorbei an alten Kirchen, Synagogen, Moscheen und Türkischen Bädern. All diese Bauwerke haben schon bessere Tage gesehen, aber sie sollen bald saniert und restauriert werden.

Routeninfos

Start: *Ahrida-Synagoge.*
Länge: *1,5 Kilometer.*
Anfahrt: *Nehmen Sie am Eminönü-Bus-Terminal an der Galata-Brücke den Bus Nr. 99 oder einen in Richtung Eyüp oder Ayvansaray. Der Fahrer soll Sie in Balat aussteigen lassen. In Balat und Fener sind außerdem Fährанlegestellen.*
Rasten: *Das Hotel Daphnis ⑬ ist eine gute Adresse zum Essen.*

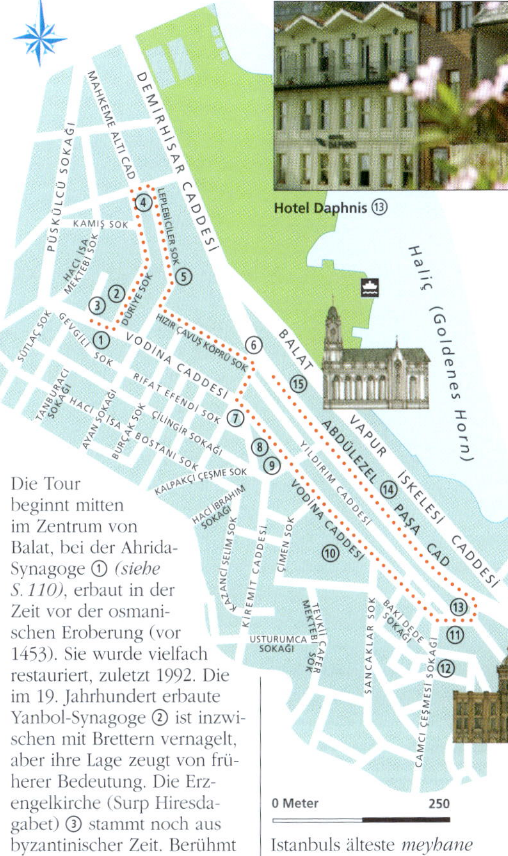

Hotel Daphnis ⑬

Die Tour beginnt mitten im Zentrum von Balat, bei der Ahrida-Synagoge ① *(siehe S. 110)*, erbaut in der Zeit vor der osmanischen Eroberung (vor 1453). Sie wurde vielfach restauriert, zuletzt 1992. Die im 19. Jahrhundert erbaute Yanbol-Synagoge ② ist inzwischen mit Brettern vernagelt, aber ihre Lage zeugt von früherer Bedeutung. Die Erzengelkirche (Surp Hiresdagabet) ③ stammt noch aus byzantinischer Zeit. Berühmt ist die hier entspringende Quelle. Gläubige aller Religionen beten daran am 14. September um Genesung.

Gehen Sie weiter zur Leblebiciler Sokak. Das auf der rechten Seite liegende Haus Nr. 51 ist das seit ca. 1870 bestehende Süßwarengeschäft Merkez Şekerci ④. Ein Stückchen weiter liegt Agora ⑤, Istanbuls älteste *meyhane* (Wirtschaft). Wenn Sie jetzt links in die Hızır Çavuş Köprü Sokak einbiegen, kommen Sie zu Köfteci Arnavut ⑥. Das traditionelle *Köfte*-Restaurant versorgt seine Gäste seit 1947 mit leckeren Fleischbällchen.

Gehen Sie jetzt nach rechts und gleich wieder nach links. In der Vodina Caddesi liegt Tahtalı Minare Hamam ⑦, eines der ältesten türkischen Bäder der Stadt (16. Jh.). Werfen Sie einen Blick auf den Kamin. Gleich rechts steht die Tahtalı-Minare-Moschee ⑧, die 1458 von Fatih Sultan Mehmed II. erbaut wurde. Im nächsten Eingang finden Sie das Grab von Hazreti Hüseyin Sadık ⑨, der 1450 als *gazi* (Glaubenskämpfer) beigesetzt wurde. Noch weiter bergab, und Sie entdecken das Kreuz der Aya-Yorgi-Metokhi-Kirche ⑩ (kein Zutritt).

Wenn Sie am Ende der Straße links gehen, sehen Sie rechts das Griechisch-orthodoxe Patriarchat ⑪ *(siehe S. 111)*. Der rote Ziegelbau oberhalb ist die schon in byzantinischer Zeit gegründete Fener Greek Boys High School ⑫. Rechts liegt das Hotel Daphnis ⑬. Jetzt nach links in die Abdülezel Paşa Caddesi, dann liegt rechts Women's Library ⑭, ein ausschließlich Frauen vorbehaltenes Informationszentrum. Weiter oben liegt die Kirche St. Stephan von Bulgarien ⑮ *(siehe S. 110)*. Von hier kommt man mit der Fähre zurück ins Zentrum.

Legende

••• Routenempfehlung

 Fähranlegestelle

Malerische Gasse im Balat-Viertel

Spaziergang vom Taksim-Platz zum Istanbul Modern (1:30 Std.)

Pera, vormals das »Paris des Ostens« genannt, ist ein kosmopolitisches Viertel. Das war so, als es noch Stadtteil von Konstantinopel war, das war im 19. Jahrhundert so, als Botschaften und Residenzen den Lebensstil des Topkapı-Palastes auf der anderen Seite des Goldenen Horns widerspiegelten, und das ist heute noch so. Aber auch hier verändert sich viel. Noch gibt es das alte Pera, etwa in der Avrupa Pasajı oder auf dem Balık Pazar, aber das neue, für das z. B. das raffinierte Museum Istanbul Modern steht, drängt sich kraftvoll vor.

Restaurant auf dem Çiçek Pasajı ④

Basar in der Avrupa Pasajı ⑥

Die İstiklâl Caddesi hinunter

Beginnen Sie Ihren Fußmarsch am Taksim-Platz ① bei dem von Pietro Canonica 1928 geschaffenen Unabhängigkeitsdenkmal, das Atatürk und seine politischen Zeitgenossen zeigt. Bevor Sie in die Tram steigen, mit der Sie die İstiklâl Caddesi hinunterfahren, sollten Sie dem achteckigen Steinturm an der Ecke zur Taksim Caddesi, dem sogenannten Maksem ②, einen Blick gönnen. Er wurde 1832 erbaut und diente als Wasserreservoir. Rechts liegt jetzt das Französische Kulturzentrum. Das Haus Nr. 127 auf der rechten Seite ist ein traditioneller Süßwarenladen, Hacı Bekir, der seit 1777 existiert. Saray Muhallebicisi ③ ist die perfekte Adresse für eine Kaffeepause. Kosten Sie hier doch den berühmten Kuchen.

Die Märkte entdecken

Folgen Sie der Yeşilcam Sokak, wo früher türkische Filmfirmen ihren Sitz hatten, bis zum Şarabi-Weinhaus. Dann gehen Sie rechts durch den früheren Blumenmarkt Çiçek Pasajı ④, der 1856 von Michel Capello erbaut wurde und heute vielen Restaurants Platz bietet. Am Restaurant Stop biegen Sie rechts in die Şahne Sokak, die Hauptstraße des Balık Pazar ⑤, des Fischmarkts.

Gehen Sie die Şahne Sokak zurück, wenden Sie sich nach rechts in die Avrupa Pasajı ⑥, eine Spiegelhalle mit Arkaden, Marmorböden und Statuen im Stil der Neorenaissance. Früher wurde die Halle von Gaslaternen erleuchtet. Die Spiegel sollten das Licht verstärken.

Wenn Sie jetzt rechts und gleich wieder links gehen, kommen Sie in die Meşrutiyet Caddesi. Folgen Sie dieser Straße. Sie passieren das Britische Generalkonsulat ⑦, den Radio- und Fernsehsender TRT und das berühmte, inzwischen etwas verblasste Grand Hotel de Londres und kommen zum Pera-Museum ⑧ (vorm. Bristol Hotel), wo u. a. die Kunstsammlung der Familie Koç zu sehen ist.

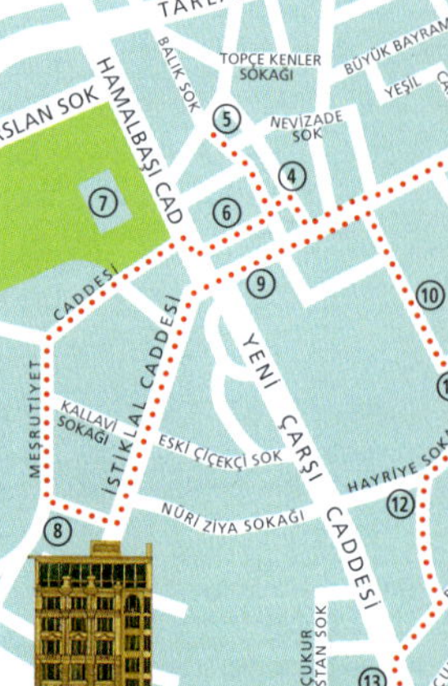

Kuppel der Kılıç-Ali-Paşa-Moschee ⑯

Historische Gebäude
Gehen Sie durch die Odakule-Arkade und biegen Sie dann links wieder in die İstiklâl Caddesi. Gegenüber der Galatasaray High School steht die alte Post von Beyoğlu ⑨. Gegen ihre Schließung wurde erfolglos protestiert. 1998 wurde der barocke Marmorbau, ursprünglich eine Kaufmannsresidenz, geschlossen. Es existiert noch ein ornamentaler Brunnen.

Istanbul Modern ⑳

Routeninfos

Start: *Taksim-Platz.*
Länge: *2,5 Kilometer.*
Anfahrt: *Von Sultanahmet aus (vor der Hagia Sophia) fährt ein Stadtbus regelmäßig direkt zum Taksim-Platz. Oder Sie nehmen die Tünel-Bahn hinauf nach Karaköy. Von dort dann mit der Nostalgie-Tram die İstiklâl Caddesi hinauf zum Taksim-Platz.*
Rasten: *Auf dem Fischmarkt in Şahne Sokak gibt es viele gute Fischlokale. Die Fransız Sokağı ist ideal für einen Drink.*

Nehmen Sie jetzt die zweite Seitenstraße rechts, die Tornacıbaşı Sokak. Links sehen Sie die Griechisch-orthodoxe Schule, Zografyon ⑩, und vor Ihnen liegt Galatasaray Hamamı ⑪, ein 1481 erbautes türkisches Bad, das heute noch genutzt wird.

Die gepflasterte Gasse, die links vom türkischen Bad hinunterführt, ist die Çapanoğlu Sokak, die in Stufen ausläuft. Gehen Sie jetzt nach rechts auf der Harbiye Sokak bis zur Abzweigung Fransız Sokağı ⑫. Hier bekommt Beyoğlu französisches Flair, genießen Sie es in einem der Cafés.

Imposant: Kanonengießerei Tophane ⑮

Weiter geht's die Fransız Sokağı entlang bis zur Boğazkesen Caddesi, hier erst rechts, dann links weiter abwärts bis zur Tomtom-Kaptan-Moschee ⑬. Ihr Brunnen aus dem 17. Jahrhundert wurde leider schändlich vernachlässigt.

Shopping und Museen
Dort, wo sich Çukurcuma Caddesi und Tomtom Kaptan Sokak schneiden, gibt es Kuriositätenläden wie z. B. Tüterler ⑭ mit der Nr. 186. Am Ende dieser Straße, an der Ecke Defterdar Yokuşu, steht das imposante Tophane ⑮, zu osmanischen Zeiten eine Kanonengießerei.

Überqueren Sie die Tram-Gleise bei der Necatibey Caddesi, dann stehen Sie vor der Kılıç-Ali-Paşa-Moschee ⑯ *(siehe S. 106)*, einem der letzten Meisterwerke Mimar Sinans. Der Tophane-Brunnen ⑰ *(siehe S. 106)* gegenüber wurde 1732 erbaut. Er liefert Trinkwasser, das abgefüllt wird. Von hier sehen Sie den barocken Glockenturm ⑱.

Gehen Sie links weiter über den Salı Pazarı ⑲ mit seinen Shops, Restaurants und *Narghile*-(Pfeifen-)Rauchern. Hier finden Sie einen Wegweiser zum Istanbul Modern ⑳, dem Museum für Moderne Kunst *(siehe S. 107)*.

Von hier können Sie mit der Tram über die Galata-Brücke bequem nach Sultanahmet zurückfahren.

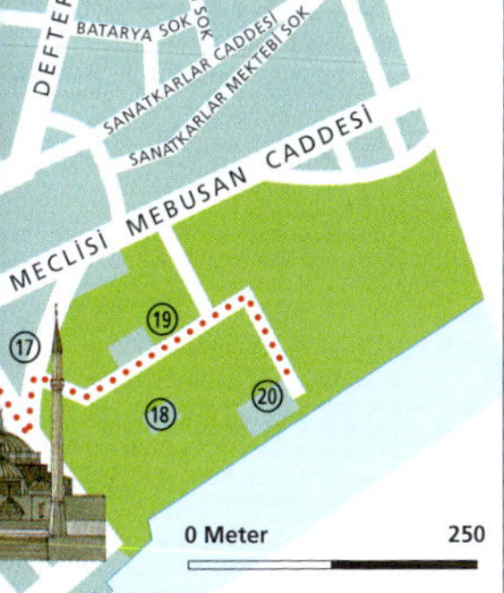

Legende
···· Routenempfehlung
Ⓜ U-Bahn-Station (Metro)

Moderne Kunst im Pera-Museum ⑧

Spaziergang von Beyazıt nach Galata (1:30 Std.)

Istanbul ist ein absolut verführerischer Mix aus Alt und Modern, Religiös und Weltlich. Auf diesem Spaziergang tauchen Sie in die verschiedenen Milieus der Stadt ein. Vom Beyazıt-Turm im Altstadtzentrum geht es durch enge, gepflasterte Gassen mit Buden und kleinen Läden über die Galata-Brücke hinüber nach Beyoğlu und ins trendige Tünel-Viertel mit seinen Shops, Bars und Cafés, wo Istanbul dann eine schicke Großstadt ist.

Die beleuchtete Sülemaniye-Moschee ③

Architektur von Mimar Sinan

Start bei diesem Spaziergang ist die Sami Onar Cadessi, und zwar dort, wo Sie den beeindruckenden Beyazıt-Turm ① sehen können. Er wurde 1828 als Feuerwache erbaut und steht auf dem Gelände der Universität von Istanbul ②, die einmal als Kriegsministerium diente und deren große, ornamentale Tore ein Muss für jeden Fotografen sind. Schwenken Sie jetzt nach rechts in die Prof Siddik Sokak, die an der Sülemaniye-Moschee ③ *(siehe S. 90f)* vorbeiführt. Dieser atemberaubende Bau wurde 1577 von Baumeister Sinan *(siehe S. 91)* fertiggestellt. Gehen Sie weiter bis zur Sifahane Sokak und dann rechts. Wenn Sie jetzt eine Stärkung brauchen, sollten Sie dem historischen Dârüzziyafe ④ einen Besuch abstatten. Das Lokal *(siehe S. 200)*, in dem das 16. Jahrhundert noch präsent scheint, befindet sich in der ehemaligen Suppenküche der Sülemaniye-Moschee.

Wenn Sie jetzt rechts in die Mimar Sinan Caddesi einbiegen, gehen Sie auf das Grab Mimar Sinans ⑤ zu – ein berührendes Denkmal für den großen Mann, auch wenn es im Vergleich zu seinen Werken bescheiden wirkt.

Routeninfos

Start: *Beyazıt-Turm.*
Länge: *1 Kilometer.*
Anfahrt: *Steigen Sie aus der Tram, die zwischen Zeytinburnu (nahe Flughafen) und Eminönü verkehrt, in Beyazıt aus. Andere Möglichkeit: Buslinie T4 oder 61B. Beide pendeln zwischen Taksim und Sultanahmet.*
Rasten: *In Istanbul ist das nächste Café oder die nächste Bar nie weit. Aber es liegt nahe, auf der Galata-Brücke »Halbzeit« zu machen. Im Tünel-Viertel gibt es viele Kneipen (meyhanes) und Restaurants, wo Sie Ihren Spaziergang mit einem gemütlichen Essen oder einem Glas Wein ausklingen lassen können.*

Kaffee und Gewürze

Wenden Sie sich auf der Ismetiye Caddesi nach links, dann gleich wieder links, in die Uzunçarsi Caddesi. Am Ende dieser Straße stoßen Sie auf die lebhafte Tahtakale Caddesi, wo sich Einheimische und Fremde drängeln und wo gehandelt wird, was das Zeug hält – um Elektroartikel, Kleidung oder Ähnliches. Rechter Hand liegt Tahtakale Hamami Çarsisi ⑥, ein 500 Jahre altes türkisches Badehaus, das zu einem Shopping-Center umfunktioniert wurde. In dem hübschen Café unter dem Kuppeldach können Sie eine Pause einlegen.

Nehmen Sie jetzt eine der Seitenstraßen, die links abgehen und alle zur Hasırcılar Caddesi ⑦ führen. Die Straße ist berühmt für ihre Gewürzläden, Kaffeebuden und Delis.

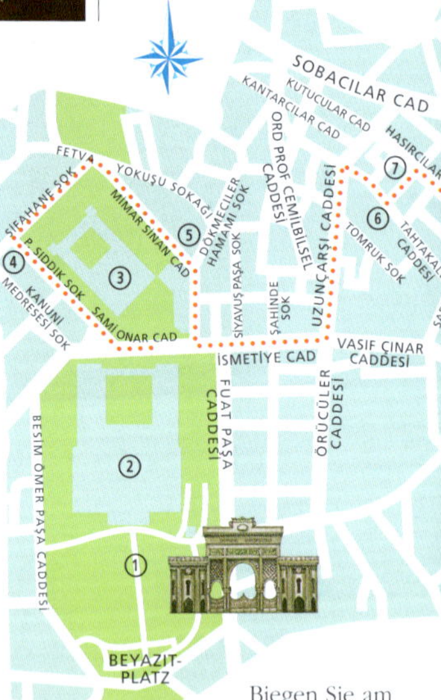

Biegen Sie am Ende der Straße links in die Tahmis Caddesi. Dort finden Sie Kurukahveci Mehmet Efendi ⑧, ein traditionelles, seit 1871 bestehendes Kaffeegeschäft.

Galata-Brücke

Über die Galata-Brücke ⑨ müssen Sie allein schon wegen des fantastischen Blicks gehen. Entweder nehmen Sie die obere Passage

Kaffeemaschine, Kurukahveci Mehmet Efendi ⑧

Legende

··· Routenempfehlung

Tünel (U-Standseilbahn)

0 Meter 250

und sehen beim Schlendern den Amateurfischern ein wenig beim Angeln zu, oder Sie nehmen die untere, überdachte Passage, in der sich auch Cafés, Bars und Restaurants befinden. Und dann lassen Sie noch einmal den Blick schweifen, bevor Sie sich ins Getümmel des Fischmarkts von Karaköy ⑩ stürzen, wo Sie den billigsten und frischesten Fisch ganz Istanbuls erstehen können.

Auf der Galata-Brücke ⑨: Hoffnung auf einen guten Fang

Judentum und Islam

Gehen Sie die Harraççi Ali Sokak hinauf bis zum Jüdischen Museum ⑪ am Karaköy Meydanı. Dieses Museum, ursprünglich eine Synagoge aus dem 17. Jahrhundert, zeigt eine faszinierende Sammlung alter Fotografien, Dokumente und religiöser Objekte, alle mit Bezug zur jüdischen Bevölkerung der Stadt.

Von hier gehen Sie die Camekan Sokak hinauf bis zum gotisch wirkenden Beyoğlu-Hospital ⑫, das 1904 von den Briten als Marinehospital erbaut wurde. Wenn Sie weitergehen, kommen Sie zum Galata-Turm ⑬ *(siehe S. 105)* am Galata-Platz, dem zentralen Platz dieses Viertels. Der Rundumblick vom Turm oben gibt dem Betrachter das Gefühl, dass ihm nahezu die ganze Stadt zu Füßen liegt.

Jetzt rechts und gleich wieder links, dann sind Sie in der Yüsek Kaldırım Caddesi ⑭, einer gepflasterten Straße, an der Sie viele Instrumentalienhandlungen finden. Hier gibt es alle Instrumente, die man sich nur vorstellen kann, klassische und ganz moderne. Gleich rechts in der Galip Dede Caddesi liegt etwas versteckt das Mevlevi-Kloster ⑮ *(siehe S. 104f)*, einst Wohnstatt der Tanzenden Derwische.

Trendiges Viertel: Tünel

Am Tünel-Platz haben Sie die Möglichkeit, mit der Tünel-Bahn ⑯, der 1876 eröffneten Untergrundbahn, zurück nach Karaköy zu fahren. Sie ist, nach London und New York, die drittälteste U-Bahn der Welt. Aber lassen Sie sich nicht die Gelegenheit entgehen, zuvor noch die elegante Umgebung kennenzulernen. Gegenüber dem U-Bahn-Zugang liegt Tünel Geçedi, eine Passage mit osmanischen Häusern. Im Erdgeschoss sind fast alle zu Cafés oder Läden ausgebaut. Wenn Ihnen der Sinn nach einem Eiskaffee in wienerischem Ambiente steht, dann sollten Sie einen Abstecher ins KV-Restaurant ⑰ machen, bevor Sie sich im Artrium ⑱ nach Antiquitäten umsehen.

Um vom Tünel-Platz ins Zentrum zurückzukommen, nehmen Sie die Buslinien 46H oder 47. Beide Linien fahren über das Goldene Horn nach Sultanahmet. Alternativ nehmen Sie die Fähre an der Anlegestelle Kasımpaşa und fahren bis zum Anleger Haliç Hatti.

Angebot auf dem Fischmarkt von Karaköy ⑩

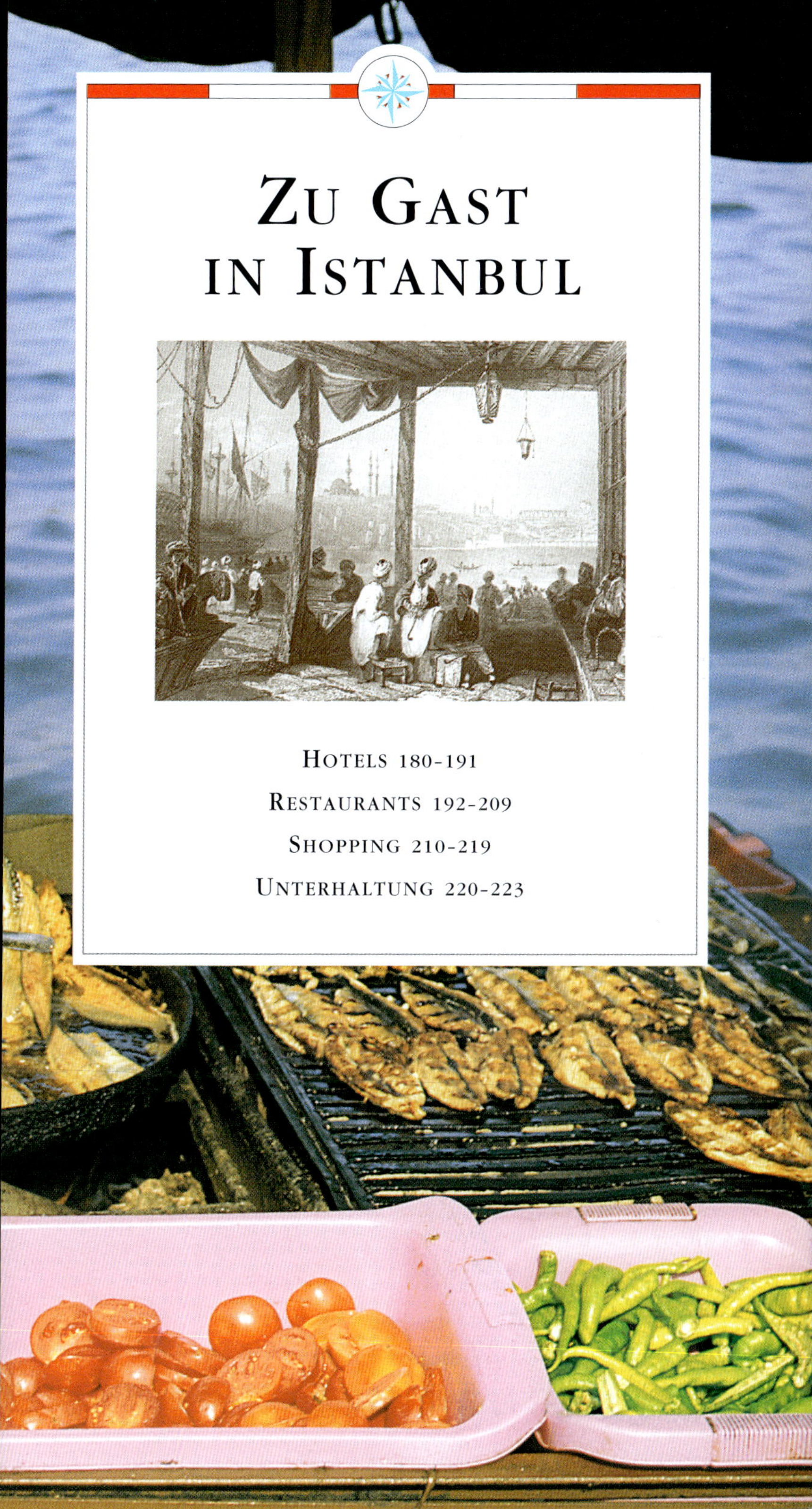

Zu Gast in Istanbul

Hotels

Wollen Sie in einem Sultanspalast oder in einem traditionellen Holzhaus übernachten? Oder einmal in einem umgebauten Gefängnis schlafen? In Istanbul finden Sie bestimmt ein Hotel nach Ihrem Geschmack. Dank wachsender Urlauberzahlen bieten die Hotels und Gästehäuser der Stadt jetzt für jeden Geldbeutel etwas. In den für Besucher interessantesten Vierteln reiht sich Hotel an Hotel. Sultanahmet ist ein Stadtteil mit vielen historischen Hotels, neuen Boutique-Hotels und Gästehäusern. In Beyoğlu, auf der anderen Seite des Goldenen Horns, wurden zahlreiche Luxushotels errichtet und Grandhotels aus dem 19. Jahrhundert wieder in Betrieb genommen. Viele Luxushotels befinden sich auch im Viertel Taksim. In der Hotelauswahl auf den Seiten 184–191 sind in allen Preiskategorien empfehlenswerte Hotels aufgelistet und beschrieben. Infos finden Sie im Internet (www.istanbulhotels.com), weitere Übernachtungsmöglichkeiten auf den Seiten 182f.

Portier des Hilton *(S. 190)*

Hotelauswahl

Viele Hotels werden vom Ministerium für Kultur und Tourismus nach einem Sternesystem bewertet: vom einfachen Ein-Stern-Hotel bis zum Fünf-Sterne-Luxushotel. Das Ministerium erteilt auch Lizenzen für umgebaute Gebäude, sogenannte Hotels mit Sonderlizenz. Die Stadtverwaltung wiederum lizenziert auch einfache Unterkünfte. Diese Hotels sind meist durchaus akzeptabel, entsprechen aber nicht unbedingt den internationalen Standards.

Unterkünfte finden Sie in den meisten zentralen Stadtvierteln. Sultanahmet liegt so günstig, dass Sie die meisten Sehenswürdigkeiten zu Fuß erreichen können. Die Hotels mit Sonderlizenz muss man allerdings in den abgelegeneren Seitenstraßen suchen. So stehen Gästehäuser an der Divanyolu Caddesi und an den Hängen, die zum Marmarameer hin abfallen. Im Zentrum von Sultanahmet gibt es auch Mittelklassehotels.

Das luxuriöse Hotel Four Seasons, einst ein Gefängnis *(siehe S. 187)*

Lounge des Hotels Ceylan Intercontinental in Taksim *(siehe S. 188)*

Westlich von Sultanahmet, in Beyazıt, Lâleli und Aksaray, finden Sie zahlreiche Ein-, Zwei- und Drei-Sterne-Hotels. Die billigeren Hotels werden primär von zentralasiatischen und russischen Händlern aufgesucht, während viele der Drei-Sterne-Hotels auf Reisegruppen eingestellt sind.

In Beyoğlu und Taksim findet man komfortable Hotels der unteren Preisklasse und internationale Hotelketten. Diese beiden Stadtteile sind das alte europäische Zentrum Istanbuls und insofern für Besucher ideal gelegen.

Der östliche, auf asiatischem Boden liegende Teil Istanbuls ist primär Wohngegend, aber auch hier gibt es einige Hotels. Allerdings werden z. B. die Hotels in Kadıköy mehr von Einheimischen denn von Ausländern und Gästen besucht.

Luxushotels

Der Bau von Luxushotels boomt, inzwischen sind die meisten internationalen Hotelketten in Istanbul vertreten. Fast alle Fünf-Sterne-Hotels rühmen sich eines atemberaubenden Blicks auf Marmarameer oder Bosporus, und in ihrer Gesamtheit verfügen sie über die besten Restaurants der Stadt. Alle haben Pool und Fitness-Center, häufig auch ein türkisches Bad. Viele sind inzwischen behindertengerecht ausgestattet. In der Regel hat jedes Zimmer Internet-Zugang, überall stehen Konferenzräume zur Verfügung.

Auch das Unterhaltungsangebot lässt keine Wünsche offen. Die Hotels organisieren Stadttouren und Ausflüge, viele arrangieren auch Aktivitäten für Kinder *(siehe S. 182)*.

Rauchen ist allerdings in immer weniger Bereichen der Hotels erlaubt.

◁ Frische Fischsandwiches werden auf einem Schiff in Eminönü zubereitet *(siehe S. 208)*

Hotels mit Sonderlizenz

In den vergangenen Jahren wurden zahlreiche alte Gebäude renoviert und in Hotels umgewandelt. In manche können allerdings wegen ihrer Baubeschaffenheit keine modernen Einrichtungen wie Aufzüge eingebaut werden, daher unterliegen sie auch nicht dem offiziellen Sternesystem. Sie bilden die Extrakategorie der Hotels mit Sonderlizenz.

Dazu gehören einige der interessantesten und attraktivsten Hotels Istanbuls. Sie stehen oft in den Wohnstraßen der historischen Viertel und reichen von kleinen, preisgünstigen, traditionellen Holzhäusern bis hin zu luxuriösen Osmanenpalästen. Obwohl sie einige moderne Annehmlichkeiten vermissen lassen, verfügen diese Hotels in der Regel über einen hohen Standard. Selbst die größeren Hotels haben sich durch ihr authentisches Interieur ihr ursprüngliches Flair erhalten. Den Bemühungen des Türkischen Touring- und Automobilclubs (TTOK; *siehe S. 245*) ist die Existenz vieler dieser Hotels zu verdanken. Unter Leitung seines Direktors Çelik Gülersoy konnte der Club in einigen Stadtteilen alte Gebäude vor der Zerstörung bewahren, sodass sie wieder restauriert werden konnten, und somit die Atmosphäre erhalten. Ein gutes Beispiel für die Leistungen des Clubs sind die Hotels in der Soğukçeşme Sokaği *(siehe S. 61)*.

Inzwischen ist es so, dass es viele der neu entstandenen Boutique-Hotels gar nicht mehr darauf anlegen, offizielle Beurteilungen oder Sterne zu ergattern. Das geht aber keineswegs auf Kosten des Standards und der Annehmlichkeiten. All diese Hotels haben ihre eigene Website und informieren den Gast auf diesem Weg.

Fenster eines Hotels mit Sonderlizenz

Blick auf Sultanahmet von einer Hotelterrasse

Preiswerte Hotels

Istanbul hat zahlreiche günstige Unterkünfte, die den Vorschriften des Ministeriums für Kultur und Tourismus entsprechen. Bei der Wahl eines preiswerteren Hotels sollten Sie sich allerdings nicht von einer schicken Fassade oder Lobby beeinflussen lassen. Sehen Sie sich zuerst die Zimmer an.

Ein-Stern-Hotels bieten einfachste Grundausstattung, aber dennoch verfügen viele Zimmer über eine eigene Dusche und Toilette. Zwei- und Drei-Sterne-Hotels haben komfortablere Zimmer, in denen es häufig auch TV und Minibar gibt.

Gästehäuser sind unterschiedlich ausgestattet. Die meisten bieten Bettwäsche und Handtücher, die besseren haben Zimmer mit Bad. In allen sollte eine Gemeinschaftsküche vorhanden sein. Billigere Hotels haben zwar alle Zentralheizung, oft jedoch keine Klimaanlage. In einigen kleinen Hotels gibt es nicht rund um die Uhr heißes Wasser.

Yeşil Ev *(siehe S. 186)*, ein Hotel mit Sonderlizenz

Ausstattung

Alle aufgeführten Hotels sind komfortabel, freundlich und sicher. Das Empfangspersonal spricht gewöhnlich Deutsch oder Englisch und kann Tipps und Empfehlungen geben.

Hotelzimmer in Istanbul sind in der Regel mit zwei Einzelbetten eingerichtet, haben aber, falls nötig, genug Platz für ein drittes. Den Wunsch nach einem Doppelbett sollten Sie bereits bei der Reservierung äußern.

Die meisten Hotels mit drei oder mehr Etagen haben einen Aufzug – allerdings nicht die Hotels mit Sonderlizenz. Generell bemühen sich immer mehr Hotels um rollstuhlgerechte Einrichtungen.

Selbst in gehobenen Hotels kann es sehr laut sein. Wählen Sie daher in lebhaften Vierteln ein Zimmer, das nicht zur Straße liegt. Sie können jederzeit ein anderes Zimmer verlangen, wenn Sie nicht zufrieden sind.

Frühstück ist in der Regel im Zimmerpreis inbegriffen. Normalerweise handelt es sich dabei um ein großzügiges Buffet, auf dem auch Wurst, frisches Obst, Joghurt und Müsli zu finden sind. Zu vielen größeren Hotels gehört ein Restaurant, in dem man à la carte speisen kann. Fast alle gehobeneren Hotels haben mindestens einen Speisesaal, in dem das Abendessen serviert wird.

Rezeption des Istanbul Hilton *(siehe S. 190)*

Preise und Rabatte

Hotelpreise werden in Neuer Türkischer Lira (YTL), manchmal auch in Euro oder US-Dollar angegeben. Die Preise sind pro Zimmer, nicht pro Person zu verstehen. Das Frühstück ist normalerweise inklusive. Sämtliche Steuern sind bereits eingerechnet. Standardpreise, die das ganze Jahr über gelten, gibt es nur in Luxushotels. Andere Hotels haben saisonale Preise. Als Hauptsaison und damit als teuerste Zeit gelten die Monate von April bis Ende Oktober sowie die kurze Zeit zwischen Weihnachten und Neujahr. Es gibt keine Einzelzimmer, aber alle Hotels gewähren einen angemessenen Preisnachlass für Einzelpersonen.

Lounge des Empress Zoe *(siehe S. 185)*

Einen Versuch ist es immer wert, über Preise zu verhandeln. Aber machen Sie sich keine großen Hoffnungen. Bei längerem Aufenthalt können Sie vielleicht eine Ermäßigung aushandeln, manche Hotels geben auch Preisnachlass bei Frühbuchung, Barzahlung oder in der Nebensaison.

Reservierung

Es wird Ihnen immer gelingen, ein gutes Zimmer zu finden, aber in der Hochsaison sollten Sie besser im Voraus reservieren. Sie können sich mit jedem hier vorgestellten Hotel telefonisch, per Fax oder E-Mail in Verbindung setzen, viele Hotels bieten auf ihren Websites auch Online-Reservierung an. Oft müssen Sie Angaben zu Ihrer Kreditkarte machen, um die Buchung sicherzustellen. Das heißt aber nicht automatisch, dass Sie bei Abreise auch mit Kreditkarte bezahlen können.

Wenn Sie in keinem der von Ihnen bevorzugten Hotels ein Zimmer finden, können Sie es über eine Agentur wie **Gazella Travel Designer**, **Meptur**, **Plan Tours** *(siehe S. 229)* oder **Vip Tourism** versuchen.

Falls Sie kein Zimmer reserviert haben, sind die Tourismusbüros am Flughafen, im Bahnhof Sirkeci, am Sultanahmet-Platz oder im internationalen Passagier-Terminal Karaköy *(siehe S. 229)* hilfsbereit bei der Hotelsuche. Sie nehmen aber keine Reservierungen vor.

Abreise und Bezahlung

Gäste müssen bis zum Mittag ihr Hotelzimmer verlassen. Bessere Hotels akzeptieren gängige Kreditkarten, Neue Türkische Lira und harte Währung (bevorzugt US-Dollar oder Euro). Einige nehmen auch Reiseschecks. Mehrwertsteuer und Service sind immer im Zimmerpreis enthalten. Untergeordnetes Personal und Reinigungskräfte sind meist unterbezahlt, es ist üblich, ihnen ein Trinkgeld zu geben. Lassen Sie für die Reinigungskraft etwas Geld im Zimmer liegen oder geben Sie dem Empfangspersonal eine größere Summe, die unter dem Personal aufgeteilt wird. Telefonate vom Zimmer aus können sehr teuer sein.

Mit Kindern reisen

Kinder unter sechs Jahren übernachten oft gratis, viele Hotels gewähren auch einen Nachlass von 50 Prozent für Kinder bis zu zwölf Jahren. Möglicherweise können Sie handeln, wenn das Kind älter ist, aber im Zimmer der Eltern schläft. Die meisten Hotels haben Kinderbetten.

Einige Hotels bieten spezielle Kinderprogramme an, das Swissôtel *(siehe S. 190)* sogar ein Kinder-Wochenend-Paket.

Jugendherbergen

Für all diejenigen, die weniger Geld zur Verfügung haben, bietet Istanbul eine Vielzahl von Jugendherbergen, die meist in Sultanahmet zu finden sind. Seit Jahrzehn-

Doppelzimmer im Hotel Kariye, einem Hotel mit Sonderlizenz *(siehe S. 189)*

Gäste im Yücelt Interyouth Hostel

ten bekannt und beliebt ist das **Yücelt Interyouth Hostel**. Es befindet sich an einer ruhigen Straße neben der Hagia Sophia, Tür an Tür mit dem Hagia-Sophia-Museum. Yücelt wurde 1965 eröffnet und bot jungen, unabhängigen Reisenden mit schmalem Budget Unterkunft. In den 1970er Jahren wurde die Herberge stark von den Hippies frequentiert. Beliebt ist sie noch immer. Sie bietet 320 Schlafplätze, in Schlafsälen oder in teureren, aber kleineren Zimmern. Alle Zimmer sind beheizbar. Das Yücelt ist Mitglied im Internationalen Jugendherbergsverband (IYHF) und gewährt Gästen mit internationalem Jugendherbergsausweis Preisnachlass. Es bietet Duschen, Safe, Gepäckaufbewahrungsraum, Cafeteria, Bar, Disco und Internet-Zugang. Ganz in der Nähe, in der Akbıyık Caddesi, steht das **Orient Guesthouse**, eine moderne Jugendherberge mit exzellenter Ausstattung.

Der Reiseveranstalter Gençtur *(siehe S. 229)* ist ebenfalls der IYHF angeschlossen und informiert über weitere Jugendherbergen.

Camping

Camping und Caravaning sind in der Türkei in den vergangenen Jahren zunehmend beliebter geworden. Demzufolge gibt es auch eine wachsende Zahl guter Campingplätze mit entsprechender Ausstattung, die in der Sommersaison, also zwischen Mai und Oktober, geöffnet haben. **Londra Kamping** hingegen liegt zwar nicht sehr idyllisch, hat aber das ganze Jahr über geöffnet. Hier findet man Wasch- und Kochgelegenheiten, ein Fast-Food-Restaurant sowie Bar und Fußballplatz. Außerdem kann man auch zweiräumige Bungalows mieten. Schöner gelegen ist der Campingplatz **Kumbaba Moteli** an der Küste des Schwarzen Meers am östlichen Bosporus, außerhalb von Şile *(siehe S. 158)*. Er hat von Mai bis September geöffnet, bietet Dusch- und Kochgelegenheiten und ist sehr beliebt.

Für detaillierte Informationen können Sie auch Kontakt mit der **İstanbul Kamp ve Karavan Derneği** (Camping- und Caravan-Vereinigung) bzw. mit der Kamp ve Karavan Federasyon aufnehmen.

Blick vom Swissôtel *(siehe S. 190)* auf die Dolmabahçe-Moschee

Ferienwohnungen

Istanbul besitzt zahlreiche Apartmenthotels, die meist auch gut in zentralen Geschäfts- oder Wohnvierteln liegen. Sie sind voll eingerichtet und für Reisende gedacht, die die Hotelatmosphäre weniger schätzen. Das **Akmerkez Residence Apart Hotel** am Akmerkez-Einkaufszentrum in Etiler *(siehe S. 211)* wird primär von Geschäftsleuten genutzt. Die luxuriös eingerichteten Apartments sind voll klimatisiert. Das **Entes Apart Hotel** bietet ebenfalls moderne Apartments an.

Internationale Immobilienmakler wie **Century 21** und **Remax** können dabei behilflich sein, Wohnraum für kürzere oder längere Aufenthalte zu finden.

Auf einen Blick

Hotelvermittlung

Gazella Travel Designer
Cumhuriyet Cad. Babil Sok. 2, Elemdağ. Tel. *(0212) 233 15 98.*
www.gazella.com

Meptur
Büyükdere Cad. 26, Mecidiyeköy.
Tel. *(0212) 275 02 50.*
www.meptur.com

Vip Tourism
Tel. *(0212) 241 65 14.*
www.viptourism.com.tr

Jugendherbergen

Orient Guesthouse
Akbıyık Cad. 13, Sultanahmet.
Stadtplan 3 E5 (5 E5).
Tel. *(0212) 517 94 93.*
FAX *(0212) 518 38 94.*
www.orienthostel.com

Yücelt Interyouth Hostel
Caferiye Sok. 6/1, Sultanahmet.
Stadtplan 3 E4 (5 E3).
Tel. *(0212) 513 61 50.*
FAX *(0212) 512 76 28.*
www.yucelthostel.com

Camping

Kumbaba Moteli
Şile. Tel. *(0216) 711 50 38.*
FAX *(0216) 711 48 51.*

Londra Kamping
Londra Asfaltı, Bakırköy.
Tel. *(0212) 560 42 00.*
FAX *(0212) 559 34 38.*

İstanbul Kamp ve Karavan Derneği
İstanbul Cad. Pelin İş Hanı K.3 No. 91–92, Bakırköy.
Tel. *(0212) 571 42 44.*
www.kampkaravan.org

Ferienwohnungen

Akmerkez Residence Apart Hotel
Akmerkez-Einkaufs- und Geschäftszentrum, Etiler.
Tel. *(0212) 282 01 20.*
www.akmerkez.com.tr

Century 21
Topçular Kişla Cad. 5, Rami-Eyüp.
Tel. *(0212) 493 26 00.*
www.century21.com.tr

Entes Apart Hotel
İpek Sok. 19, Taksim.
Stadtplan 7 E4.
Tel. *(0212) 293 22 08.*
www.entesapart.com

Remax
Tel. *(0212) 232 48 20.*
www.remax.com.tr

Hotelauswahl

Die Hotels auf den folgenden Seiten wurden aufgrund ihres guten Preis-Leistungs-Verhältnisses, ihrer Ausstattung und Lage ausgewählt. Sie sind innerhalb der einzelnen Viertel nach Preiskategorien und in alphabetischer Reihenfolge aufgelistet. Die Symbole in der oberen Zeile geben die besonderen Merkmale des Hauses an.

Preiskategorien

Die Preise gelten für ein Doppelzimmer pro Nacht, inkl. Frühstück (falls angeboten), Steuern und Service.

- (TL) unter 100 YTL
- (TL)(TL) 100–150 YTL
- (TL)(TL)(TL) 150–200 YTL
- (TL)(TL)(TL)(TL) 200–300 YTL
- (TL)(TL)(TL)(TL)(TL) über 300 YTL

Saray Burnu

Apricot (TL)

Amiral Tafdil Sok. 18, Sultanahmet, 34122 *(0212) 638 16 58* FAX *458 35 74* **Zimmer** *6* **Stadtplan** *3 E5 (5 E5)*

Das hübsche kleine türkische Hotel hat durch die Renovierung unglaublich gewonnen. Die Zimmer sind gut möbliert, die Betten komfortabel und die polierten Holzböden eine Augenweide. Viele Annehmlichkeiten und auch Internet-Zugang werden geboten. Auf Wunsch kann man hier auch speisen. **www.hotelapricot.com**

Ararat (TL)(TL)

Torun Sokak 3, Sultanahmet, 34122 *(0212) 516 04 11* FAX *(0212) 518 52 41* **Zimmer** *14* **Stadtplan** *3 E5 (5 E5)*

Ein außergewöhnliches, sehr individuelles, familiengeführtes Hotel in der Nähe der Blauen Moschee. Jedes Zimmer ist einem Thema gewidmet und einzigartig ausgestattet. Der Besitzer ist immer erreichbar und steht jederzeit mit Rat und Tat zur Verfügung. Die obere Terrasse bietet einen großartigen Blick aufs Marmarameer. **www.ararathotel.com**

Spectra Hotel (TL)(TL)

Şehit Mehmetpaşa Yok 2, Sultanahmet, 34122 *(0212) 516 35 46* **Zimmer** *19* **Stadtplan** *3 D5 (5 D5)*

Der größte Aktivposten des Hotels ist der Eigentümer selbst, ein ehemaliger Archäologe und eine Quelle des Wissens. Die Zimmer sind komfortabel und gut ausgestattet. Gefrühstückt wird auf der Terrasse, mit Blick auf die Blaue Moschee. Freier Internet-Zugang für Gäste. Gute Ausgangslage für Besichtigungstouren. **www.hotelspectra.com**

Ayasofya Evleri (TL)(TL)(TL)

Soğukçeşme Sokak, Sultanahmet, 34122 *(0212) 513 36 60* FAX *513 36 69* **Zimmer** *63* **Stadtplan** *3 E4 (5 F3)*

Das charmante Quartier, das an einer gepflasterten Straße hinter der Hagia Sophia liegt, besteht aus neun restaurierten Holzhäusern. Sie haben so hübsche Namen wie Jasmin oder Rose und sind in Pastellfarben gehalten. Die Zimmer sind elegant und mit Antiquitäten ausstaffiert. Buchung erforderlich. **www.ayasofyapensions.com**

Kybele Hotel (TL)(TL)(TL)

Yeribatan Caddesi 33–35, 34410 *(0212) 511 77 66* FAX *(0212) 513 43 93* **Zimmer** *16* **Stadtplan** *3 E4 (5 E3)*

Das winzige, mehrstöckige Hotel liegt im Herzen des Touristenviertels. Ein wilder Mix von Antiquitäten und Kunsthandwerk trägt zu einer freundlich-gemütlichen Atmosphäre bei. Das Frühstück, im Sommer im Garten und im Winter drinnen serviert, ist großartig. Viele Touristen besuchen das Kybele immer wieder. **www.kybelehotel.com**

Mavi Ev (TL)(TL)(TL)

Dalbastı Sokak 14, Sultanahmet, 34122 *(0212) 638 90 10* FAX *638 90 17* **Zimmer** *27* **Stadtplan** *3 E5 (5 E5)*

Mavi Ev, was in etwa »Blaues Haus« bedeutet, wird von demselben erfolgreichen Unternehmen gemanagt wie der berühmte Pudding Shop. Das taubenblaue, restaurierte *konak* (Herrenhaus) liegt im Herzen von Sultanahmet. Es hat einen beschaulichen Garten und ein Gourmetrestaurant im Dachgeschoss. **www.bluehouse.com.tr**

Seven Hills (TL)(TL)(TL)(TL)

Tevkifhane Sokak 8/A, Sultanahmet, 34122 *(0212) 516 94 97* FAX *517 10 85* **Zimmer** *14* **Stadtplan** *3 E5 (5 D5)*

In diesem Hotel scheut man keine Mühen, um dem Gast den Aufenthalt angenehm zu machen und seine Erwartungen zu erfüllen. Die Zimmer sind groß und stilsicher ausgestattet, jedes verfügt über Jacuzzi und Fitnesseinrichtungen. Großartiger Blick und Gourmetrestaurant *(siehe S. 198)* mit Terrasse. **www.hotelsevenhills.com**

Sultanahmet

Antea (TL)

Piyerloti Caddesi 21, Çemberlitaş, 34400 *(0212) 638 11 21* FAX *517 79 49* **Zimmer** *45* **Stadtplan** *3 D4 (4 C4)*

Das Antea ist ein ruhiges Hotel in einer Seitenstraße von Sultanahmet, abseits des großen Touristenstroms. Es ist, wie die Nachbarhäuser, ein restauriertes Haus, die Zimmer sind modern und hübsch eingerichtet. Im Restaurant wird türkisch und international gekocht. Perfekt, um nach einem anstrengenden Tag zu entspannen. **www.anteahotel.com**

Zeichenerklärung *siehe hintere Umschlagklappe*

Hotel Mina

Piyerloti Caddesi, Dostluk Urdu Sokak 6, Sultanahmet, 34122 ☎ *458 28 00* ***Zimmer*** *44* ***Stadtplan*** *3 D4 (4 C4)*

Das Hotel Mina liegt etwas versteckt in einer Seitengasse und bleibt so vom touristischen Trubel unberührt. Die Besitzer sind sehr gastfreundlich, die Zimmer angenehm und hübsch, aber schlicht möbliert. Man hat auf übermäßigen Schmuck verzichtet. Guter Ausgangspunkt, um Sultanahmet zu Fuß zu erkunden. **www.minahotel.com.tr**

Hotel Sultanahmet

Divanyolu Caddesi 20, Sultanahmet, 34122 ☎ *(0212) 527 02 39* FAX *512 11 33* ***Zimmer*** *20* ***Stadtplan*** *3 D4 (5 D5)*

Ein preiswertes Hotel in guter Lage, ganz in der Nähe der Sehenswürdigkeiten. Auf Kinkerlitzchen jeglicher Art hat man hier verzichtet, aber es ist nett und sauber. Auf der Terrasse werden abends Snacks und kleine Gerichte serviert. Das Haus wird gut geführt, das Personal ist freundlich. **www.hotelsultanahmet.com**

Orient Guesthouse

Akbıyık Caddesi 13, Sultanahmet, 34000 ☎ *(0212) 517 94 93* FAX *518 38 94* ***Zimmer*** *15* ***Stadtplan*** *3 E5 (5 E5)*

Das Guesthouse ist das billigste und witzigste Quartier in Sultanahmet, ein Paradies für Rucksacktouristen. Die Doppelzimmer und Mehrbettzimmer kann man als dürftig bezeichnen. Lüster und eigenes Badezimmer sucht man hier vergebens, aber es gibt immer heißes Wasser und freundliche Leute. **www.orienthostel.com**

Şebnem

Adliye Sokak 1, Sultanahmet, 34122 ☎ *(0212) 517 66 23* FAX *(0212) 638 10 56* ***Zimmer*** *23* ***Stadtplan*** *3 E4 (5 F4)*

Das kleine, einladende Gästehaus wirkt fast wie eine Puppenstube. Es bietet hübsche, farbenfroh gestaltete und mit Holzmöbeln ausgestattete Zimmer. Von der Dachterrasse aus genießt man einen Panoramablick über die Dächer von Sultanahmet, auf den Bosporus und aufs Marmarameer. **www.sebnemhotel.com**

Dersaadet

Küçük Ayasofya Caddesi, Kapıağası Sokak 5, 34122 ☎ *(0212) 458 07 60/61* ***Zimmer*** *17* ***Stadtplan*** *3 E5 (5 D5)*

Hier wurde, was die Restaurierung betrifft, eine Pionierleistung erbracht. Alles ist authentisch wiederhergerichtet, die Möbel wurden traditionell von Hand gefertigt. Überall stößt man auf interessante Details. Der Besitzer bemüht sich sehr um seine Gäste. Das Penthouse wurde erst kürzlich ausgebaut. **www.hoteldersaadet.com**

Empress Zoe

Akbıyık Caddesi, Adliye Sokak 10, 34122 ☎ *(0212) 518 25 04* FAX *518 56 99* ***Zimmer*** *22* ***Stadtplan*** *3 E4 (5 F4)*

Es wird behauptet, dass Kaiserin Zoe tatsächlich hier gelebt habe. Das aus zwei Gebäuden bestehende, restaurierte Hotel genügt in Standard und Design allerhöchsten Ansprüchen. Es verfügt über geräumige Suiten und bietet auch Nichtraucherzimmer. Im idyllischen Garten stehen die Ruinen eines alten Badehauses von 1483. **www.emzoe.com**

Historia

Amiral Tafdil Sokak 23, 34122 ☎ *(0212) 517 74 72* FAX *(0212) 516 81 69* ***Zimmer*** *25* ***Stadtplan*** *3 E5 (5 F5)*

Das attraktive Hotel, ein Holzbau, bietet von der Dachterrasse aus einen großartigen Blick aufs Meer. Die meisten Zimmer sind schlicht, aber trotzdem hübsch und gemütlich eingerichtet. Manche der Zimmer haben einen Balkon mit Blick auf den rückliegenden Garten. Gefrühstückt wird im malerischen Innenhof. **www.historiahotel.com**

Hotel Alp Guest House

Akbıyık Caddesi, Adliye Sokak 4, Sultanahmet, 34122 ☎ *(0212) 517 70 67* ***Zimmer*** *14* ***Stadtplan*** *3 E4 (5 F4)*

Das Hotel liegt etwas versteckt hinter der Blauen Moschee. Es gilt als Haus mit exzellentem Service, in dem man sich gerne aufhält. Es wurde komplett renoviert und der Standard gehoben. Die Zimmer sind mit neu gefertigten, aber traditionellen Möbeln ausgestattet. Dachterrasse mit schönem Blick. **www.alpguesthouse.com**

Hotel Nena

Binbirdirek Mahallesi, Klodfarer Caddesi 8–10, 34122 ☎ *(0212) 516 52 64* ***Zimmer*** *29* ***Stadtplan*** *3 D4 (5 D4)*

Die Atmosphäre im Nena wirkt byzantinisch. Das Haus ist aufwendig geschmückt und außerordentlich komfortabel. Einige Zimmer haben Balkone mit dem klassischen Blick auf Moschee und Meer. Besonders schön ist der sonnige Wintergarten mit seinen schmiedeeisernen Möbeln und tropischen Grünpflanzen. **www.nenahotel.com**

Nomade

Ticarethane Sokak 15, Çağaloğlu, 34122 ☎ *(0212) 511 12 96* FAX *513 24 04* ***Zimmer*** *16* ***Stadtplan*** *3 E4 (5 D3)*

Das Nomade, eines der ältesten Häuser im Viertel, wurde erst kürzlich aufwendig renoviert – und das mit großem Erfolg. Die Besitzer haben den ohnehin schon sehr individuell gestalteten Zimmern und Bädern noch einen reizvollen Designertouch verliehen. Speisen und Drinks werden auf der Dachterrasse serviert. **www.hotelnomade.com**

Sarı Konak

Mimar Mehmet Ağa Caddesi 42–46, Sultanahmet, 34122 ☎ *(0212) 638 62 58* ***Zimmer*** *17* ***Stadtplan*** *3 E5 (5 E5)*

Sarı bedeutet auf Türkisch »gelb«. Man erkennt das Hotel auch sofort an seiner unverwechselbaren Farbe. Es hat einen bezaubernden Patio mit Marmorbrunnen. Die Balkone sind mit den typischen dekorativen Geländern versehen. Die Zimmer sind sehr geschmackvoll, die Suiten verfügen über Internet. **www.istanbulhotelsarikonak.com**

Sarnıç

Küçük Ayasofya Caddesi 26, 34122 ☎ *(0212) 518 23 23* FAX *(0212) 518 24 14* ***Zimmer*** *16* ***Stadtplan*** *3 D5 (5 D5)*

Das Sarnıç ist ein schmuckes, sauberes Hotel, in dem man sich gleich zu Hause fühlt. Es ist in sanftem Pink gestrichen und steht inmitten eines historischen Häuserensembles. Die Zimmer sind hübsch, außerdem gibt es Dachterrasse und Bar. Angebotene Dienstleistungen: Babysitting sowie Wasch- und Parkservice. **www.sarnichotel.com**

Stadtplan *siehe Seiten 246–263*

Side Hotel und Pension

Utangaç Sokak 20, Sultanahmet, 34122 (0212) 517 66 23 FAX (0212) 638 10 56 **Zimmer** 36 **Stadtplan** 3 E4

Das Side ist ein Familienbetrieb, und zwar gleichzeitig eine Pension für preisbewusste Gäste und ein elegantes Hotel. Die Pensionszimmer sind günstiger, aber auch schlichter und haben z. B. keine Air-Condition. Die Hotelzimmer hingegen sind sehr komfortabel. Manche verfügen über einen eigenen Jacuzzi. **www.sidehotel.com**

Alzer

At Meydanı 72, Sultanahmet, 34122 (0212) 516 62 62/63 FAX 516 00 00 **Zimmer** 21 **Stadtplan** 3 D4 (5 D4)

Das renovierte Stadthaus mit seinen gut geschnittenen und geschmackvoll möblierten Zimmern ist durch seine vielen erlesenen Details etwas Besonderes. Im Sommer stehen vor dem Hotel Tische im Freien, aber der Hit ist die Dachterrasse. Das Alzer ist ein Schmuckstück. Entsprechend aufmerksam ist das Personal. **www.alzerhotel.com**

Avicenna

Amiral Tafdil Sokak 31–33, 34122 (0212) 517 05 50-54 FAX (0212) 516 65 55 **Zimmer** 50 **Stadtplan** 3 E5 (5 E5)

Das günstig gelegene Mittelklassehotel besteht aus zwei stattlichen, renovierten osmanischen Häusern, die luxuriös möbliert und ausgestattet sind: traditionelle Holzböden, üppige Tapeten und prächtige Teppiche. Versuchen Sie, ein Zimmer im Obergeschoss zu buchen, um in den Genuss des Meerblicks zu kommen. **www.avicenna.com.tr**

Aziyade

Piyerloti Caddesi 62, Çemberlitaş, 34490 (0212) 638 22 00 FAX 518 50 65 **Zimmer** 105 **Stadtplan** 3 D4 (4 B4)

Das Aziyade bietet einige Highlights, die vorzufinden man normalerweise nur in luxuriöseren Hotels erwarten würde. Dazu gehört der kleine Swimmingpool auf dem Dach, einmalig in diesem Viertel. Die Zimmer sind geschmackvoll elegant, das Café erinnert an das Früchtezimmer des Topkapı-Palastes *(siehe S. 58)*. **www.festivalhotels.com**

Citadel

Kennedy Caddesi, Sahil Yolu 32, Ahırkapı, 34122 (0212) 516 23 13 **Zimmer** 31 **Stadtplan** 3 E5 (5 F5)

Das Citadel, ein großer, etwas verstaubt wirkender Steinbau unterhalb der Stadtmauern, gehört inzwischen zur Best-Western-Gruppe. Die Zimmer sind klein, aber hübsch möbliert, und bieten alles, was dem Gast den Aufenthalt angenehm macht. Es gibt auch Nichtraucherzimmer. Einige Zimmer bieten Meerblick. **www.citadelhotel.com**

İbrahim Paşa

Terzihane Sokak 5, Sultanahmet, 34122 (0212) 518 03 94 FAX 518 44 57 **Zimmer** 16 **Stadtplan** 3 D4 (5 D4)

Das charmante Hotel liegt gegenüber dem Museum für türkische und islamische Kunst *(siehe S. 77)*. Die Zimmer sind sehr individuell ausgestattet. Besonders schön sind diejenigen, die entlang der Dachterrasse liegen. Vom Stil her kann man das Interieur als Art déco mit traditionellen türkischen Einflüssen beschreiben. **www.ibrahimpasha.com**

Pierre Loti

Piyerloti Caddesi 5, Çemberlitaş, 34122 (0212) 518 57 00 FAX 516 18 86 **Zimmer** 38 **Stadtplan** 3 D4 (4 C4)

Das Hotel, benannt nach einem Dichter, der in Istanbul gelebt hat, war eines der ersten im Viertel, das renoviert und vom Standard her aufgebessert wurde. Es liegt im Herzen der Stadt. Vom Garten oder vom Café aus kann man wundervoll die Leute beobachten. Die Zimmer sind klein, aber sehr komfortabel. **www.pierreloti.com**

Valide Sultan Konağı

Kutlugün Sokak 1, Sultanahmet, 34122 (0212) 638 06 00 FAX 638 07 05 **Zimmer** 17 **Stadtplan** 3 E4 (5 F4)

Das Valide Sultan zählt zu den Favoriten der Istanbul-Besucher, nicht zuletzt wegen seiner Nähe zum Topkapı-Palast. Diese erhabene Nachbarschaft hat sich auch im äußeren Erscheinungsbild des Hotels niedergeschlagen. Die Zimmer sind klein, aber sehr individuell und behaglich. Der Hit ist die Sommerterrasse. **www.hotelvalidesultan.com**

Armada

Ahır Kapı Sokak 24, Sultanahmet, 34122 (0212) 638 13 70 FAX 518 50 60 **Zimmer** 110 **Stadtplan** 3 E5 (5 F5)

Das Armada ist eine Adresse, die zu Istanbuls bestgehüteten Geheimtipps zählt. Es ist gediegen und dennoch unglaublich freundlich. Die eleganten Zimmer verströmen Ruhe und Behaglichkeit, das Hotelrestaurant ist ausgezeichnet. Ab und zu spielt Live-Musik, oder es werden Tangoabende veranstaltet. **www.armadahotel.com.tr**

Sultanahmet Palace

Torun Sokak 19, Sultanahmet, 34122 (0212) 458 04 60 FAX (0212) 518 62 24 **Zimmer** 36 **Stadtplan** 3 E5 (5 E5)

Ein idealer Ort, um sich verwöhnen zu lassen. Das Interieur ist zwar nicht so authentisch wie in anderen entsprechenden Häusern, aber trotzdem raffiniert. Das Hotel verdient den Beinamen Palast voll und ganz. Der Blick auf die Kuppeln der Blauen Moschee und das exzellente Personal vervollkommnen das Erlebnis. **www.sultanahmetpalace.com**

Yeşil Ev

Kabasakal Sokak 5, Sultanahmet, 34122 (0212) 517 67 85 FAX 517 67 80 **Zimmer** 19 **Stadtplan** 3 E4 (5 E4)

Das Yeşil Ev (Grünes Haus) verkörpert den Geist und das Verständnis von osmanischem Luxus. Die Zimmer sind mit Antiquitäten ausgestattet, eines hat sogar sein eigenes türkisches Bad. Der Service ist unvergleichlich. Das Hotel verfügt außerdem über einen abgeschlossenen Garten und ein exquisites Restaurant. **www.istanbulyesilev.com**

Eresin Crown

Küçük Ayasofya Caddesi 40, Sultanahmet, 34122 (0212) 639 44 28 **Zimmer** 60 **Stadtplan** 3 D5 (5 D5)

Das hochdekorierte Luxushotel steht an der Stelle, wo sich früher der Große Palast *(siehe S. 82f)* befand. Im hoteleigenen Museum kann man einige außergewöhnliche byzantinische Schätze sowie freigelegte Mosaiken bewundern. Es gibt diverse Bars und Speisesäle. Das Eresin Crown ist einfach eine Klasse für sich. **www.eresincrown.com.tr**

Preiskategorien *siehe Seite 184* **Zeichenerklärung** *siehe hintere Umschlagklappe*

Four Seasons

Tevkifhane Sokak 1, Sultanahmet, 34110 (0212) 638 82 00 FAX 638 82 10 **Zimmer** 65 **Stadtplan** 3 E4 (5 F4)

Das Hotelgebäude, 1917 als Gefängnis für regimekritische Schriftsteller errichtet, wurde zu einer neoklassizistischen Luxusoase umgebaut. Jedes Zimmer hat ein Motto. Überall ist es gelungen, türkische Traditionen mit modernem Komfort in Einklang zu bringen. Ideal ist auch die zentrale Lage in Sultanahmet. **www.fshr.com**

Kalyon

Sahil Yolu, Cankurtaran, 34122 (0212) 517 44 00 FAX (0212) 638 11 11 **Zimmer** 112 **Stadtplan** 3 E5 (5 F5)

Das Kalyon gilt als erstklassiges Business-Hotel, aber auch Besucher und Einheimische steigen hier ab. Die etwas dezentrale Lage bietet den Vorteil, dass es ruhig ist und man einen direkten Blick aufs Marmarameer hat. Die Zimmer sind sehr schön, der Standard ist hoch und das Restaurant hervorragend. **www.kalyon.com**

Basarviertel

Aspen

Aksaray Caddesi 27, Lâleli, 34480 (0212) 518 53 61 FAX (0212) 518 53 91 **Zimmer** 80 **Stadtplan** 2 A4

Das Aspen bietet weder großartige Aussicht noch übermäßigen Luxus, aber es ist eine hervorragende Adresse für all diejenigen, die ihre Reisekasse nicht für eine zentrale Lage plündern wollen. Die Sehenswürdigkeiten wie auch die Haltestellen öffentlicher Verkehrsmittel liegen relativ nah. Freundlicher Service.

Sidera

Kadirga Meydani, Dönüş Sok. 14, Sultanahmet (0212) 638 34 60 FAX 518 72 62 **Zimmer** 18 **Stadtplan** 2 C5 (4 B5)

Das Sidera, ein umgebautes Holzhaus aus dem 19. Jahrhundert, ist in auffälligem Grün gestrichen und wirkt eher wie ein Wohnhaus. Es ist klein, aber mit allen Annehmlichkeiten ausgestattet. Die Zimmer sind teils etwas dunkel, aber die enge Gasse mit den alten Häusern hat ihren eigenen nostalgischen Charme. **www.hotelsiderapalace.com**

Bulvar Palas

Atatürk Bul. 152, Saraçhane, 34470 (0212) 528 58 81 FAX (0212) 528 60 81 **Zimmer** 70 **Stadtplan** 2 A3

Das gründlich renovierte Hotel überzeugt mit seiner fröhlich-freundlichen Atmosphäre. Zu Friseursalon und türkischem Bad sind jetzt noch Schönheitssalon und Fitness-Center gekommen. Das Dekor ist traditionell, aber das Haus steht für ein gutes Preis-Leistungs-Verhältnis. Großes Restaurant mit türkischer Küche. **www.hotelbulvarpalas.com**

Royal Hotel

Aksaray Caddesi 16, Lâleli, 34480 (0212) 518 51 51 FAX (0212) 518 51 60 **Zimmer** 128 **Stadtplan** 2 A4

Die Gehentfernung zu den touristischen Highlights und die gute Verkehrsanbindung mögen Gründe sein, warum das Royal bei Gästen so beliebt ist. Aber man bekommt hier auch etwas für sein Geld. Jedes Zimmer ist mit Satelliten-TV und Minibar ausgestattet und gut möbliert. Das Hotel wird vorbildlich geführt. **www.royalhotelistanbul.com**

President

Tiyatro Caddesi 25, Beyazıt, 34126 (0212) 516 69 80 FAX (0212) 516 69 98 **Zimmer** 204 **Stadtplan** 2 C4 (4 A4)

Das President, das erste Hotel Istanbuls mit Englischem Pub, genießt einen sehr guten Ruf. Es liegt absolut zentral, die Zimmer sind bestens ausgestattet, das Personal ist freundlich. WLAN ist an der Rezeption, aber auch in vielen Zimmern verfügbar. Der Nachtclub mit Bauchtanz-Vorführungen ist legendär. **www.thepresidenthotel.com**

Antik Hotel

Ordu Cad., Darphane Sok. 10, Beyazıt, 34130 (0212) 638 58 58 FAX 638 58 65 **Zimmer** 96 **Stadtplan** 2 C4 (4 A3)

Das Antik wurde um eine 1500 Jahre alte Zisterne herumgebaut. Neben einem schönen Blick aufs Marmarameer kommt man hier in den Genuss eines Pubs, einer Weinbar und eines guten Restaurants. Die Zisterne wurde zu einem unterirdischen Nachtclub umfunktioniert. Die Atmosphäre im Hotel ist locker und lebendig. **www.antikhotel.com**

Beyoğlu

Hotel the Pera Hill

Meşrutiyet Caddesi 95, Beyoğlu, 34430 (0212) 245 66 06 FAX (0212) 245 66 42 **Zimmer** 28 **Stadtplan** 7 D4

Das Hotel, ein solider Steinbau, der früher einmal die Libysche Botschaft beherbergte, liegt mitten im kulturellen Zentrum von Beyoğlu. Es ist ein schlichtes, aber gemütliches und peinlich sauberes Quartier und hat sich seinen guten Ruf als ideal gelegene, preiswerte Unterkunft erworben. **www.hotelthperahill.com**

Aygün

Lamartin Caddesi 53–55, Taksim, 80090 (0212) 238 90 90 FAX (0212) 235 47 47 **Zimmer** 83 **Stadtplan** 7 E3

Das Aygün liegt versteckt in einem verschwiegenen Winkel von Taksim. Es vermittelt dem Gast ein Gefühl von Heimat in der Fremde. Die Zimmer sind hübsch und behaglich eingerichtet. Neben Restaurant und Vitaminbar stehen ein türkisches Bad und ein Fitness-Center zur Verfügung. Absolut empfehlenswert. **www.aygunhotels.com**

Stadtplan *siehe Seiten 246–263*

Gezi Hotel ⓉⓁⓉⓁ

Mete Caddesi 42, Taksim, 80090 *(0212) 251 74 30* FAX *(0212) 251 74 73* ***Zimmer*** *46* ***Stadtplan*** *7 F3*

Das Gezi wurde umgebaut und renoviert. Den Gast erwarten jetzt sehr schöne Zimmer, manche mit Blick auf den Bosporus, andere mit Blick auf den Taksim-Park. Das Restaurant ist hervorragend und offeriert kunstvoll angerichtete klassische Speisen. Allerdings geht es hier etwas förmlich zu. **www.hotelgezi.com**

Hotel La Villa ⓉⓁⓉⓁ

Topçu Caddesi 28, Taksim, 80090 *(0212) 256 56 26/27* FAX *(0212) 297 53 28* ***Zimmer*** *28* ***Stadtplan*** *7 E3*

La Villa ist ein kleines, preisgünstiges, aber hübsches Hotel im Schatten der Hochhäuser. Es bietet alles, was ein modernes Hotel ausmacht, angefangen beim Internet-Zugang über Nichtraucherzimmer bis hin zum 24-Stunden-Zimmerservice. Organisation von Tagesausflügen und türkischen Gästeabenden. **www.hotellavilla.net**

Hotel Residence ⓉⓁⓉⓁ

İstiklâl Cad., Sadri Alışık Sok. 19, Taksim, 80090 *(0212) 252 76 85/87* FAX *243 00 84* ***Zimmer*** *30* ***Stadtplan*** *7 E4*

Von der Hochglanz-Rezeption bis hin zu den gut geschnittenen und geschmackvollen Zimmern, die alle mit TV, Telefon und Klimaanlage ausgestattet sind, bietet das Residence alles, was man von einem guten Hotel erwarten kann. Selbst die Lage passt. Das Hotelrestaurant ist sehr empfehlenswert. **www.hotelresidence.com.tr**

Seminal ⓉⓁⓉⓁ

Şehit Muhtar Caddesi 23–25, Taksim, 80090 *(0212) 297 34 34* FAX *(0212) 297 28 18* ***Zimmer*** *88* ***Stadtplan*** *7 E3*

Das im Jahr 2005 komplett renovierte Hotel der gehobenen Mittelklasse verfügt über 88 gut ausgestattete Zimmer. Die Rezeption ist 24 Stunden besetzt. Gastronomisch bietet das Hotel ein gemütliches Café, eine einladende Bar und ein gutes Restaurant. Zimmer- und Wäscheservice gegen Gebühr. **www.seminalotel.com**

Green Park ⓉⓁⓉⓁⓉⓁ

Abdülhak Hamit Caddesi 50, Taksim, 34437 *(0212) 238 05 05* FAX *(0212) 237 76 46* ***Zimmer*** *81* ***Stadtplan*** *7 E3*

Das Vier-Sterne-Hotel wurde 1996 eröffnet und ist eines der angenehmsten Häuser im Viertel. Die Zimmer sind komfortabel und geschmackvoll. Im Restaurant wird man gut verköstigt und mit einem phänomenalen Frühstücksbuffet verwöhnt. Das Haus organisiert Stadttouren, aber auch Mietautos und -boote. **www.thegreenpark.com**

Lamartine ⓉⓁⓉⓁⓉⓁ

Lamartin Caddesi 25, Taksim, 80090 *(0212) 254 62 70* FAX *(0212) 256 27 76* ***Zimmer*** *66* ***Stadtplan*** *7 E3*

Das Lamartine, benannt nach dem französischen Dichter, der Istanbul einmal besucht hat, liegt, was die Sehenswürdigkeiten in Taksim und die Möglichkeiten zum Shopping betrifft, sehr zentral und ist nur einen Katzensprung von dem sehr lebendigen Stadtteil Beyoğlu entfernt. Gutes Preis-Leistungs-Verhältnis. **www.lamartinehotel.com**

Taksim Select ⓉⓁⓉⓁⓉⓁ

Topçu Caddesi 19, Taksim, 34437 *(0212) 235 10 00* FAX *(0212) 254 75 95* ***Zimmer*** *65* ***Stadtplan*** *7 E3*

Eines der freundlichsten Mittelklassehotels im dicht gedrängten »Hotel-Viertel« am Taksim-Platz. Die Zimmer sind gut geschnitten, komfortabel und bieten viele Annehmlichkeiten. Die Gäste werden mit einem fantastischen Frühstück verwöhnt. Gute Verkehrsanbindung. Shopping-Möglichkeiten in Nişantaşı und Beyoğlu. **www.taksimselect.com**

Taxim Hill ⓉⓁⓉⓁⓉⓁ

Sıraselviler Caddesi 5, Taksim, 80090 *(0212) 334 85 00* FAX *(0212) 334 85 98* ***Zimmer*** *58* ***Stadtplan*** *7 E4*

Das Hotel ist ein Wahrzeichen am großen Platz von Taksim. Wer verwöhnt werden will, ist hier am richtigen Platz. Jacuzzis und ein Health Club erwarten die Gäste. Die Zimmer sind sehr schön, manche haben Blick auf den Bosporus. Auch auf Geschäftsleute ist man hier bestens eingerichtet. **www.taximhill.com.tr**

Central Palace ⓉⓁⓉⓁⓉⓁⓉⓁ

Lamartin Caddesi 18, Taksim, 34437 *(0212) 313 40 40* FAX *(0212) 313 40 39* ***Zimmer*** *54* ***Stadtplan*** *7 E3*

Im renommierten Central Palace hat man es verstanden, spätosmanischen Stil mit modernem Luxus zu verquicken. Die Zimmer sind äußerst elegant und komfortabel. Für das leibliche Wohl sorgt ein exquisites Healthfood-Restaurant. Alkohol wird nicht ausgeschenkt, kann aber mit aufs Zimmer genommen werden. **www.thecentralpalace.com**

Divan ⓉⓁⓉⓁⓉⓁⓉⓁ

Cumhuriyet Caddesi 2, Elmadağ, 80090 *(0212) 315 55 00* FAX *(0212) 315 55 15* ***Zimmer*** *180* ***Stadtplan*** *7 F3*

Von außen wirkt das Divan vielleicht wie ein trister Betonklotz, aber es ist eines der ältesten Fünf-Sterne-Hotels der Stadt, mit exzellentem Service und mit Liebe zum Detail. Die Zimmer sind elegant und komfortabel, das zugehörige Pub brilliert mit einer sagenhaften Küche, und das Sushi-Restaurant steht ihm in nichts nach. **www.divan.com.tr**

Germir Palas ⓉⓁⓉⓁⓉⓁⓉⓁ

Cumhuriyet Caddesi 17, Taksim, 34437 *(0212) 361 11 10* FAX *(0212) 361 10 70* ***Zimmer*** *49* ***Stadtplan*** *7 E3*

Eine Perle von einem Stadthaus, dessen Eingang an der belebten Hauptstraße man aber leicht übersehen kann. Die Lobby und die Bars sind sehr vornehm, die Zimmer sind stilvoll möbliert und mit interessanten Textilien ausstaffiert. Großartiges Terrassenrestaurant mit Bosporus-Blick und stylisches Vanilla Café. **www.germirpalas.com**

Ceylan Intercontinental ⓉⓁⓉⓁⓉⓁⓉⓁⓉⓁ

Asker Ocağı Caddesi 1, Taksim, 34435 *(0212) 368 44 44* FAX *(0212) 368 44 99* ***Zimmer*** *390* ***Stadtplan*** *7 F3*

Das Ceylan gehört zu den Spitzenhotels Istanbuls. Es eignet sich für Gruppen wie auch für Einzel- und Geschäftsreisende. Prominente Gäste werden die Sicherheitsmaßnahmen am Ein- und Ausgang begrüßen. Nachmittags erklingt im Teesalon traditionell Harfenmusik. In der City-Lights-Bar geht es viel lebhafter zu. **www.interconti.com.tr**

Preiskategorien *siehe Seite 184* **Zeichenerklärung** *siehe hintere Umschlagklappe*

Hyatt Regency

Taşkışla Caddesi, Taksim, 34437 (0212) 368 12 34 FAX (0212) 368 10 00 **Zimmer** 332 **Stadtplan** 7 F3

Das Hyatt bietet alles, was das Herz begehrt – Salons, drei Spitzenrestaurants, darunter den besten Japaner der Stadt, sowie zahllose andere Annehmlichkeiten. Die Zimmer sind entsprechend luxuriös, viele bieten einen guten Blick. Fitness-Center und Spa sind selbstverständlich. Nicht zu vergessen: Indoor-Tennisplatz. **www.istanbul.hyatt.com**

Marmara Pera

Meşrutiyet Caddesi, Tepebaşı, 34437 (0212) 251 46 46 FAX (0212) 249 80 33 **Zimmer** 200 **Stadtplan** 7 D5

Das Marmara ist das jüngste Mitglied in der Familie der Istanbuler Luxushotels. Es bietet Service vom Feinsten und einen Rundblick über die ganze Stadt. Ideal ist das Haus auch für Geschäftsleute, denn jedes Zimmer verfügt über WLAN. Optisch reizvoll in der Lobby ist die roh belassene Mauer, vor der man sitzt. **www.themarmarahotels.com**

Marmara Taksim

Taksim Meydanı, Taksim, 34437 (0212) 251 46 96 FAX (0212) 244 05 09 **Zimmer** 410 **Stadtplan** 7 E4

Die Zimmer hier sind unvergleichlich schön und gemütlich, das Personal ist freundlich und liest dem Gast jeden Wunsch von den Lippen ab. Das Panoramarestaurant im Dachgeschoss bietet den stilvollen Rahmen für ein Diner. Das trendige Café im Erdgeschoss zählt zu Istanbuls beliebten Treffpunkten. **www.themarmarahotels.com**

Pera Palas

Meşrutiyet Caddesi 52, Tepebaşı, 34430 (0212) 243 07 37 FAX (0212) 252 46 31 **Zimmer** 145 **Stadtplan** 7 D5

Das Pera Palas *(siehe S. 104)* ist eine wirkliche Legende. Die Liste der Berühmtheiten, die hier abgestiegen sind, ist lang. Agatha Christies Zimmer beispielsweise wurde unverändert belassen. Luxus findet man überall, aber das Flair ist unvergleichlich. Bis Ende 2009 wegen Renovierung geschlossen. **www.perapalas.com**

Ritz Carlton

Süzer Plaza, Elmadağ, Şişli, 34367 (0212) 334 44 44 FAX (0212) 334 44 55 **Zimmer** 244 **Stadtplan** 7 F3

Das Ritz Carlton besticht mit seinem stilvollen, zeitgemäßen Design und seiner praktizierten Eleganz. In diesem Tempel der Reichen und Privilegierten gibt es (fast) keinen Wunsch, der nicht erfüllt würde. Die Luxusrestaurants servieren erlesene türkische Küche, das Spa zählt zu den besten in der Stadt. **www.ritzcarlton.com**

W Hotel

Suleyman Seba Caddesi 22, Akaretler, 34357 (0212) 381 21 21 FAX 381 21 81 **Zimmer** 160 **Stadtplan** 8 B4

In der Nähe von Istanbuls trendigstem Shopping-Viertel, Nişantaşı, ist das W Hotel das Herzstück der historischen Akaretler-Häuser, die 1875 für die hohen Offiziere des osmanischen Reichs gebaut wurden. In den Zimmern findet man stilvollen Luxus und alle Annehmlichkeiten vor – von WLAN bis Flat-TV. **www.whotel.com/istanbul**

Abstecher

Taşhan

Taşhan Caddesi 57, Bakırköy, 34142 (0212) 543 65 75 FAX (0212) 561 09 88 **Zimmer** 40

Das Taşhan, vormals ein mittelmäßiges Hotel, gehört heute zur Best-Western-Kette. Die Distanz zum Lärm der Stadt ist erholsam, trotzdem sind es nur wenige Schritte zur Ataköy Marina und zum Galleria-Shopping-Center *(siehe S. 220)*, zehn Minuten Fahrt bis zum Flughafen. Ein freundliches, praktisches Hotel. **www.tashanhotel.com.tr**

Kariye

Kariye Camii Sokak 6, Edirnekapı, 34240 (0212) 635 79 97 FAX (0212) 521 66 31 **Zimmer** 24 **Stadtplan** 1 B1

Das Kariye, ein renoviertes *konak* (Herrenhaus) aus dem frühen 19. Jahrhundert, liegt im Schatten der Erlöserkirche des Chora-Klosters *(siehe S. 118f)*. Typisch sind die glänzend polierten Holzböden und die verspielt vergitterten Fenster. Das Restaurant Asitane *(siehe S. 204)* ist berühmt für seine seltenen alten Rezepte. **www.kariyeotel.com**

Village Park Country Resort

Ayazma Mahallesi 19, Ishaklı Köyü, Beykoz, 81680, asiatische Seite (0216) 434 59 99 FAX 434 54 15 **Zimmer** 20

Diejenigen, denen es in der Stadt zu hektisch ist, finden hier Ruhe und Erholung. Das Village Park macht attraktive Wochenendangebote. Dazu gehören auch Jagdpartien oder Reitertage. Hunde sind willkommen, es stehen sogar Hundehütten bereit. Restaurants, Bars und ein Grillplatz komplettieren das Angebot. **www.villagepark.com.tr**

Bentley Hotel

Halaskargazi Caddesi 75, Harbiye, 34367 (0212) 291 77 30 FAX (0212) 291 77 40 **Zimmer** 50 **Stadtplan** 7 F1

Das Bentley ist bekannt für Luxus und Lifestyle im Herzen der Stadt. Dem Gast stehen wundervolle Suiten zur Verfügung. Die Liste der Reichen und Schönen, die hier schon logiert haben, ist beeindruckend. Die Zusammenlegung von Küche, Restaurant und Bar hat dem Haus viele Auszeichnungen eingebracht. **www.bentley-hotel.com**

Çınar

Şevketiye Mahallesi, Fener Mevkii, Yeşilköy, 34149 (0212) 663 29 00 FAX (0212) 663 29 21 **Zimmer** 220

Das Çınar liegt direkt am Marmarameer. Achten Sie also darauf, dass Ihr Zimmer die richtige Ausrichtung hat. Die Restaurants und Bars sind erwartungsgemäß gut, der Hit im Sommer sind Pool und Terrasse. Sportliche Gäste können hier ausgiebig am Ufer joggen. Nur fünf Minuten vom Flughafen entfernt. **www.cinarhotel.com.tr**

Güneş
Nadide Caddesi, Günay Sokak 1, Merter, 34173 (0212) 483 30 30 FAX (0212) 483 30 45 **Zimmer** 130

Das Hotel liegt in einem ruhigen Vorort, ist nur zehn Kilometer vom Flughafen entfernt und wird besonders von Geschäftsreisenden gerne besucht. Für Urlauber ist interessant, dass auch die Tramstation nur fünf Gehminuten entfernt liegt. Buchen Sie online, um in den Genuss von ermäßigten Preisen zu kommen. **www.guneshotel.com.tr**

Barceló Eresin Topkapı
Millet Caddesi 186, Topkapı, 34093 (0212) 631 12 12 FAX (0212) 631 37 02 **Zimmer** 231

Der Name hat nichts mit dem Topkapı-Palast zu tun. Bei dem Hotel handelt es sich um das frühere Eresin, das jetzt von einer spanischen Gruppe geführt wird. Der große Hotelkasten liegt etwas abseits, aber die meisten Sehenswürdigkeiten sind schnell und einfach zu erreichen. Hervorragendes Restaurant. **www.barcelo.com**

Hilton
Cumhuriyet Caddesi, Harbiye, 34367 (0212) 315 60 00 FAX (0212) 240 41 65 **Zimmer** 498 **Stadtplan** 7 F2

Das Hilton gehört zweifellos zu den wenigen absoluten Luxushotels der Türkei. Das zeigt sich natürlich an den Zimmern, am Komfort und am Service. Ebenso selbstverständlich sind gute Restaurants und gepflegte Tennisanlagen. Besonders erholsam ist der Garten mit Pool und Joggingpfad. Exklusives Konferenzzentrum. **www.hilton.com**

Istanbul International Airport Hotel
Atatürk-Flughafen, Internationaler Terminal, Yeşilköy, 34831 (0212) 465 40 30 **Zimmer** 85

Das Airport Hotel ist das Flaggschiff des Atatürk-Flughafens. Man geht zu Fuß von der Gepäckausgabe dorthin. Geboten wird alles, was das Herz begehrt – zum entsprechenden Preis. Nirgendwo sonst auf dem Flughafen werden Sie so gute Bars, eine so hervorragende Küche und so exzellenten Service finden. **www.airporthotelistanbul.com**

Swissôtel The Bosphorus
Bayıldım Caddesi 2, Maçka, 34104 (0212) 326 11 00 FAX (0212) 326 11 22 **Zimmer** 600 **Stadtplan** 8 A4

Das von der Raffles Group geführte Swissôtel ist die erste Wahl vieler Weltenbummler, wenn sie nach Istanbul kommen. Zur Verfügung stehen 26 Hektar mit Bosporus-Blick, zehn Restaurants, zahlreiche Bars, Spa, Wellness-Center und Tennisplätze. Außerdem zieht die mondäne Shopping-Arkade ihre Klientel magnetisch an. **www.swissotel.com**

Bosporus

Bebek
Cevdet Paşa Caddesi 34, Bebek, 34342, europäische Seite (0212) 358 20 00 FAX (0212) 263 26 36 **Zimmer** 21

Was gibt es Schöneres, als gut zu speisen, sich dabei frische Seeluft um die Nase wehen und sich rundum verwöhnen zu lassen? Die Bar im Bebek war jahrzehntelang eine Legende, heute, nach der Renovierung, sind die geräumigen Designerzimmer der Hit. Das Restaurant ist erstklassig, der Blick aufs Meer erst recht. **www.bebekhotel.com.tr**

A'jia Hotel
Ahmet Rasim Paşa Yalısı, Çubuklu Caddesi 27, Kanlıca, asiatische Seite (0216) 413 93 00 **Zimmer** 16

Schlichtheit und minimalistisches Design erfahren in diesem luxuriösen Boutique-Hotel eine neue Definition. Vorbei sind die Zeiten authentischen osmanischen Interieurs, vorbei die der Paschazimmer. Kühle, zurückhaltende Eleganz ist angesagt. Das A'jia liegt ab vom Touristenstrom und garantiert Ungestörtheit und Anonymität. **www.ajiahotel.com**

Bosphorus Palace
Yalıboyu Caddesi 64, Beylerbeyi, 34676, asiatische Seite (0216) 422 00 03 FAX (0216) 422 00 12 **Zimmer** 14

Viel Sorgfalt hat man darauf verwendet, dieses Sommerhaus am Bosporus zu restaurieren. Herausgekommen ist ein Luxushotel, eines der besten Istanbuls. Hohe Decken, Möbel mit Goldauflage und märchenhafte Lüster verleihen einen imperialen, aber eher europäischen Touch. Transfer ins Zentrum mit Privatboot. **www.bosphoruspalace.com**

Çırağan Palace Kempinski
Çırağan Caddesi 32, Beşiktaş, 34349, europäische Seite (0212) 326 46 46 **Zimmer** 315 **Stadtplan** 9 D3

Die Gäste sollen sich hier fühlen wie der Sultan persönlich. Das gelingt dem Çırağan auch. Der ehemalige osmanische Sultanspalast ist heute eines der führenden Hotels der Stadt, das an Prächtigkeit und Fünf-Sterne-Opulenz nichts zu wünschen übrig lässt. Großartige Sommerterrasse über dem Bosporus. **www.ciragan-palace.com**

Ausflüge

Anzac
Saat Kulesi Meydanı 8, Çanakkale (0286) 217 77 77 FAX (0286) 217 20 18 **Zimmer** 27

Das Anzac ist eine Legende, ebenso wie das Armeekorps *(siehe S. 170)*, nach dem es benannt wurde. Die Dekoration aller Zimmer hat mit den Ereignissen auf der Gallipoli-Halbinsel zu tun. Beliebt ist die Terrasse, wo man günstig eine Kleinigkeit essen kann. Um den 25. April, den ANZAC-Gedenktag, ist es immer recht voll. **www.anzachotel.com**

Büyükada Princess

İskele Caddesi 28, Büyükada (0216) 382 16 28 FAX (0216) 382 19 49 ***Zimmer*** *24*

Der 1895 erbaute, große und elegante klassizistische Bau, den das Hotel einnimmt, liegt am Hauptplatz der größten der Prinzeninseln. Die Zimmer sind hübsch, manche haben Balkone und Meerblick. Im Freien gibt es Pool und Kinderspielplatz. Dementsprechend entspannt ist auch die Atmosphäre. **www.buyukadaprincess.com**

Geçim

Türkeli, Avşa Ada (0266) 896 14 93 FAX (0266) 896 23 45 ***Zimmer*** *15*

Familien, die in Türkeli Urlaub machen wollen, sind hier gut untergebracht. Das Haus liegt ruhig und etwas zurückgesetzt vom Meer, es bietet Gemeinschaftsküchen für diejenigen, die sich selbst versorgen wollen, außerdem noch einige gut ausgestattete Apartments. Guter Ausgangspunkt, um das schöne Avşa zu erkunden.

Hotel Maşukiye

Soğuksu Mahallesi, Sarmaşık Sokak 18, Maşukiye, Kartepe, Kocaeli, 41295 (0262) 354 21 74 ***Zimmer*** *10*

Maşukiye heißt so viel wie »Dorf der Liebenden«. Dieses verträumte Hotel lässt wirklich romantische Gefühle aufkommen. Es liegt zwischen Wäldern, Seen und Bergen und bietet dem Gast viel Natur und frische Luft, um ihn anschließend mit gutem Essen und alten Weinen zu verwöhnen. **www.hotelmasukiye.com**

Polka Country Hotel

Cumhuriyet Yolu 36, Polonezköy, 81650 (0216) 432 32 20 FAX (0216) 432 30 42 ***Zimmer*** *15*

Der Fachwerkbau aus dem frühen 20. Jahrhundert erinnert mit seiner Atmosphäre an einen alten Landgasthof. Stadt und Umgebung – hier siedelten im 19. Jahrhundert polnische Einwanderer – sind noch relativ unberührt, aber an den Wochenenden zieht es die Städter hierher. Ideal zum Radfahren, Wandern und Ausspannen. **www.polkahotel.com**

Rüstempaşa Kervansaray

İkikapalıhan Caddesi 57, Eski Camii Yanı, Edirne, 22100 (0284) 225 21 95 FAX (0284) 214 85 22 ***Zimmer*** *75*

Die alte Karawanserei (Herberge) aus dem 16. Jahrhundert wurde von dem berühmten Hofbaumeister Sinan *(siehe S. 155)* erbaut. In früheren Zeiten konnten fahrende Händler hier unter dem Schutz des Sultans übernachten. Das ehrwürdige Gebäude hat dicke Steinmauern und atmet Geschichte. **www.kervansaray.net**

Safran

Ortapazarı Caddesi, Arka Sokak 4, Bursa, 16040 (0224) 224 72 16 FAX (0224) 224 72 19 ***Zimmer*** *10*

Man erkennt das charmante Hotel sofort an seinem safrangelben Anstrich. Es ist über 100 Jahre alt und liegt im Zentrum von Bursa. Die Zimmer sind klein, aber sehr überlegt eingerichtet. Das Restaurant ist bekannt für seine guten Gerichte und seine *meze* (Vorspeisen). Manchmal gibt es auch Live-Musik. **www.charminghotelsofturkey.org**

Sığınak (The Retreat)

İbrice Limanı Yolu, Mecidiye, Keşan, 22800 (0284) 783 43 10 FAX (0284) 783 43 86 ***Zimmer*** *8*

Gegenüber der Gallipoli-Halbinsel, am Golf von Saros, ist die Landschaft noch unverbraucht. Die ganze Gegend ist nur dünn besiedelt. Das Hotel ist abgelegen, aber am Meer ist man in wenigen Minuten. Die Zimmer sind gemütlich und volkstümlich dekoriert. Primär gibt es hier frische Luft, gutes Essen und guten Wein. **www.siginak.com**

İznik Çini Vakfı

Sahil Yolu Vakıf Sokak 13, İznik, 16860 (0224) 757 60 25 FAX (0224) 757 57 37 ***Zimmer*** *9*

Das abgelegene Gästehaus wird von der Stiftung unterhalten, die sich die Restaurierung der traditionellen İznik-Fayencen zur Aufgabe gesetzt hat. Erwarten Sie kein Fünf-Sterne-Haus. Aber hier ist es ruhig, sehr angenehm, und man trifft immer interessante Leute, u. a. Künstler, Wissenschaftler und Kulturfreaks. Ein spannender Aufenthalt.

Splendid Palace

Yirmiüç Nisan Caddesi 71, Büyükada, 81330 (0216) 382 69 50 FAX (0216) 382 67 75 ***Zimmer*** *70*

Einflüsse von Jugendstil und die Verquickung von östlicher und westlicher Architektur – das macht das 1908 erbaute Splendid Palace zum auffälligsten und schönsten Haus auf Büyükada. Silbern schimmern die Kuppeln, die Zimmer reihen sich um einen Innenhof, Säulen geben dem Haus etwas Majestätisches. **www.splendidhotel.net**

Acqua Verde

Kurfallı, Şile, 81740 (0216) 721 71 43 FAX (0216) 721 72 33 ***Zimmer*** *25*

Ein kleines, ruhiges Örtchen am Fluss Ağva bei Şile. Bäume, Tiere, Wildnis – drei Gründe, warum das Hotel so beliebt ist. Man kann kleine Bungalows mieten, es gibt Grillplätze, auch ein sehr gutes Restaurant. Am Wochenende wird es allerdings sehr voll. Wenn Sie Ruhe suchen, sollten Sie also während der Woche buchen. **www.acquaverde.com.tr**

Almira Hotel

Ulubatlı Hasan Bulvarı 5, Bursa, 16200 (0224) 250 20 20 FAX (0224) 250 20 38 ***Zimmer*** *235*

Das Almira Hotel hat schon mehr als einen Hauch von Herrschaftlichkeit. Nach vielen Renovierungen und Umbauten ist es inzwischen ein beachtlich komfortables Hotel, das auch mit seiner Geschichte prunken kann. Die Zimmer sind groß und schön, die öffentlichen Bereiche mondän, das Restaurant exzellent. **www.almira.com.tr**

Çelik Palas

Çekirge Caddesi 79, Çekirge, Bursa, 16070 (0224) 233 38 00 FAX (0224) 236 19 10 ***Zimmer*** *161*

Einen spektakulären Blick auf dramatische Gebirgsfluchten und über Bursa bietet das Çelik Palas *(siehe S. 168)*, das älteste und renommierteste Kurhotel von Bursa, das inzwischen von der Swissôtel/Raffles Group geführt wird. Das Wasser der Thermalquellen soll bei Atemwegserkrankungen helfen. **http://celikpalasbursa.swissotel.com**

Restaurants

Restaurants findet man in Istanbul für jeden Geschmack und Geldbeutel. Da gibt es gemütliche *lokantalar* und *meyhanes*, Kebab-Häuser an jeder Straßenecke, und die vielen Restaurants *(restoranlar)* bieten an traditioneller und internationaler Küche, was das Herz begehrt. Auf den Seiten 194–196 finden Sie Abbildungen typischer türkischer Gerichte, und mithilfe des Sprachführers *(siehe S. 279f)* kommen Sie mit der Speisekarte zurecht. Seite 197 informiert über Getränke. Die Restaurants, die auf den Seiten 198–207 vorgestellt werden, sind eine bunte Auswahl dessen, was Istanbul zu bieten hat. Auswahlkriterien sind Qualität, Service und Preis-Leistungs-Verhältnis. Zusätzlich erfahren Sie etwas über die jeweils typischen Gerichte. Straßenhändler, Cafés und Bars bieten verschiedenste Imbisse und kleine Mahlzeiten für zwischendurch an. Die werden auf den Seiten 208f beschrieben.

Simit-Verkäufer

Restaurantauswahl

Die gepflegtesten und teuersten Restaurants sind im europäischen Teil der Stadt konzentriert: in und um Taksim, in den eleganten Einkaufsvierteln Nişantaşı, Maçka und Teşvikiye und in den modernen Wohngebieten Levent und Etiler westlich des Bosporus. Die besten Restaurants für westliche und türkische Küche befinden sich meist in Fünf-Sterne-Hotels.

In Beyoğlu, besonders an der İstiklâl Caddesi *(siehe S. 102f)*, gibt es die trendigsten Restaurants, Cafés und Fast-Food-Lokale, in die v. a. jüngere Gäste gerne gehen. Sultanahmet und die benachbarten Viertel Sirkeci, Eminönü und Beyazıt beherbergen viele preiswerte, typisch türkische Restaurants. In den letzten Jahren haben in diesen Bezirken jedoch einige vornehme, moderne und weltoffene Restaurants eröffnet. In Fatih, Fener, Balat und Eyüp finden Sie einfache Restaurants, Cafés und Milchbars.

Restauranttypen

Am weitesten verbreitet ist die traditionelle *lokanta*, ein einfaches Restaurant mit einer Auswahl an Gerichten, die oft neben dem Eingang angeschrieben sind. Gewöhnlich wird *hazır yemek* (hausgemachtes Essen) serviert, das sind normalerweise warme Fleisch- und Gemüsegerichte. Andere Gerichte sind *sulu yemek* (Suppe oder Eintopf) und *et* (Fleisch – gegrillt oder als Kebab).

Kebab-Häuser *(kebapçı* oder *ocakbaşı)* sind überall zu finden. Neben Grillfleisch serviert beinahe jedes Kebab-Haus *lahmacun*, die »türkische Pizza« aus einen sehr dünnen Teig mit einem Belag aus Hackfleisch, Zwiebeln und Tomatensauce. In den preiswerteren Restaurants und Kebab-Häusern erhalten Sie auch *pide*, ein Fladenbrot mit Belägen wie Ei, Käse oder Lamm. Es gibt auch einige spezialisierte *Pide*-Restaurants.

Café Pierre Loti, Eyüp *(siehe S. 120)*

Wenn Sie zu viel getrunken haben, können Sie vor dem Schlafengehen eine Kuttelsuppe *(işkembe)* zu sich nehmen, angeblich ein bewährt gutes Heilmittel gegen Kater. *İşkembe*-Restaurants haben bis frühmorgens geöffnet.

In Fischrestaurants *(balik lokantası)* herrscht immer eine lebhafte Atmosphäre. Die besten findet man am Bosporus *(siehe S. 205–207)* und in Kumkapı am Marmarameer. Bevor Sie einen Fisch bestellen, wird Ihnen ein typisches Fischrestaurant eine große Auswahl an Vorspeisen *(siehe S. 196)* anbieten. Zu den beliebtesten Fischen gehören junger Thunfisch *(palamut)*, Sardinen *(sardalyeler)* und Seebarsch *(levrek)*. Häufig werden aber auch *hamsi*

Körfez, ein Luxusrestaurant mit Blick auf die Bosporus-Brücke *(siehe S. 206)*

Gäste des Restaurants Konyali im Topkapı-Palast ***(siehe S. 198)***

(Sardinen aus dem Schwarzen Meer), *istavrit* (Makrele) oder *mezgit* (Wittling) angeboten. Obwohl Fisch inzwischen seltener und dementsprechend teurer geworden ist, erfreut er sich wachsender Beliebtheit. Vor allem *alabalik* (Forelle) und *cipura* (eine Brachsenart) werden immer begehrter. Die Fische werden gebraten oder gegrillt serviert, oft mit einem großen Salatteller und einer Flasche *rakı (siehe S. 197)*. Die meisten Fischrestaurants in den genannten Bezirken nehmen keine Reservierungen entgegen. Aber falls es voll ist, finden Sie sicher im nächsten Fischlokal einen Platz.

Inzwischen haben die einheimischen Küchenchefs auch international kulinarische Erfahrungen gesammelt und bieten innovative, kreative Gerichte an. So gibt es immer mehr Restaurants, wo man in gepflegter Atmosphäre köstlich speisen kann. Die Türken selbst wissen internationale Küche zu schätzen, und dazu gibt ihnen Istanbul auch reichlich Gelegenheit. Der Besuch von Ketten wie Starbucks und Gloria Jean's gehört ohnehin zum Alltag.

Meyhane nennt man eine Art Taverne, in der Alkohol und *meze* angeboten werden. Meist geht es hier lockerer zu als in traditionellen Restaurants, das Publikum ist jünger. Für Atmosphäre sorgt oft die mit Zither und Trommeln vorgetragene *Fasil*-Musik.

Auswahl an Gebäck

Öffnungszeiten

Die Türken essen zwischen 12.30 und 14 Uhr zu Mittag und gegen 20 Uhr zu Abend. Einfachere Restaurants und Kebab-Häuser sind von 11 bis 23 Uhr geöffnet, während Fischrestaurants den ganzen Tag über Essen servieren und länger geöffnet haben. Internationale Restaurants unterliegen strengeren Öffnungszeiten, in der Regel von 12 bis 15.30 Uhr und von 19.30 bis 24 Uhr. *Meyhanes* öffnen um 19 Uhr und schließen erst nach Mitternacht. Die meisten Restaurants haben jeden Tag geöffnet, aber einige bleiben entweder sonntags oder montags geschlossen. Während des Ramadan *(siehe S. 47)* fasten Muslime, viele Restaurants bleiben dann geschlossen. Einige schließen nur während der Tagesstunden und servieren nach Einbruch der Dunkelheit Ramadan-Gerichte, andere, vor allem in Bezirken wie Fatih und Eyüp, haben den ganzen Monat geschlossen.

Verkauf von gebratenen und gegrillten Makrelen am Eminönü-Kai ***(siehe S. 208)***

Angebote und Service

Die meisten Restaurants in Istanbul sind auf besondere Bedürfnisse eingestellt und haben z. B. Kinderstühle. Bei der Restaurantwahl sollten Sie beachten, dass viele preiswerte Lokale und Kebab-Häuser keinen Alkohol ausschenken. Viele Restaurants sind behindertengerecht eingerichtet, aber da die meisten im Erdgeschoss liegen, sind sie sowieso leicht zugänglich.

Vegetarische Gerichte werden fast überall angeboten. Immer beliebter werden auch rein vegetarische Restaurants.

Außerhalb Istanbuls, etwa in Bursa oder Edirne, können alleinreisende Frauen nach dem *Aile-salonu*-Schild Ausschau halten. Es kennzeichnet einen Raum für Frauen und Kinder, da diese im Hauptlokal oft nicht gern allein gesehen sind.

Seit Juli 2009 gilt in der Türkei ein landesweites Rauchverbot in Restaurants, Kaffeehäusern und Bars.

Allgemein sind die Türken stolz auf ihre Gastfreundlichkeit und ihren Service, gut geschultes Personal findet man aber vor allem in teureren Restaurants. Freundlich sind die Kellner jedoch überall.

Bezahlung

Gängige Kreditkarten werden akzeptiert, außer in billigeren Restaurants, Kebab-Häusern, *büfés* und *locantalar*. Oft erkennt man an den Kartensymbolen im Eingangsbereich, wer bargeldlose Bezahlung akzeptiert. Die Mehrwertsteuer (türkisch KDV) ist auf der Rechnung enthalten. Für den Service werden teils zehn Prozent erhoben, oft bleibt es aber der Großzügigkeit des Gastes überlassen.

Türkische Spezialitäten

Die Türkei umfasst viele verschiedene Klimazonen, deshalb gehört sie zu den wenigen Ländern, die ihren kompletten Lebensmittelbedarf selbst decken können. Tee wird in den Bergen am Schwarzen Meer angebaut, die Bananen wachsen im feuchtwarmen Süden, in Anatolien findet man Weizenfelder und Wiesen, auf denen Rinder grasen. Früchte und Gemüse gedeihen überall, an den Küsten wird gefischt. Frische ist das Markenzeichen der abwechslungsreichen Küche, zu der viele Kulturen in den fünf Jahrhunderten osmanischer Herrschaft beigetragen haben.

Nar (Granatäpfel)

Stand auf dem Gewürzbasar, dem berühmtesten Markt Istanbuls

Anatolische Einflüsse

Die anatolische Steppe erstreckt sich von Zentralasien bis Anatolien und ist eines der ältesten bewohnten Gebiete der Welt. Gerichte, die aus dieser Region stammen, sind so vielfältig wie die Kulturen der Ethnien, die hier leben. Aber eines haben alle Rezepte gemeinsam: Sie sind traditionell und schlicht. Denn zu einem nomadischen Lebensstil gehören Gerichte, die schnell und einfach zubereitet werden können. Der berühmte türkische Joghurt, Fladenbrot und Kebab stammen ursprünglich aus dieser Region.

Die Nutzung von Früchten wie Granatäpfel, Feigen und Aprikosen zur geschmacklichen Verfeinerung ist auf die Perser zurückzuführen, die von Norden her in die Steppe einfielen. Aus dem Mittleren Osten brachten die Nomaden feurigen Chili mit, den sie nutzten, um Fleisch in der Hitze zu konservieren.

Osmanische Küche

In den riesigen, dampfenden Küchen des Topkapı-Palastes entstanden Gerichte, die es mit den gefeierten Küchen von Frankreich und China aufnehmen konnten.

Eine Auswahl typischer türkischer Kebabs

Typische Gerichte und Spezialitäten

Türkischer Honig

Dank Istanbuls Lage am Meer ist frischer Fisch leicht erhältlich und hat eine entsprechende Bedeutung auf den Speisekarten der Stadt. Der Bosporus war schon immer berühmt für seinen Fischreichtum. Speziell in den Wintermonaten tummeln sich hier allerlei fettreiche Seefischarten – von Makrelen bis Steinbutt. Aus dem Schwarzen Meer wird die Stadt mit Muscheln und *hamsi*, einer Sardellenart, versorgt. Auch Süßes ist sehr beliebt und wird den ganzen Tag über gegessen. Naschwerk kann man in Läden, auf Märkten und bei Straßenverkäufern erstehen. Besonders beliebt ist in Istanbul *baklava*, ein mit Sirup getränktes und oft mit Nüssen gefülltes Gebäck aus Blätter- oder Filoteig *(yufka)*.

Midye dolması *sind pikant mit Reis, Pinienkernen und Korinthen gefüllte Muscheln, gewürzt mit Zitronensaft.*

Köstliches auf dem Gewürzbasar – hier lacht das Herz des Genießers

Zu den Glanzzeiten des Osmanischen Reiches, im 16. und 17. Jahrhundert, schufteten Legionen von Küchenhelfern für das leibliche Wohl des Sultans. Für fast jedes Gericht gab es einen speziellen Hofkoch. Manche waren für Suppen zuständig, andere für Gegrilltes, wieder andere für Gemüsekreationen, Brot, Pudding oder Sorbets.

Als die Osmanen nach Nordafrika, auf den Balkan und ins südliche Russland vorstießen, fanden auch die kulinarischen Einflüsse dieser entlegenen Gebiete Eingang in die herrschaftliche türkische Küche. Aufwendige Gerichte mit würzig gefülltem Gemüse oder Fleisch wurden kreiert, oft mit so fantasievollen Namen wie »Frauenlippen«, »Wesirfinger« oder »Der Imam fiel in Ohnmacht« *(imam bayildi)*. Diese Tradition lebt in vielen Restaurants Istanbuls fort, wo dann Gerichte wie *karniyarik* (mit Hackfleisch gefüllte Auberginen) und *hünkar beğendili köfte* (Hackfleischbällchen mit Auberginen-Käse-Püree) serviert werden.

Fischstand in Karaköy: frischer Fang aus dem Bosporus

Frisches vom Basar

Der Besuch des Markts, der sich rund um den Gewürzbasar *(siehe S. 88)* entwickelt hat, ist ein absolutes Muss. Eine Fülle von Produkten, die täglich frisch aus den nahen Anbaugebieten hergebracht werden – Aprikosen, Wassermelonen, Kirschen und Feigen neben Zwiebeln, Auberginen und Tomaten – verführen den Käufer. Außerdem werden Dörrfleisch, Käse, Pickles, Kräuter, Gewürze, Honig und Naschwerk angeboten.

Kleine Fischkunde

In den Gewässern rund um Istanbul gibt es so viele Fischarten, dass dem Fischliebhaber das Herz höherschlägt.

Barbunya Rote Meerbarbe

Çupra Seebrasse

Dilbaliğı Seezunge

Hamsi Sardinen

Kalamar Tintenfisch

Kalka Steinbutt

Kefal Seebarbe

Kiliç Schwertfisch

Levrek Seebarsch

Lüfer Blaubarsch

Midye Muscheln

Palamut Thunfisch

Uskumru Makrele

İmam bayıldı *Auberginen werden mit Tomaten, Knoblauch und Zwiebeln gefüllt und im Ofen gebacken.*

Levrek pilakisi *In diesen Eintopf kommen Seebarsch, Kartoffeln, Karotten, Tomaten, Zwiebeln und Knoblauch.*

Kadayif *ist Nudelteig, der mit Walnüssen gefüllt und in Sirup getränkt wird – eine üppige Nachspeise.*

Meze

Wie in vielen südeuropäischen Ländern sind auch in der Türkei die Vorspeisen, *meze*, der Auftakt für ein richtiges Essen. Sie werden auf den Tisch gestellt, und jeder kann sich bedienen. In einem einfachen Lokal, einem *meyhane*, bekommt man z. B. Oliven, Käse und Melonenstücke vorgesetzt. In gehobeneren Restaurants ist die Auswahl riesig. Normalerweise handelt es sich um kalte Gemüse und verschiedenste Salate, aber es können auch warme Gerichte dabei sein, etwa *börek* (gefüllter Strudel), gebratene Muscheln und Tintenfisch. *Meze* werden mit Brot gegessen und traditionell mit *rakı* (klarer Anisschnaps) hinuntergespült.

Humus mit *pide*

Zeytinyağli enginar (Artischocken in Olivenöl)

Çoban salatasi (Salat mit Tomaten, Zwiebeln und Gurken)

Ayşe fasulye (Bohnen mit Tomatensauce)

Melone mit beyaz peynir (Melone mit cremigem Schafskäse)

Yalancı yaprak dolması (gefüllte Weinblätter)

Tarama (Dip aus Fischrogen, Knoblauch und Olivenöl)

Türkisches Brot

Brot gehört in der Türkei zwingend zu jeder Mahlzeit. Es wird in den verschiedensten Formen und Geschmacksrichtungen angeboten. Neben *ekmek* (krustige weiße Laibe) sind auch *yufka* und *pide* weitverbreitet. *Yufka* ist das typische Nomadenbrot. Dünn ausgerollter Teig wird auf einer heißen Platte gebacken und getrocknet – und damit haltbar gemacht. Es kann bei Bedarf wieder aufgebacken und so zu jeder Mahlzeit gereicht werden. *Pide* ist das typische Fladenbrot, das normalerweise zu *meze* und *kebab* in den Restaurants gereicht wird. Es ist ein ovaler oder runder Teigfladen, der manchmal mit Sesamkörnern oder Kreuzkümmel bestreut und im Ofen gebacken wird. An religiösen Feiertagen ist *pide* das wichtigste Nahrungsmittel, auch während des Ramadan ist eine Mahlzeit ohne *pide* unvollständig. Eine weitere beliebte Brotart ist *simit*, ein knuspriger, schmackhafter Brotring, der mit Sesam bestreut ist.

Eine Lieferung von frisch gebackenem *simit*

Türkische Getränke

Das in Istanbul beliebteste Getränk ist Tee *(çay)*. Der Schwarztee wird normalerweise in kleinen, tulpenförmigen Gläsern serviert und überall angeboten: in Läden, auf Basaren, sogar in Banken und Büros. Auch zum Frühstück gibt es gewöhnlich Tee. Kleine Tassen starken türkischen Kaffees *(kahve)* werden am späten Morgen und nach dem Essen getrunken. Zu den kalten Getränken gehören eine große Auswahl an frischen Fruchtsäften und erfrischende Sorbets auf Sirupbasis. Die Türkei stellt zwar eigenen Wein und eigenes Bier her, das gängige alkoholische Getränk in Istanbul ist aber *rakı*, der meist zu Vorspeisen angeboten wird.

Fruchtsaftverkäufer

Alkoholfreies

Mineralwasser in der Flasche *(su)* wird in jedem Laden verkauft und in allen Restaurants angeboten. Wenn Sie Lust haben, probieren Sie *ayran*, einen salzigen Flüssigjoghurt, oder *boza*, ein anderes einheimisches Getränk aus Bulgur *(siehe S. 92)*. Verschiedene erfrischende Fruchtsäfte erhalten Sie immer und überall. Dazu gehören Kirschsaft *(vişne suyu)*, Rübensaft *(şalgam suyu)* und *şira*, ein Saft aus vergorenen Trauben.

Vişne suyu

Ayran

Alkoholische Getränke

Das alkoholische Nationalgetränk der Türkei ist *rakı* (»Löwenmilch«), ein Branntwein mit Anisgeschmack, der nach Zugabe von Wasser trübe wird. *Rakı* wird zu Fisch und Vorspeisen getrunken. Die türkische Weinindustrie stellt einige gute Rot- und Weißweine her, die in vielen Restaurants angeboten werden. Zu den führenden Marken gehören Doluca und Kavaklıdere. Das türkische Bier Efes Pilsen ist überall zu bekommen. Beachten Sie, dass einige Restaurants und Kebab-Häuser keinen Alkohol servieren.

Rakı Bier Rotwein Weißwein

Kaffee und Tee

Türkischer Kaffee *(kahve)* ist dunkel und stark und wird je nach benötigter Zuckermenge bestellt: *az* (wenig), *orta* (mittel) oder *çok şekerli* (viel). Viele Restaurants werden Ihnen Instantkaffee anbieten, fragen Sie daher nach türkischem Kaffee. Das Hauptgetränk ist jedoch Tee mit Zucker. Er wird oft aus dem Samowar ausgeschenkt. Die Alternative dazu sind Kräutertees. Im Winter sehr beliebt ist *sahlep*, ein heißes Milchgetränk.

Traditioneller Samowar

Türkischer Kaffee ist sehr stark und für Besucher oft gewöhnungsbedürftig.

Apfeltee

Lindenblütentee

Sahlep ist ein heißes Wintergetränk: Milch mit pulverisierter Knabenkrautwurzel.

Restaurantauswahl

Die Restaurants wurden wegen ihrer guten Küche, des interessanten Ambientes oder der guten Lage ausgewählt. Als weitere Kriterien gelten beispielsweise Sitzplätze im Freien und Live-Musik. Die Restaurants sind nach Vierteln und innerhalb der jeweiligen Preiskategorie alphabetisch aufgelistet.

PREISKATEGORIEN

Die Preise gelten für ein Drei-Gänge-Menü mit den entsprechenden Extras, Service und Steuern pro Person.

- TL unter 20 YTL
- TLTL 20–30 YTL
- TLTLTL 30–40 YTL
- TLTLTLTL 40–50 YTL
- TLTLTLTLTL über 50 YTL

SARAY BURNU

Backpackers Restaurant — TL

Yeni Akbıyık Caddesi 14/1, Sultanahmet, 34400 (0212) 638 55 86 — **Stadtplan** *3 E5 (5 E5)*

Hier gibt es nur einfachste Snacks. Wichtiger als das Essen ist der Ausschank von Wein und Bier. Wer hierherkommt, will Leute treffen und nicht zu viel Geld ausgeben. Und das gelingt: Hier geht es laut und fröhlich zu, man trinkt zusammen, erzählt von den Erlebnissen, die man unterwegs hatte, und plant vielleicht schon die nächste Reise.

Doy-Doy — TL

Şifa Hamamı Sokak 13, Sultanahmet, 34110 (0212) 517 15 88 — **Stadtplan** *3 D5 (5 D5)*

Geboten wird hier eine beeindruckende Auswahl an Suppen, Kebabs, *pide* (Fladenbrot), bunten Salaten, vegetarischen Gerichten und leckersten Desserts. Alles wird frisch zubereitet. Man trifft sich gerne im Doy-Doy, und es ist auch nicht teuer. Allerdings wird hier kein Alkohol ausgeschenkt. Besonders schön ist im Sommer die Dachterrasse.

Group Restaurant — TL

Şehit Mehmet Paşa Yokuşu 4, Sultanahmet, 34110 (0212) 517 47 00 — **Stadtplan** *3 D5 (5 D5)*

Geschenkartikelladen, Café und Restaurant in einem – kein Wunder, dass sich die Urlauber hier die Klinke in die Hand geben. Sehr beliebt sind der Kaffee und die klebrigen Süßigkeiten, aber es gibt auch Herzhaftes. Gegrilltes, Salate und Eintopfgerichte werden serviert, große Portionen zu kleinen Preisen. Es wird auch Alkohol ausgeschenkt.

Ahırkapı Lokanta — TLTLTL

Armada Hotel, Ahır Kapı Sokak, Sultanahmet, 34110 (0212) 638 13 70 — **Stadtplan** *3 F3 (5 F5)*

Hier fühlt man sich in eine Taverne aus den 1930er Jahren zurückversetzt, vor allem wenn *Fasil*-Musik gespielt wird. Alles sieht typisch türkisch aus – und schmeckt auch so. Viele köstliche *meze* (Vorspeisen) und Hauptgerichte werden angeboten, z. B. *yoğurtlu yaprak dolması* (Hackfleisch in Weinblättern mit Joghurt). Schöne Dachterrasse.

Konyalı — TLTLTL

Topkapı-Palast, Sultanahmet, 34110 (0212) 513 96 96 — **Stadtplan** *3 F3*

Das Konyalı ist eine gastronomische Instanz, und das seit vier Jahrzehnten. Auf den Tisch kommen leckere *meze*, Fleisch, Fisch und Salat. Besonders gut soll das Lamm sein. Außerdem findet man auf der Karte ein preisgekröntes Menü. Das Lokal liegt innerhalb des Topkapı-Palastgeländes, hat nur tagsüber geöffnet und ist dienstags geschlossen.

Sarnıç — TLTLTLTL

Soğukçeşme Sokak, Sultanahmet, 34110 (0212) 512 42 91 — **Stadtplan** *3 E4 (5 F3)*

Eine byzantinische Zisterne mit prächtigen Säulen und Kuppelgewölbe wurde hier zum Restaurant umfunktioniert. Das Sarnıç ist nur mit Kerzen erleuchtet, und natürlich gibt es einen offenen Kamin. Abends werden die Gäste oft mit Klaviermusik unterhalten. Aber sie kommen eher wegen der Atmosphäre als wegen der hervorragenden Küche.

Seven Hills Restaurant — TLTLTLTL

Tevkifhane Sokak 8, Sultanahmet, 34110 (0212) 516 94 97 — **Stadtplan** *3 E4 (5 E4)*

Der Restaurantchef stammt aus Bolu, einer Region, die die kreativsten Köche hervorbringt. Die Küche ist tatsächlich sehr gut – versuchen Sie Fisch, Hummer und Meeresfrüchte oder das berühmteste Gericht des Hauses: Sultans Lamm. Ein Pluspunkt dazu ist der Blick auf die Hagia Sophia. Das Restaurant gehört zum Seven Hills Hotel.

SULTANAHMET

Amedros Cafe & Restaurant — TL

Divanyolu Caddesi, Hoca Rüstem Sokak 7, Sultanahmet, 34110 (0212) 522 83 56 — **Stadtplan** *3 D4 (5 D4)*

In dem ansprechend eingerichteten Restaurant bekommt man sowohl traditionelle Gerichte als auch internationale Fisch- und Fleischgerichte auf hohem Niveau. Ein wirkliches Highlight sind die Speisen, die auf der heißen Marmorplatte serviert werden. Zuvorkommender Service und eine entspannte Atmosphäre – drinnen wie draußen.

Zeichenerklärung *siehe hintere Umschlagklappe*

Café Camille

Bab-ı Ali Caddesi 8, Cağaloğlu, 34110 (0212) 527 81 77 **Stadtplan** 3 D4 (5 D3)

Das kleine Café ist der richtige Ort, um sich eine Tasse Kaffee oder Cappuccino und hausgemachten Kuchen zu Gemüte zu führen. In der Küche geht es hoch her. Dort bereitet man einfache Gerichte wie Quiches, Omeletts und Salat zu. Köstlich sind auch die frischen Fruchtsäfte und die Milchshakes. Die Bedienung ist schnell und freundlich.

Cağaloğlu Paksut

Bab-ı Ali Caddesi 16, Cağaloğlu, 34110 (0212) 528 63 94 **Stadtplan** 3 D4 (5 D3)

Den Gästen wird hier eine ausgesprochen gute Hausmannskost serviert. Eintopfgerichte, Salate, Reis- und Gemüsegerichte werden in dieser beliebten *lokanta* (traditionelles Wirtshaus) täglich frisch zubereitet. Am besten ist es, mittags hier einzukehren. Alkohol wird nicht ausgeschenkt, aber es gibt Fruchtsäfte und Mineralwasser.

Cennet

Divanyolu 90, Çemberlitaş, Sultanahmet, 34110 (0212) 513 14 16 **Stadtplan** 3 D4 (5 C3)

Das Cennet (Himmel) ist auf anatolische Küche spezialisiert. Hier gibt es Gerichte wie *mantı* (Ravioli mit Fleischfüllung und Joghurt) und *gözleme* (Pfannkuchen), die auf einer eisernen Platte gebacken werden. Die Frauen tragen traditionelle Kleidung, die Gäste sitzen auf Kissen am Boden und beobachten die Zubereitung des Essens.

The Cure

Divanyolu Caddesi, Ticarethane Sokak 35, Sultanahmet, 34110 (0212) 528 19 22 **Stadtplan** 3 D4 (5 D3)

Hier wird international gekocht – und kreativ dazu. Bei dieser Auswahl fällt die Entscheidung schwer. Sehr beliebt ist Leber mit Zwiebeln und Spinat, aber auch die Fajitas und die heiße Getreidesuppe sind köstlich. Das Personal überschlägt sich fast. Teuer sind hier allerdings exotische Drinks. Manchmal kommt man in den Genuss von Live-Jazz.

Sultanahmet Köftecisi

Divanyolu Caddesi 12A, Sultanahmet, 34110 (0212) 513 14 38 **Stadtplan** 3 E4 (5 E4)

Dieses Lokal ist aus Sultanahmet nicht mehr wegzudenken. Seit 1920 werden die Gäste hier mit einfachen, aber guten traditionellen Gerichten wie *köfte* (Fleischklößchen), *piyaz* (mit Essig angemachte Bohnen) und *pilav* (Reis) verwöhnt. Viele Einheimische essen hier zu Mittag, vor dem Lokal bilden sich immer Warteschlangen.

The Pudding Shop

Divanyolu Caddesi 6, Sultanahmet, 34110 (0212) 522 29 70 **Stadtplan** 3 E4 (5 E4)

In den 1950er Jahren war der Pudding Shop die einzige Adresse in Istanbul, wo Rucksacktouristen mit Essen und Informationen versorgt wurden. Hier gibt es gut zubereitete türkische Gerichte – eine große Auswahl an Suppen, Gegrilltem, Salaten, Eintöpfen. Und natürlich Pudding. Wer einmal hier war, kommt immer wieder.

Arcadia

Dr. Imran Oktem Caddesi 1, Sultanahmet, 34400 (0212) 51 96 96 **Stadtplan** 3 D4 (5 D4)

Das Arcadia, das Dachrestaurant im gleichnamigen Hotel, bietet eine wahrlich atemberaubende Aussicht auf Sultanahmet und Saray Burnu. Die Blaue Moschee liegt einem im wahrsten Sinne des Wortes zu Füßen. Gekocht wird hier traditionell türkisch, aber auch international. Der Service ist hervorragend. Häufig Live-Musik.

Balıkcı Sabahattin

Seyt Hasankuyu Sokak 1, Sultanahmet, 34110 (0212) 458 23 02 **Stadtplan** 3 E3 (5 F5)

In diesem Fischrestaurant passt einfach alles. Seit 1927 wird es betrieben, und die Karte lässt keine Wünsche offen. Der Fisch und die Meeresfrüchte sind einfach wunderbar, dazu werden Kreationen wie pikanter Kürbis mit Joghurt serviert. Das Lokal ist bekannt für durchgängig gute Küche und freundlichen Service. Nichtraucherbereich.

Kathisma

Yeni Akbıyık Caddesi 26, Sultanahmet, 34400 (0212) 518 97 10 **Stadtplan** 3 E5 (5 C3)

Das stylische Restaurant wurde nach der Kaiserloge benannt, von der aus der byzantinische Kaiser das Hippodrom *(siehe S. 80)* überblickte. Zu den türkischen Gerichten gehören *mücver* (gebratene Zucchini), *fırında kuzu* (geröstetes Lamm) und typische Desserts wie *sakızlı sutlaç* (klebriger Reispudding).

Rami

Utangaç Sokak 6, Sultanahmet, 34110 (0212) 517 65 93 **Stadtplan** 3 E4 (5 E4)

Das Restaurant ist nach dem Vater des Besitzers benannt, nach dem türkischen impressionistischen Maler Rami Uluer. Es gehört zu den hübschesten Lokalen der Gegend. Gekocht wird traditionell osmanisch. Sehr beliebt ist *hünkar beğendi* (Fleisch mit Auberginenpüree). Abends können Sie die Licht- und Ton-Show der Blauen Moschee beobachten.

Rumeli Café

Ticarethane Sokak 8, Sultanahmet, 34110 (0212) 512 00 08 **Stadtplan** 3 E4 (5 D3)

Das entzückende kleine Restaurant liegt neben der geschäftigen Divanyolu. Das Rumeli ist in einer alten Druckerei untergebracht, die Speisekarte weist griechische Einflüsse auf und hat generell einen mediterranen Touch. Zu den Spezialitäten gehört gegrilltes Lamm in verschiedenen Variationen, aber auch Vegetarier kommen auf ihre Kosten.

Türkistan Aşevi

Tavukhane Sokak 36, Sultanahmet, 34110 (0212) 638 65 25 **Stadtplan** 3 E5 (5 D5)

Das frühere osmanische Herrenhaus ist mit exquisiten Teppichen und Textilien ausgestattet. Kupfertablette dienen als Tische, die Gäste werden gebeten, ihre Schuhe auszuziehen. Auf der Karte finden sie zentralasiatische Gerichte. Am beliebtesten sind *mantılar* (Ravioli) und *gözleme* (Pfannkuchen). Alkohol wird nicht ausgeschenkt.

Stadtplan *siehe Seiten 246–263*

Basarviertel

Akdeniz Restaurant

Mustafa Kemalpaşa Caddesi 48, Aksaray, 36420 *(0212) 458 13 00* **Stadtplan** 2 A4

Eine anspruchslose *lokanta* mit einem großen Angebot an Häppchen, Kebabs, *lahmacun* (sog. türkische Pizza; dünnes Fladenbrot mit würzigem Ragout), *pide* (Fladenbrot) und Pizzas. Die Spezialität ist Tandoori-Lamm. Wenn Sie in Ruhe essen wollen, suchen Sie sich einen Tisch, der weit weg vom TV steht. Alkohol wird ausgeschenkt.

Havuzlu

Gani Çelebi Sokak 3, Großer Basar, Beyazıt, 36420 *(0212) 527 33 46* **Stadtplan** 3 C4 (4 B3)

Ins Havuzlu geht man, wenn man beim Shopping plötzlich vom Heißhunger überfallen wird. Das kleine Lokal serviert gute bodenständige Küche, in der alles frisch zubereitet wird: Suppen, *dolma* (gefüllte Weinblätter) und Kebabs, ideal für den Hunger zwischendurch. Havuzlu bedeutet »mit Brunnen« – im Lokal steht ein Brunnen.

İskender Saray

Atatürk Bulvarı 116, Aksaray, 36420 *(0212) 520 34 04* **Stadtplan** 2 A3

Das klassische Restaurant serviert Dönerkebabs, aber auch speziellere Gerichte wie *İskender kebab* (Dönerfleisch auf Brot mit Sauce) oder *saç kavurma* (flambiertes Lamm und Gemüse) an. Die weiß eingedeckten Tische und das freundliche Personal verleihen dem Lokal einen angenehmen Touch. Auch Gerichte zum Mitnehmen. Kein Alkohol.

Karaca

Gazi Sinan Paşa Sokak, Vezir Han 1/A, Nuruosmaniye, 36420 *(0212) 512 90 94* **Stadtplan** 3 D4 (4 C3)

Eine osmanische Karawanserei bietet Platz für dieses große Restaurant. Das Essen ist gut und herzhaft, auf der Karte findet man Gerichte wie *pazı dolması* (gefüllter Mangold) und *islim kebabı* (Lamm mit Aubergine). Lassen Sie sich den *kabak tatlısı* (Kürbispudding) nicht entgehen. Zu den Stammgästen gehören auch die Händler vom Großen Basar.

Özbolu Kebap House

Hoca Paşa Sokak 33, Sirkeci, 34430 *(0212) 522 46 63* **Stadtplan** 2 E3 (5 D2)

In der Straße, in der es viele billige Kebab-Häuser gibt, fällt das Özbolu angenehm auf. Es bietet eine große Auswahl an warmen und kalten Gerichten. Gegrilltes, Eintöpfe, Fisch und Pudding sind herzhaft, frisch und köstlich. Speziell zu empfehlen sind die saftigen Kebabs. Statt Alkohol werden Kirschsaft und Softdrinks ausgeschenkt.

Subaşı

Nuruosmaniye Caddesi, Kılıççılar Sokak 48, Çarşıkapı, 36420 *(0212) 522 47 62* **Stadtplan** 3 D4 (4 C3)

Das Subaşı liegt am Nuruosmaniye-Tor, einem der Zugänge zum Großen Basar. Hier geht es lebhaft und unkompliziert zu. Es gibt keine Karte, sondern der Gast nimmt die Gerichte in Augenschein, bevor er sich entscheidet. Hauptbetriebszeit ist mittags. Da schmeckt es auch am besten, da alles noch frisch ist.

Borsa Lokanta

Yalı Köşkü Caddesi, Yalı Köşkü Han 60, Sirkeci, 36420 *(0212) 511 80 79* **Stadtplan** 3 D2 (5 D1)

In diesem Haus gibt es zwei Esslokale: Im Parterre befindet sich ein Selbstbedienungsrestaurant, im ersten Stock geht es förmlicher zu. Das Borsa Lokanta besitzt viele Filialen in Istanbul. Eines der typischen Gerichte, die hier angeboten werden, ist *beğendili kebabı* (Fleisch mit cremiger Auberginensauce). Freundliches Personal. Ausschank von Alkohol.

Dârüzziyafe

Şifahane Caddesi 6, Süleymaniye, 36420 *(0212) 511 84 14* **Stadtplan** 4 A1 (2 B2)

Dieses überwältigende Restaurant lässt die einstige Armenküche der Süleymaniye-Moschee *(siehe S. 90f)* zu neuem Leben erwachen. Serviert werden osmanische Spezialitäten. Die Haussuppe besteht aus Spinat, Gemüse und Fleisch. Tipp fürs Dessert: *keşkül* (Milchpudding mit Pistazien und Mandeln). Reservierung empfohlen. Kein Alkohol.

Pandeli

Mısır Çarşı 1, Eminönü, 36420 *(0212) 527 39 09* **Stadtplan** 3 D2 (4 C1)

Istanbuls ältestes Restaurant im Gewürzbasar ist eine Institution, obwohl das Personal manchmal etwas barsch ist. Bei den Einheimischen ist das Lokal wegen seiner guten Küche beliebt. Zu den Spezialitäten gehören *patlıcan böreği* (Auberginen in Blätterteig) und *kağıtta levrek* (in Wachspapier gegarter Seebarsch). Reservierung empfohlen.

Beyoğlu

Özkonak

Akarsu Caddesi 60, Cihangir, Taksim, 34430 *(0212) 249 13 07* **Stadtplan** 7 E5

Istanbuls prominente Journalisten, Schriftsteller und Models kommen ständig hierher, um sich an den frischen, guten Eintöpfen, *pilavs* (Reisgerichte), Salaten und Puddings gütlich zu tun. Manche kommen auch nur wegen des besten *tavuk göğsü* (Milchpudding mit Hähnchenbruststreifen) der Stadt. Vor allem mittags interessant. Kein Alkohol.

Smyrna

Akarsu Caddesi 29, Cihangir, Taksim, 34430 (0212) 244 24 66 **Stadtplan** 7 E5

Das Smyrna wurde in einem ehemaligen Antiquitätenladen als Café und Restaurant eingerichtet. Auf der einen Seite der Bar findet man kleine Tischchen, auf der anderen den Speisesaal mit hohen Fenstern. Besonders empfehlenswert sind die Fleischgerichte. Da im Viertel Cihangir viele Ausländer leben, trifft man hier kaum Türken an.

Tadım

Meşelik Sokak, Taksim, 34430 (0212) 249 82 28 **Stadtplan** 7 E4

Die helle und freundlich eingerichtete *lokanta*, die sich im Keller befindet, bietet eine gute Auswahl an türkischen Eintopfgerichten, Suppen und gegrilltem Fleisch. Zu jedem Gericht wird obligatorisch Salat und *pilav* (Reis) gereicht. Mittags wird das Restaurant vor allem von Angestellten aus der Umgebung besucht. Kein Alkoholausschank.

Zencefil

Kurabiye Sokak 3, Beyoğlu, 34430 (0212) 243 82 34 **Stadtplan** 7 E4

Das Zencefil gehört zu den ersten vegetarischen Restaurants Istanbuls. Die Tagesgerichte werden hier immer auf einer Tafel angeschrieben. Alles ist speziell frisch und bekömmlich, und das Personal ist sehr kompetent. Gemüsegerichte, hausgebackenes Brot, Suppen und Kräutertees sind immer angesagt. Köstliche Desserts. Alkoholausschank.

Chez Vous

Firuzağa Mahallesi, Cezayir Sokak 21, Galatasaray, Beyoğlu, 34430 (0212) 245 95 32 **Stadtplan** 7 D4

Über Beyoğlu schwappt im Moment die Designwelle. Vor dem Chez Vous hat sie nicht haltgemacht. Das kleine Café, Teil eines früheren Herrenhauses, liegt an den Stufen, die zur Französischen Straße hinaufführen. Es gibt Snacks und Salate, das Personal wirkt immer gestresst, der Wein ist teuer, aber: Spaß macht's trotzdem. Es ist eben trendy.

Cuppa Juice

Yeni Yuva Sokak 26, Cihangir, Taksim, 80090 (0212) 249 57 24 **Stadtplan** 7 E5

Dieses Café ist nicht gerade typisch für Istanbul, aber ein guter Ort zum Frühstücken oder für eine Pause. Es gibt eine Vielfalt an frisch gepressten Obst- und Gemüsesäften, leckerste Smoothies sowie eine kleine Auswahl an Gerichten, die unter Gesundheitsaspekten meist aus biologischen Produkten frisch zubereitet werden.

Hacı Baba

İstiklâl Caddesi 49, Beyoğlu, 34430 (0212) 244 18 86 **Stadtplan** 7 E4

Die lebhafte und beliebte *lokanta* erstreckt sich über zwei Geschosse. Angeboten wird eine Vielfalt an leckeren, farbenfrohen Gerichten – 40 verschiedene Hauptgerichte, *meze* und 25 unterschiedliche Desserts. Das Highlight ist *kuzu tandır* (im eigenen Saft geschmortes Lamm). Das Personal ist professionell, die Ausstattung leider etwas trist.

Hacı Salih

İstiklâl Caddesi 201/1–2, Beyoğlu, 34430 (0212) 243 45 28 **Stadtplan** 7 E4

Das Hacı Salih beglückt seine Gäste schon seit mehr als 60 Jahren mit einer unverfälschten anatolischen Küche. Das *İmam bayıldı* *(siehe S. 195)* ist fantastisch. Klassische Kombinationen mit Lamm oder Aubergine übertreffen die anderen Gerichte. Eintöpfe werden in irdenen Töpfen geschmort. Leckere Desserts und diskreter Alkoholausschank.

Natural Grill House

Şehit Muhtar Caddesi 38/A, Taksim, 34430 (0212) 238 33 61 **Stadtplan** 7 E3

Rustikale Tische und talentiertes Kochen sind hier angesagt. Frische Salate, gegrilltes Fleisch und vegetarische Gerichte stehen auf dem Plan, und das in hervorragender Qualität. Spezialität des Hauses ist das mexikanische Steak. Das Grill House ist auch bei Einheimischen sehr beliebt. Außerdem werden verschiedene Biersorten angeboten.

Rum-eli Meyhane

Faik Paşa Sokak 37, Çukurcuma, Taksim, 34430 (0212) 244 38 01 **Stadtplan** 7 E4

Die griechische Taverne, ein quirliges Symbol jüngster türkisch-griechischer Annäherung, ist ungeheuer beliebt. Zehn Vorspeisen, Hauptgerichte und Desserts werden angeboten. Auf der witzigen Website werden die Menues und die News bezüglich des Gourmetshops ständig aktualisiert. Große Auswahl an alkoholischen Getränken.

Taksimoda Café

Siraselviler Caddesi 9, Taksim, 34430 (0212) 334 85 00 **Stadtplan** 7 E4

Nicht nur mit einer großen Speisenvielfalt, sondern auch mit leckerem Kuchen und Teegebäck wird der Gast im Taksimoda verwöhnt. Das Café gehört zum Taksim Hill Hotel und ist ein angenehmer Treffpunkt. Der Service ist unglaublich bemüht – und chaotisch. Aber das wird durch die gute Küche wettgemacht. Es gibt Alkohol und eine kleine Bar.

Asır Rest

Kalyoncu Kulluk Caddesi 94, Beyoğlu, 34430 (0212) 297 05 57 **Stadtplan** 7 D4

Hier ist das Essen ist ausnehmend gut und günstig und der Service freundlich und aufmerksam. Es gibt über 50 verschiedene *meze* und ansonsten ein großes Angebot an kreativen Gerichten, sei es mit Fisch, Huhn oder Kichererbsen. Abends wird manchmal *Fasil*-Musik live gespielt.

Leb-i-Derya

İstiklâl Caddesi, Kumbaracı Yokuşu, Kumbaracı Han 115/7, Beyoğlu, 34430 (0212) 293 49 89 **Stadtplan** 7 D5

Es ist kaum möglich, es mit dem Blick über Istanbul, den man von diesem Restaurant aus hat, aufzunehmen. Glas, Holz und dezente Beleuchtung sind der Rahmen für die aparten Kleinigkeiten und die mediterran angehauchten Gerichte, die köstlichen Gemüsekreationen und Salate. In der Bar treffen sich die Leute gerne zur Happy Hour.

Refik

Sofyalı Sokak 10–12, Tünel, 34430 (0212) 243 28 34 **Stadtplan** 7 D5

Das Refik, eine sehr authentische *meyhane*, ist eine Hochburg der Bohemiens des Beyoğlu-Viertels. Die Zeit scheint hier stehen geblieben zu sein, auf den Tischen liegen immer noch die ausgeblichenen Plastikdecken. Allabendlich treffen sich hier Intellektuelle und Medienleute. Gutes Essen, große *Meze*-Portionen, und der Alkohol fließt ständig.

Restaurant Nuova Rosa

Cumhuriyet Caddesi 131, Elmadağ, 34430 (0212) 241 28 27 **Stadtplan** 7 F2

Das Rosa hat sich einen neuen, jugendlichen Anstrich gegeben. Die dunkle 1980er-Ausstattung ist einem glänzenden, modernen Interieur gewichen. Das Menü ist beliebt und günstig. Man versucht sich hier an einer italienischen Note, aber die Küche ist trotzdem mediterran türkisch. Schöne Bar mit Happy Hour. Reservierung empfohlen.

Rio Bravo

İstiklâl Caddesi 303, Beyoğlu, 34430 (0212) 292 92 69/70 **Stadtplan** 7 D4

Texmex-Küche ist im Rio Bravo angesagt. Die Fajitas, Western-Salate und Burritos sind herzhaft und köstlich, und es fehlen auch nicht Guacamole und Zitronenkuchen auf der Karte. Außerdem gibt es eine große Schankstube und eine Bar. Der Tequila und die Cocktails sind für Kenner ein Genuss. Manchmal wird aus dem Stegreif Musik gemacht.

Yakup 2

Asmalı Mescit Sokak 35–37, Tünel, 34430 (0212) 249 29 25 **Stadtplan** 7 D5

Das Yakup war einmal der Treffpunkt der Journalisten und Medienleute. Inzwischen hat es sich allerdings mehr auf Gruppen und Urlauber spezialisiert. Es liegt in einer der schicken, atmosphärischen Seitengassen von Beyoğlu. Das Essen ist von bester Qualität – hervorragende Salate, Grillgerichte und *meze*. Große Auswahl an Alkoholika.

Zindan

İstiklâl Caddesi 13, Beyoğlu, 34430 (0212) 252 73 40 **Stadtplan** 7 E4

Terrakotta und Gewölbedecken prägen das Interieur des Zindan. Zelebriert wird hier im Grunde die klassische osmanische Küche, aber man entdeckt doch verblüffende, köstliche Abweichungen. Dazu gehören das Brennnessel-*börek* oder die Kebabs, die mit Früchten aufgepeppt werden. Alles schmeckt hervorragend, und die Weinauswahl ist gut.

Çatı

Asmalı Mescit Mah., Orhan Adli Apaydın Sokak 20 (7. Stock), Beyoğlu, 34430 (0212) 251 00 00 **Stadtplan** 7 D5

Das Çatı ist beliebt bei Einheimischen und Besuchern. Die Wände sind mit den Fotos berühmter Schriftsteller, Journalisten und Schauspieler geschmückt, die hier schon gegessen haben. Für seine Küche wurde das Restaurant ausgezeichnet. Das Menü ist ein Gaumen- und Augenschmaus. Abends gibt es Live-Musik und manchmal auch Bauchtanz.

China Plaza

Recep Paşa Caddesi 5, Taksim, 34430 (0212) 256 36 45 **Stadtplan** 7 E3

Wenn Sie eine Abwechslung von der reichhaltigen türkischen Küche brauchen, ist das China Plaza genau die richtige Adresse: urbanes Flair und exotische Genüsse. Hier gibt es Kanton- und Szechuan-Küche vom Feinsten. Das Hühnchen mit Austernsauce oder die Ananas-Ente sind superb. Das chinesische Bier ist erstklassig, es gibt aber auch Wein.

Feşmeken

İnönü Caddesi 53/A, Gümüşsuyu, Taksim, 34430 (0212) 251 02 03/04 **Stadtplan** 7 F4

Restaurant und Bar liegen fast im Zentrum von Taksim, und entsprechend lebhaft geht es hier zu. Die Küche bietet türkische Gerichte mit Fleisch, Auberginen und Reis, aber man bekommt auch ein gutes Steak mit Pommes frites. Der Service ist besser, wenn das TV nicht läuft. Happy Hour und Late Night Music ziehen das junge Publikum an.

Fisher

İnönü Caddesi 51/A, Taksim, 34430 (0212) 245 25 76 **Stadtplan** 7 F4

Das Fisher war eines der ersten mitteleuropäischen Restaurants in Istanbul, und die Gäste sind ihm schon jahrzehntelang treu geblieben. Borschtsch, Strudel, Schnitzel und Piroggen sind so beliebt wie eh und je. Das Lokal selbst wirkt etwas angestaubt, aber die Besitzer sind eben der Meinung, dass gut ist, was einmal gut war.

Four Seasons

İstiklâl Caddesi 509, Beyoğlu, 34430 (0212) 293 39 41 **Stadtplan** 7 D5

Das Pera-Viertel steht gemeinhin für Cross Culture und Internationalität. Genau diese Einschätzung bedient das Four Seasons. Hier kommen Gerichte wie Chateaubriand oder französische Zwiebelsuppe auf den Tisch. Das Mittagsmenü wird vom Personal des nahen Konsulats geschätzt, aber das Restaurant ist auch ideal für ein romantisches Dinner.

Gitane

Firuzağa Mah, Cezayir Sokak 3 (Französische Straße), Galatasaray, 34430 (0212) 245 92 63 **Stadtplan** 7 D4

Das Gitane gehört einem der berühmtesten türkischen Modedesigner. Auf der umfangreichen Karte findet man Angebote für Frühstück, Mittag- und Abendessen, aber auch für ein festliches Diner. Das Weinangebot ist hervorragend. Die Käseplatte ist ein Zeichen für das neu erwachte Interesse an anatolischem Käse.

Great Hong Kong

Dünya Sağlik Sokak 12/B, Taksim, 34430 (0212) 252 42 68 **Stadtplan** 7 F4

Mitten in Taksim ein Hauch von China – das Great Hong Kong ist leicht erkennbar an seiner Türe, die die Form einer Pagode hat. Zur Dekoration gehören außerdem asiatische Laternen und Drachen. Die pikanten Szechuan-Gerichte oder das Rindfleisch mit Pickles und Reis sind eine gute Wahl. Ausgeschenkt werden chinesisches Bier und Reiswein.

Preiskategorien *siehe Seite 198* **Zeichenerklärung** *siehe hintere Umschlagklappe*

Noah's Granary

Yeni Garşi Caddesi 54, Cihangir, 34430 *(0212) 292 92 72* **Stadtplan** *7 E4*

In Istanbuls erstem zu 100 Prozent biologischem Restaurant geht es vor allem mittags hoch her. Hier bestellen die Gäste Tofusalat und Kräuterkartoffeln, ein beliebtes Getränk ist Sojamilch, die in der Türkei hergestellt wird. Das Vollkornbrot ist hausgemacht – in Istanbul eine absolute Rarität. Ein Paradies für Vegetarier und Gesundheitsbewusste.

Şeref

Cumhuriyet Caddesi, Seyhan Apt. 12/1, Elmadağ, Taksim, 34430 *(0212) 291 99 55* **Stadtplan** *7 F2*

Café-Bar und Restaurant des Şeref sind absolut stylisch und up to date. Die perfekt ausgeklügelte Karte kann man schon als meisterlich bezeichnen. Häppchen, Hamburger und Pizzas sind gut. Wenn man Steak, Pommes frites, Gemüsegerichte oder Eintopfgerichte bestellt, erhält man großzügige Portionen. Gut ausgestattete Bar.

Sofyalı

Sofyalı Sokak 9, Tünel, Beyoğlu, 34430 *(0212) 245 03 62* **Stadtplan** *7 D5*

Das Restaurant liegt relativ versteckt in einem Seitengässchen, und das in einer Gegend, wo die Konkurrenz groß ist. Aber das Sofyalı überzeugt eben: hübsch gedeckte Tische, hausgemachte *meze* und der Ruf, solide und gut zu kochen. Die Karte ist klein, aber gut. Der gefüllte Mangold ist legendär, aber versuchen Sie auch den gefüllten Fisch.

41 Paralel

İstiklâl Caddesi, Hüseyin Ağa Mah., Ezine Apt. 1/3 Beyoğlu, 34430 *(0212) 244 74 22* **Stadtplan** *7 D4*

Fantasievolle Menüs werden im 41 Paralel aufgetischt. Unwiderstehlich sind vor allem die Saucen, die zu vielen Gerichten gereicht werden. Die *köfte* mit Lauch und Spinat sind göttlich, und das *künefe* (Süßspeise) mit Schafskäse kann nur noch vom Schokoladensoufflé getoppt werden. Bemerkenswertes Lokal in einem trendigen Viertel.

Asmalımescit Balıkçısı

Asmalı Mescit Mah., Sofyalı Sokak 5/A, Tünel, Beyoğlu, 34430 *(0212) 251 39 39* **Stadtplan** *7 D5*

Ein reines Fischrestaurant, in dem man ein Gefühl dafür bekommt, wie es in Beyoğlu tickt. Leinen, Tafelsilber und Kerzenlicht verleihen den gemauerten Wänden Flair und Atmosphäre. Auf den Tisch kommt, was in und um Istanbul frisch gefangen wurde. Gute Desserts und gute Weinkarte. Im Restaurant monatlich wechselnde Kunstausstellungen.

Ayaspaşa Rus Lokantasi

Inönü Caddesi 77a, Gümüşsuyu, 34430 *(0212) 243 48 92* **Stadtplan** *7 F4*

Das russische Restaurant liegt nicht weit vom Taksim-Platz. Hier kann man russische, französische und türkische Küche genießen, vor allem aber Sarı Votka, russischen gelben Wodka, der in kalten Karaffen serviert wird. Das Getränk wurde von Weißrussen im Ersten Weltkrieg nach Istanbul gebracht. Freundliches, lange bewährtes Personal.

Flamm

Sofyalı Sokak 16/1, Asmalı Mescit, 34430 *(0212) 245 76 04/05* **Stadtplan** *7 D5*

Das Flamm ist eines dieser neuen, lockeren Restaurants, die sehr einladend wirken, ein kleines, intimes Lokal mit zwangloser Cocktailbar. Der Besitzer kam von Bodrum nach Istanbul und brachte aus dieser sonnigen Mittelmeerregion einige Rezepte mit. Die Pasta- und Reisgerichte sind köstlich. Wer einmal da war, kommt immer wieder.

Mikla

Marmara Pera Hotel, Meşrutiyet Caddesi 167/185, Tepebaşı, Beyoğlu, 34430 *(0212) 293 56 56* **Stadtplan** *7 D5*

Im Mikla zu speisen ist eine Erfahrung der besonderen Art – wenn Sie es schaffen, einen Platz zu ergattern. Die Karte wird, nicht unüblich, von Fisch und Meeresfrüchten dominiert. Aber die Zubereitung zeugt von ungewohnten kulinarischen Einflüssen. Exquisit. Das Interieur ist subtil, das Publikum ebenso. Bar im Dachgeschoss des Hotels.

Panorama

Marmara Hotel, Taksim-Platz, Taksim, 34430 *(0212) 251 46 96* **Stadtplan** *7 E4*

Das Restaurant im Obergeschoss des Marmara Hotel war eines der ersten der Stadt, das sich der internationalen Küche verschrieben hat. Es verdient nach wie vor Lob für seine kreative Leistung. Die Gäste schwelgen in französischen und italienischen Delikatessen von herausragender Qualität. An Wochenenden Live-Jazz und Tanzmusik.

Ta Nhcia

Asmalı Mescit Mah., Orhan Adli Apaydın Sokak 36–42, Beyoğlu, 34430 *(0212) 245 93 66* **Stadtplan** *7 D5*

Das griechische Gourmetrestaurant bietet mediterrane Kreationen, die griechische und türkische Küche gekonnt vereinen. Hier passt einfach alles, und der Erfolg gibt dem Konzept recht. Die Lammgerichte genügen höchsten Ansprüchen, aber sehr empfehlenswert ist auch der Fisch. Große Weinkarte. In den Abendstunden griechische Musik.

Abstecher

À la Turka

Hazine Sokak 8, Ortaköy, 34349 *(0212) 258 79 24* **Stadtplan** *9 F3*

Das einfache, aber hübsche Lokal liegt etwas versteckt in einer Seitenstraße, ganz in der Nähe der Ortaköy-Moschee. À la Turka serviert vor allem klassische, perfekt zubereitete türkische Gerichte, wobei der Chef ein Händchen für das Würzen mit Kräutern hat. Besonders empfehlenswert sind *dolma* (gefüllte Weinblätter).

Beyti ⓉⓁⓉⓁ

Orman Sokak 8, Florya, 34710 (0212) 663 29 92

Beyti ist seit 60 Jahren eine Istanbuler Institution und in Sachen Fleisch und Kebab eine preisgekrönte Legende. Der riesige Essbereich erstreckt sich über zwölf Speisezimmer, und trotzdem ist es hier zur Mittags- und Abendzeit immer voll. Da ist gutes Personal gefragt. Die Spezialität ist das Beyti kebab. Gute Weinauswahl.

Da Mario ⓉⓁⓉⓁ

Dilhayat Sokak 7, Etiler, 56730 (0212) 265 15 96

Da Mario war eines der ersten italienischen Restaurants in Istanbul, und der Ruf von Raffinesse und Qualität ist ihm geblieben. Das vornehme Interieur harmoniert mit der elaborierten Küche. Fleischgerichte sind besonders zu empfehlen. Köstliche Desserts, gute Weinkarte und aufmerksamer Service runden das Ganze ab. Reservierung empfohlen.

Il Piccolo ⓉⓁⓉⓁ

Bağdat Caddesi, Ogün Sokak 2, Caddebostan, asiatische Seite, 95230 (0216) 369 64 43

Il Piccolo ist ein Dauerbrenner. Seit Jahren hat sich die Küche bewährt, und sie ist ständig bemüht, mit den Trends Schritt zu halten. Das Lokal liegt in einem dynamischen Einkaufsviertel auf der asiatischen Seite. Im Sommer wird draußen gespeist, an Wochenenden gibt es Live-Musik. Gute Pizzas und Pasta, hervorragende Weine und Käse.

Koşebaşı Ocakbaşı ⓉⓁⓉⓁ

Çamlık Sokak 15/3, Levent (0212) 270 24 33 **Stadtplan** *7 F1*

Das international renommierte und ausgezeichnete Kebab-Restaurant hat viele Niederlassungen, in Istanbul und in der ganzen Türkei. Man sitzt hier hell und angenehm. Die Kebabs, die in der Tradition der Osttürkei zubereitet werden, sind absolut köstlich. Außerdem: Nirgends ist *künefe* (Süßspeise aus Fadennudeln und Käse) besser als hier.

Zeyrekhane ⓉⓁⓉⓁ

Sinanağa Mahallesi, Ibadethane Arkası Sokak 10, Zeyrek, Fatih, 35600 (0212) 532 27 78 **Stadtplan** *2 B2*

Café und Restaurant befinden sich in einem restaurierten osmanischen Haus. Im Café gibt es leckere Snacks und kleine, leichte Gerichte, im Restaurant werden die Gäste mit traditioneller osmanischer Küche verwöhnt. Im Sommer sitzt man besonders schön im begrünten, schattigen Innenhof. Alkoholausschank. Reservierung empfehlenswert.

Develi ⓉⓁⓉⓁⓉⓁ

Gümuşyüzük Sokak 7, Samatya, Kocamustafapaşa, 35420 (0212) 632 79 82

Ohne Übertreibung kann man sagen, dass erst wer bei Develi Kebab gegessen hat, wirklich Kebab gegessen hat. Denn Kebab wird hier sehr ungewöhnlich zubereitet, und das mit dauerhaft guter Qualität. Der Service ist hervorragend, überhaupt ist alles dazu angetan, es dem Gast angenehm zu machen. Develi toppt die Kebab-Charts!

House Café ⓉⓁⓉⓁⓉⓁ

Salhane Sokak 1, Ortaköy, 34349 (0212) 227 26 99 **Stadtplan** *9 F3*

Kaum ein Restaurant verkörpert Istanbuls dynamischen Aufschwung so sehr wie das House Café. Hier gibt es bunte Salate, die Snacks und Hauptgerichte sind hervorragend, das unkonventionelle Interieur macht Laune. Witzig auch der Barleuchter in Form eines Tintenfischs. Viele Prominente kommen hierher, und es ist immer was los.

Hünkar ⓉⓁⓉⓁⓉⓁ

Akdeniz Caddesi 21, Fatih, 35600 (0212) 621 64 33 **Stadtplan** *1 C4*

Seit Jahrzehnten ist dieses Restaurant in Familienbesitz. Auf dem Plan stehen typisch osmanische, teils auch weniger bekannte Gerichte. Mitten im Speiseraum plätschert ein kleiner Brunnen. Versuchen Sie *börek* (gefüllter Strudel), *köfte* (Fleischklößchen) oder *pilav* (Reisgerichte), aber auch die Salate und Desserts sind hervorragend.

Picante ⓉⓁⓉⓁⓉⓁ

İskele Caddesi, Salhane Sokak 2, Ortaköy, 34349 (0212) 236 17 35

In diesem schicken Lokal serviert man vor allem lateinamerikanische Gerichte und Texmex-Küche. Besonders beliebt sind die *fajitas* und die starken Margaritas. Das ursprüngliche Picante eröffnete 1993 in Bodrum, der Ortaköy-Ableger ist in einem der schönsten Gebäude im Viertel zu finden. Besonders der Blick über den Bosporus ist ein Highlight.

Sedef ⓉⓁⓉⓁⓉⓁ

Fevzipaşa Caddesi 19, Fatih, 35600 (0212) 532 82 33 **Stadtplan** *1 C3*

Das helle und geräumige Restaurant lobt sich selbst für seine Fleischgerichte. Am beliebtesten sind tatsächlich die Grillgerichte – der Chef hat eben ein Händchen für Hamburger und Kebabs –, aber das tut den köstlichen Gemüseeintöpfen keinen Abbruch. Kinderstühle stehen zur Verfügung. Kein Alkohol, wie in den meisten Lokalen in Fatih.

Uludağ Et Lokantası ⓉⓁⓉⓁⓉⓁ

İstanbul Caddesi 12, Florya, 34710 (0212) 579 02 94

Eines der vielen renommierten Kebab-Häuser, die ihre eigene Kebab-Variante servieren. Das riesige Restaurant, das Platz für über 1000 Gäste bietet, liegt am Ufer und ist nicht weit vom Flughafen entfernt. Hier können Sie einen typisch türkischen Abend mit verlässlich gutem Essen verbringen. Das Personal ist freundlich, der Wein akzeptabel.

Asitane ⓉⓁⓉⓁⓉⓁⓉⓁ

Kariye Hotel, Kariye Camii Sokak 18, Edirnekapı, 38100 (0212) 534 84 14 **Stadtplan** *1 B1*

Das Asitane, das sich auf osmanische Küche spezialisiert hat, ist sehr empfehlenswert. Einige der seltenen Rezepte stammen aus Aufzeichnungen, die im Topkapı-Palast gefunden wurden. Aber natürlich gibt es auch Steak, Fisch und kreative Reisgerichte. Versuchen Sie unbedingt ein Dessert, z. B. *incir tatlısı* (Feigen mit Walnüssen, in Sirup gekocht).

Preiskategorien *siehe Seite 198* **Zeichenerklärung** *siehe hintere Umschlagklappe*

Denizkızı

Çakmaktaşı Sokak 3/5, Kumkapı, 28601 *(0212) 518 86 59* **Stadtplan** 2 C5

In den gepflasterten Gassen des alten Fischerviertels von Kumkapı findet man Restaurants und *meyhanes* (traditionelle Wirtschaft) en masse. Das Denizkızı (übersetzt: Meerjungfrau) ist nur eines dieser lebhaften Restaurants mit guten Fischgerichten. Der Fisch wird je nach Wunsch zubereitet. Im Sommer kann man draußen sitzen.

Doğa Balık

Akarsu Caddesi 46, Cihangir, Taksim, 34433 *(0212) 293 91 44* **Stadtplan** 7 E5

Sehr renommiertes Fischrestaurant in attraktiver Lage. Alles hier wirkt freundlich und ist komfortabel. Die *meze* werden frisch zubereitet und sind ein kulinarischer und optischer Hochgenuss. Auf dem Programm steht immer auch ein Tagesgericht. Köstliche Salate. Es gibt eine Weinkarte, aber zum Fisch schmeckt *rakı* nach wie vor am besten.

Galatelia

Galata Köprüsü, Karaköy Altı (Boğaz Tarafı) 11/12, Eminönü, 34120 *(0212) 243 82 54* **Stadtplan** 3 D1

Das Galatelia in der Nähe der Galata-Brücke ist Istanbuls Fischrestaurant schlechthin. Allerdings sind die Preise für frischen Fisch auch gesalzen. Großartige Auswahl an hausgemachten *meze*, Salaten, Weinen und *rakı*. Hier essen die Einheimischen; es kann sein, dass Sie der einzige ausländische Besucher sind. An Wochenenden Gypsy Music.

Hacıbey

Teşvikiye Caddesi 156/B, Teşvikiye, 80400 *(0212) 231 71 34* **Stadtplan** 8 A2

Das moderne, sich über zwei Stockwerke erstreckende Restaurant wird vor allem von Leuten besucht, die beim Shopping eine Lunchpause brauchen. Versuchen Sie saftiges Bursa kebab mit Butter, Tomatensauce und etwas Joghurt. Fleisch wird auf einem traditionellen Kohlegrill zubereitet. Im Hacıbey ist es lebhaft, manchmal auch laut.

La Maison

Müvezzi Caddesi 63, Beşiktaş, 82500 *(0212) 227 42 63* **Stadtplan** 9 D3

La Maison ist ein durch und durch seriöses Lokal. Hier nimmt man die klassische französische Küche sehr ernst. Außer mit einem guten Essen wird man mit einem grandiosen Blick auf den Bosporus verwöhnt. Das Restaurant eignet sich für Empfänge, aber auch für intime Diners. Es ist sehr beliebt, und man sollte unbedingt reservieren.

Mezzaluna

Abdi İpekçi Caddesi 38/1, Nişantaşı, 80400 *(0212) 231 31 42* **Stadtplan** 8 A3

Mittags trifft man hier Spaziergänger und Leute, die beim Shopping eine Pause einlegen, abends ist das Publikum gesetzter. Das Mezzaluna hat Ableger in verschiedenen türkischen Städten und orientiert sich an Yuppies, denen der Sinn nach kontinentalem Essen steht. Schwerpunkt: italienische Küche, köstlich: Muscheln. Und danach: Grappa.

Café du Levant

Rahmi-Koç-Museum, Hasköy Caddesi 27, Hasköy, 69800 *(0212) 235 63 28*

Lange bevor es zum Trend wurde, begann das Café du Levant, Gourmetküche in musealer Umgebung anzubieten. Das elegante französische Bistro konnte über die Jahre seinen Standard halten. Das Essen hier ist nicht billig, aber sein Geld wert. Die Küche ist sehr kreativ und bedient sich türkischer und internationaler geschmacklicher Nuancen.

Divan

Elmadağ Caddesi 2, Elmadağ, Taksim, 80090 *(0212) 231 41 00* **Stadtplan** 7 F3

Lassen Sie sich nicht von dem farblosen 1950er-Jahre-Klotz täuschen: Innen bietet das Divan Luxus pur. Wenn Einheimische ein besonderes Fest feiern wollen, dann tun sie es häufig hier. Die Karte bietet alles, was das Herz begehrt, die Küche ist schlichtweg perfekt. Reservierung unbedingt notwendig.

Halat Café

Rahmi-Koç-Museum, Kumbarhane Caddesi 2, Hasköy, 69800 *(0212) 297 66 44*

Das Halat Café offeriert französische Küche mit extravaganter mediterraner Note. Unbedingt empfehlenswert ist das Steak. Auf der separaten Dessertkarte findet man wahrliche Meisterwerke. Aber auch die Lage ist erwähnenswert. Speist man auf der Terrasse, dann sitzt man fast direkt am Goldenen Horn.

Şans

Hacı Adil Caddesi 6, Aralık, Levent *(0212) 280 38 38*

Die Besucher des Şans lieben die behagliche Atmosphäre und den ruhigen Garten. Tatsächlich überlässt man hier nichts dem Zufall. Das Restaurant wurde mit Preisen ausgezeichnet, den Gast erwartet eine pikante Mittelmeerküche. Die Karte wechselt oft, aber Favoriten wie z. B. Spinatwurzeln in Olivenöl bleiben. Exzellente Weinkarte.

Bosporus

Çınaraltı

İskele Meydanı 44, Ortaköy, europäische Seite *(0212) 261 46 16* **Stadtplan** 9 F3

Am malerischen Ufer in Ortaköy gibt es eine Menge Restaurants. Das Çınaraltı ist nur eines unter vielen. *Meze*, Salate, Fleisch und Fisch werden hier frisch zubereitet und schön angerichtet. Die Tische stehen recht eng. Speziell an den Wochenenden tummelt sich hier ein trendiges Publikum. Wenn Sie's romantisch suchen – dann woanders.

Stadtplan *siehe Seiten 246–263*

Pafuli

Kuruçeşme Caddesi 116, Kuruçeşme, europäische Seite (0212) 263 66 38

Das Pafuli ist seit über 20 Jahren im Geschäft. Das spricht für sich. Man kann drinnen und draußen sitzen. Fisch und Meeresfrüchte, z. B. Shrimps und Tintenfisch, werden frisch zubereitet. Sehr zu empfehlen sind Schwarzmeer-Fische. *Mıhlama* (Kartoffeln mit Eiern), *hamsi* (Sardinen) und der Käse sind legendär. Große Speise- und Weinkarte.

Deniz Restaurant

Kefeliköy Caddesi 23, Kefeliköy, europäische Seite (0212) 262 67 77

Das Deniz liegt am Wasser, und die Küche bietet, was in dieser Lage am meisten Sinn macht, nämlich frischen Fisch und Spezialitäten von Meeresfrüchten. Absolut exzellent! Das Restaurant ist ideal, um sich mit gutem Essen verwöhnen zu lassen. Im Sommer sitzt man draußen. Zu Deniz kommen auch viele Einheimische. Reservierung empfohlen.

Hidiv Kasrı

Hidiv Yolu 32, Çubuklu, asiatische Seite (0216) 425 06 03

Der frühere Palast steht inmitten eines wundervollen Parks, und zwar auf einem Hügel, sodass man den Blick weit rundum schweifen lassen kann. Im großen, förmlichen Restaurant zelebriert man türkische kulinarische Tradition. Auf der Terrasse wird an Wochenenden Brunch serviert. Der Blick und die frische Brise sind großartig. Kein Alkohol.

Kız Kulesi

Leanderturm, ab Fähranlegestelle Üsküdar, asiatische Seite (0216) 342 47 47 **Stadtplan** 10 A3

Das alte Haus liegt direkt vor Üsküdar, und zwar auf einer eigenen kleinen Insel im Bosporus. Tagsüber ist es eine Selbstbedienungs-Cafeteria, aber nachts wird es spektakulär: Gourmetküche, hervorragender Service und Live-Musik. Reservierung für Restaurant und Fähre sind zu empfehlen.

Konak

İstinye Caddesi 23–25, Emirgan, europäische Seite (0212) 32 65 00/01

Das restaurierte alte Holzhaus liegt direkt am Wasser. Es besticht mit seiner Auswahl an Salaten, Fleisch- und internationalen Gerichten. Aber Highlight ist und bleibt der Fisch. Im Sommer diniert man unter Sonnenschirmen und lässt sich von der frischen Brise streicheln. Die Weine sind durchschnittlich, aber die Küche kompensiert dieses Manko.

Kordon

Kuleli Caddesi 51, Çengelköy, asiatische Seite (0216) 321 04 73

Das Restaurant liegt in einem hübsch und geschickt renovierten Lagerhaus. Seafood wird hier geradezu artistisch präsentiert, außerdem gibt es immer eine gute Auswahl an fangfrischem Fisch. Die Leute kommen aber nicht nur wegen des Essens, sondern auch wegen des ungewohnten Blicks hinüber aufs europäische Ufer. Im Sommer Außentische.

Sardunya Fındıklı Restaurant

Meclisi Mebusan Caddesi 22, Salıpazarı, Fındıklı, europäische Seite (0212) 249 10 92 **Stadtplan** 7 F4

Im Sardunya Findıklı liegt der Schwerpunkt auf italienischer Küche, aber der Gast wird auch mit einigen ungewöhnlichen internationalen Klassikern überrascht. Im Sommer sitzt man auf der Terrasse. Auffällig ist, dass die Kellner, was den Wein betrifft, Vollprofis sind. Sehr erfolgreich ist auch das Schwesterunternehmen in Gayrettepe.

A'jia

A'jia Hotel, Kanlıca, asiatische Seite (0216) 413 93 53

Abseits vom Trubel der Stadt liegt das edle Hotelrestaurant in einer *yalı* (Sommerresidenz in Holzbauweise) am asiatischen Bosporus-Ufer. Das Interieur wirkt sehr minimalistisch, fast klinisch, aber das Essen ist hervorragend. Klassische italienische Rezepte und neue Mittelmeerküche mit subtilen Aromen dominieren die Karte. Reservierung empfohlen.

İskele Çengelköy

Kai Nr. 10, Çengelköyü, asiatische Seite (0216) 321 55 06

Das Restaurant präsentiert sich mit nautischem Interieur. Viel schöner ist es, im Sommer auf der Terrasse oder im Garten zu sitzen. Seeluft, Fischerdorf-Atmosphäre und die exzellenten Fisch- und Seafood-Gerichte ergänzen sich ausgezeichnet. Die Küche ist, wie hier nicht anders zu erwarten, hervorragend. Gutes Personal und guter Wein.

Körfez

Körfez Caddesi 78, Kanlıca, asiatische Seite (0216) 413 43 14

Der talentierte Küchenchef bringt sublime Kreationen auf den Tisch. Lassen Sie sich vom *levrek* (Wolfsbarsch) oder von der Auswahl an *meze*, die einem schon das Wasser im Mund zusammenlaufen lässt, verführen. Schön gedeckte Tische und Kerzenlicht lassen Romantik aufkommen, das alte Haus tut das Seine. Körfez ist einfach vom Feinsten.

Les Ambassadeurs

Bebek-Hotel, Cevdet Paşa Caddesi 34, Bebek, europäische Seite (0212) 358 15 65

Die Gäste zahlen hier allein schon für Seeluft und Blick aufs Wasser. Aber Les Ambassadeurs muss sich mit seiner Küche nicht verstecken. Es bietet eine riesige Auswahl an türkischen und internationalen Gerichten, aber auch russische Spezialitäten, die natürlich in Begleitung von Wodka. Bebek ist ein kleines, malerisches Dörfchen am Ufer.

Poseidon

Cevdet Paşa Caddesi 58, Bebek, europäische Seite (0212) 263 38 23

Die mit Geranien geschmückte Terrasse des Poseidon ist einfach ein Traum. Sie ragt regelrecht über den Bosporus hinaus, man sitzt hier sehr luftig und angenehm. Angeboten wird türkische und internationale Küche, aber das Personal ermuntert die Gäste dazu, Fischgerichte zu bestellen. Gut, aber teuer: die Fischsuppe.

Preiskategorien *siehe Seite 198* **Zeichenerklärung** *siehe hintere Umschlagklappe*

Süreyya

₺₺₺₺₺

İstinye Caddesi 26, İstinye, europäische Seite ☎ *(0212) 277 58 86*

Süreyya wurde von einem russischen Immigranten gegründet. Es liegt mit Blick auf die hübsche Bucht von İstiniye und ist schon fast ein Wahrzeichen am Bosporus. Der Name ist der des einstigen Chefs. Einige seiner Rezepte findet man noch auf der Karte. Zu *blinis* mit Kaviar, Hähnchen Kiew oder Bœuf Stroganoff passt am besten Wodka Lemon.

Urcan

₺₺₺₺₺

Kireçburnu Caddesi 13, Tarabya, europäische Seite ☎ *(0212) 262 00 24*

Das Urcan ist ein gastronomischer Fixpunkt auf der europäischen Seite des Bosporus. Berühmt ist es vor allem für seine exzellenten Meeresfrüchte. Der Service ist entsprechend gut und immer bemüht, den Gast zufriedenzustellen. Der Küchenchef zaubert stylische, farbenfrohe Kreationen. Ein rundum befriedigendes Erlebnis.

Ausflüge

Doyum Pide ve Kebap Restaurant

₺

Cumhuriyet Meydanı 13, Çanakkale, 17100 ☎ *(0286) 217 48 10*

Hier nimmt man das Geschäft mit überbackenem *pide* (Fladenbrot) und Döner kebabs sehr ernst. Einfache, aber köstlich zubereitete und sättigende Gerichte werden perfektioniert, und zwar mit traditionellem Geschick. Falls Sie keine Zeit haben, können Sie sich auch etwas zum Mitnehmen einpacken lassen. Kein Alkohol.

Kebapçı İskender

₺

Ünlü Caddesi 7, Bursa, 16020 ☎ *(0224) 221 46 15*

Das Kebab-Restaurant, eines der ältesten in Bursa, ist eine regelrechte Instanz. Alle kommen hierher, und jeder ist willkommen. Die Atmosphäre ist familiär. Berühmt sind die Kebabs – sie sind aber auch das Einzige, was es hier gibt. Versuchen Sie *patlıcan kebabı* (Auberginen-Kebab). Kein Alkohol.

Kitap Evi

₺

Burç üstü 21, Tophane, Bursa, 16020 ☎ *(0224) 225 41 60*

Wenn Sie in Bursa etwas anders essen gehen wollen, ist das Kitap Evi ideal. Es ist Kulturzentrum mit Lesesaal, Buchladen und Café in einem. Es liegen aktuelle Zeitungen aus, sodass Sie lesen können, während Sie Ihren Kaffee trinken. Man trifft immer nette Leute, gegen den Hunger gibt es leckere Snacks und Kuchen. Wunderbare Atmosphäre.

Yalova Liman Restaurant

₺₺

Gümrük Sokak 7, Çanakkale, 17100 ☎ *(0286) 217 10 45*

Das Yalova Liman liegt mit Blick auf den Hafen von Çanakkale und hat unglaublich viel Atmosphäre. Mittags kommen die Einheimischen hierher und essen Suppe oder Eintopfgerichte, abends wird es etwas offizieller. Dann werden Fisch, Steaks und Grillgerichte serviert. Sehr empfehlenswert. Alkohol wird ausgeschenkt. Bar im Untergeschoss.

Yusuf Restaurant

₺₺

Kültür Parkı içinde, Bursa, 16020 ☎ *(0224) 234 49 67*

Das Yusuf hat Tradition, wie übrigens viele Restaurants in Bursa. Es hat eine der besten Küchen der Stadt. Die Einheimischen kommen hierher wegen des *Tandır*-Lamms (in einer Erdkuhle auf Holzkohle gegartes Lamm). Die Auswahl an *meze*, Grill- und vegetarischen Gerichten ist groß. Im Sommer ist der Garten immer voll. Alkoholausschank.

Çamlık Motel

₺₺₺

Sahil Yolu, İznik ☎ *(0224) 757 16 31*

İznik hat wundervolle Seen und Berge. Es gibt viel, was man hier entdecken kann. Eine dieser Entdeckungen könnte das Çamlık Motel sein. Wer Ruhe sucht, der findet sie hier: ein schlichtes, ländliches Haus mit abgeschlossenem Garten. Die Spezialität ist *İnegöl köfte* (Fleischbällchen). Allein deshalb werden Sie schon wiederkommen.

Çanakkale Balık Restaurant

₺₺₺

Gegenüber dem Piri-Reis-Brunnen, Çanakkale, 17100 ☎ *(0286) 218 04 41/42*

Das Lokal liegt nahe der Universität. Die Gäste kommen vor allem wegen der Fischgerichte hierher. Ein Highlight ist *ahtapot şiş* (Oktopus-Kebab). *Meze* und Salate gibt es in großer Auswahl, aber versuchen Sie auf jeden Fall auch eines der traditionellen Desserts, z. B. Quitten- und Kürbiskompott. Sehr empfehlenswert. Alkoholausschank.

Lalezar

₺₺₺

Karaağaç Yolu, Edirne ☎ *(0284) 213 06 00*

Lalezar ist einer der angenehmsten Plätze in Edirne. Es liegt zwar etwas außerhalb, aber was gibt es nach einer anstrengenden Besichtigungstour Schöneres, als entspannt am Ufer des Meriç zu sitzen und sich verwöhnen zu lassen. Versuchen Sie, einen Tisch am Wasser zu bekommen. Kebabs, *meze* und die anderen Gerichte sind schlicht und gut.

Leonardo Restaurant

₺₺₺₺

Köyiçi Sokak 32, Polonezköy ☎ *(0216) 432 30 82*

Das Leonardo läuft schon seit Jahren gut und scheint immer noch beliebter zu werden. Hier gibt es einen schönen Garten, Grillplätze und einen kleinen Swimmingpool. Gekocht wird nach französischen und österreichischen Rezepten. An Wochenenden gibt es großzügigen Brunch. Wegen seiner Zentrumsnähe ist das Lokal meist ziemlich voll.

Stadtplan *siehe Seiten 246–263*

Kleine Mahlzeiten und Snacks

Essen auf der Straße gehört zum Leben in Istanbul. Überall sieht man Cafés, Imbissstände oder fliegende Händler, die den Passanten Snacks anbieten. Kebabs, *lahmacun*, *pide* und *börek* *(siehe S. 192–197)* werden zu jeder Tageszeit gegessen, ebenso Süßigkeiten und Puddings. An jeder Ecke gibt es ein *büfe* oder ein *simit sarayı* (Sandwichstand). Zum Ausruhen eignen sich ein traditionelles *kahve* oder eines der zahlreichen europäischen Cafés in den wohlhabenderen und internationalen Vierteln Istanbuls. Dutzende amerikanische Restaurants haben sich in der Stadt niedergelassen und bieten Hamburger, Pizza und anderes Fast Food an.

Straßenstände

Zum alltäglichen Anblick auf den Straßen Istanbuls gehören die *Simit*-Verkäufer *(simitçiler)*. *Simitler* sind weiche, mit Sesam bestreute Brotkringel. Viele Verkäufer tragen ihre Produkte in einer Holzschale auf dem Kopf, andere sind besser dran: Sie befördern die *simitler* in einem verglasten Wagen und verkaufen auch *poğaça* (Blätterteig mit Käse- oder Minzefüllung), *su böreği* (gefüllte Pasteten), *açma* (weicher *simit* in Form eines Krapfens) und *çatal* (sehr süßer *simit* ohne Sesam). Im Sommer bieten die Händler gegrillte oder gekochte Maiskolben an, im Herbst und Winter heiße Maroni *(kestane)*. *Kağıt helvası* ist ein Sommerdessert. *Kağıt* heißt »Papier«: Die dünnen, mit Zucker gefüllten Gebäckschichten zergehen auf der Zunge.

Sandwiches und Teigwaren

Schmackhafte Sandwiches werden am Kiosk oder *büfe* (bei Bushaltestellen) verkauft. Dazu gehören Toastbrote *(tostler)* und Hotdogs *(sosisli sandviçleri)*. Die Snackbars in Ortaköy *(siehe S. 122)* sind auf Teigwaren wie *gözleme* und *dürüm* spezialisiert. Beide setzen sich aus dünnem Teig zusammen, werden auf einer heißen Eisenplatte gegrillt und mit Fleisch, Käse und Gemüse gefüllt. *Dürüm* wird erhitzt, dann gefüllt und gerollt. *Gözleme* wird mit Füllung warm gemacht und zu einem Dreieck gefaltet.

Fisch

Fischsandwich-Verkäufer bieten gegrillte oder gebratene frische Fische in einem halben oder einem Viertel Laib Brot an. Die Händler vertäuen ihre Boote reihenweise an den Fähranlegestellen in Eminönü und warten auf die Passagiere. *Midye tava* (gebratene Muscheln) wird mit Haselnüssen, Knoblauch und Öl angerichtet. Fisch- und Muschelsandwiches gibt es auf dem Galatasaray-Fischmarkt in Beyoğlu *(siehe S. 215)*. Hier erhalten Sie auch *midye dolma*, Muscheln gefüllt mit Pinienkernen, Reis und Korinthen *(siehe S. 194)*. Seien Sie vor allem in den Sommermonaten vorsichtig mit Mahlzeiten, die längere Transportwege hinter sich haben.

Kaffeehäuser

Das typische Kaffeehaus, *kahvehane* (oder *kahve*), dominieren Männer. Das osmanische *kıraathane* bedeutet »ein Ort zum Lesen«, aber in diesen Cafés spielen die Männer eher Backgammon und Karten, rauchen und trinken Kaffee oder Tee. Alkohol und Essen werden nicht serviert.

In Beyazıt und Sultanahmet dürfen auch weibliche Besucher in die *kahveler*. Das **Çorlulu Ali Paşa Medresesi** *(siehe S. 96)* ist ein bei Künstlern und Studenten beliebtes *kahve*. Das **Café** der Zisterne bietet Getränke in ungewöhnlicher Umgebung. Allerdings müssen Sie den Eintritt zur Zisterne *(siehe S. 76)* zahlen. Das **Café Kafka** ist nach dem Schriftsteller Franz Kafka benannt. Zu seinen Besuchern zählen Akademiker und Intellektuelle, die hier in geselliger Atmosphäre delikaten Kaffee, Kuchen und Snacks zu sich nehmen. Auch beim **Pierre Loti Café** in Eyüp *(siehe S. 120)* handelt es sich um ein traditionelles *kahve*. Memorabilien und alte Wandkacheln gehören zur Dekoration. Hier soll einst Pierre Lotis Lieblingsplatz gewesen sein. Das **İsmail Ağa Café** am Ufer in Kanlıca *(siehe S. 141)* ist für seinen Joghurt berühmt.

Das **Bebek Kahvesi** in der Nähe des Fährhafens von Bebek *(siehe S. 138)* wird von Studenten und Familien bevorzugt, die auf der Terrasse die Brise des Bosporus genießen wollen.

Patisserien und Milchbars

Die besten Patisserien befinden sich in Beyoğlu, so in den Hotels Divan *(siehe S. 188)* und Pera Palas *(siehe S. 104)*. Das **Divan** ist bekannt für seine Schokolade, und die **Patisserie de Pera** hält ihren Ruf mit antikem Dekor, klassischer Musik, schmackhaften Keksen und englischen Tees aufrecht. Die **İnci Patisserie** ist für ausgezeichnete kleine, gefüllte Brandteigkuchen und *baklava* berühmt, und trotz ihres heruntergekommenen Äußeren geht es immer sehr lebhaft zu.

Im **Gezi-Istanbul-Café** neben dem Atatürk-Kulturzentrum *(siehe S. 220)* bekommt man selbst gemachte Konditorwaren wie Trüffel oder Torten. Milchbars *(muhallebiciler)* servieren leckere süße Milchpuddings. **Sütiş Muhallebicisi** ist eine alteingesessene Milchbar-Kette.

Eisdielen

Im Sommer gehören Eisverkäufer zum alltäglichen Anblick. Türkisches Eis *(dondurma)* ist sehr süß. Es gibt z. B. Schoko- und Fruchteis. **Mado** ist eine der besten Eisdielen mit Zweigstellen. Empfehlenswert ist auch das **Mini Dondurma** in Bebek.

Europäische Cafés

Europäische Cafés gehören in Istanbul zum Alltag und servieren leichte Mahlzeiten wie Salate, Toasts, Omeletts, Crêpes und Desserts.

Die besten Cafés befinden sich in Taksim und auf der İstiklâl Caddesi in Beyoğlu *(siehe S. 102f)*. Das elegante **Lebon** serviert Gerichte wie Königinpastete und auch Wiener Torten. Das **Leyla** gegenüber dem Tünel-Ausgang ist ein beliebter Treff für Medienleute.

In Sultanahmet gibt es einige schicke Designercafés. Das **Lale Restaurant** galt in den 1970er Jahren als Treffpunkt der Hippies und bietet heute Preiswertes wie Kasserollen, gegrilltes Huhn und Milchpuddings an.

Das **Zanzibar** im Einkaufsviertel Nişantaşı ist bei junger Klientel beliebt. Man serviert Gegrilltes, Waldorf-Salat und Toast Provençal.

Ebenfalls in Nişantaşı finden Sie das **Next Café**, das neben köstlichen Kuchen auch herzhafte Speisen serviert.

In und um Ortaköy *(siehe S. 122)* warten zahllose Souvenirläden, aber auch Cafés und Imbissgelegenheiten auf die hungrigen Besucher.

In Rumeli Hisarı am Bosporus liegt das englische Café **Tea Room**. Es wurde im Kolonialstil eingerichtet und serviert Scones und natürlich viele Sorten englischer Tees.

Von den neuen Internet-Cafés, die überall in der Stadt aus dem Boden zu sprießen scheinen, zählt das **Antique** eindeutig zu den besten. Der wirtschaftliche Aufschwung auf der europäischen Seite färbt zunehmend auf die asiatische Seite ab, und auch hier eröffnen immer mehr Cafés. Eines der interessantesten ist das **Kadife Chalet** nahe Moda. Es befindet sich in einem Holzgebäude (19. Jh.) und bietet hausgemachte Kuchen, Gerichte mit selbst angebauten Zutaten und eine große Auswahl an ausgezeichneten Kräutertees.

Bars

Trotz des islamischen Alkoholverbots verwandeln sich viele vornehme Cafés der Stadt abends in Bars. Dies ist dann am Wechsel der Musik zu erkennen, die von leisen Klängen auf Popmusik umstellt. Es ist möglich, nur etwas zu trinken, aber auch Speisen werden in vielen Lokalen angeboten. Selbst Bars, die tagsüber kein Café sind, servieren Snacks.

Das **Pano Şaraphanesi** ist eines der alten Weinlokale, die Sie in den Nebenstraßen von Beyoğlu finden können. Hier erhalten Sie den Wein auch glasweise. Einige Hotelbars, wie das **City Lights** des Hotels Ceylan Intercontinental *(siehe S. 188)*, bereiten komplizierte Gerichte zu. Zu anderen Bars, etwa dem **Zihni's**, gehört ein gesondertes Restaurant. In vielen Bars treten Live-Bands auf, die Rock- oder Jazzmusik spielen. Weitere Informationen finden Sie auf Seite 221.

Auf einen Blick

Kaffeehäuser

Bebek Kahvesi
Cevdet Paşa Cad. 137, Bebek.
☎ *(0212) 257 54 20.*

Café Kafka
Yeni Çarşi Cad. 26/1, Galatasaray.
Stadtplan 7 D4.
☎ *(0212) 245 19 58.*

Café in der Zisterne
Yerebatan Sarayı, Yerebatan Cad. 13, Sultanahmet.
Stadtplan 3 E4 (5 E4).
☎ *(0212) 512 18 77.*

Çorlulu Ali Paşa Medresesi
Yeniçeriler Cad. 36, Çemberlitaş.
Stadtplan 2 C4 (4 B3).
☎ *(0212) 528 37 85.*

İsmail Ağa Café
Simavi Meydanı, Kanlıca.

Pierre Loti Café
Gümüşsuyu Karyağdı Sok. 5, Eyüp (beim Friedhof von Eyüp).
☎ *(0212) 581 26 96.*

Patisserien und Milchbars

Divan
Cumhuriyet Cad. 2, Elmadağ. **Stadtplan** 7 F3.
☎ *(0212) 315 55 00.*

Gezi-Istanbul-Café
İnönü Cad. 5/1, Taksim.
Stadtplan 7 F4.
☎ *(0212) 292 53 53*

İnci Patisserie
İstiklâl Cad. 124/2, Beyoğlu. **Stadtplan** 7 E4.
☎ *(0212) 243 24 12.*

Patisserie de Pera
Hotel Pera Palas, Meşrutiyet Cad 98–100, Tepebaşı.
Stadtplan 7 D5.
☎ *(0212) 251 45 60.*

Sütiş Muhallebicisi
Sıraselviler Cad. 9/A, Taksim. **Stadtplan** 7 E4.
☎ *(0212) 252 82 68.*

Eisdielen

Mado
Osmanzade Sok. 26, Ortaköy. **Stadtplan** 9 F3.
☎ *(0212) 227 38 76.*

Mini Dondurma
Cevdet Paşa Cad. 107, Bebek.
☎ *(0212) 257 10 70.*

Europäische Cafés

Antique
Kutlugün Sokak 51, Sultanahmet.
Stadtplan 3 E4.
☎ *(0212) 517 67 89.*

Kadife Chalet
Kadife Sok. 29, Kadıköy.
☎ *(0216) 347 85 96.*

Lale Restaurant
Divanyolu Cad. 6, Sultanahmet.
Stadtplan 3 E4 (5 E4).
☎ *(0212) 522 29 70.*

Lebon
Hotel Richmond, İstiklâl Cad. 445, Beyoğlu.
Stadtplan 7 D5.
☎ *(0212) 252 54 60.*

Leyla
Tünel Meydanı 186, Beyoğlu. **Stadtplan** 7 D5.
☎ *(0212) 245 40 28.*

Next Café
Ilhamur Yolu 3/1, Nişantaşı.
Stadtplan 7 D5.
☎ *(0212) 247 80 43.*

Tea Room
Yahya Kemal Cad. 36/A, Rumeli Hisarı.
☎ *(0212) 257 25 80.*

Zanzibar
Teşvikiye Cad. 43–57, Reassürans Çarşısı 60, Teşvikiye. **Stadtplan** 8 A2.
☎ *(0212) 233 80 46.*

Bars

City Lights
Hotel Ceylan Intercontinental, Asker Ocağı Cad. 1, Taksim.
Stadtplan 7 F3.
☎ *(0212) 231 21 21.*

Pano Şaraphanesi
Hamalbaşı Cad., Beyoğlu.
Stadtplan 7 D4.
☎ *(0212) 292 66 64.*

Zihni's
Muallim Naci Cad. 119, Ortaköy. **Stadtplan** 9 F2.

Shopping

Zu fast jeder Tages- und Jahreszeit geht es in Istanbuls Läden und auf seinen Märkten sehr lebhaft zu. Am berühmtesten ist der Große Basar, aber auch die anderen Basare und Märkte lohnen den Besuch *(siehe S. 214f)*. Die Türkei ist ein Zentrum der Textilwarenproduktion, daher finden Sie in Istanbul zahllose Teppich- und Modeläden. Wer gern alle Einkäufe unter einem Dach erledigt, kann dies in den modernen Einkaufszentren tun, die eine Vielzahl an internationaler und türkischer Markenware anbieten. Achten Sie immer auf die Echtheit bekannter Markenprodukte, denn selbst wenn sie qualitativ die Norm erfüllen und der Verkäufer auf ihrer Authentizität besteht, kann es sich um Imitationen handeln. Handeln gehört in der Türkei in Basaren und kleinen Läden dazu.

Moderne Glasvase

Bunt bemalte Kerzenlaternen im Großen Basar

Öffnungszeiten

Läden haben montags bis samstags von 9 bis 20 Uhr geöffnet, Märkte ab 8 Uhr. Nur größere Läden und Kaufhäuser öffnen etwas später. Im Großen Basar und im Gewürzbasar können Sie von 8.30 bis 19 Uhr einkaufen, in den großen Einkaufszentren täglich von 10 bis 22 Uhr. Die meisten Geschäfte bleiben über Mittag geöffnet, nur einige kleinere schließen während der kurzen Gebetszeiten, vor allem zu den Mittagsgebeten am Freitag.

An den religiösen Feiertagen Şeker Bayramı und Kurban Bayramı haben die meisten Läden zu, sie öffnen aber in der Regel an nationalen nichtreligiösen Feiertagen *(siehe S. 44–47)*.

Bezahlung

Fast alle Läden, die an Urlauber Waren verkaufen, akzeptieren ausländische Währungen. Die Wechselkurse sind oft in den Läden angeschrieben – man kann sie auch in der Tageszeitung nachlesen und sollte sie auf jeden Fall vergleichen.

Bezahlt man in bar, bekommt man meist einen beträchtlichen Rabatt. Kreditkarten werden – außer in Supermärkten und kleinen Geschäften – weitgehend akzeptiert. Dennoch ist es – auch bei größeren Summen – nicht ungewöhnlich, dass man gebeten wird, bei der Bank Bargeld zu holen. Einige wenige Läden akzeptieren auch Reiseschecks.

Bei Preisverhandlungen auf Märkten und Basaren gilt als Faustregel: Sie sollten zunächst rund die Hälfte der verlangten Summe anbieten und sich schrittweise einem realistischen Preis annähern.

Märkte verkaufen viele Süßigkeiten offen

Mehrwertsteuer

Wenn Sie bei Ihren Einkäufen in einem der über 2200 Geschäfte mit dem »Tax Free«-Logo mehr als 118 Neue Türkische Lira (YTL) an einem Tag ausgeben und Inhaber eines ausländischen Passes sind, können Sie einen Teil der Mehrwertsteuer (türkisch KDV) zurückbekommen – nach Abzug der Bearbeitungsgebühr bis zu 12,5 Prozent.

Fese an einem Straßenstand

Sie zeigen beim Kauf Ihren Ausweis und erhalten vom Geschäft eine Sonderrechnung *(özel fatura)*, den sogenannten Global-Refund-Scheck. Diese Rechnung und die unbenutzte Ware müssen Sie bei der Ausreise dem Zollpersonal vorzeigen. Die Mehrwertsteuer wird in der Regel sofort bar rückerstattet.

Grössen

In der Türkei gelten die auch in Deutschland, Österreich und der Schweiz üblichen Kleider- und Schuhgrößen.

Antiquitätenladen in Çukurcuma

Antiquitäten

Bevor man in der Türkei Antiquitäten kauft, ist es wichtig zu wissen, was man ausführen darf und was nicht. Generell dürfen Objekte, die älter als 100 Jahre sind, nur mit einer Bescheinigung exportiert werden, die das Alter und die Ausfuhrerlaubnis offiziell attestiert. Ausgestellt werden diese Zertifikate von Museen und dem Ministerium für Kultur in Ankara.

Ladenbesitzer wissen in der Regel, ob Sie den Gegenstand exportieren dürfen und welches Museum für die Ausfuhrerlaubnis zuständig ist. Theoretisch sollte der Verkäufer vorab alle Gegenstände, die älter als 100 Jahre sind, bei den entsprechenden Museen registriert haben. In der Praxis ist es jedoch so, dass ein Museum oft erst dann kontaktiert wird, wenn ein Stück von einem Käufer ernsthaft ins Auge gefasst oder schon gekauft wurde. Bedenken Sie, dass die Ausfuhr von alten Stücken ohne Erlaubnis als Schmuggel angesehen wird und Sie sich strafbar machen. Dies gilt auch für die beliebten Van-Katzen und Kangal-Hunde.

Preise sind Verhandlungssache

In Istanbuls vornehmen Läden ist Handeln nicht üblich. Aber wahrscheinlich werden Sie die meisten Ihrer Einkäufe im Großen Basar und in den Läden in oder um die Altstadt (Sultanahmet und Beyazıt) tätigen. Hier müssen Sie handeln, sonst werden Sie sehr wahrscheinlich übervorteilt. Ein Merkmal der Ladeninhaber in Basaren ist ihr offensives Verhalten: Sie erwarten grundsätzlich, dass Sie handeln. Lassen Sie sich jedoch Zeit, bevor Sie sich für ein Produkt in einem Laden entscheiden. Das Prozedere ist wie folgt:

- Man bietet Ihnen eine Tasse Tee an. Es steht Ihnen frei, das Angebot anzunehmen. Die Einladung ist für jede Art von Handel üblich und verpflichtet Sie nicht zum Kauf.
- Der Ladeninhaber wird sein Geschäft auf den Kopf stellen. Lassen Sie sich davon nicht unter Druck setzen.
- Wenn Sie an einem Artikel interessiert sind, scheuen Sie sich nicht, die Hälfte des verlangten Preises anzubieten.
- Sollte der Geschäftsinhaber ablehnen, achten Sie nicht darauf. Erhöhen Sie den Preis ein wenig mit dem Ziel, nicht allzu viel mehr als die Hälfte des ursprünglichen Preises zu bezahlen. Ist Ihr Angebot für den Besitzer wirklich nicht akzeptabel, wird er die Verhandlung abbrechen – und sodann versuchen, Ihre Aufmerksamkeit auf einen anderen Artikel in seinem Laden zu lenken.

Im Basar gehört Handeln einfach dazu

Einkaufszentren und Kaufhäuser

Istanbuls moderne Einkaufszentren sind bei türkischen Familien und Ausländern gleichermaßen beliebt. Sie bieten neben einer großen Warenauswahl in unzähligen Läden auch Unterhaltung mit Multiplex-Kinos, »Fressmeilen« und schicken Cafés.

Akmerkez in Etiler ist ein moderner Wolkenkratzer. Neben den Stores fast aller führenden Modefirmen der Türkei haben sich hier Verkaufsstellen internationaler Marken niedergelassen. Im Einkaufszentrum **Galleria** neben dem Yachthafen in Ataköy befinden sich bekannte Modeläden und eine Niederlassung des französischen Kaufhauses Printemps nebst einer Eislaufbahn *(siehe S. 222)*. Das **Kanyon** in Levent versammelt 160 Locations – neben den meist internationalen Shops zahlreiche Lokale und ein Kino mit neun Sälen.

Im Einkaufszentrum Akmerkez finden Sie internationale Marken

Schlussverkäufe

Modeboutiquen, Kaufhäuser und viele Fachgeschäfte veranstalten über einen langen Zeitraum hinweg Schlussverkäufe *(indirimler)*. Sommerschlussverkauf findet von Juni oder Juli bis Ende September statt, Winterschlussverkauf von Anfang Januar bis Mitte April. In Basaren gibt es keine Schlussverkäufe; je nach Verhandlungsgeschick können Sie hier jeden Tag und rund ums Jahr ein Schnäppchen machen.

Basare und Läden

Kaviar auf dem Gewürzbasar

Die Stadt bietet eine Vielfalt an Läden und Basaren. Läden mit der gleichen Produktpalette drängen sich oft an einem Ort. Auf dem Großen Basar *(siehe S. 98f)* konzentrieren sich Teppich- und Kelimläden sowie solche für Schmuck, Lederjacken, Handwerksartikel und Souvenirs. In Nişantaşı, auf der İstiklâl Caddesi (europäische Seite) und auf der Bağdat Caddesi (asiatische Seite) finden Sie Kleidung und Schuhe. Den besten Fisch gibt es auf dem Gewürzbasar *(siehe S. 88)* und auf dem Galatasaray-Fischmarkt *(siehe S. 215)*.

Teppiche und Kelims

Teppiche und Kelims sollten Sie auf dem Großen Basar in Istanbul *(siehe S. 98f)* kaufen. **Şişko Osman** hat ein gutes Sortiment an Teppichen, und **Galeri Şirvan** ist Spezialist für Kelims der anatolischen Volksstämme. Auf dem **Kavalleriebasar** *(siehe S. 71)* findet man viele Kelimläden. **Hazal Halı** in Ortaköy gehört einer reizenden Dame, die die Geschichte nahezu all ihrer Teppiche kennt.

Stoffe

Farbenprächtige Stoffe mit traditionellen Mustern werden fast überall verkauft. **Sivaslı Yazmacısı** bietet Textilien aus den Dörfern, gehäkelte Kopftücher und bestickte Tücher an. **Muhlis Günbattı** *(siehe S. 98)* führt seltene zentralasiatische Textilwaren, usbekische und turkmenische *suzaniler* (handgestickte Tücher), Seiden-Ikats, osmanische Kaftane und Teppiche. Beim Antiquitätenhändler **Aslı Günşiray** bekommt man ebenfalls bestickte Tücher.

Farbenprächtige zentralasiatische Wandbehänge

Schmuck

Istanbuls bedeutender Goldmarkt befindet sich auf der Kalpakçılar Başı Caddesi auf dem Großen Basar. Goldschmuck wird hier nach Gewicht verkauft, hinzu kommt eine bescheidene Summe für die in der Regel hochwertige Handwerkskunst. Den Tagespreis für Gold nennen Ihnen Aushänge in den Ladenfenstern. Andere Läden auf dem Großen Basar verkaufen Silberschmuck und Schmuck mit Edelsteinen. **Urart** hat eine Sammlung einzigartiger Gold- und Silberschmuckstücke. **Antikart** ist Spezialist für restaurierten antiken Silberschmuck aus der Osttürkei.

Ikonen auf dem Großen Basar

Leder

Für türkische Lederprodukte werden nicht immer die qualitativ besten Häute verwendet. Sie sind aber gut verarbeitet und haben angemessene Preise. Auf dem Großen Basar gibt es zahlreiche Lederhändler. **B. B. Store** fertigt u. a. auf Bestellung an.

Desa hat eine gute Auswahl an klassischen und modernen Kleidungsstücken, **Meb Deri** verkauft kleine Lederwaren und Designer-Handtaschen.

Antiquitäten

Die Seitenstraßen von Çukurcuma *(siehe S. 107)* im Stadtteil Beyoğlu sind der interessanteste Bezirk für Antiquitätenjäger. **Aslı Günşiray**, **Antikhane** und **Antikarnas** sind bekannt für ihre türkischen, islamischen und westlichen Bestände. Eine große Auswahl an osmanischen Antiquitäten, wie Eisenwaren, Möbel oder Geschirr, kann man man auf dem Großen Basar finden.

Die Antiquariate in und um Tünel *(siehe S. 102)*, etwa die **Librairie de Pera**, verkaufen Postkarten und Drucke. Eine der besten Buchhandlungen ist **Galeri Kayseri**, die auch englische Ausgaben führt.

Handwerk und Souvenirs

Der Große Basar bietet türkische Kunst und Handarbeit jeder Art. Zu den idealen Mitbringseln gehören bestickte Hüte, Westen, Schmuckschatullen mit Perlmutteinlage, Meerschaumpfeifen in Form eines Kopfes, Perlenketten aus Halbedelsteinen, Alabasterornamente, Glasaugen als Talisman zum Schutz vor dem bösen Blick, Wasserpfeifen und Reproduktionen von Ikonen. Im **Zentrum für Kunstgewerbe** *(siehe S. 76)* können Sie Kalligrafen beobachten. Auf **Rölyefs** Bücherbasar *(siehe S. 94)* in Beyoğlu, im **Artrium** und im **Sofa** erhalten Sie wunderschöne Kalligrafien, *ebruler* (marmorierte Malereien) und Reproduktionen osmanischer Miniaturmalerei.

Keramik, Glas und Metall

Hunderte der Läden auf dem Großen Basar führen traditionelle Keramiken, darunter viele Stücke mit den exquisiten blau-weißen İznik-Mustern *(siehe S. 161)*.

Töpferarbeiten aus Kütahya sind an ihrem expressiven Stil zu erkennen, und für Keramikprodukte aus Çanakkale *(siehe S. 170)* werden modernere, oft gelbe und grüne, Muster verwendet. **Mudo Pera** besitzt eine moderne Sammlung von Sıtkı Usta, einem Meister der Kütahya-Töpferkunst. In den meisten Museumsläden finden Sie ein gutes Angebot an Keramikarbeiten und Reproduktionen.

Auf dem Großen Basar und auf dem Kavalleriebasar *(siehe S. 215)* konzentriert sich der Kupfer- und Messinghandel. **Paşabahçe** ist der größte Hersteller für Glasartikel in der Türkei. Er produziert die feinen *Çeşmibülbül*-Vasen (mit blauen und goldenen Streifen) und Produkte im Beykoz-Stil.

Leckereien

Der Gewürzbasar *(siehe S. 88)* eignet sich zum Kauf von Nüssen (v.a. Pistazien) und Trockenobst, Kräutern und Gewürzen sowie Marmeladen und Kräuterteesorten, die in der Türkei hergestellt werden, wie Salbei *(adaçayı)*, Lindenblüten *(ıhlamur)* und Kamille *(papatya)*. Auch Luxusartikel wie Kaviar bekommen Sie hier. Auf dem Galatasaray-Fischmarkt finden Sie ebenfalls Kräuter, Marmelade, Tee und Gewürze.

Einige Fachgeschäfte sind auf bestimmte Delikatessen spezialisiert. Das **Şekerci Hacı Bekir** ist für Süßspeisen und für *baklava* bekannt. Das **Bebek Badem Ezmesi** am Bosporus wird für seine Pistazien- und Mandelfondants gelobt. **Kurukahveci Mehmet Efendi** *(siehe S. 86)* ist seit über 100 Jahren einer der bekanntesten Hersteller türkischen Kaffees. *Rakı (siehe S. 197)* ist die Quintessenz des türkischen Lebensstils und kann in jedem Lebensmittelladen gekauft werden.

Eingelegtes Obst und Gemüse wird auf Märkten angeboten

Auf einen Blick

Mehrwertsteuer

Global Refund
Ferah Sokak 19/A-2, Teşvikiye.
(0212) 232 11 21.
www.globalrefund.com

Einkaufszentren

Akmerkez
Nispetiye Cad., Etiler.
(0212) 282 01 70.

Galleria
Sahil Yolu, Ataköy.
(0212) 559 95 60.

Kanyon
Büyükdere Cad. 185, Levent. *(0212) 353 53 00.*

Teppiche und Kelims

Galeri Şirvan
Keseciler Cad. 55–57, Großer Basar.
Stadtplan 2 C4 (4 B3).
(0212) 520 62 24.

Hazal Halı
Mecidiye Köprüsü Sok. 27–29, Ortaköy.
Stadtplan 9 F3.
(0212) 261 72 33.

Şişko Osman
Halıcılar Cad. 49, Gr. Basar.
Stadtplan 2 C4 (4 B3).
(0212) 528 35 48.

Stoffe

Muhlis Günbattı
Perdahçılar Sok. 48, Großer Basar.
Stadtplan 2 C4 (4 B3).
(0212) 511 65 62.

Sivaslı Yazmacısı
Yağlıkçılar Sok. 57, Großer Basar.
Stadtplan 2 C4 (4 B3).
(0212) 526 77 48.

Schmuck

Antikart
İstiklâl Cad. 207, Atlas Kuyumcular Çarşısı 32, Beyoğlu. **Stadtplan** 7 D4.
(0212) 252 44 82.

Urart
Abdi İpekçi Cad. 18/1, Nişantaşı. **Stadtplan** 7 F1.
(0212) 246 71 94.

Leder

B. B. Store
Gani Çelebi Sok. 46, Großer Basar.
Stadtplan 2 C4 (4 B3).
(0212) 527 53 38.

Desa
İstiklâl Cad. 140, Beyoğlu.
Stadtplan 7 D4.
(0212) 243 37 86.

Meb Deri
Abdi İpekçi Cad. 14/2, Nişantaşı.
Stadtplan 1 C1.
(0212) 225 56 80.

Antiquitäten

Antikarnas
Faik Paşa Yokuşu 15, Çukurcuma. **Stadtplan** 7 E4. *(0212) 251 59 28.*

Antikhane
Faik Paşa Yokuşu 41, Çukurcuma. **Stadtplan** 7 E4. *(0212) 251 95 87.*

Aslı Günşiray
Çukurcuma Cad. 72–74, Çukurcuma. **Stadtplan** 7 E4. *(0212) 252 59 86.*

Bücher

Galeri Kayseri
Divanyolou Cad. 11, Sultanahmet. **Stadtplan** 3 D4.
(0212) 512 33 66.

Librairie de Pera
Galip Dede Cad. 22, Tünel. **Stadtplan** 7 D5.
(0212) 252 30 78.

Handwerk und Souvenirs

Artrium
Swissôtel, Maçka.
Stadtplan 8 A4.
(0212) 259 02 28.

Rölyef
Emir Nevruz Sok. 16, Beyoğlu. **Stadtplan** 7 D4.
(0212) 244 04 94.

Sofa
Nuruosmaniye Cad. 42, Cağaloğlu.
Stadtplan 3 D4 (4 C3).
(0212) 527 41 42.

Keramik, Glas und Metall

Mudo Pera
İstiklâl Cad. 401, Beyoğlu.
Stadtplan 7 D5.
(0212) 251 86 82.

Paşabahçe
İstiklâl Cad. 314, Beyoğlu.
Stadtplan 7 D5.
(0212) 244 05 44.

Leckereien

Bebek Badem Ezmesi
Cevdetpaşa Cad. 238/1, Bebek.
(0212) 263 59 84.

Kurukahveci Mehmet Efendi
Tahmis Cad. 66, Eminönü.
Stadtplan 3 D2.
(0212) 511 42 62.

Şekerci Hacı Bekir
Hamidiye Cad. 83, Eminönü. **Stadtplan** 3 D3.
(0212) 522 06 66.

Highlights: Istanbuls Märkte

Teller mit İznik-Muster

Ob Sie den Duft exotischer Gewürze einatmen, in Antiquariaten zwischen staubigen Büchern nach alten Drucken und Miniaturen stöbern, auf Souvenirjagd gehen oder Leckereien einkaufen wollen – in Istanbul finden Sie immer einen Markt oder Basar, der Ihre Wünsche erfüllt. Der Große Basar ist für viele Besucher sehr verlockend, aber auch viele kleinere sind nicht zu verachten. In jedem Viertel findet an bestimmten Wochentagen ein Markt im Freien statt, der meist von Hausfrauen bevölkert ist. Sie können dort die unterschiedlichsten Waren zu konkurrenzlos niedrigen Preisen erstehen.

Gewürzbasar
Im Gewürzbasar findet man eine riesige Auswahl an getrockneten Kräutern und Gewürzen (siehe S. 88).

HALIÇ (GOLDENES HORN)

Mittwochsmarkt
Der Mittwochsmarkt wird neben der Fatih-Moschee (siehe S. 113) *abgehalten und ist einer der farbenprächtigsten Straßenmärkte Istanbuls. Von frischen Erzeugnissen und Haushaltsartikeln bis hin zu Glühbirnen und Saatgut wird alles angeboten.*

BASAR-VIERTEL

SULTANAHMET

Bücherbasar
Der Bücherbasar nahe dem Großen Basar bietet eine enorme Vielfalt an Publikationen in mehreren Sprachen. Hier finden Sie von Reiseführern bis zu akademischen Wälzern alles (siehe S. 94).

Großer Basar
Der Große Basar beherbergt 4000 Läden und ist weltweit der größte Markt. In dem überdachten Labyrinth wird jede mit der Türkei in Zusammenhang stehende Ware verkauft. Das Angebot reicht von Schmuck bis hin zu Grundnahrungsmitteln. Der Basar ist seit Hunderten von Jahren in Betrieb (siehe S. 98f).

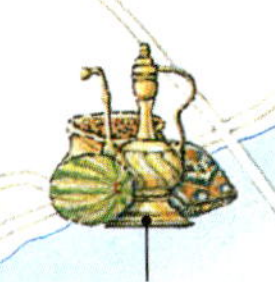

Bio-Markt Şişley Feriköy
Istanbuls erster Bio-Markt findet jeden Samstag in Feriköy statt. Hier bekommt man wunderbar frisches Obst und Gemüse.

Flohmarkt in Ortaköy
Jeden Sonntag bauen Händler auf dem Hauptplatz von Ortaköy ihre Stände auf. Die angebotenen Souvenirs reichen von Ramsch bis hin zu feinem Schmuck und originalem türkischem Kunsthandwerk (siehe S. 122).

BEYOĞLU

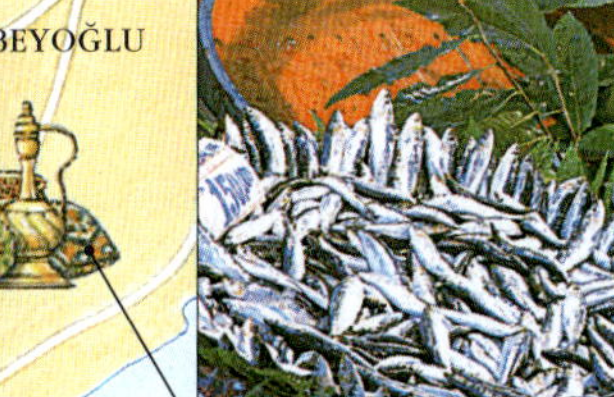

BOĞAZ (BOSPORUS)

Galatasaray-Fischmarkt
Einer der besten Fischmärkte Istanbuls erstreckt sich in einer historischen Gasse (siehe S. 103) *und vermittelt v. a. bunte Eindrücke. Neben zahllosen aus dem Marmarameer stammenden Fischsorten sind hier alle Arten von Gemüse, die ganze Palette türkischer Gewürze sowie Souvenirs erhältlich.*

ASIATISCHE SEITE

Markt in Kadıköy
Der Hauptmarkt auf der asiatischen Seite Istanbuls belebt die Straßen um die Mahmut Baba Sokaği. Dienstags werden Modeartikel angeboten und freitags Lebensmittel.

ARAY URNU

Kavalleriebasar
Umgebaute osmanische Ställe bilden die Kulisse für diesen Basar nahe der Blauen Moschee. Zahlreiche Teppichhändler wollen ihre Produkte an den Mann bringen, aber auch Kunsthandwerk und Schmuck werden angeboten.

0 Meter 500

Souvenirs

Türkische Pantoffeln

Mit seinen Basaren, Märkten, Läden und Ständen ist Istanbul ein Paradies für Souvenirjäger. Eine Investition in Schmuck und Leder kann sich als echtes Schnäppchen erweisen. Typisch Türkisches kann man aus einem großen Angebot an Keramik- und Kupferprodukten wählen. Die Antiquitätenläden *(siehe S. 212)* lohnen ebenfalls einen Besuch. Am berühmtesten ist Istanbul für seine Teppiche und Kelims *(siehe S. 218f)*. Überprüfen Sie vor dem Kauf die Qualität der Ware.

Kupferwaren

Alte Kupferwaren können sehr teuer sein. Es gibt aber auch neue Artikel zu erschwinglicheren Preisen.

Kupferkelche

Wasserpfeifen

Viele Türken rauchen noch immer die klassische nargile *(Wasserpfeife). Falls Sie nicht rauchen, kann eine Pfeife eine nette Dekoration sein.*

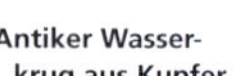

Antiker Wasserkrug aus Kupfer

Schmuck

Zu den Schmuckstücken gehören Anhänger aus Gold, Silber, Halbedelsteinen und anderem Material. Ein blaues Glasauge soll das Böse abwehren.

Blaues Glasauge als Anhänger

Keramik

Keramikprodukte sind ein wichtiger Bestandteil der künstlerischen Tradition in der Türkei. Jeder Herkunftsort hat seinen eigenen Stil. Der İznik-Stil ist an blau-weißen Töpferarbeiten zu erkennen (siehe S. 161). *Andere Produktionsgebiete sind Kütahya und Çanakkale* (siehe S. 170).

Farbenprächtige Keramik aus Kütahya

Grüne Krüge aus Çanakkale

Blau-weiß bemalter Teller

Kachel im İznik-Stil

Miniatur vom Großen Basar

Miniaturen

Die Miniaturmalerei hat in Istanbul eine lange Tradition und ist in den Museen, v. a. im Topkapı-Palast (siehe S. 57), *zu bewundern. Diese kleinen Kunstwerke stellen das Leben des Sultans am Hof dar und waren einst gebunden. Zu kaufen gibt es nur Kopien.*

Schatulle mit Perlmutteinlage

Schatulle mit Knochenintarsien und gemalter Landschaft

Kunsthandwerk

Schmuckschatullen aus Holz oder Knochen, Figurinen aus Alabaster und andere handgearbeitete Ziergegenstände sind ungewöhnliche Souvenirs.

Textilien

Zur Auswahl an Textilien gehören handgewebte Stoffe, Ikat-Produkte (hier wird das Garn vor dem Weben abschnittsweise gefärbt), feine Stickereien und Stricksachen.

Ikat-Produkte aus Baumwolle

Mit *oya* (Zierspitze) gefasste Tücher

Çeşmibülbül-Krug

Glas

Dieser elegante Krug ist ein Beispiel für die blau-weiß gestreiften Çeşmibülbül-*Produkte aus Glas, die in den Paşabahçe-Werken hergestellt werden* (siehe S. 147).

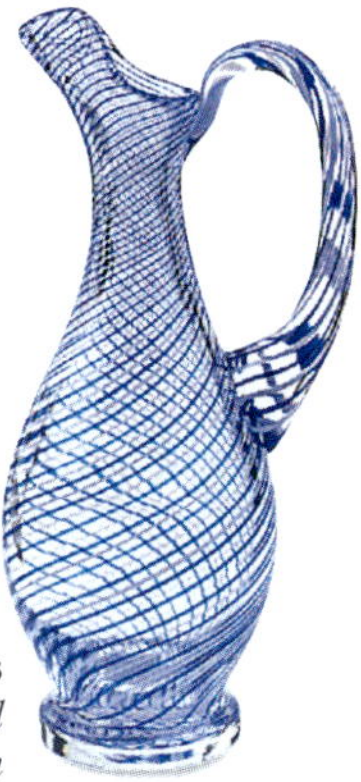

Delikatessen

Leckere Süßigkeiten wie halva, *türkischer Honig und* baklava *sind sehr beliebt. Auf den Basaren der Stadt gibt es eine riesige Auswahl an Gewürzen, getrocknetem Obst und Nüssen.*

Halva

Eingelegtes Gemüse

Türkischer Honig

Getrocknete rote Paprika und Auberginen

Maulbeeren

Sonnenblumen- und Kürbiskerne

Kichererbsen

Aprikosen

Mandeln

Pistazien

Türkische Teppiche und Kelims

Die alte Kunst der Teppichweberei wurde in der Türkei seit Generationen weitergereicht. Ursprünglich wurden Teppiche zur Erzeugung von Wärme und als Dekoration hergestellt. Bräute brachten sie als Mitgift in die Ehe ein, Moscheen erhielten sie als Spende. Es gibt zwei Teppicharten: Knüpfteppiche *(halı)* und Webteppiche (*kilim;* Kelim). Letztere werden mit vertikalen (»Ketten«-) und horizontalen (»Einschlag«-)Fäden »flach gewebt«. In Istanbul werden auch viele ausländische Teppiche verkauft, aber die türkischen Originale erkennen Sie an der besonders reichen Farbpalette. Alte Teppiche sind selten und sehr teuer.

Ein geknüpfter Teppich kann fabrik- oder handgearbeitet sein. Zur Überprüfung klappen Sie eine Hälfte des Teppichs um: Er ist echte Handarbeit, wenn Sie die Knoten sehen und der Flor nicht herausgezogen werden kann.

Wolle ist das übliche Material für einen Teppich, manchmal wird aber auch Seide verwendet.

Teppich
Diese Reproduktion eines Uşak-Teppichs (16. Jh.) ist als Bellini-Doppeltür-Gebetsteppich bekannt.

Teppichherstellung
Die Wolle wird vor der Verarbeitung gewaschen, gekämmt, gesponnen und gefärbt. Viele Teppiche entstehen in Heimarbeit. Im Winter weben und knüpfen die Frauen, im Sommer betreiben sie Landwirtschaft.

Teppichproduktion in der Westtürkei

Türkische Teppichweberei und -knüpferei konzentrieren sich auf mehrere Produktionsgebiete. Die Muster entsprechen ihrer traditionellen Herkunft, daher ist die Auswahl groß. Fachleute können am Muster den Herkunftsort erkennen.

Teppiche
① Hereke
② Çanakkale
③ Ayvacık
④ Bergama
⑤ Yuntdağ
⑥ Balıkesir
⑦ Sındırgı
⑧ Milas
⑨ Antalya
⑩ Isparta

Kelims
⑪ Denizli
⑫ Uşak

Teppiche und Kelims
⑬ Konya

Indigo

Krapp

Kamille

Farben
Vor der Einführung chemischer Farbstoffe (1863) wurden Pflanzenextrakte zum Färben verwendet: Krappwurzeln für rote, Indigo für blaue und Kamille für gelbe Farben.

Das »Gebetsmuster« ist von einem Mihrab inspiriert, der Nische in einer Moschee, die die Richtung nach Mekka weist *(siehe S. 38f)*.

Das Lebensbaummuster in der Mitte des Kelims ist ein Symbol für die Unsterblichkeit.

Kelim

Bei Kelims bildet der Schussfaden auf beiden Seiten dasselbe Muster. Ein Schlitz markiert gerade Musterabschnitte, da der Schussfaden dort umgekehrt wird.

Die Teppichbreite wird von der Webstuhlgröße bestimmt. Die meisten Teppiche sind klein, weil ein großer Webstuhl nicht in ein Dorfhaus passt.

Teppichkauf

Bevor Sie einen Teppich kaufen, legen Sie ihn auf den Boden, um zu sehen, ob er gerade liegt. Achten Sie darauf, dass das Muster ausgeglichen ist, die Einfassungen gleiche Ausmaße haben und die Enden gleich breit sind. Die Farben sollten klar sein, nicht ineinanderlaufen. Sie sollten um den Preis handeln *(siehe S. 211)*, da der verlangte mindestens 30 Prozent über dem angebrachten liegt.

Wenn Sie einen qualitativ guten, alten Teppich zu einem akzeptablen Preis kaufen wollen, müssen Sie Experte sein. Das Alter des Teppichs lässt sich an Farbe, Webqualität und Muster feststellen. Überprüfen Sie den Flor, um sicherzugehen, dass die Oberfläche nicht bemalt wurde, und achten Sie auf Reparaturen – diese sind leicht auf der Teppichrückseite zu sehen. Vergewissern Sie sich, dass der Teppich ein kleines Bleisiegel als Nachweis für die Exportgenehmigung aufweist, und bitten Sie um eine Quittung.

Kelimerzeugnisse können auch kleinere Kunstobjekte sein, die in Teppichläden verkauft werden.

Klettenmuster

Kastenmuster

Muster

Bei den meisten Teppichen werden immer wieder die gleichen Muster verwendet. Sie haben oft einen überraschenden Ursprung. So entstammen viele den Zeichen, die Nomaden ihren Tieren eingebrannt haben.

Muster von Wolfsspuren, Krabben oder Skorpionen

Modernes Muster (menschliche Gestalt)

Unterhaltung

Die Stadt Istanbul hat ein vielfältiges Unterhaltungsangebot an Kunstfestivals, Volksmusik, Bauchtanz, Sportzentren und Nachtclubs. Zu den wichtigsten Ereignissen des Jahres gehören die große Anzahl Festivals der Istanbuler Stiftung für Kultur und Kunst *(siehe S. 44–46)*. Die Festivals, die von März bis November stattfinden, ziehen internationale Künstler und ein großes Publikum an. Das ganze Jahr über können Sie im Atatürk-Kulturzentrum (AKM), im Aksanat-Kulturzentrum, in der Cemal-Reşit-Rey-Konzerthalle (CRR) und an anderen Orten Konzerte traditioneller türkischer und klassischer Musik, Opern-, Ballett- und Theateraufführungen erleben.

Bauchtänzerin

Beyoğlu ist mit Kinos sowie türkischen und ausländischen Kulturinstituten Zentrum für Unterhaltungen jeder Art. Abends können Sie in vielen Bars und Cafés Live-Musik hören. Ortaköy am Ufer des Bosporus ist ein weiterer beliebter Treffpunkt. In Sommernächten ist hier bis spätnachts in vielen Lokalen für musikalische Unterhaltung gesorgt.

Exemplare von *The Guide*

Information

Zweimal im Monat erscheint das englischsprachige Magazin *The Guide* mit Veranstaltungstipps. Hier werden die Programme des AKM und der CRR, Informationen zu anderen kulturellen Ereignissen und eine Liste der Bars und Nachtclubs Istanbuls veröffentlicht. *The Guide* gibt es in größeren Zeitungs- und Buchläden. Die Tageszeitung *Turkish Daily News* enthält ebenfalls Veranstaltungshinweise auf Englisch.

Einen Programmkalender der Theater und Kulturinstitute erhalten Sie in den Tourismusbüros *(siehe S. 229)*. Die Zeitschrift *Skylife* der Turkish Airlines weist auf die wichtigsten Veranstaltungen hin. Sollten Sie Türkisch verstehen: In der Tageszeitung *Hürriyet* finden Sie jeden Tag einen Veranstaltungskalender.

Tickets

Karten für Aufführungen im Atatürk-Kulturzentrum und in der Cemal-Reşit-Rey-Konzerthalle können eine Woche im Voraus an der Abendkasse gekauft werden. Der wohl schnellste und angenehmste Weg, Tickets zu buchen, ist über **Biletix**. An den Informationsschaltern des Kaufhauses **Vakkorama** und der Einkaufszentren **Galleria**, **Akmerkez** und **Capitol** gibt es Karten für große Pop- und Jazzkonzerte, ebenso für die Vorstellungen im AKM und in der CRR. Die Karten müssen bar bezahlt werden.

Nachts unterwegs

Der Taksim-Platz liegt in der Nähe vieler Veranstaltungsorte. Von hier können Sie nach Mitternacht einen Nachtbus oder ein Dolmuş nehmen. Taxis fahren immer. Während der Festivals im Juni/Juli pendeln Sonderbusse zwischen zentralen Haltestellen und den Veranstaltungsorten.

Festivals

Die Istanbuler Stiftung für Kultur und Kunst organisiert fünf Festivals (vier jedes Jahr, eines alle zwei Jahre). Das Filmfestival dauert jedes Jahr von März bis April. Das Theaterfestival findet im Mai und Juni statt, die Musik- und Tanzfestspiele (das größte Festival) folgen im Juni und Juli, das Jazzfestival im Juli. Das Festival der schönen Künste wird alle zwei Jahre im Herbst ausgetragen. Alle Festivalkarten kann man telefonisch beim **Istanbuler Festivalkomitee** kaufen.

Das Yapı-Kredi-Festival, das Akbank-Jazzfestival und das Efes-Pilsen-Blues-Festival finden ebenfalls im Herbst statt *(siehe S. 46)*.

Klassische Musik und Tanz

Das staatliche Istanbuler Opern- und Ballettensemble, das staatliche Symphonieorchester und das Staatstheater führen ein großes Repertoire klassischer und moderner Werke auf. Die Schauspieltruppen wechseln sich normalerweise im **Atatürk-Kulturzentrum** (AKM, 1300 Plätze im großen, 500 Plätze im kleinen Saal) am Taksim-Platz ab. Hier finden auch Ballettaufführungen

Klassisches Konzert in der Kirche Hagia Eirene *(siehe S. 60)*

Volkstanz im Kervansaray, einem etablierten Veranstaltungsort

statt. Das Istanbuler Symphonieorchester mit seinem Chor sowie das Moderne Folklore-Ensemble geben im AKM Konzerte. Auch in der **Cemal-Reşit-Rey-Konzerthalle** (CRR) treten verschiedene Musik- und Tanzgruppen auf.

Im **Aksanat-Kulturzentrum** in Boyoğlu werden neben Oper, Ballett, klassischer Musik und Jazz auch Laser-Projektionen und Ausstellungen geboten.

Rock und Jazz

In Istanbul eröffnen laufend neue Bars und Clubs mit guter Live-Musik. In der Bar **Hayal Kahvesi** spielen Blues-, Rock- und Jazzbands aus der Türkei und dem Ausland, im Sommer können Sie die dazugehörende Open-Air-Bar am Bosporus in Çubuklu besuchen.

Musiker beim Jazzfestival

Die **Q Jazz Bar** befindet sich im Çırağan Palace Hotel Kempinski *(siehe S. 190)*. Sie ist eine exklusive Jazzbar mit Auftritten bekannter Künstler. In Ortaköy liegt das **Rock House Café**, eine Imitation des Hard Rock Café. An bestimmten Abenden treten Live-Bands auf.

Im **Kemancı** im Stadtzentrum erleben Sie Rock und Heavy Metal live. Im **Sappho** werden intellektuell angehauchter Jazz und türkischer Pop gespielt. **Tribunal** und **Vivaldi** sind Veranstaltungsorte für türkische Popmusik. Die türkische Popmusik im **Beyoğlu Sanat Evi** ist von der Volksmusik stark beeinflusst.

Nachtclubs

Der luxuriöse **Club 29** ist wohl der glamouröseste Nachtclub Istanbuls. Er ist nur im Sommer geöffnet, hat ein Restaurant und einen Pool und bietet eine fantastische Aussicht auf den Bosporus. Gäste können jede halbe Stunde mit einem Boot nach İstinye auf der europäischen Seite fahren. Nach Mitternacht verwandelt sich die Bar in eine Diskothek. Das **Laila**, ebenfalls nur im Sommer geöffnet, ist das größte Nachtlokal am Bosporus mit einer riesigen Tanzfläche und mehreren Bars und Restaurants.

Ein schicker Vergnügungskomplex ist das **Majesty**. In der Bar treten Bands live auf, zu karibischer Musik wird getanzt. Im Restaurant erleben Sie Bauchtanz und türkische Musik. House, Garage und elektronische Musik können Sie donnerstag-, freitag- und samstagnachts im **Milk** hören.

Vermeiden Sie die zwielichtigen Clubs in Beyoğlu. Hier werden sie geneppt.

Traditionelle Musik und Bauchtanz

Konzerte mit Darbietungen traditioneller türkischer Musik finden regelmäßig in der Cemal-Reşit-Rey-Konzerthalle statt, darunter auch klassische Musik der Osmanen sowie Sufi- und Volksmusik. An einigen Tagen im Sommer werden in der Zisterne *(siehe S. 76)* Konzerte türkischer Musik veranstaltet. Informationen erhalten Sie im Sultanahmet-Tourismusbüro *(siehe S. 229)*.

Fasıl ist eine beliebte Form der traditionellen Musik und wird von Zigeunern vorgetragen. Zu den Instrumenten gehören Violine, *kanun* (Zither), Trommel und Ud, eine Kurzhalslaute. In Tavernen wie **Ece** und **Istanbulin Dinner Show** wird *fasıl* live gespielt.

Die Istanbuler Nachtclubs sind die eigentlichen Veranstaltungsorte für Bauchtanz. Viele Clubs und Restaurants bieten Bauchtanz mit türkischer Volksmusik und türkischem Volkstanz an, und meistens ist das Abendessen im Preis inbegriffen. Die Vorführungen im **Galata-Turm** *(siehe S. 105)* sind besonders empfehlenswert. Zu den weiteren Veranstaltungsorten zählen **Kervansaray**, **Orient House** und **Manzara**.

Die wirbelnden »Tanzenden Derwische« treten einmal im Monat in der Mevlevi-Loge *(siehe S. 104)* auf.

Ud, die traditionelle Kurzhalslaute im Nahen Osten

Kino

Die neuesten internationalen Filme laufen im Original mit türkischen Untertiteln. Nur in wenigen Kinos können Sie Filme sehen, die in der Türkei produziert wurden.

Die meisten Kinos befinden sich auf der İstiklâl Caddesi, darunter auch das **Alkazar**, **Emek** und das **Beyoğlu**, die überwiegend Kunstfilme zeigen. Auch in Kadıköy auf der asiatischen Seite gibt es einige Kinos, und die Einkaufszentren beherbergen Multiplex-Kinos.

Jeweils für die erste Vorstellung des Tages und den ganzen Mittwoch werden die Kinokarten zum halben Preis verkauft. Studenten mit einem gültigen Ausweis erhalten in der Regel eine Ermäßigung. Alle Filme werden gewöhnlich nach der Hälfte für eine Pause unterbrochen.

Theater

Das Staatstheater ist eine der beliebtesten Schauspieltruppen und hat seinen Sitz normalerweise im **AKM**. Die Saison dauert von September bis Juni – während der Schließung des AKM muss das Theater auf verschiedene Spielstätten ausweichen.

Fitnessclubs und Sportzentren

Fünf-Sterne-Hotels haben generell Swimmingpools, die auch von Gästen, die nicht im Hotel wohnen, gegen Gebühr benutzt werden können. Ebenso stehen Fitnessclubs wie **Vakkorama Gym**, der **Alkent Hillside Club** und das **Cihangir Sports Center** Nichtmitgliedern zur Verfügung.

Am Rand des Belgrader Walds befindet sich der **Kemer Country Riding and Golf Club**. Er verfügt über Pferdeställe sowie einen 9-Loch-Golfplatz und bietet auch Unterrichtsstunden an. Im **Galleria**-Einkaufszentrum *(siehe S. 211)* ist die Eislaufbahn ab 19 Uhr für alle geöffnet. Schlittschuhe können hier geliehen werden.

Sport

Fußball hat in der Türkei viele Anhänger. **Beşiktaş**, **Fenerbahçe** und **Galatasaray**, drei Teams Istanbuls, spielen auch international eine Rolle. Im **Veliefendi Hipodromu** finden mittwochs und an Wochenenden Pferderennen statt. Istanbuls hypermoderne **Formel-1**-Rennstrecke, auf der der Türkei-Grand-Prix gefahren wird, befindet sich auf der asiatischen Seite der Stadt. Im Sommer können Regatten auf dem Marmarameer verfolgt werden *(siehe S. 45)*. Außerdem besteht die Möglichkeit, sich in Edirne die Meisterschaft in einer ungewöhnlichen Sportart, dem Ölringen *(siehe S. 154)*, anzusehen.

Galatasaray-Logo

Strände

Die Prinzeninseln *(siehe S. 159)* bieten die besten Gewässer zum Baden, Wasserskilaufen und Windsurfen. Der Strand Yörükali Plajı auf Büyükada ist öffentlich, auch an anderen Orten der Insel können Sie bedenkenlos schwimmen.

Kilyos *(siehe S. 158)*, Gümüşdere am Schwarzen Meer (ca. 30 Autominuten von Istanbul entfernt) und Şile *(siehe S. 158)* haben einladende Strände. Seien Sie jedoch vorsichtig am Schwarzen Meer, es kann große Wellen und gefährliche Strömungen geben. Beliebt sind auch die Strände der Marmara-Inseln.

Spass für Kinder

Kinder sind bei Türken sehr beliebt und werden gern gehätschelt, beim Bau der meisten Istanbuler Einrichtungen wurde aber nicht an sie gedacht. Es gibt trotzdem viel, was man mit den Kleinen unternehmen kann. Samstags um 11 oder 15 Uhr werden im **AKM** Kindermusicals aufgeführt.

Das Archäologische Museum *(siehe S. 62–65)* hat eine Abteilung für Kinder mit einer mittelalterlichen Burg und einem Trojanischen Pferd zum Klettern.

Grünanlagen gibt es im Yıldız-Park *(siehe S. 124f)* und im Emirgan-Park *(siehe S. 141)*. Der **Orman-Park** in der Nähe von Emirgan ist für Familien gut geeignet und verfügt über Picknickplätze, Pool und ein Theater. Das **Miniatürk** in Sütlüce am Ufer des Goldenen Horns bietet ein Modelldorf mit mehr als 100 Modellen türkischer Kulturdenkmäler, Restaurants, Läden und einen Pool.

Auf den Prinzeninseln dürfen keine privaten Autos fahren, daher können Kinder hier sicher mit dem Rad unterwegs sein. Außerdem kann man auf Büyüdada mit Pferdekutschen fahren oder auf Eseln reiten.

Das **Spielzeug-Museum** in Göztepe ist das erste seiner Art in der Türkei. In Darcia, 45 Kilometer von Istanbul entfernt, bietet der **Bosporus-Zoo** einer Vielfalt exotischer Tiere einen natürlichen Lebensraum.

Achterbahn in Tatilya, einem Vergnügungspark bei Istanbul

Auf einen Blick

Tickets

Akmerkez
Nispetiye Cad., Etiler.
(0212) 282 01 70.

Biletix
(0216) 556 98 00.
www.biletix.com

Capitol
Tophanelioğlu Cad. 1, Altunizade.
(0216) 391 19 20.

Galleria
Sahil Yolu, Ataköy.
(0212) 559 95 60.

Vakkorama
Osmanlı Sok. 13, Taksim. **Stadtplan** 7 E4.
(0212) 251 15 71.

Festivals

Istanbuler Festivalkomitee
(0216) 454 15 55.
www.istfest.org

Klassische Musik und Tanz

Aksanat-Kulturzentrum
İstiklâl Cad. 16, Taksim. **Stadtplan** 7 D4.
(0212) 252 35 00.

Atatürk-Kulturzentrum (Atatürk Kültür Merkezi, AKM)
Taksim Meydanı, Taksim. **Stadtplan** 7 F3.
(0212) 251 56 00.

Cemal-Reşit-Rey-Konzerthalle (CRR)
Darülbedayi Cad., Harbiye. **Stadtplan** 7 F1.
(0212) 231 55 97.

Rock und Jazz

Beyoğlu Sanat Evi
Abdullah Sok. 22/1, Beyoğlu. **Stadtplan** 7 E4.
(0212) 252 61 96.

Hayal Kahvesi (Beyoğlu)
Büyükparmakkapı Sok. 19, Beyoğlu. **Stadtplan** 7 E4.
(0212) 244 25 58.

Hayal Kahvesi (Çubuklu)
Burunbahçe Mevkii, Çubuklu. *Mai–Okt.*
(0216) 413 68 80.

Kemancı
Sıraselviler Cad. 69/1–2, Taksim. **Stadtplan** 7 E4.
Mai, Juni.
(0212) 251 27 23.

Q Jazz Bar
Çırağan Palace Hotel Kempinski, Beşiktaş. **Stadtplan** 9 D3.
(0212) 236 24 89.

Rock House Café
Hotel Princess, Dereboyu Cad. 36–38, Ortaköy. **Stadtplan** 9 F2.
(0212) 227 60 10.

Sappho
İstiklâl Cad., Bekar Sok. 14, Beyoğlu. **Stadtplan** 7 E4.
(0212) 245 06 68.

Tribunal
Muammer Karaca Çıkmazı 3, Beyoğlu. **Stadtplan** 7 D5.
(0212) 249 71 79.

Vivaldi
Büyükparmakkapı Sok. 29/1, Taksim. **Stadtplan** 7 E4.
(0212) 293 25 99.

Nachtclubs

Club 29
A. Adnan, Saygun Cad., Ulus Parki içi, Ulus.
(0212) 358 29 29.
www.club29.com

Laila
Muallim Naci Cad. 142, Kuruçeşme. **Stadtplan** 9 F2.
(0212) 227 17 11.

Majesty
Muallim Naci Cad., Salhane Sok. 10/2, Ortaköy. **Stadtplan** 9 F3.
(0212) 236 57 57.

Milk
Akarsu Yokuşu 5, Galatasary. **Stadtplan** 7 E5.
(0212) 292 11 19.

Traditionelle Musik und Bauchtanz

Ece
Tramvay Cad. 104, Kuruçeşme.
(0212) 265 96 00.

Galata-Turm
Şişhane, Istanbul. **Stadtplan** 3 D1.
(0212) 293 81 83.

Istanbulin Dinner Show
Cumhuriyet Caddesi, Cebel Topu Sokak 2, Harbiye. **Stadtplan** 7 D4.
(0212) 291 84 40
www.istanbulin.org.

Kervansaray
Cumhuriyet Cad. 30, Elmadağ. **Stadtplan** 7 F2.
(0212) 247 16 30.

Manzara
Hotel Conrad, Yıldız Cad., Beşiktaş. **Stadtplan** 8 C3.
(0212) 227 30 00.

Orient House
Tiyatro Cad. 27, neben Hotel President, Beyazıt. **Stadtplan** 2 C4 (4 A4).
(0212) 517 61 63.
www.orienthouse istanbul.com

Kino

Alkazar
İstiklâl Cad. 179, Beyoğlu. **Stadtplan** 7 E4.
(0212) 249 72 97.

Beyoğlu
İstiklâl Cad. 140, Halep Pasajı, Beyoğlu. **Stadtplan** 7 E4.
(0212) 251 32 40.

Emek
İstiklâl Cad., Yeşil Çam Sok. 5, Beyoğlu. **Stadtplan** 7 D4.
(0212) 293 84 39.

Fitnessclubs, Sportzentren

Alkent Hillside Club
Alkent-Komplex, Tepecik Yolu, Etiler.
(0212) 257 78 22.

Cihangir Sports Center
Sıraselviler Cad. 118, Mavi Plaza, Cihangir.
(0212) 245 12 55.

Istanbul Sailing Club
Fenerbahçe.
(0212) 336 06 33.

Kemer Country Riding and Golf Club
Göktürk Beldesi, Uzun Kemer Mevkii, Eyüp.
(0212) 239 79 13.

Vakkorama Gym
Osmanlı Sok. 13, Taksim. **Stadtplan** 7 E4.
(0212) 251 15 71.

Sport

Beşiktaş FC
Spor Cad. 92, Beşiktaş. **Stadtplan** 8 A4.
(0212) 227 87 80.

Fenerbahçe FC
Fenerbahçe Spor Kulübü, Kızıltoprak, Kadıköy.
(0216) 345 09 40.

Formel 1
www.formula1-istanbul.com

Galatasaray FC
Hasnun Galip Sok. 7, Galatasaray. **Stadtplan** 7 E4.
(0212) 251 57 07.

Veliefendi Hipodromu
Türkiye Jokey Kulübü, Osmaniye, Bakırköy.
(0212) 543 70 96.

Spass für Kinder

Bosporus-Zoo
Darcia.
(0216) 653 83 15.

Miniatürk
İmrahor Cad., Sütlüce.
(0212) 222 28 83.
www.miniaturk.com.tr

Orman-Park
Fatih Çocuk Ormanı, Maslak Cad., Maslak.
(0212) 223 07 36.

Spielzeug-Museum
Dr. Zeki Zeren Sokak 17, Göztepe.
(0216) 359 45 50.

Stadtplan *siehe Seiten 246–263*

MEHMET AKİF ERSOY
İSTANBUL
ÜSKÜDAR İSKELE
Hürriyet

GRUND-INFORMATIONEN

Praktische Hinweise

Die Infrastruktur Istanbuls hat sich in den letzten Jahren extrem verbessert. Die Stadt verfügt nun über die öffentlichen Verkehrsmittel, Banken und medizinischen Einrichtungen einer modernen Großstadt. Es empfiehlt sich dennoch, ein paar Hinweise zur Sicherheit zu beachten. Ratsam ist es, immer einen AKBİL-Pass *(siehe S. 241)*, eine Telefonkarte und den Tagesbedarf an Neuer Türkischer Lira (notfalls auch Euro) bei sich zu haben. Nicht überall werden Kreditkarten akzeptiert, und eventuell kann es problematisch sein, an Bargeld zu kommen. Einige Aspekte der türkischen Kultur mögen Besuchern ungewohnt erscheinen, besonders wenn sie noch nie in einem islamischen Land waren. Generell jedoch ist man gastfreundlich und schätzt jede Bemühung, der türkischen Tradition Respekt zu zollen.

Hinweisschild auf Sehenswürdigkeiten

Einreise und Visum

Deutsche und Schweizer Staatsbürger können sich bis zu 90 Tage ohne Visum in der Türkei aufhalten. Ist der Aufenthalt für länger als drei Monate geplant, muss man vor Reiseantritt ein Visum einholen. Für die Einreise genügt ein Reisepass oder der Personalausweis, für Schweizer Bürger die Identitätskarte.

Österreichische Reisende benötigen Pass und Visum, das für 60 Euro bei der türkischen Vertretung in Wien, aber auch bei der Einreise für 15 Euro erhältlich ist. Sie müssen ihre Wiederausreise nachweisen können. Für detaillierte, aktuelle Informationen wenden Sie sich an die Türkische Botschaft in Ihrem Land oder konsultieren Sie die Website: **www**.auswaertiges-amt.de, **www**.bmeia.gv.at bzw. **www**.eda.admin.ch.

Zoll

Nur an Flughäfen und an Autobahnen hat der Zoll rund um die Uhr geöffnet. An Häfen (auch an Yachthäfen) wird nur an Wochentagen von 8.30 bis 17.30 Uhr abgefertigt. Wenn Sie den Zoll außerhalb dieser Zeiten bemühen, ist das gebührenpflichtig.

Bei der Einreise können Sie im Duty-free-Shop einkaufen. Oft ist es jedoch günstiger, Zigaretten und »einheimischen« Alkohol in normalen Geschäften zu kaufen. Besucher, die das 18. Lebensjahr vollendet haben, können Kaffee, Parfum (fünf Flaschen), Alkohol (fünf Liter) und Zigaretten (500 Stück) in großzügigem Umfang einführen. Auch die Bargeldeinfuhr von Fremdwährung oder Neuer Türkischer Lira ist nicht beschränkt. Ausgeführt werden dürfen ohne Einfuhrnachweis bis zu 5000 Euro.

Rauchen verboten

Was Drogen betrifft, ist die Türkei sehr streng. Am Atatürk-Flughafen werden Drogenhunde eingesetzt. Für den Export von Antiquitäten brauchen Sie eine Genehmigung *(siehe S. 211)*. Besucher können die meisten Dinge des persönlichen Gebrauchs, etwa Elektrogeräte, problemlos ein- und wieder ausführen.

Sprache

Türken werden immer versuchen, mit Ausländern zu kommunizieren. In den typischen Urlaubergebieten findet man meist jemanden, der Deutsch oder Englisch spricht.

Etikette

In den Städten halten viele türkische Frauen in der Öffentlichkeit gewöhnlich Arme und Beine, manche auch ihren Kopf bedeckt. Es wird nicht erwartet, dass sich Besucher ebenso kleiden, aber einige Türken fühlen sich durch den Anblick entblößter Gliedmaßen in aller Öffentlichkeit verletzt. In Moscheen ist es jedoch oft kein Problem, die Haare unverhüllt zu lassen.

Traditionelle Umgangsformen und Gastfreundschaft stehen in der türkischen Gesellschaft noch immer ganz oben. Selbst wenn Beamte oft unhöflich sind und die Beharrlichkeit der Teppichverkäufer ärgerlich ist – versuchen Sie immer bestimmt, aber freundlich zu bleiben. Erweisen Sie Atatürk *(siehe S. 31)*, dessen Antlitz Ihnen oft begegnen wird, Respekt.

Istanbuler Frauen steht es frei, ein Kopftuch zu tragen oder nicht

◁ Ausflugsboote am Bosporus

Bustickets und Telefonkarten werden am Zeitungsstand verkauft

In der Türkei ist Homosexualität gesellschaftlich nur in geringem Maß akzeptiert, dennoch gibt es in Istanbul eine lebendige Schwulenszene. Es ist unwahrscheinlich, dass Schwule und Lesben Probleme bekommen, trotzdem ist es ratsam, sich in der Öffentlichkeit diskret zu verhalten.

Rauchen ist in Ämtern, in öffentlichen Verkehrsmitteln, am Bahnhof und Flughafen und seit Juli 2009 auch in allen Lokalen verboten. Auch die Sonderregelungen für Wasserpfeifen-Cafés sind weitgehend weggefallen. In Hotels sind einzelne Zimmer und häufig ganze Etagen rauchfrei.

WC-Schild

Toiletten

Öffentliche Toiletten gibt es überall in Istanbul. Herrentoiletten sind mit *Bay* gekennzeichnet, Damentoiletten mit *Bayan*. Der Toilettenwart sitzt vor der Tür und wird beim Verlassen der Toilette bezahlt. Er hat in der Regel Papier vorrätig. Wenn Sie Stehtoiletten nur ungern benutzen, können Sie in Hotels, Restaurants oder Cafés fragen, ob Sie die Toiletten benutzen dürfen. An Autobahnraststätten finden Sie akzeptable Waschräume vor.

Fernsehen, Radio und Zeitungen

Das staatliche TRT (Türk Radyo ve Televizyon) hat vier Fernsehkanäle und drei Radiostationen. Der TV-Kanal TRT2 strahlt um 19 und 22 Uhr Nachrichten auf Englisch, Französisch und Deutsch aus, auch TRT3 (UKW 88,2) überträgt um 9, 12, 17, 19 und 21 Uhr Nachrichten in englischer, französischer und deutscher Sprache.

Die Aufhebung des Rundfunkmonopols und das Aufkommen des Satellitenfernsehens haben zahlreichen türkischen und ausländischen Privatanbietern den Markt geöffnet. Ausländische Kanäle, die häufig empfangen werden können, sind CNN, BBC Prime und MTV. In den meisten Hotels gibt es weltweites Satelliten-TV, also auch deutsche Kanäle. Wenn Sie an bestimmten Sendern interessiert sind, sollten Sie sich bei der Zimmerreservierung in ihrem Hotel danach erkundigen.

Es gibt ein vielfältiges Angebot an privaten Radiosendern. Westlicher und türkischer Pop, Jazz und klassische Musik gehören zum Programm. Voice FM (UKW 90,6) überträgt Programme der »Voice of America« in Türkisch und um 15 Uhr Nachrichten in Englisch. Auf Kurzwelle empfangen Sie den BBC World Service.

Die *Turkish Daily News* ist die einzige englischsprachige Tageszeitung in der Türkei, aber im gesamten Stadtgebiet erhalten Sie ausländische Zeitungen. Das englischsprachige Magazin *The Guide (siehe S. 220)* enthält Veranstaltungshinweise, Berichte über Istanbul und türkische Kultur.

Elektrizität

Die Netzspannung beträgt in der Türkei wie in Europa 230 Volt bei 50 Hertz. Flache Zwei-Pin-Stecker passen überall problemlos.

Zeit

Die Türkei liegt eine Stunde vor der Mitteleuropäischen Zeit. Zwischen Ende März und Ende Oktober gilt wie in Deutschland, Österreich und der Schweiz Sommerzeit.

Auf einen Blick

Konsulate

Deutschland
Inönü Cad. 16–18,
34437 Gümüşsuyu, Istanbul.
(0090) 212 334 61 00.
FAX *(0090) 212 249 99 20.*
www.istanbul.diplo.de
@ info@istanbul.diplo.de

Österreich
Köybaşi Cad. 46,
34464 Yeniköy, Istanbul.
(0090) 212 363 84 10.
FAX *(0090) 212 262 26 22.*
www.aussenministerium.at/istanbulgk
@ istanbul-gk@bmeia.gv.at

Schweiz
1. Levent Plaza, A-Blok Kat: 3,
Büyükdere Cad. 173,
34394 Levent, Istanbul.
(0090) 212 283 12 82.
FAX *(0090) 212 283 12 98.*
www.eda.admin.ch/istanbul
@ ist.vertretung@eda.admin.ch

Gebetsstätten

Griechisch-orthodox
Georgskirche
Sadrazam Ali Paşa Cad. 35, Fener.
(0212) 525 21 17.

Jüdisch
Neve-Schalom-Synagoge
Büyük Hendek Cad. 61,
Sişhane. **Stadtplan** 6 C5.
(0212) 293 75 66.

Katholisch
St. Antonius von Padua
İstiklâl Cad. 325, Galatasaray.
Stadtplan 7 D4.
(0212) 244 09 35.

Evangelische Gemeinde
Emin Camii Sok. 40, Beyoğlu.
(0212) 250 30 40.

Tipps für Besucher

Die wichtigsten Denkmäler und Museen Istanbuls befinden sich unter staatlicher Verwaltung und verlangen Eintritt. Studenten und Senioren erhalten gegen Vorlage des entsprechenden Ausweises eine Ermäßigung oder freien Einlass. Für bestimmte Bereiche innerhalb eines Museums muss manchmal eine zusätzliche Gebühr entrichtet werden, etwa für den Harem im Topkapı-Palast *(siehe S. 58f)*. Viele Sehenswürdigkeiten bleiben an mindestens einem Tag in der Woche geschlossen. Die Exponate in Museen sind nur in türkischer Sprache beschriftet. Wenn Sie eine Moschee besichtigen wollen *(siehe S. 38f)*, beachten Sie bitte, dass sie zu Gebetszeiten für Urlauber nicht zugänglich ist.

Anstehen zur Führung durch den Harem des Topkapı-Palasts

T.C.
TURİZM BAKANLIĞI
SULTANAHMET TURİZM DANIŞMA MÜDÜRLÜĞÜ
TOURISM INFORMATION

Sultanahmet-Tourismusbüro

Information

Die Schilder der Tourismusbüros haben ein weißes »i« auf hellgrünem Hintergrund mit weißer Umrandung und Bezeichnungen in englischer und türkischer Sprache. Gedruckte Informationen erhalten Sie hier nur selten, am allerwenigsten Fahrpläne der öffentlichen Verkehrsmittel. Aber besonders das Hauptbüro am Sultanahmet-Platz wird Ihnen Fragen zu Ihrem Aufenthalt in Istanbul beantworten. Das Tourismusbüro in Beyoğlu hilft nach vorheriger Terminvereinbarung bei der Planung größerer Ausflüge zu Orten außerhalb Istanbuls sowie bei Berg-, Wander- und Yachtexpeditionen. Es hat nur wochentags geöffnet.

In Edirne, Bursa, İznik und Çanakkale befinden sich die Tourismusbüros mitten im Stadtzentrum.

Eintrittskarten zu einigen Sehenswürdigkeiten Istanbuls

Die meisten Tourismusbüros haben montags bis samstags zwischen 9 und 17 Uhr geöffnet, einige im Sommer auch länger. Das Büro am Atatürk-Flughafen ist rund um die Uhr besetzt.

Öffnungszeiten

Museen haben in der Regel von 8.30 oder 9 Uhr bis 17.30 oder 18 Uhr geöffnet, nur kleinere Einrichtungen machen Mittagspause. Ämter öffnen von von 8 bis 17 Uhr und Läden von 8.30 oder 9 bis 19 oder 20 Uhr *(siehe S. 210)*. Die meisten Banken haben montags bis freitags von 8.30 bis 12 und von 13.30 bis 17 Uhr offen, Wechselstuben *(dövizler)* gewöhnlich bis 20 oder 21 Uhr *(siehe S. 232)*.

Schild mit Öffnungszeiten

Die meisten Läden bleiben sonntags geschlossen, nur kleine Lebensmittelläden stehen jeden Tag zur Verfügung.

Führungen

Einige Reiseveranstalter bieten neben Stadtführungen und Ausflügen auch besondere Stadtrundfahrten an. **Plan Tours** organisiert Ausflüge nach Gallipoli, Troja und Bursa sowie Kreuzfahrten mit einer Yacht auf dem Bosporus *(siehe S. 144–149)*. **Gençtur** veranstaltet »grüne« Führungen durch Istanbul. Stadtführungen können Sie auch bei **Fest Travel** und der **Turkland Travel Agency** buchen. Veranstalter für Tagesausflüge in die Umgebung Istanbuls finden Sie auf Seite 245.

Vor Sehenswürdigkeiten werden Sie nicht selten von Türken angesprochen, die sich Ihnen als Reiseführer vorstellen. Einige sind offizielle Führer mit Lizenz, andere hingegen nicht. Sollten Sie sich für einen solchen Führer entscheiden, teilen Sie ihm Ihr Interessengebiet mit und einigen Sie sich auf ein Honorar. Wenn Ihnen nur wenig Zeit zur Verfügung steht, kann es sich lohnen, mit einem Taxifahrer eine Besichtigungstour zu vereinbaren.

Alleinreisende Frauen

Alleinreisende Frauen werden in der Türkei selten wirklich belästigt, jedoch oft angestarrt. Durch das Tragen angemessener Kleidung lässt sich manches Missverständnis vermeiden. Nachts sollten Frauen nicht allein unterwegs sein. Traditionelle Cafés *(siehe S. 208)* werden fast nur von Männern besucht, in Restaurants ist oft ein Bereich für Frauen ohne Männerbegleitung reserviert *(siehe S. 193)*.

Besuch einer Moschee

Große Moscheen haben den ganzen Tag geöffnet und schließen abends nach dem letzten Gebet. Kleinere Moscheen öffnen nur zu den fünf täglichen Gebetszeiten *(namazlar)*. Eine Besichtigung außerhalb der Gebetszeiten ist in diesem Fall nur möglich, wenn Sie den Hausmeister »überreden« können. Nichtmuslime sollten während der Gebetszeiten die Moschee nicht betreten. Warten Sie, bis die meisten Gläubigen weggegangen sind.

Die Gebetszeiten wechseln das ganze Jahr hindurch. Nur manchmal stehen sie an den Moscheen angeschrieben, werden aber immer durch den Gebetsaufruf *(ezan)* über einen Lautsprecher am Minarett bekannt gegeben.

Für den Besuch einer Moschee sollten Sie sich angemessen kleiden *(siehe S. 39)*. Manche Moscheen bieten am Eingang passende Kleidung und Kopftücher an. Bevor Sie eintreten, ziehen Sie Ihre Schuhe aus. In der Moschee sollten Sie so leise wie möglich sein.

Frauen beim Plausch

Aufseher im Dienst vor der Blauen Moschee *(siehe S. 78f)*

STUDENTEN

Eine FIYTO-Karte (Föderation der Internationalen Jugendreise-Organisationen) garantiert in der Regel freien Eintritt zu Sehenswürdigkeiten. Mit einer ISIC-Karte (Internationaler Studentenausweis) zahlen Sie oft nur die Hälfte. Auch beim Erwerb des AKBİL-Passes erhalten Sie gegen Vorlage des entsprechenden Ausweises einen Preisnachlass. Studenten aus dem Ausland bekommen mit einer ISIC-Karte ermäßigte Fahrkarten für Intercity-Züge. Offiziell gibt es für Studenten aus dem Ausland in Reisebussen keine Ermäßigung, aber wenn Sie Ihren Studentenstatus beim Kauf des Tickets erwähnen, erhalten Sie vielleicht einen kleinen Preisnachlass.

Übernachtungsmöglichkeiten für Studenten stehen beschränkt zur Verfügung. Im Juli und August verhilft Ihnen das Tourismusbüro in Sultanahmet eventuell zu einem Bett in einem Studentenwohnheim. Es gibt auch Jugendherbergen *(siehe S. 182f)* sowie eine Reihe preiswerter Hotels und Gästehäuser im Stadtzentrum *(siehe S. 184–191)*.

BEHINDERTE REISENDE

Istanbul hat nicht sehr viele Einrichtungen für behinderte Besucher, und der schlechte Zustand der Straßen und Gehsteige kann das Vorankommen beträchtlich erschweren. Nur wenige Moscheen und Museen haben einen barrierefreien Zugang. Toiletten mit Sondereinrichtungen sind ebenfalls selten. Doch es gibt einige behindertengerechte öffentliche Telefone und Busse mit Sonderzugang *(siehe S. 239)*. Der Türkische Behindertenverband **Türkiye Sakatlar Derneği** kann Touren für kleine Gruppen arrangieren.

FOTOGRAFIEREN

In Museen muss man für das Benutzen von Videokameras und manchmal auch von Fotoapparaten eine Gebühr bezahlen. Prüfen Sie vor dem Bezahlen, ob Blitzlicht erlaubt ist. In Moscheen ist das Fotografieren mit Blitz oft verboten, diskretes Fotografieren hingegen erlaubt.

An Sehenswürdigkeiten werden oft Wucherpreise für Filme verlangt. Preiswerter kaufen Sie diese in Fotoläden.

AUF EINEN BLICK

TOURISMUSBÜROS

Atatürk-Flughafen
Ankunftshalle.
☎ *(0212) 663 07 98.*

Istanbul Hilton
Cumhuriyet Cad., Elmadağ.
Stadtplan 7 F2.
☎ *(0212) 233 05 92.*

Karaköy
Internationaler Passagierterminal (Terminal 2).
Stadtplan 3 E1.
☎ *(0212) 249 57 76.*

Bahnhof Sirkeci
Sirkeci İstasyon Cad., Sirkeci.
Stadtplan 3 E3 (5 E1).
☎ *(0212) 511 58 88.*

Sultanahmet-Platz
Divanyolu Cad. 3, Sultanahmet.
Stadtplan 3 E4 (5 E4).
☎ *(0212) 518 18 02.*

FÜHRUNGEN

Gençtur
İstiklal Cad. No: 212,
Aznavur Pasajı, Kat: 5,
80080 Galatasaray.
Stadtplan 7 D4.
☎ *(0212) 244 62 30.*

Fest Travel
Barbaros Bulvarı 44/20,
Beşiktaş. ☎ *(0212) 216 10 36.*
www.festtravel.com

Plan Tours
Cumhuriyet Cad. 131/1,
Elmadağ. **Stadtplan** 7 F3.
☎ *(0212) 234 77 77.*
www.plantours.com

Turkland Travel Agency
Cankurtaran Mahallesi,
Seyit Hasan Sokak 18,
Sultanahmet.
Stadtplan 3 E4 (5 E4).
☎ *(0212) 458 09 80.*
www.turklandtravel.com

BEHINDERTE REISENDE

Türkiye Sakatlar Derneği
☎ *(0212) 521 49 12.*
www.tsd.org.tr

Sicherheit und Notfälle

Abzeichen der türkischen Polizei

Besucher sind in Istanbul derzeit so sicher wie in jeder anderen europäischen Stadt. Die Türkei zeichnet sich durch eine vergleichsweise gering ausgeprägte Gewaltkriminalität aus, und die Sicherheitsvorkehrungen sind auf hohem Niveau. Achten Sie jedoch in lebhaften Gegenden auf Taschendiebe. Bei Problemen benachrichtigen Sie am besten die Touristenpolizei. Im Juli 2008 kam es zu einem Sprengstoffanschlag im Istanbuler Außenbezirk Güngören. Informieren Sie sich vor Ihrer Reise aktuell über die Sicherheitshinweise des Auswärtigen Amts (www.auswaertiges-amt.de).

Polizei

Die vielen Polizeieinheiten in der Türkei unterscheiden sich durch ihre Uniformen. Die Sicherheitspolizei *(Emniyet Polisi)* trägt dunkelblaue Uniformen und Mützen und hellblaue Hemden. Ein Zweig der *Emniyet Polisi* ist die **Touristenpolizei** *(Turizm Polisi)*. Die meisten Beamten können sich in einer oder zwei europäischen Sprachen verständigen. Die Zentrale der Touristenpolizei in Sultanahmet gegenüber der Zisterne *(siehe S. 76)* ist immer geöffnet.

Die sogenannte »Delfinpolizei« *(Yunus Polisi)* ist eine schnell reagierende Einheit der *Emniyet Polisi*. Die Polizisten fahren Motorräder und tragen schwarze Kluft mit roten Streifen.

Die Verkehrspolizei *(Trafik Polisi)* hat die gleichen blauen Uniformen wie die *Emniyet Polisi*, aber mit weißen Gürteln, Hüten und Handschuhen. Die Beamten patrouillieren durch die Straßen in schwarz-weißen Autos, die mit Lautsprechern ausgerüstet sind. Die »Falkenpolizei« *(Şahin Polisi)* ist die Motorradabteilung der *Trafik Polisi*. Ihre Mitglieder tragen ähnliche Lederuniformen wie die der »Delfinpolizei«, haben aber anstelle des roten Streifens einen gelben.

Abzeichen der Motorradpolizei

Die marineblau uniformierte Marktpolizei *(Zabıta)* gehört zur Gemeindepolizei und kontrolliert alle Geschäftsbereiche. Die Militärpolizei *(Askeri İnzibat)* ist an der Armeeuniform und der Aufschrift »As İz« auf dem weißen Helm zu erkennen. Sie ist verantwortlich für die vielen Wehrpflichtigen auf den Straßen. Die Gendarmerie *(Jandarma)* kümmert sich um ländliche Gebiete.

Sicherheitspolizist

Verkehrspolizist

»Delfinpolizist«

Diebstahl

Türken sind in der Regel ehrlich und bemühen sich, verlorene Gegenstände zurückzugeben. Es lohnt sich, an den Ort zurückzukehren, wo man etwas verloren hat. In lebhaften Gebieten und auf Märkten muss man sich allerdings vor Taschendieben hüten. Im Schadensfall können Sie sich an die Touristenpolizei wenden. Wenn Sie etwas in öffentlichen Verkehrsmitteln vergessen haben, ist **I.E.T.T.** dafür zuständig.

Gesundheit

Zwischen Deutschland und der Türkei gibt es zwar ein Sozialversicherungsabkommen, aber das bedeutet lediglich, dass Sachleistungen (ärztliche Behandlung) nach türkischem Recht vergolten werden. Hierzu brauchen Sie als Anspruchsnachweis den Vordruck **T/A 11**, den sogenannten Urlaubskrankenschein. Ratsam ist es, vor der Reise eine Auslandsreise-Krankenversicherung abzuschließen. Achten Sie darauf, dass diese auch einen Krankenrücktransport abdeckt.

Abgefülltes Wasser

Gesetzlich sind für die Türkei keine Impfungen vorgeschrieben. Aber sprechen Sie mit Ihrem Arzt über eine eventuell notwendige Auffrischung der Standardimpfungen. Vielleicht wird er Ihnen auch eine Impfung gegen Hepatitis A, Hepatitis B, Tetanus oder Typhus empfehlen.

Mücken sind in Istanbul eher lästig als gefährlich. Am frühen Abend fahren durch manche Wohnbezirke Gemeindewagen, die Chemikalien gegen Insekten versprühen. Es ist sinnvoll, ein Mückenschutzmittel mitzunehmen.

Streifenwagen der türkischen Sicherheitspolizei *(Emniyet Polisi)*

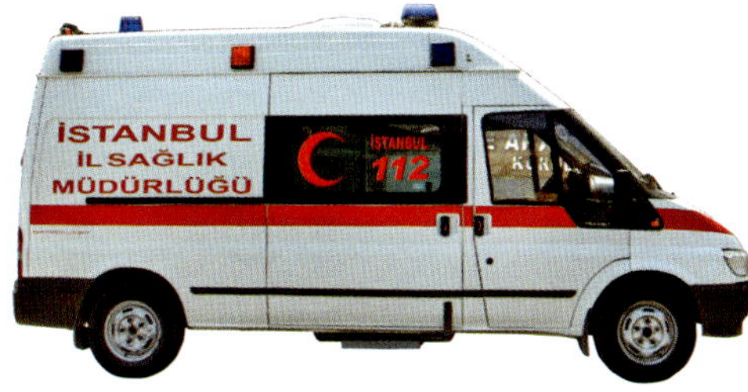

Staatlicher Krankenwagen in Istanbul

Viele Touristen bekommen in der Türkei Magen-Darm-Probleme. Das kann zum einen am Öl liegen, das in der türkischen Küche reichlich eingesetzt wird. Versuchen Sie, leicht zu essen und wenig Alkohol zu trinken. Trinken Sie nie Leitungswasser, meiden Sie Speisen, die möglicherweise schon länger herumstehen, vor allem Meeresfrüchte. Wenn Sie einen empfindlichen Magen haben, sollten Sie auf keinen Fall halbrohes Fleisch essen, keine Salate und keine Milchprodukte außer Joghurt und *ayran (siehe S. 197).*

Medikamente und ärztliche Hilfe

Bei Durchfall helfen Medikamente aus der Apotheke und Elektrolytlösungen, d. h. salzhaltige Lösungen zum Einnehmen). Trinken Sie viel Mineralwasser, abgestandene Cola oder schwachen Schwarztee, essen Sie nur trockenes Brot, Joghurt und Reis. Meiden Sie fette und scharfe Gerichte. Bei ernsten Beschwerden müssen Sie dann allerdings doch Antibiotika einnehmen.

Suchen Sie bei kleineren medizinischen Problemen zunächst eine Apotheke *(eczane)* auf. Wenn Sie außerhalb der Öffnungszeiten dringend Hilfe brauchen sollten, finden Sie im Fenster jeder Apotheke die Adresse der nächstgelegenen Apotheke mit Nachtdienst *(nöbetçi eczane).*

In einer der freien öffentlichen Kliniken *(poliklinik)* in Istanbul können Sie leichte Beschwerden jederzeit behandeln lassen. Privatärzte sind oft nur auf ein bestimmtes Gebiet spezialisiert. Die Praxen der Allgemeinärzte *(tıbbi doktor)* befinden sich meist über den Geschäften in den größeren Einkaufsvierteln und sind gut gekennzeichnet.

Krankenhausschild in Şişli

Krankenhäuser

In der Türkei gibt es staatliche und private Krankenhäuser. In beiden müssen Sie zunächst selbst bezahlen. Zur Kostenerstattung durch Ihre Krankenversicherung brauchen Sie eine Rechnung, aus der hervorgeht, welche Leistungen erbracht wurden.

Apothekenschild in Istanbul

Private Krankenhäuser und Unikliniken wie **Cerrahpaşa** sind gut ausgestattet. Oft können Sie sich dort auch auf Englisch oder Deutsch verständigen. Ausländische Privatkliniken sind z. B. das **American Admiral Bristol Hospital**, **European Hospital**, **International Hospital** und das **Deutsche Krankenhaus** (mit Zahnklinik). Die privaten Krankentransportdienste **Hospital Call Line** oder **Medline** bringen Sie ins Krankenhaus Ihrer Wahl.

Auf einen Blick

Notrufnummern

Notarzt
112.

Hospital Call Line
(0212) 444 09 11.

Medline
(0212) 444 12 12.
www.medline.com.tr

Polizei
155.

Touristenpolizei

Yerebatan Cad. 6, Sultanahmet.
Stadtplan 3 E4.
(0212) 527 45 03
oder 528 53 69.

Fundbüro

I.E.T.T.
Tünel, Beyoğlu.
Stadtplan 7 D5.
(0212) 245 07 20,
Nebenstelle 3205.

Krankenhäuser

American Admiral Bristol Hospital
Güzelbahçe Sok. 20, Nişantaşı.
Stadtplan 8 A2.
(0212) 311 20 00.

Cerrahpaşa-Krankenhaus
Koca Mustafa Paşa Cad., Cerrahpaşa. **Stadtplan** 1 C5.
(0212) 414 30 00.

Deutsches Krankenhaus
Sıraselviler Cad. 119, Taksim.
Stadtplan 7 E4.
(0212) 293 21 50.

European (Avrupa) Hospital
Mehmetçik Cad., Cahit Yalçın Sok. 1, Mecidiyeköy.
Stadtplan 8 A1.
(0212) 414 30 00.

International Hospital
İstanbul Cad. 82, Yeşilköy.
(0212) 663 30 00.

Banken und Währung

Deviseneinfuhr in die Türkei ist unbeschränkt möglich. Obwohl Inflation und Wechselkurse einst für Schlagzeilen sorgten, hat die Türkei jetzt eine moderatere Inflationsrate, die Zahlen bleiben im einstelligen Bereich. Seit Januar 2009 heißt die Währung wieder »Türkische Lira«, die 2005 eingeführte »Neue Türkische Lira« kann seit 2010 nicht mehr als Zahlungsmittel benutzt werden. Niveau und Stabilität haben sich nicht geändert. Es wurden jedoch wieder neue Scheine und Münzen ohne das Wort »Neue« *(yeni)* in Umlauf gebracht. Achten Sie beim Bezahlen unbedingt darauf, dass man Ihnen keine Neuen Türkischen Lira herausgibt. Die Bezahlung mit Kreditkarte wird vielerorts akzeptiert, Bargeld wird aber meist bevorzugt.

Geldautomat mit Instruktionen in mehreren Sprachen

Banken

Die meisten Banken haben Montag bis Freitag von 9 bis 12 Uhr und von 13 bis 17 Uhr geöffnet. Wenige Banken, etwa die Garanti Bankası, sind über Mittag und auch am Samstagmorgen offen. Die Vakıfbank am Busbahnhof in Esenler hat täglich von 8.30 bis 23 Uhr geöffnet, die İş Bankası im Flughafen täglich 24 Stunden.

Viele Banken befinden sich an der Divanyolu Caddesi und der İstiklâl Caddesi in Beyoğlu. Aber auch viele ausländische Banken wie z. B. die Citibank oder HSBC haben hier Zweigstellen. Wenn Sie in einer Bank Geld wechseln wollen, müssen Sie sich, wie andere Kunden auch, in der Warteschlange anstellen. Das kann dauern. Nehmen Sie sich also Zeit. Viele türkische Banken haben Zweigstellen an den Flughäfen und bieten dort Bankdienstleistungen an.

Wechselkurse im *döviz*

Wechselstuben

Wegen der niedrigeren Inflationsrate ist das Wechseln von Geld weitaus entspannter: Sie müssen sich nicht mehr darum kümmern, wann und wie viel Sie am besten wechseln. Es gibt zwar nach wie vor viele Wechselstuben *(döviz)*, aber nicht mehr so viele wie früher.

Empfehlenswerte Wechselstuben: **Para Döviz** im Großen Basar, **Bamka Döviz** in Taksim und **Çetin Döviz** in der İstiklâl Caddesi. Sie bieten teils bessere Wechselkurse als die Banken, haben längere Öffnungszeiten und auch samstags geöffnet. Geldwechsel ist gebührenfrei. Die Wechselkurse sind meist gut sichtbar angeschrieben.

Kreditkarten und Reiseschecks

In Zeiten von Kreditkarte, Debitkarte und Geldautomat verlieren Reiseschecks an Bedeutung. Es wird immer schwieriger, sie einzulösen, und wenn, dann werden oft zusätzlich Gebühren verlangt. Mit Kreditkarten sowie der **Maestro-/EC-Karte** mit PIN können Sie hingegen an den Geldautomaten vieler Banken rund um die Uhr abheben. Falls Sie in der Türkei größere Summen Bargeld benötigen, setzen Sie sich am besten mit Ihrer Bank in Verbindung: Viele Banken bieten Geldtransferdienste an und haben Vereinbarungen mit der türkischen Post oder mit Banken wie İş Bankası getroffen.

Die gängigsten Kreditkarten wie **American Express**, **MasterCard**, **Visa** und **Diners Club** werden im Allgemeinen akzeptiert, ebenso viele Debitkarten, die von internationalen Banken ausgestellt werden. Überprüfen Sie vor Reiseantritt, ob Ihre Karte international gültig ist.

Kleinere Restaurants oder Läden, die nicht auf Karten eingerichtet sind, versuchen oft, das Problem über einen besser ausgestatteten Nachbarn zu lösen. Manche Läden wiederum akzeptieren Karten im Sommer, nicht aber im Winter.

Grundsätzlich ist die Bezahlung per Karte gebührenfrei. Sogar Tankstellen verzichten inzwischen auf eine Gebühr.

Auf einen Blick

Wechselstuben

Bamka Döviz
Cumhuriyet Cad. 23, Taksim, Istanbul. *(0212) 253 55 00.*

Çetin Döviz
İstiklâl Cad. 39, Beyoğlu, Istanbul. *(0212) 252 64 28.*

Para Döviz
Nuruosmaniye Sok. 36, Kapalı Çarşı, Istanbul. *(0212) 513 16 43.*

Kreditkartenverlust

Allgemeiner Notruf
0049 116 116.
www.116116.eu

American Express
0049 69 97 97 2000.

Diners Club
0049 1805 07 07 04.

MasterCard
00800 13 887 09 03.

Visa
00 800 13 535 0900.

Maestro-/EC-Karte
0049 69 740 987.

Währung

Zum 1. Januar 2009 wurde in der Türkei wieder die Türkische Lira (Türk Lirası, TL) eingeführt. Sie löst die Neue Türkische Lira (Yeni Türk Lirası, YTL) ab, die seit 2006 offizielles Zahlungsmittel war. Die Neue Türkische Lira kann seit dem 1. Januar 2010 nicht mehr als Zahlungsmittel verwendet werden. Die Scheine können aber bis zum 31. Dezember 2019 bei den türkischen Zentralbanken und den Ziraatbanken in Türkische Lira umgetauscht werden. Am 1. Januar 2020 verliert die Neue Türkische Lira ihre Gültigkeit.

Auf dieser Seite ist bewusst noch die Neue Türkische Lira (YTL) abgebildet. Bitte akzeptieren Sie diese Scheine keinesfalls. Bestehen Sie beim Wechselgeld auf gültige Türkische Lira. Informieren Sie sich im Zweifelsfall bei einer Bank vor Ort.

Banknoten

Türkische Banknoten gibt es in Ausgabewerten zu 5, 10, 20, 50, 100 und 200 TL. Sie unterscheiden sich farblich. Auf der Vorderseite der Geldscheine befinden sich Porträts des türkischen Staatsgründers Mustafa Kemal Atatürk aus verschiedenen Phasen seines Lebens. Auf den Rückseiten sind berühmte türkische Persönlichkeiten abgebildet.

1 YTL

5 YTL

10 YTL

20 Yeni Türk Lirası (YTL)

50 Yeni Türk Lirası (YTL)

100 Yeni Türk Lirası (YTL)

Münzen

Münzen gibt es in den Nennwerten 1, 5, 10, 25 und 50 Kuruş sowie 1 TL. Auf den Rückseiten befinden sich Porträts von Atatürk. Die Ein-Lira-Münze ähnelt der Zwei-Euro-Münze, die 50-Kuruş-Münze kann mit der 1-Euro-Münze verwechselt werden.

50 Kuruş (YKr)

1 Yeni Türk Lirası (YTL)

Kommunikation

Briefkasten mit PTT-Logo

Postämter erkennt man an dem gelben Schild mit den Buchstaben PTT. Die meisten Postämter haben montags bis samstags von 9 bis 17 Uhr geöffnet. Viele Postämter wechseln auch Geld und übernehmen andere Bankdienstleistungen wie Geldüberweisungen. Auch telefonieren kann man in der Post – häufig sogar bis Mitternacht.

Das türkische Telefonnetz ist seit 1996 in der Hand der Türk Telekom. Im Zuge der Privatisierung hat sich die Infrastruktur deutlich verbessert: Über 80 Prozent der Türkei sind mit Fiberglasleitungen erschlossen, in größeren Städten kommuniziert man selbstverständlich über DSL, und Internet-Cafés schießen wie Pilze aus dem Boden. Immer mehr Hotels bieten ihren Gästen WLAN-Anschluss. Das Mobilfunknetz ist in Istanbul flächendeckend, preiswerter telefoniert man mit öffentlichen Telefonen, für die man allerdings eine Telefonkarte benötigt.

Kartentelefon

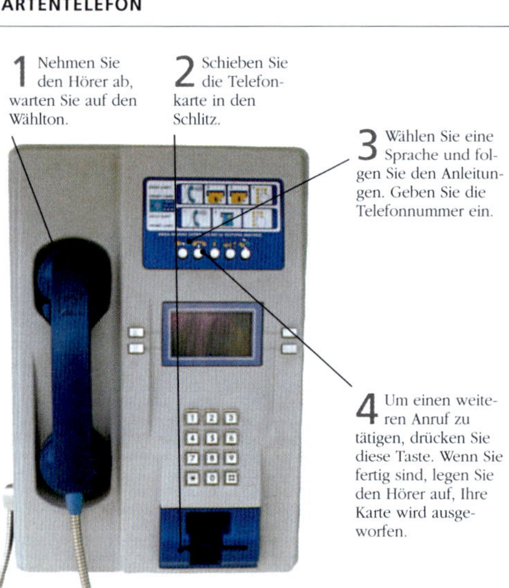

Öffentliche Telefone

Anrufe können Sie von öffentlichen Telefonzellen, Postämtern oder Telefonläden aus tätigen. Die große Verbreitung von Mobiltelefonen hat den Andrang vor öffentlichen Telefonen reduziert.

Für öffentliche Telefone brauchen Sie eine Telefonkarte. Es gibt sie mit 30, 60, 100, 120 und 180 Einheiten in Postämtern und – gegen Aufpreis – bei Straßenverkäufern und am Kiosk. Preisgünstiger telefonieren Sie in der Regel mit einer internationalen Telefonkarte, die Sie in der Türkei kaufen, sich aber auch schon zu Hause besorgen können. Diese Calling Cards sind mit einem Code gekoppelt. Von jedem beliebigen Festnetzanschluss wählen Sie sich gebührenfrei ins Netz ein und geben danach ihren Zugangscode ein.

Kiosk mit Telefonkarten

Mobiltelefone und Roaming

Die größten Mobilfunkanbieter in der Türkei sind **Türkcell** und **Vodafone**. Die beiden Unternehmen haben GSM-Roaming-Vereinbarungen mit 180 Ländern auf drei MHz-Bändern – das heißt, dass Ihr Handy problemlos funktioniert. Auch **Türk Telekom** bietet ein Handynetz an, Sie werden also überall Netzanschluss bekommen.

Erkundigen Sie sich am besten vor der Reise bei Ihrer Telefongesellschaft über die günstigsten Roaming-Tarife. Auch auf Websites wie www.tariftip.de finden Sie die aktuell preisgünstigsten Anbieter in der Türkei.

Praktisch für Telefonate innerhalb der Türkei ist es auch, eine Prepaid-SIM-Card eines türkischen Netzanbieters zu kaufen. Sie passt in jedes Handy, und die Anmeldung erfordert nur wenige Formalitäten. Man kann die Karte am Kiosk aufladen, der Vertrag erlischt nach drei Monaten automatisch.

Akıllı-Telefonkarten tragen Porträts historischer Figuren

Vorwahlnummern

- Für Telefonate aus dem Ausland: Wählen Sie die Vorwahl der Türkei 0090, danach die Regionalvorwahl ohne die erste 0.
- Istanbul hat zwei Vorwahlnummern: 0212 (europäische Seite) und 0216 (asiatische Seite).
- Für Telefongespräche in eine andere türkische Stadt wählen Sie die entsprechende Vorwahlnummer, z. B. 0224 für Bursa.
- Wenn Sie von der Türkei aus ins Ausland telefonieren wollen, wählen Sie 00, gefolgt von der Landesvorwahl: 49 für Deutschland, 43 für Österreich oder 41 für die Schweiz.

Handy-Sperrung

E-Plus: 0049 177 1000.
O_2: 0049 179 55 222.
T-Mobile: 0049 1803 30 22 02.
Vodafone: 0049 172 12 12.

Telefonnummern

Fernsprechauskunft
118 11.

Nationale Vermittlung
131.

Auslandsvermittlung
115.

Deutschland Direkt (R-Gespräche)
00 800 49 11 49.

Internet-Cafés

In den vielen Internet-Cafés, die überall aus dem Boden sprießen *(siehe S. 209)*, können Sie Ihre E-Mails abrufen oder im Internet surfen. Es sind oft nur kleine Nebenzimmer, die mit Computern vollgestellt sind, manche bieten aber auch Erfrischungen an. Die Gebühren werden nach Zeit berechnet (Minimum: eine halbe Stunde).

WLAN gibt es inzwischen auch in vielen Hotels und Pensionen, in den Luxushotels sogar auf den Zimmern.

DSL und VoIP

Die Verbreitung von Breitband- bzw. DSL-Internet-Zugang hat das Telefonieren nach Hause und mit Freunden vereinfacht. Inzwischen gibt es nur noch wenige Hotels ohne Internet-Zugang, die Häuser in gehobener Preisklasse bieten standardmäßig DSL-Anschluss auf dem Zimmer. Unter VoIP (Voice over IP) versteht man das Telefonieren über Computernetzwerke – zu Internet-Verbindungskosten.

Briefe und Postkarten

Briefmarken erhalten Sie nur in Postämtern und an den PTT-Kiosken. Die Kioske verkaufen auch Telefonkarten. Große Postfilialen befinden sich in **Sirkeci**, **Taksim** und **Beyoğlu**. Weitere Zweigstellen sind auf dem Stadtplan *(siehe S. 246–263)* eingetragen.

Briefe und Postkarten können Sie auch in einen gelben Briefkasten mit der Aufschrift PTT einwerfen. Hinweisschilder für den entsprechenden Kasten oder Einwurfschlitz sind: *şehiriçi* (örtlich), *yurtiçi* (national) und *yurtdışı* (international). Eine Postkarte international kostet 80 Kuruş, ein Standardbrief international 85 Kuruş.

Briefmarken

Postdienste

Verschicken Sie Briefe lieber per Luftpost *(uçak ile)*, da die Post über Land nur langsam befördert wird. Ein Paket auf dem Landweg sollten Sie nur per Einschreiben *(kayıtlı)* versenden. Es kann allerdings schon passieren, dass es 14 Tage oder länger unterwegs ist. Der Paketinhalt wird am Postschalter inspiziert – nehmen Sie Klebeband mit, um Ihr Paket danach wieder verschließen zu können. Größere Postämter verkaufen Faltpakete *(kutular)*. Manchmal müssen Sie beim Aufgeben des Pakets eine Quittung vorlegen, um z. B. nachzuweisen, dass Sie keine »verbotenen« Antiquitäten exportieren.

Acele Posta Servisi (APS) ist ein schneller und zuverlässiger Eilsendungsdienst für Briefe und Pakete innerhalb der Türkei. Informationen über Tarife der Post finden Sie auf Englisch unter **www.**ptt.gov.tr/en/tariffs/postage_rates.htm

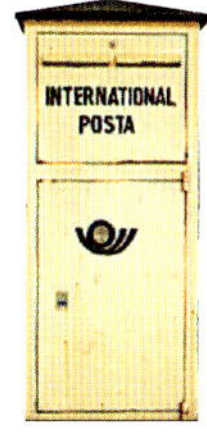

Briefkasten für Auslandspost

Poste Restante

Postlagernde Briefe und Pakete sollten an das Postamt in Sirkeci geschickt werden. Auf der Sendung muss der Empfängername stehen und danach folgende Adresse: Poste Restante, Büyük Postane, Büyük Postane Caddesi, Sirkeci, Istanbul, Türkei. Bei Abholung ist eine Gebühr fällig, außerdem müssen Sie sich ausweisen.

Auf einen Blick

Netzanbieter für Mobilfunk

Türk Telekom
444 14 44.
www.telekom.com.tr

Türkcell
444 05 32.
www.turkcell.com.tr

Vodafone Türkiye
www.vodafone.com.tr

Postämter

Beyoğlu
Yeni Çarşi Caddesi.
Stadtplan 7 D4.

Sirkeci
Şehin Şah Pehlevi Caddesi.
Stadtplan 5 D1.

Taksim
Taksim-Platz.
Stadtplan 7 E3.
www.ptt.gov.tr

Anreise

Am einfachsten ist Istanbul per Flugzeug zu erreichen. Zahlreiche Linien- und Charterflugzeuge aus vielen europäischen Städten (u.a. auch Lufthansa, Austrian und Swiss) fliegen den auf der europäischen Seite liegenden Atatürk-Flughafen an, den Flughafen Sabiha Gökçen bei Pendik auf der asiatischen Seite nutzen eher Flüge aus dem Osten und einige Billigfluglinien. Turkish Airlines (THY) bedient weltweit über 100 Ziele. Natürlich kann man auch per Bus oder Bahn nach Istanbul reisen, aber die Fahrt dauert lange und will gut überlegt sein. Es gibt keine direkten Fährverbindungen von europäischen Häfen, doch viele Kreuzfahrtschiffe legen einen Besichtigungstag im Hafen von Istanbul ein.

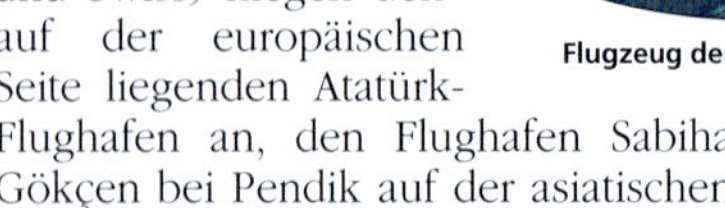

Flugzeug der Turkish Airlines

Mit dem Flugzeug

Die größte internationale Fluggesellschaft der Türkei, **Turkish Airlines** (THY), bietet Flüge von allen europäischen und einigen asiatischen Großstädten direkt nach Istanbul. Vor allem in den Sommermonaten gibt es preiswerte Charterflüge. Achten Sie darauf, ob Ihr Zielflughafen Atatürk oder Sabiha Gökçen ist.

Linienflüge nach Istanbul haben natürlich auch **Lufthansa**, **Austrian**, **Swiss** sowie Fluggesellschaften anderer Länder in ihrem Programm. Von deutschen Flughäfen beträgt die Flugzeit nach Istanbul ungefähr drei Stunden.

Flughafen Atatürk

Istanbuls **Atatürk-Flughafen** (Atatürk Havalimanı) liegt in Yeşilköy, 24 Kilometer südwestlich des Zentrums. Der 2001 eröffnete internationale Terminal *(Diş Hatları)* befindet sich neben dem nationalen Terminal *(İç Hatları)*. In beiden Terminals gibt es Duty-free-Shops, die teilweise rund um die Uhr geöffnet haben. Hier können Sie u.a. Parfum, Zigaretten, alkoholische Getränke und Kosmetika kaufen. Außerdem finden Sie im Atatürk-Flughafen Souvenirläden, Cafés und Restaurants, ein Postamt, eine rund um die Uhr geöffnete Bank, Autoverleiher und das Tourismusbüro für Hotelreservierungen).

Kommen Sie beim Abflug früh – bei den Sicherheitskontrollen kann es zu längeren Wartezeiten kommen.

Emblem der Turkish Airlines

Maschine der THY auf dem Atatürk-Flughafen

Verkehrsmittel vom Flughafen Atatürk

Taxis *(siehe S. 238)* sind die bequemsten Verkehrsmittel vom Flughafen ins Zentrum. Sie stehen auf dem Platz vor der Ankunftshalle des internationalen Terminals. Für die Fahrt nach Sultanahmet müssen Sie mit rund 25 YTL rechnen, zum Taksim-Platz mit etwa 30 YTL.

Sehr preiswert ist die Metro (bzw. *Hafif Metro*), die über den Busbahnhof Esenler nach Aksaray fährt *(siehe S. 240f)*.

Mit dem Flughafenbus gelangen Sie ebenfalls bequem ins Zentrum. Die **Havaş**-Busse fahren zwischen 4 Uhr und Mitternacht. Die Bushaltestelle vor dem Haupteingang der Ankunftshalle erkennen Sie an der Aufschrift »Havaş«. Es gibt Busse zum Taksim-Platz (jede halbe Stunde; Fahrzeit ca. 40 Min; 10 YTL). Haltestellen auf dieser Route sind der Fähranleger Bakırköy, Aksaray und Tepebaşı. Von Aksaray oder vom Taksim-Platz erreichen Sie mit Tram oder Taxi leicht alle Ziele im Zentrum. Außerdem gibt es Busverbindungen nach Kozyatağı (stündlich) und Etiler (alle zwei Stunden).

Auch die Vorort-Bahn zwischen Yeşilköy und Sirkeci kann für bestimmte Ziele in Sultanahmet und Saray Burnu ein gutes Transportmittel sein.

Flughafen Sabiha Gökçen

Der kleine, 2001 eröffnete **Sabiha-Gökçen-Flughafen** liegt 45 Kilometer südöstlich des europäischen Stadtzentrums und wird von einigen Billigfluggesellschaften angeflogen. In die Stadt kommt man mit Havaş-Bussen.

Pauschalreisen

Zahlreiche Reiseveranstalter organisieren Pauschalreisen nach Istanbul. Die Übernachtung in einem der Top-Hotels gehört meistens zum Angebot dazu, in der Regel sparen Sie dadurch erheblich.

Der Bahnhof Sirkeci ist die Endstation auf europäischer Seite

Mit dem Zug

Der Orient-Express *(siehe S. 66)* fährt schon lange nicht mehr bis Istanbul, und seit dem Zerfall Jugoslawiens in unabhängige Staaten wurde der grenzüberschreitende Zugverkehr durch das östliche Europa stark eingeschränkt. Gegenwärtig gibt es nur noch von Thessaloniki in Griechenland eine direkte Verbindung. Die Hauptstrecke aus Mitteleuropa führt von München über Salzburg, Wien und Budapest – die Reise dauert rund zweieinhalb Tage.

Istanbul hat zwei Hauptbahnhöfe: Sirkeci auf der europäischen und Haydarpaşa auf der asiatischen Seite. Züge aus europäischen Städten fahren zum Bahnhof Sirkeci *(siehe S. 66)*, Züge aus Anatolien und Asien kommen am Haydarpaşa-Bahnhof *(siehe S. 133)* an. Eine Fähre verbindet die beiden Seiten.

Mit dem Bus

Die führenden türkischen Reisebusunternehmen **Ulusoy** und **Varan**, aber auch **Eurolines** bieten direkte Fahrten nach Istanbul an. Ulusoy fährt ab Wien und München, Varan nur von österreichischen Städten aus.

Mit dem Bus, auch mit Inlandsbussen *(siehe S. 244)*, kommt man am Busbahnhof *(otogar)* Esenler an, 14 Kilometer nordwestlich vom Zentrum. Einige Busunternehmen bringen ihre Passagiere per Minibus ins Zentrum. Die *Hafif Metro* M1 *(siehe S. 240f)* fährt nach Aksaray, auch die Busse 83E und 91 fahren ins Zentrum. **Kamil Koç** fährt täglich die Route Istanbul–Athen.

Mit dem Auto

Bei der Einreise mit dem eigenen Auto müssen Sie an der Grenze Autopapiere und einen gültigen nationalen Führerschein vorlegen. Der türkische Zoll stellt Ihnen eine Bescheinigung aus, die Sie bei sich führen sollten. Die Mitnahme der Internationalen Grünen Versicherungskarte wird empfohlen. Eine Zusatzversicherung ist anzuraten, besonders falls Sie mit dem Wagen in den asiatischen Teil der Türkei wollen.

Das Auto muss mit Feuerlöscher, Erste-Hilfe-Kasten und zwei Warndreiecken ausgerüstet sein. Einen Parkplatz zu finden ist im Zentrum von Istanbul nicht einfach.

Topkapı E5 100
İstanbul

Autobahnschild mit Straßennummern

Busse parken vor den Büros der Busunternehmen in Esenler

Auf einen Blick

Fluglinien

Turkish Airlines (THY)
(0212) 444 0 849.
(0212) 463 63 63 *(Atatürk-Flughafen).*
www.turkishairlines.com

Lufthansa
(0212) 354 88 88.
www.lufthansa.com

Austrian
(0212) 293 69 95.
(0212) 465 56 44 *(Atatürk-Flughafen).*
www.aua.com

Swiss
(0212) 354 99 19.
www.swiss.com

Flughafen

Atatürk-Flughafen
(0212) 463 30 00.
www.ataturkairport.com

Sabiha-Gökçen-Flughafen
(0216) 585 50 00.
www.sgairport.com

Busunternehmen Havaş
(0212) 465 47 00 oder 444 04 87 (Call-Center).
www.havas.com.tr

Zugreisen

Bahnhof Haydarpaşa
(0216) 336 04 75.

Bahnhof Sirkeci
(0212) 527 00 50.

Internationale Busreisen

Eurolines / Deutsche Touring
(069) 790 35 01.
www.touring.com

Kamil Koç
(0212) 444 05 62.

Ulusoy
Busbahnhof Esenler, Nr. 128.
(0212) 658 30 00.

Varan
Busbahnhof Esenler, Nr. 15/16.
(0212) 444 05 62.

Auto

ADAC-Notruf
(0212) 288 71 90 *(Deutsch sprechende Mitarbeiter).*

In Istanbul unterwegs

Die meisten Sehenswürdigkeiten in Istanbul sind leicht zu Fuß zu erreichen. Alle zentralen Stadtviertel sind mit Straßenbahn und U-Bahn gut versorgt, und außerdem fahren im gesamten Stadtgebiet Busse und Sammeltaxis.

Das Verkehrsnetz wird ständig weiter ausgebaut. Für den Besucher ist es deshalb manchmal recht verwirrend, welches Verkehrsmittel er nun tatsächlich wählen soll. Aber keine Angst: Die verschiedenen Verkehrssysteme sind relativ gut vernetzt, sodass Sie immer ans Ziel kommen. Einen Übersichtsplan finden Sie auf den hinteren Umschlaginnenseiten. Der AKBİL-Pass *(siehe S. 241)* ist für jedes öffentliche Verkehrsmittel innerhalb des Stadtgebiets gültig. Nur für Fährfahrten zu weiter entfernten Zielen benötigen Sie ein anderes Ticket. Wenn Ihnen nur wenig Zeit zur Verfügung steht, nehmen Sie am besten ein Taxi.

Straßenschild an einer Kreuzung in Sultanahmet

Istanbul zu Fuss

Einige Stadtviertel und Straßen in Istanbul sind inzwischen verkehrsberuhigt, wie z. B. die İstiklâl Caddesi und Sultanahmet. Hier können Sie ungehindert flanieren, was vor allem im Frühling und Herbst bei mildem Wetter sehr angenehm ist. Möglich sind auch Spaziergänge in den ruhigeren Vierteln, z. B. in der Gegend rund um die Antiquitätenläden von Çukurcuma, in Galatasaray oder in Eyüp *(siehe S. 120f)*. Die Adressen von Unternehmen, die Führungen anbieten, finden Sie auf Seite 229.

Fußgängerunterführung

Auf den Straßen Istanbuls geht es »wild« zu. Autofahrer haben wenig Bereitschaft, für Fußgänger anzuhalten. Überqueren Sie also die Hauptstraßen nur an Fußgängerampeln, benutzen Sie Über- und Unterführungen.

Vermeiden Sie es, nach Einbruch der Dunkelheit durch Straßen zu gehen, die Sie nicht kennen, vor allem, wenn Sie alleine sind.

Taxis

Taxis stehen in Istanbul Tag und Nacht zur Verfügung – und das zu recht günstigen Preisen. Entweder Sie winken sich ein Taxi an der Straße heran oder Sie gehen zu einem Taxistand. Außerdem ruft das Hotel- oder Restaurantpersonal Ihnen jederzeit telefonisch ein Taxi herbei.

Auf dem Dach der gelben Taxis, die bis zu vier Personen mitnehmen, steht auf einem Schild die Aufschrift *taksi*. Alle Taxis mit Lizenz haben ein Taxameter. Der Tagespreis *(gündüz)* wird von 6 bis 24 Uhr berechnet, der Nachtpreis *(gece)* ist um 50 Prozent teurer. Beim Überqueren des Bosporus wird am Ziel immer Brückenzoll auf den Fahrpreis aufgeschlagen.

Der Fahrer erwartet mehr Trinkgeld, wenn er Ihnen beim Einladen des Gepäcks geholfen hat. Andernfalls runden Sie den Fahrpreis auf.

Es kann passieren, dass ein Fahrer die weniger bekannten Sehenswürdigkeiten nicht kennt. Deshalb sollten Sie genau wissen, in welchen Stadtteil Sie gefahren werden wollen. Es ist ratsam, einen Stadtplan dabeizuhaben.

Sammeltaxis

Außerhalb des Stadtzentrums sind Sammeltaxis *(dolmuşlar)* ein nützliches Verkehrsmittel. Sie fahren eine vorgegebene Strecke, sind billiger als normale Taxis und verkehren öfter als Busse. Das Wort *dolmuş* bedeutet »voll«, und die Fahrer warten wirklich mit der Abfahrt, bis das Fahrzeug voll ist.

Früher wurden *Dolmuş*-Fahrgäste in großen gelben oder schwarzen Wagen aus den 1950er Jahren chauffiert. Es waren Modelle wie Chevrolet oder Chrysler, und sie hatten zwei hintere Sitzreihen. Heute haben neue gelbe Diesel-Minibusse oder SUVs die schönen alten Benzinfresser verdrängt.

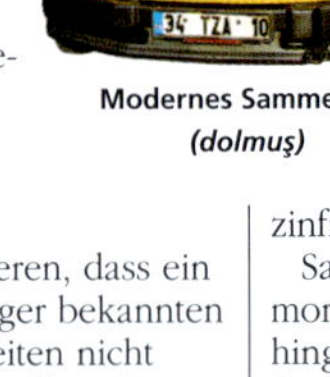

Modernes Sammeltaxi *(dolmuş)*

Sammeltaxis fahren von morgens bis abends, nachts hingegen nur auf belebten Strecken. Jedes *dolmuş* hat vorn im Fenster Schilder mit Abfahrtsort und Endziel. Die Passagiere können an beliebigen Punkten entlang der

Istanbuler Taxi mit der Registrierungsnummer an der Seite

Nützliche Dolmuş-Strecken

Taksim – Ataköy
(ab Taksim Caddesi)
Taksim – Beşiktaş
(ab Gümüşsuyu Caddesi)
Taksim – Eminönü
(ab Lamartin Caddesi)
Taksim – Kadıköy
(ab Atatürk-Kulturzentrum AKM; hinter dem Gebäude)
Taksim – Teşvikiye
(ab Gümüşsuyu Caddesi)
Beşiktaş – Taksim
(ab Beşiktaş Caddesi)
Eminönü – Topkapı
(ab Sobacılar Caddesi)
Kadıköy – Üsküdar
(ab Haydarpaşa Rıhtım Caddesi)
Kadıköy – Bostancı
(ab Kumluk Meydanı)
Üsküdar – Beykoz
(ab Paşa Limanı Caddesi)
Beşiktaş – Sarıyer
(ab Barbaros Bulvarı)
Yedikule – Edirnekapı
(Unterführung bei der Stadtmauer bei Kale İçi)

Strecke ein- und aussteigen. Der Fahrpreis hängt von der Strecke ab und wird unter den Passagieren aufgeteilt. Nennen Sie Ihr Ziel, geben Sie das verlangte Geld dem Fahrer oder einem Passagier, der es weiterreicht. Wenn Sie aussteigen wollen, sagen Sie einfach *inecek var* – das Sammeltaxi wird dann an der nächsten möglichen Stelle anhalten.

Dolmuş-Haltestellen sind mit einem blauen Schild mit schwarzem »D« auf weißem Hintergrund gekennzeichnet. Ein *dolmuş*, das von Taksim über die Bosporus-Brücke fährt, rechnet die Brückengebühr zum Fahrpreis dazu.

Mit dem Bus

Stadtbusse werden von zwei Gesellschaften betrieben, beide unterstehen der kommunalen Verwaltung. Die Busse der **I.E.T.T.** (Istanbuler Omnibus-Gesellschaft) sind entweder rot oder grün, wobei die grünen Busse umweltfreundlich mit Erdgas fahren. Die **Özel-Halk-Busse** (ebenfalls städtisch) sind orange und beige. Beide Linien haben gleiche Routen, Haltestellen und Preise.

I.E.T.T.-Busse akzeptieren nur den elektronischen AKBİL-Pass *(siehe S. 241)*. Er kann an Busbahnhöfen, Zeitungsständen, Kiosken und bei privaten Verkäufern gekauft werden. Wenn Sie vorhaben, viel mit dem Bus zu fahren, lohnt sich ein Wochenpass oder ein 15-Tage-Pass, der an größeren Busbahnhöfen, z. B. Taksim, Beşiktaş, Kadıköy oder Eminönü, erhältlich ist. Für die Überquerung des Bosporus muss man den doppelten Preis bezahlen.

Der Einstieg in die Busse erfolgt vorn. Wenn Sie aussteigen wollen, drücken Sie den Halteknopf, um es dem Fahrer anzuzeigen. Die Haltestellen sind über Display oder auf Tafeln angezeigt. Busse verkehren meist zwischen 6 und 22 oder 23 Uhr.

Plan Tours *(siehe S. 229)* bietet für Besucher Rundfahrten mit Doppeldecker-Bussen an, bei denen die Hauptsehenswürdigkeiten angesteuert werden. Auf diesen Fahrten können Sie beliebig aussteigen und ihre Fahrt später fortsetzen.

Auch Außenbezirke kann man recht einfach per Bus besichtigen. Für Besucher kann die Buslinie 40 interessant sein: Sie führt vom Taksim-Platz aus die Nordseite des Bosporus entlang bis nach Sarıyer, dem äußersten europäischen Stadtteil Istanbuls.

Sightseeing-Bus von Plan Tours, bei dem man jederzeit aussteigen kann

Tomatenwerbung auf einem I.E.T.T.-Bus

Auf einen Blick

Taxi

Reklamationen
☎ *(0212) 283 65 46.*

Busgesellschaften

I.E.T.T. (Istanbuler Omnibus-Gesellschaft)
Erkan-ı Harp Sok. 4, Beyoğlu.
Stadtplan 7 D5.
☎ *(0800) 211 60 68 oder 444 18 71.*
www.iett.gov.tr

Bustouren

Plan Tours
Cumhuriyet Cad. 131/1, Elmadağ.
Stadtplan 7 F3.
☎ *(0212) 230 22 72.*
www.plantours.com

Zweigstelle Sultanahmet (gegenüber Hagia Sophia):
Stadtplan 3 E4 (5 E4).
☎ *(0212) 458 18 00.*

U-Bahn, Tram und Zug

Metro-Zeichen

In Istanbul geht es meist hektisch zu, und noch ist die Stadt dabei, ein geschlossenes Nahverkehrsnetz auszubauen. Trotzdem funktionieren Tram und Metro effizient und zuverlässig. Der Flughafen Atatürk und der Busbahnhof in Esenler sind gut mit der *Hafif Metro* zu erreichen, einer Mischung aus Metro und Tram. Für einen flächendeckenden Verkehrsverbund wird viel getan. Die Bauarbeiten für das »Marmara-Projekt«, einen U-Bahn-Tunnel unter dem Marmarameer, haben begonnen. Auch eine dritte Bosporus-Brücke soll entstehen.

Moderne Tram an einer Haltestelle in Sultanahmet

Moderne Trams

Die Straßenbahnen (wichtiger Teil des *Raylı Sistem*) in Istanbul sind modern und effizient. Die *Tramvay* fährt von Kabataş über die Galata-Brücke durch Sultanahmet und über Aksaray bis Zeytinburnu und Bağcılar *(siehe hintere Umschlaginnenseiten)*. Zwischen 5 und 24 Uhr verkehren Trams alle fünf Minuten. Als Einzelfahrscheine gelten Jetons, die Sie vorher erwerben müssen. Am besten kommen Sie mit dem AKBİL-Pass zurecht.

Metro und Hafif Metro

Die U-Bahn *(Metro)* ist bislang nur wenig ausgebaut. Im Jahr 2000 wurde die Linie M2 von Taksim nach 4. Levent in Betrieb genommen. Im Norden ist die M2 seit 30. Januar 2009 um drei Stationen (von 4. Levent bis Atatürk Oto Sanayi) verlängert, im Süden erfolgte gleichzeitig die Eröffnung der Strecke Taksim–Şişhane. Die dringend erforderliche Verlängerung von Şişhane nach Yenikapı (mit einer oberirdischen Strecke über das Goldene Horn) ist im Bau, die Eröffnung soll bald erfolgen, der genaue Termin steht aber noch nicht fest.

Eine Mischung aus Tram und U-Bahn ist die *Hafif Metro* (auch *Light Railway* genannt). Sie fährt größtenteils oberirdisch, auf manchen Strecken unterirdisch. Die Linie M1 verbindet Aksaray mit dem

Metro und Tram

Der Ausbau der U-Bahn (Metro) ist im Gange, auch wenn immer wieder historische Funde die Bauarbeiten stoppen – so im Teilstück zwischen Taksim und Yenikapı. Ergänzt wird die Metro durch Tram und *Hafif Metro*.

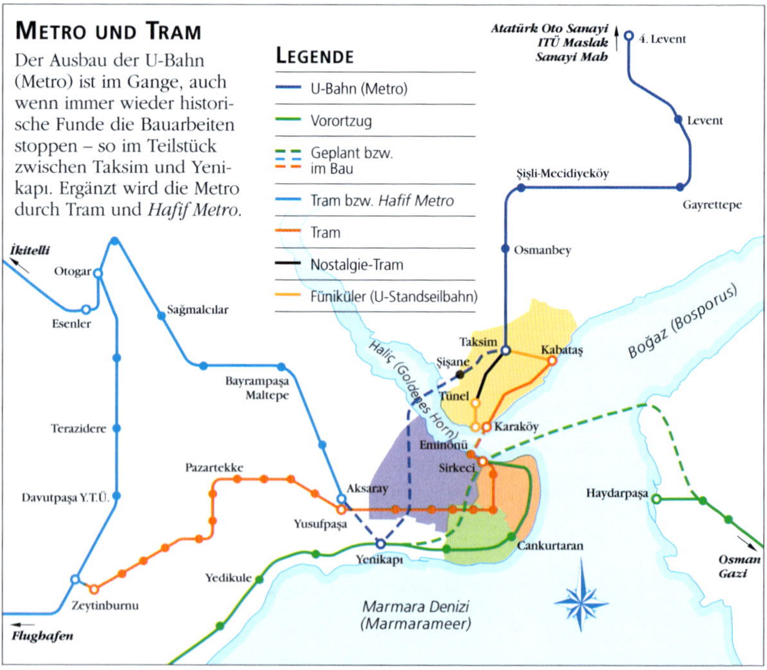

Legende

- U-Bahn (Metro)
- Vorortzug
- Geplant bzw. im Bau
- Tram bzw. *Hafif Metro*
- Tram
- Nostalgie-Tram
- Füniküler (U-Standseilbahn)

Atatürk Oto Sanayi
İTÜ Maslak
Sanayi Mah
4. Levent
Levent
Şişli-Mecidiyeköy
Gayrettepe
Osmanbey
İkitelli
Otogar
Esenler
Sağmalcılar
Bayrampaşa Maltepe
Terazidere
Davutpaşa Y.T.Ü.
Pazartekke
Aksaray
Yusufpaşa
Yenikapı
Yedikule
Zeytinburnu
Flughafen
Haliç (Goldenes Horn)
Taksim
Şişane
Tünel
Kabataş
Karaköy
Eminönü
Sirkeci
Cankurtaran
Haydarpaşa
Boğaz (Bosporus)
Osman Gazi
Marmara Denizi (Marmarameer)

Busbahnhof Esenler *(siehe S. 244)* und mit dem Flughafen Atatürk *(siehe S. 236)*. Die kurze, aber wichtige Verbindungsstrecke zwischen Yenikapı und Aksaray soll demnächst eröffnet werden.

Beide Metro-Arten verkehren täglich von 6 bis 24 Uhr. Die echte Metro hat eine Klimaanlage, Aufzüge machen sie behindertengerecht. Bedenken Sie, dass die Verkehrsmittel in der Rushhour sehr voll sind.

Türkisches Bahnkennzeichen

Tünel-Bahn

Der *Tünel*, Europas älteste Standseilbahn und die drittälteste U-Bahn der Welt, wurde 1875 eingeweiht. Er fährt unterirdisch eine nur 606 Meter lange Strecke von Karaköy hinauf zum Tünel-Platz in Beyoğlu. Von hier können Sie mit der Nostalgie-Tram entlang der İstiklâl Caddesi weiterfahren. Die Station Karaköy liegt etwas versteckt an der Galata-Brücke *(siehe S. 101)*. Zugang ist eine Unterführung am Ende der Brücke. Die Tünel-Bahn fährt nur bis 21 Uhr.

2006 wurde die *Füniküler* eröffnet. Diese unterirdische Standseilbahn verbindet das am Bosporus gelegene Kabataş mit dem Taksim-Platz in 110 Sekunden.

Nostalgie-Tram

Die *Nostaljik Tramvay* fährt auf der İstiklâl Caddesi von Tünel zum Taksim-Platz. Die Bahnen sind allesamt Originale und stammen aus dem frühen 20. Jahrhundert. 1966 wurden sie stillgelegt, 1990 dann wieder in Betrieb genommen. Die Schaffner tragen die originalen alten Uniformen. Fahrkarten können an den Haltestellen am Kiosk gekauft werden.

2003 wurde die *Moda Tramvay* auf der Ringstrecke zwischen Kadıköy und Moda im asiatischen Teil Istanbuls in Betrieb genommen. Hier fahren alte Trams aus der DDR.

Vorortzüge

Die Vorortzüge *(banliyö tren)* fahren am Marmarameer entlang, auf der asiatischen Seite von Haydarpaşa bis nach Osman Gazi und auf der europäischen Seite von Sirkeci nach Halkalı. Die Zuglinie ist für Urlauber nicht besonders interessant, weil die Bahnhöfe eher im Abseits liegen. Ausnahmen sind Yedikule (Yedikule-Kastell; *siehe S. 115*), Ataköy (Galleria-Einkaufszentrum; *siehe S. 211*) und Yesilköy (in der Nähe des Flughafens; *siehe S. 236*). In Bostancı auf der asiatischen Seite befindet sich eine der Anlegestellen für Fähren hinüber zu den Prinzeninseln.

Vorortzüge fahren von 6 bis 23.30 Uhr. Als Tickets gelten die Jetons der Straßenbahn und der AKBİL-Pass.

AKBİL-Pass

Der Fahrausweis AKBİL *(bilet AKBİL)* gilt in fast allen öffentlichen Verkehrsmitteln. Die Metallmarke wird an größeren Busstationen und anderen Fahrkartenschaltern verkauft. Sie kann bei Fahrten mit Metro, Tram, Tünel-Bahn, Bus, Vorortzug sowie auf Fähren und Wasserbussen genutzt werden.

Beim Kauf eines AKBİL-Passes bezahlen Sie im Voraus eine Anzahl von Einheiten und ein Pfand, das Sie bei Rückgabe zurückbekommen. Es ist jederzeit möglich, weitere Einheiten nachzukaufen. Die orangefarbenen AKBİL-Automaten finden Sie an den Zugängen zu Bahnsteigen, in Bussen und an Piers *(siehe S. 243)*.

AKBİL-Pässe

Die Benutzung des Passes ist einfach: Legen Sie die Metallmarke in die Fassung neben dem Anzeigefeld an der Vorderseite des Automaten. Der Fahrpreis wird dann in Einheiten abgezogen.

Auf einen Blick

Tram und Metro

Information

(0212) 568 99 70.

www.istanbul-ulasim.com.tr

Zuginformation

Bahnhof Haydarpaşa

(0216) 336 44 70.

Bahnhof Sirkeci

(0212) 527 00 50/51.

Nostalgie-Tram auf der İstiklâl Caddesi in Beyoğlu

Fähren, Wasserbusse und Bootstouren

Marke *(jeton)* einer İDO-Fähre

Die Fahrt übers Wasser ist eine erholsame Alternative zu Schiene und Straße. Zwischen europäischer und asiatischer Seite verkehren auf dem Bosporus die unterschiedlichsten Fahrzeuge, vom privaten Motorboot bis hin zu einer Flotte von Highspeed-Katamaranen. Mit dem Schiff können Sie die Hektik und die Verkehrsstaus auf den Straßen und die Gebühr, die bei einer Fahrt über die Bosporus-Brücke anfällt, umgehen. In jedem Fall haben Sie eine fantastische Aussicht auf die Stadt.

Fährpassagiere beim Einsteigen

Alte Fähren in Karaköy

Fähren

Fähren überqueren regelmäßig den Bosporus und das Goldene Horn. Die Betreibergesellschaft der Fähren *(vapur)* ist die kommunale **İDO** (Istanbul Deniz Otobüsleri). Die größte Fähranlegestelle auf europäischer Seite befindet sich in Eminönü *(siehe S. 87)*. Jeder der sechs Piers hat eine Wartehalle, an deren Eingang die Zielstation angeschrieben steht. Die drei Hauptanlegestellen sind nummeriert: Von Pier 1 fahren die Fähren nach Üsküdar, von Pier 2 nach Kadıköy. Fähren von Pier 3 (mit der Aufschrift »Boğaz Hattı«) fahren den Bosporus hinauf. Hier liegen aber auch andere Schiffe, z. B. Ausflugsschiffe. Die drei anderen Piers sind etwas abgelegener. An der Westseite der Galata-Brücke liegt der Pier für Fähren, die das Goldene Horn (Haliç Hattı) hinauffahren. In Sirkeci, östlich von Pier 1, finden Sie den Hafen für Autofähren nach Harem. Und in Saray Burnu liegt der Pier Adalar. Von hier legen die Fähren hinüber zu den Prinzeninseln ab.

Gegenüber von Eminönü, auf der anderen Seite des Goldenen Horns, liegt Kara-

Routen der Fähren und Wasserbusse

Zahlreiche Fähren und Wasserbusse legen täglich in Eminönü und an anderen Schiffsanlegern an und ab. Zusätzlich befahren kleinere Privatboote die gleichen Strecken wie die staatlichen Fähren.

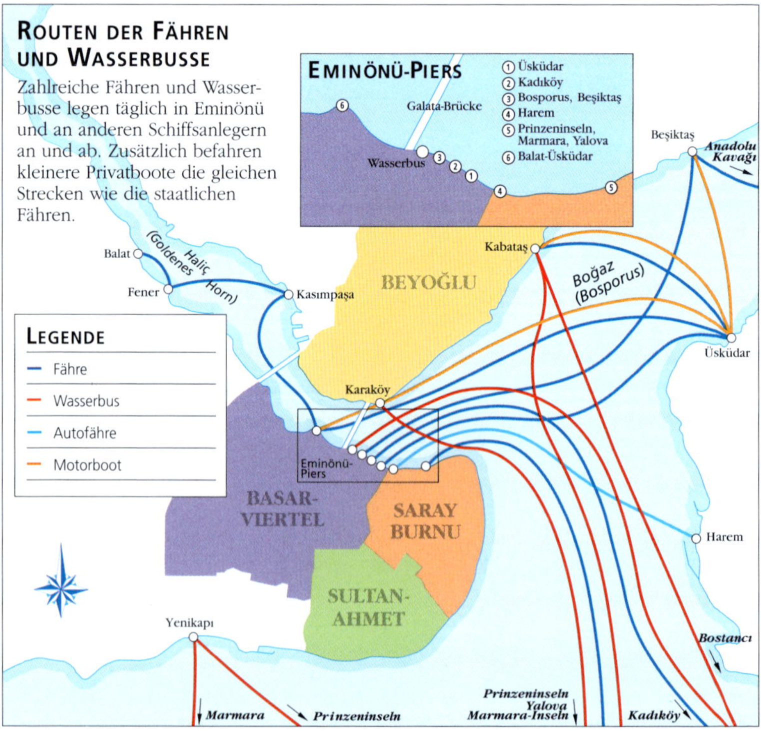

Eminönü-Piers

1. Üsküdar
2. Kadıköy
3. Bosporus, Beşiktaş
4. Harem
5. Prinzeninseln, Marmara, Yalova
6. Balat-Üsküdar

Galata-Brücke
Wasserbus

Legende

- Fähre
- Wasserbus
- Autofähre
- Motorboot

Balat
Fener
Haliç (Goldenes Horn)
Kasımpaşa
Beyoğlu
Kabataş
Beşiktaş
Anadolu Kavağı
Boğaz (Bosporus)
Üsküdar
Karaköy
Eminönü-Piers
Basar-Viertel
Saray Burnu
Harem
Sultanahmet
Yenikapı
Bostancı
Marmara
Prinzeninseln
Prinzeninseln Yalova Marmara-Inseln
Kadıköy

köy. Hier ist ebenfalls eine zentrale Fähranlegestelle. Diese Fähren laufen Haydarpaşa und Kadıköy an. In Karaköy befindet sich der Pier für Kreuzfahrtschiffe.

Fähren fahren alle 15 Minuten (Sa, So alle 20 Min.), und zwar von 7.30 bis 21 Uhr zwischen Eminönü und Kadıköy und von 6 bis 23.30 Uhr zwischen Eminönü und Üsküdar.

Motorboote

Zahlreiche private Wasserfahrzeuge überqueren den Bosporus und das Goldene Horn und fahren auch den Bosporus hinauf. Die Fähren der İDO fahren auf den gleichen Strecken, doch die etwas teureren privaten Motorboote verkehren häufiger. Für Motorboote brauchen Sie einen *jeton*, auf den allermeisten gilt jedoch auch der AKBİL-Pass der öffentlichen Verkehrsmittel.

Wasserbusse

Die modernen Katamarane fungieren als Wasserbusse *(deniz otobüsleri)*. Mit ihren komfortablen, verstellbaren Sitzen und Klimaanlage gleichen Sie innen dem Passagierraum eines Flugzeugs. Wasserbusse sind schneller und komfortabler als Fähren, aber auch viel teurer.

Für Urlauber interessant sind die Strecken Eminönü–Kadıköy (Mo–Fr 7.40–19 Uhr sowie Sa, So 8.15–18.10 Uhr) und Bakırköy–Bostancı (8.15–22 Uhr). Im Sommer fahren Wasserbusse auch von Kabataş und Bostancı nach Büyükada (Prinzeninseln). Ziele außerhalb Istanbuls finden Sie auf den Seiten 244f.

Ein Katamaran, das schnellste Beförderungsmittel zu Wasser

Am Pier 2 in Eminönü liegt die Fähre, die nach Kadıköy fährt

Bosporus-Touren

Täglich gibt es mehrmals die Gelegenheit, auf normalen Fährschiffen eine Ausflugsfahrt den Bosporus hinauf zu machen *(siehe S. 136–149)*. Was auf diesen Fähren recht teuer ist, sind die Getränke. Außerdem sind sie in den Sommermonaten ziemlich überfüllt. Wenn Sie also einen Deckplatz ergattern wollen, ist es ratsam, sich sehr früh am Fährhafen einzufinden.

Die Fahrkarte sollten Sie aufbewahren, auf der Rückfahrt müssen Sie sie wieder vorzeigen. Entlang der Strecke können Sie einmal aussteigen und mit derselben Fahrkarte die nächste Fähre zur Weiterfahrt nutzen. Im Sommer bietet auch İDO Ausflugsfahrten von Kadıköy aus an.

İDO-Logo

Es gibt auch Alternativen zu den offiziellen Bosporus-Ausflugsfahrten. In den Sommermonaten fahren z. B. Privatunternehmen mit kleineren Booten den Bosporus nur zur Hälfte hinauf, meist legen sie unterwegs keinen Stopp ein. Diese Boote fahren in der Regel los, kurz nachdem die Fähre aus dem Hafen von Eminönü ausgelaufen ist. Wenn Sie so eine private Tour bei einem Reiseveranstalter buchen, achten Sie darauf, dass es sich um ein seriöses Unternehmen handelt. Empfehlenswert ist beispielsweise **Hatsail Tourism**.

Fahrkarten

Marken für die Benutzung von Fähren oder Wasserbussen erhalten Sie am Stand *(gişe)* auf dem Pier oder von einem der inoffiziellen Straßenhändler, die in der Nähe sitzen. Diese Händler verkaufen die Marken etwas teurer. Die Marken gelten für alle Fahrten innerhalb des Stadtgebiets. Wenn Sie mit der Fähre zu den Prinzeninseln hinüber- oder den Bosporus hinauffahren wollen, müssen Sie sich einen etwas teureren *jeton* kaufen. Er wird bei Betreten des Piers in den Schlitz neben dem Drehkreuz geworfen. Auf jedem Pier hängt ein Fahrplan aus.

Auf einen Blick

Motorboote

Dentur
(0212) 227 47 89.
www.denturavrasya.com

Wasserbusse

Fährhafen Eminönü
(0212) 622 00 45.

İDO (Wasserbusse)
(0212) 444 44 36.
www.ido.com.tr

Privatveranstalter

Hatsail Tourism
(0212) 241 62 50.
www.hatsail.com

Außerhalb Istanbuls unterwegs

Ein kostenloser Minibus fährt zum Busbahnhof

Fernbusse fahren von Istanbul aus alle Städte und auch kleinste Dörfer in der Türkei an. Es existiert eine verwirrende Vielzahl an Busunternehmen. Verschiedene Firmen bedienen regelmäßig bestimmte Städteverbindungen. Es lohnt sich, ewas mehr für die Reise mit einem seriösen Veranstalter zu bezahlen, um sicher und komfortabel ans Ziel zu gelangen. Im Gegensatz zum dichten Streckennetz der Reisebusse gibt es Zugverbindungen nur zu wenigen Städten der Türkei. Doch selbst Expresszüge benötigen für die gleiche Strecke mehr Zeit als Reisebusse. Orte am anderen Ufer des Marmarameers erreichen Sie mit einer Fähre oder einem Wasserbus.

Fernbusse

Alle Fernbusse fahren am 14 Kilometer nordwestlich vom Stadtzentrum gelegenen Haupt-Busbahnhof *(otogar)* in Esenler ab. Dorthin kommen Sie z. B. mit der *Hafif Metro*.

Auf dem Busbahnhof geht es überaus turbulent zu: Mehr als 150 Fahrkartenbüros haben alle ihre Ziele auf Schildern angeschrieben. Vertreter der Busunternehmen gehen durch die Station und rufen die Zielorte der bald abfahrenden Busse aus. Neben der *Hafif-Metro*-Station befindet sich ein Informationsschalter.

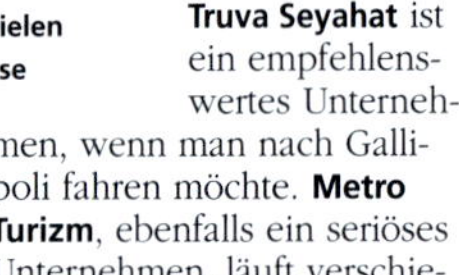

Einer der vielen Fernbusse

Allerdings wird der *otogar* nicht gerade gut gewartet: Toiletten und andere öffentliche Einrichtungen sind schmutzig, und von den Restaurants kann man abraten. Es gibt auch andere Möglichkeiten: Alle Busunternehmen haben Niederlassungen in der Stadt, wo Sie Tickets kaufen können, und sie bieten auch einen Shuttle-Service, der Sie zu einem ihrer Sammel-Einstiegspunkte nahe der Autobahn bringt. Auch auf asiatischer Seite unterhalten sie eigene Terminals.

Für alle Busreisen sollten Sie vorher buchen oder sich einen Platz reservieren lassen. Die meisten Gesellschaften akzeptieren Kreditkarten.

Bei **Varan** und **Ulusoy** *(siehe S. 237)*, den führenden Busunternehmen, können Sie in jeder Niederlassung Tickets kaufen. Die Busse fahren Ziele an wie z. B. Ankara, Antalya und İzmir, aber auch Orte an der Schwarzmeerküste. **Kamil Koç** bedient die Strecke nach Bursa. Die insgesamt etwa vier Stunden dauernde Fahrt geht über Gebze, dann setzt man mit der Fähre nach Yalova über. **Çanakkale Truva Seyahat** ist ein empfehlenswertes Unternehmen, wenn man nach Gallipoli fahren möchte. **Metro Turizm**, ebenfalls ein seriöses Unternehmen, läuft verschiedenste Ziele an.

Rauchen ist in allen Bussen verboten. Während der Fahrt werden Getränke kostenlos ausgegeben. Alleinreisende werden neben gleichgeschlechtliche Fahrgäste gesetzt. Die Busse halten regelmäßig an Tankstellen.

Langstreckenfähren

Viele Ziele lassen sich von Istanbul aus angenehm mit Fähren oder Wasserbussen erreichen. İDO-Fähren *(siehe S. 242)* haben ein gutes Preis-Leistungs-Verhältnis. Auf manchen Strecken befördern sie auch Autos. Der Komfort auf den Fähren ist allerdings gering. Man kann sich nur mit kleinen Snacks verköstigen.

Einen Ausflug nach Bursa kann man mit dem Wasserbus, aber auch mit Fähre und Reisebus machen. Am schnellsten kommen Sie mit dem Wasserbus von Kabataş nach Yalova voran. Yalova liegt nur eine Stunde entfernt, und die Wasserbusse fahren viermal täglich. Im Hafen von Yalova legen auch Wasserbusse aus Yenikapı und Fähren aus Saray Burnu an.

Im Sommer fahren Wasserbusse von Yenikapı zum Marmarameer. İDO verfügt außerdem über Fähren, die die Marmara-Inseln anfahren. Diese Fähren fahren von Saray Burnu aus los. Von Kabataş nach Avşa gibt es eine Autofähre.

Ein Wasserbus läuft Eminönü an

Züge nach Edirne

Vom Bahnhof Sirkeci *(siehe S. 66)* fährt täglich ein Zug nach Edirne. Die Fahrt dauert etwa sechs Stunden, doppelt so lange wie die Busfahrt. Fahrkarten können auf den Bahnhöfen in Istanbul und Edirne oder in Reisebüros mit dem TCDD-Schild (Staatliche Türkische Eisenbahn) gekauft werden. Eine Zugverbindung nach Bursa gibt es nicht.

Mietwagen und Strassenverkehr

Das Streckennetz der Fernbusse in der Türkei ist sehr dicht. Wenn Sie also vorhaben, andere Städte zu besichtigen, müssen Sie nicht unbedingt selbst fahren. Wenn Sie dennoch mit dem Auto fahren wollen, dann wenden Sie sich an Autovermietungen wie **Avis**, **Budget** oder **Sixt**, die sowohl an den Flughäfen wie auch im Zentrum Niederlassungen haben. Die Vorlage eines nationalen Führerscheins genügt, der internationale Führerschein wird nicht benötigt.

Im Straßenverkehr, sowohl in den Städten wie auch auf dem Land, verhalten sich viele Autofahrer ziemlich rücksichtslos. Fahren Sie also immer vorsichtig. Es gilt überall rechts vor links, selbst im Kreisverkehr. Der Türkische Touring- und Automobilclub (Türkiye Turing ve Otomobil Kurumu, **TTOK**) gibt Autofahrern Ratschläge für das Fahren in der Türkei. Ganzjährig ist eine Notrufnummer des **ADAC** mit Deutsch sprechenden Mitarbeitern besetzt.

Autovermietung in der Arkade eines Hotels in Taksim

Tagesausflüge

Zahlreiche Veranstalter organisieren Tagesausflüge zu den Prinzeninseln, zu den Dardanellen, nach Bursa und zum Schwarzen Meer. Diese Reisen sind oft recht preisgünstig, und mit dem Bus sind Sie stressfrei unterwegs. Renommierte Anbieter sind z. B. Unternehmen wie **Plan Tours**, **VIP Turizm** und **Türk Expres**. Alle bieten spezielle Besichtigungsfahrten in Istanbul, aber auch weitere Touren an. **CARED** (Çanakkale-Reisegesellschaft) kann den Gästen einen mehrsprachigen Führer zur Verfügung stellen.

Verkehrsmittel ausserhalb Istanbuls

Die Hauptverkehrsmittel in Bursa und Edirne sind Sammeltaxis. Dabei handelt es sich entweder um Minibusse oder um Limousinen. Die Endstation steht jeweils auf einem Schild auf dem Autodach. Wenn Sie im Zentrum von Bursa oder Edirne übernachten, werden Sie feststellen, dass alle wichtigen Sehenswürdigkeiten leicht zu Fuß zu erreichen sind.

In Zentrum von Bursa befindet sich Atatürk Caddesi Heykel, die wichtigste Dolmuş-Haltestelle. Von hier fahren Sammeltaxis in die meisten Stadtbezirke. Der Busdienst ist sehr gut.

Edirne ist kleiner als Bursa und verkehrsmäßg schlechter erschlossen. Vom Busbahnhof in das zwei Kilometer entfernte Zentrum nehmen Sie am besten ein Minibus-Dolmuş oder ein Taxi.

Auf den Prinzeninseln gibt es keine Autos. Auf Büyükada und Heybeliada fahren Kutschen, Sie können sich dort auch ein Fahrrad leihen.

Pferdekutsche auf Büyükada

Auf einen Blick

Fernbusse

Kamil Koç
(0212) 444 05 62.

Metro Turizm
(0212) 658 3232.

Çanakkale Truva Seyahat
(0212) 444 00 17.

Züge

TCDD
(Staatliche Türkische Eisenbahn)
www.tcdd.gov.tr

Fähren

İDO
www.ido.com.tr

Bostancı-Pier
(0216) 410 66 33.

Büyükada-Pier
(0216) 419 66 33.

Eminönü-Pier
(0212) 513 75 35.

Kabataş-Pier
(0212) 249 15 58.

Yenikapı-Pier
(Fähren nach Yalova)
(0216) 516 12 12.

Mietwagen und Strassenverkehr

ADAC-Notruf
(0212) 288 71 90.

Avis
(0212) 465 34 55.

Budget
(0212) 663 08 58.

Sixt
(0212) 663 26 87/88.

TTOK
I. Oto Sanayi Sitesi Yanı, Seyrantepe Yolu, 4. Levent.
(0212) 282 81 40.
www.turing.org.tr

Tagesausflüge

CARED
(0286) 213 90 40.

Plan Tours
Cumhuriyet Cad. 131/1, Elmadağ. **Stadtplan** 7 F3.
(0212) 230 22 72.
www.plantours.com

Türk Expres
Cumhuriyet Cad. 47, Harbiye. **Stadtplan** 7 E3.
(0212) 235 95 00.

VIP Turizm
(0212) 230 13 31.
www.vip.com.tr

Stadtplan

Kartenverweise finden Sie im ganzen Buch, sei es bei den Sehenswürdigkeiten, bei wichtigen Adressen, bei Hotels, Restaurants, Läden oder Veranstaltungsorten. All diese Verweise beziehen sich auf die Karten auf den folgenden Seiten und ermöglichen ein rasches Auffinden der entsprechenden Straßen. Die unten abgebildete Karte zeigt das Gebiet, das die zehn nachfolgenden Einzelkarten abdecken. Die erste Zahl steht für die Seite, der Buchstabe und die Nummer benennen das Planquadrat. Eine Übersichtskarte des Großraums Istanbul finden Sie auf den Seiten 14f. Einige kleine Straßen sind nicht eingezeichnet.

Beim Orientieren mit dem Stadtplan

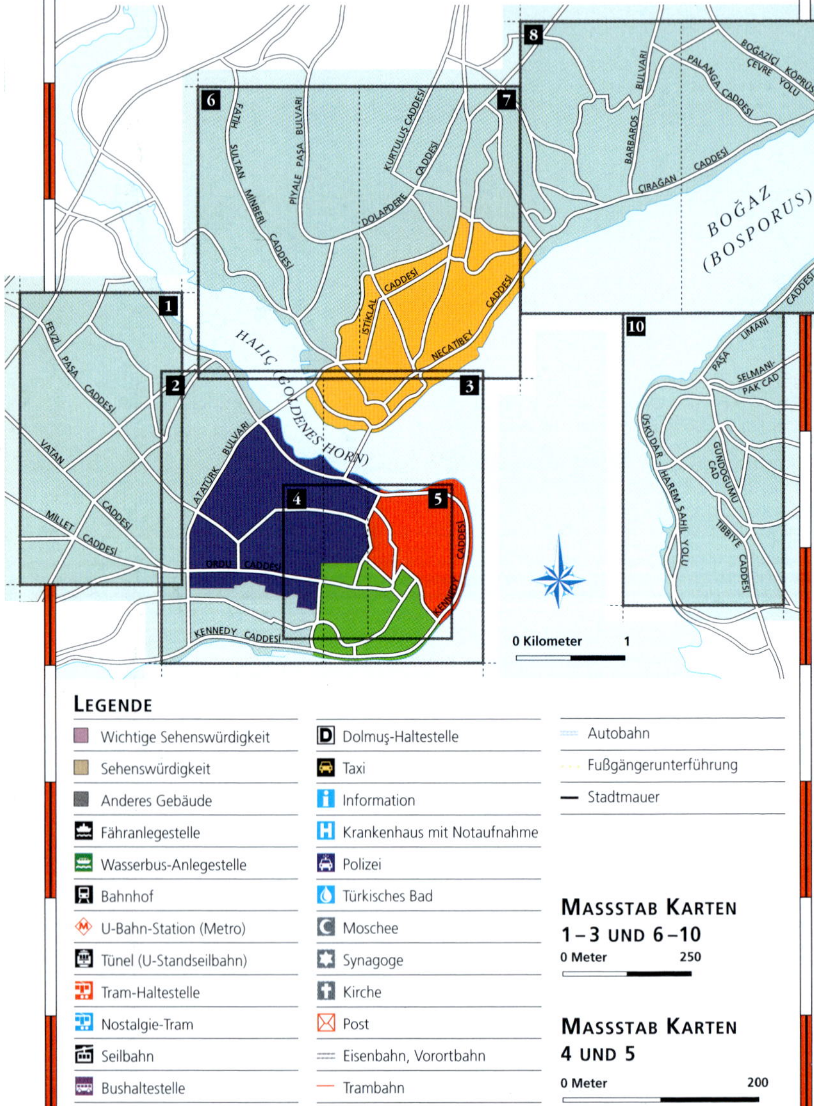

Legende

- Wichtige Sehenswürdigkeit
- Sehenswürdigkeit
- Anderes Gebäude
- Fähranlegestelle
- Wasserbus-Anlegestelle
- Bahnhof
- U-Bahn-Station (Metro)
- Tünel (U-Standseilbahn)
- Tram-Haltestelle
- Nostalgie-Tram
- Seilbahn
- Bushaltestelle
- Dolmuş-Haltestelle
- Taxi
- Information
- Krankenhaus mit Notaufnahme
- Polizei
- Türkisches Bad
- Moschee
- Synagoge
- Kirche
- Post
- Eisenbahn, Vorortbahn
- Trambahn
- Autobahn
- Fußgängerunterführung
- Stadtmauer

Massstab Karten 1–3 und 6–10

0 Meter 250

Massstab Karten 4 und 5

0 Meter 200

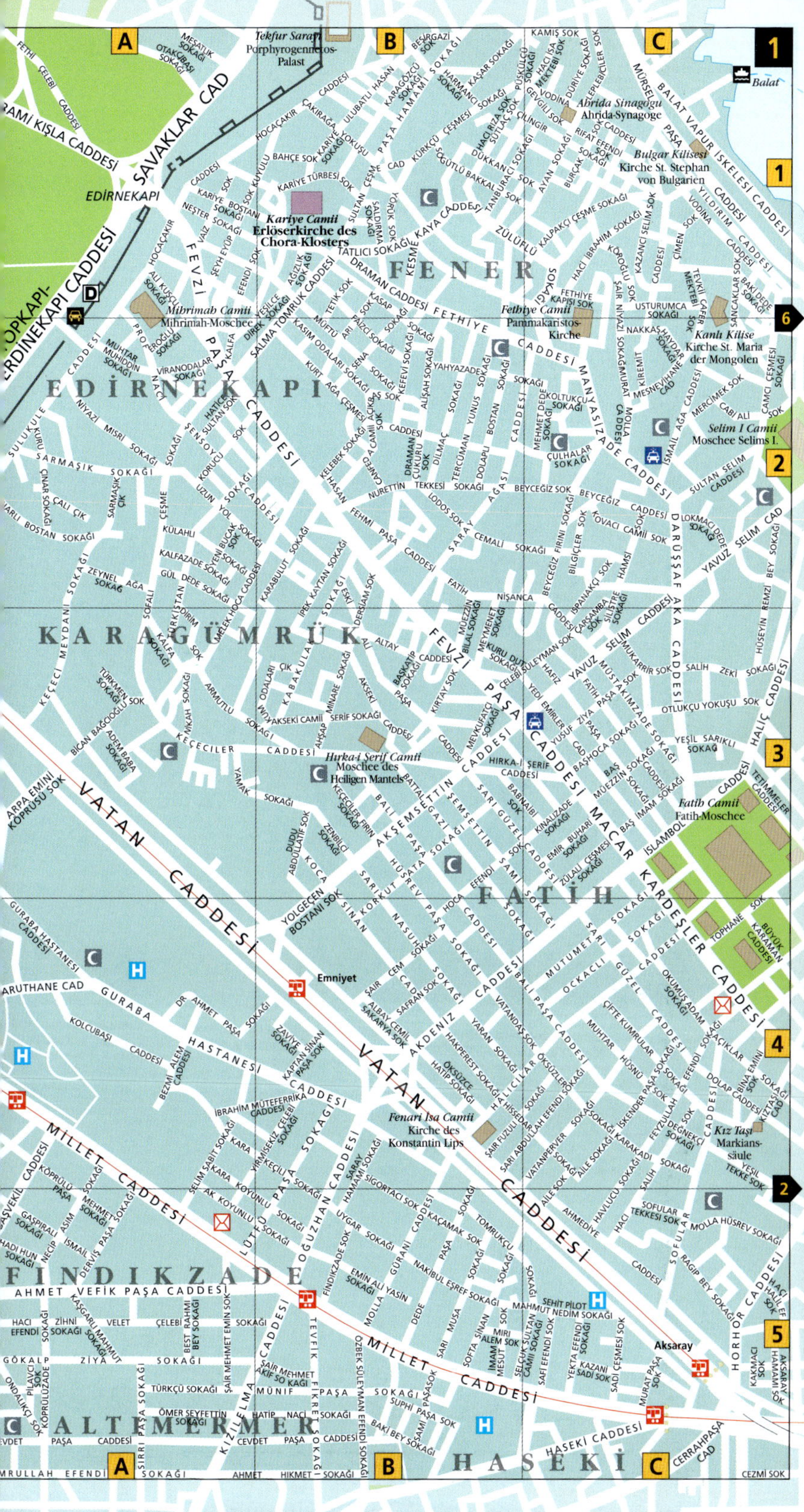
A
B
C
1
Tekfur Sarayı
Porphyrogennetos-Palast
Balat
Ahrida Sinagoğu
Ahrida-Synagoge
Bulgar Kilisesi
Kirche St. Stephan von Bulgarien
EDİRNEKAPI
SAVAKLAR CAD
Kariye Camii
Erlöserkirche des Chora-Klosters
FENER
Mihrimah Camii
Mihrimah-Moschee
Fethiye Camii
Pammakaristos-Kirche
Kanlı Kilise
Kirche St. Maria der Mongolen
6
EDİRNEKAPI
Selim I Camii
Moschee Selims I.
2
KARAGÜMRÜK
FEVZİ PAŞA CADDESİ
Hırka-i Şerif Camii
Moschee des Heiligen Mantels
3
Fatih Camii
Fatih-Moschee
VATAN CADDESİ
FATİH
Emniyet
MACAR KARDEŞLER CADDESİ
4
Fenari Isa Camii
Kirche des Konstantin Lips
Kız Taşı
Markianssäule
2
MİLLET CADDESİ
FINDIKZADE
5
Aksaray
ALTIMERMER
HASEKİ
A
B
C

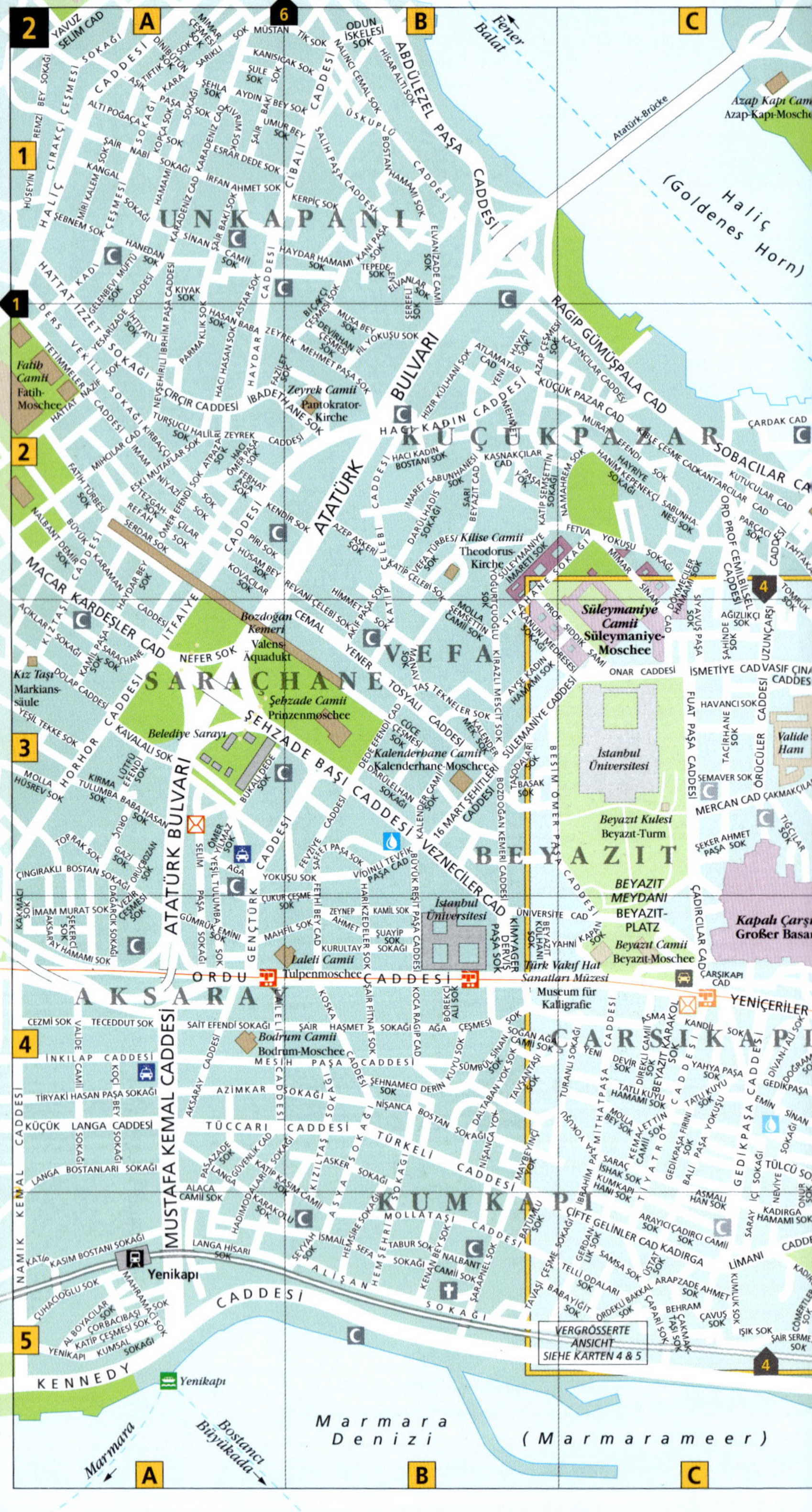

2
A
B
C
1
2
3
4
5
6
4
UNKAPANI
KÜÇÜKPAZAR
SARAÇHANE
VEFA
BEYAZIT
AKSARAY
ÇARŞIKAPI
KUMKAPI
Haliç (Goldenes Horn)
Atatürk-Brücke
Fener Balat
Azap Kapı Camii
Azap-Kapı-Moschee
Fatih Camii
Fatih-Moschee
Zeyrek Camii
Pantokrator-Kirche
Kilise Camii
Theodorus-Kirche
Süleymaniye Camii
Süleymaniye-Moschee
Bozdoğan Kemeri
Valens-Äquadukt
Kız Taşı
Markians-säule
Şehzade Camii
Prinzenmoschee
Belediye Sarayı
Kalenderhane Camii
Kalenderhane-Moschee
İstanbul Üniversitesi
Beyazıt Kulesi
Beyazıt-Turm
BEYAZIT MEYDANI
BEYAZIT-PLATZ
Beyazıt Camii
Beyazıt-Moschee
Valide Hanı
Kapalı Çarşı
Großer Basar
Laleli Camii
Tulpenmoschee
Türk Vakıf Hat Sanatları Müzesi
Museum für Kalligrafie
Bodrum Camii
Bodrum-Moschee
Yenikapı
Marmara
Bostancı Büyükada
Marmara Denizi
(Marmarameer)
VERGRÖSSERTE ANSICHT SIEHE KARTEN 4 & 5
ATATÜRK BULVARI
MUSTAFA KEMAL CADDESİ
ORDU CADDESİ
YENİÇERİLER
KENNEDY CADDESİ
ŞEHZADE BAŞI CADDESİ
VEZNECİLER CAD
MACAR KARDEŞLER CAD
ABDÜLEZEL PAŞA CADDESİ
RAGIP GÜMÜŞPALA CAD
TÜCCARI CADDESİ
TÜRKELİ CADDESİ

3
D
E
F
7
1
2
3
4
5
GALATA
Galata Kulesi
Galata-Turm
KARAKÖY
Museum der osmanischen Bank
Tünel
Yeraltı Camii
Yeraltı-Moschee
RIHTIM CADDESİ
Karaköy
KEMERALTI CADDESİ
Boğaz
(Bosporus)
Ortaköy
Bebek
Anadolu Kavağı
Üsküdar
Haliç Hattı
EMİNÖNÜ
Harem
Haydarpaşa
Kadıköy
Bostancı
Büyükada
Yalova
Rüstem Paşa Camii
Rüstem-Paşa-Moschee
Eminönü
Yeni Camii
Neue Moschee
Mısır Çarşısı
Gewürzbasar
REŞADİYE CAD
Sirkeci
Sarayburnu
KENNEDY CADDESİ
VERGRÖSSERTE ANSICHT SIEHE KARTEN 4 & 5
Sirkeci Garı
Bahnhof Sirkeci
SİRKECİ
GÜLHANE PARKI
GÜLHANE-PARK
Arkeoloji Müzesi
Archäologisches Museum
Topkapı Sarayı
Topkapı-Palast
(SAHİL YOLU)
İstanbul Erkek Lisesi
Mahmut Paşa Camii
Mahmud-Paşa-Moschee
Bab-ı Ali
Hohe Pforte
Cağaloğlu Hamamı
Cagaloğlu-Bad
Alay Köşkü
Alay-Pavillon
Darphane-i Amire
Münze
Aya İrini Kilisesi
Hagia Eirene
Nuruosmaniye Camii
Nuruosmaniye-Moschee
CAĞALOĞLU
ALEMDAR CADDESİ
Aya Sofya
Hagia Sophia
Ahmet III Çeşmesi
Brunnen Ahmeds III.
Çemberlitaş
Konstantinssäule
Mahmud II Türbesi
Grabmal Mahmuds II.
DİVANYOLU CAD
Binbirdirek Sarnıcı
Zisterne der 1001 Säulen
Yerebatan Sarayı
Zisterne
Adliye Sarayı
SULTANAHMET-PLATZ
AT MEYDANI
HIPPODROM
Haseki Hürrem Hamamı
Roxelane-Bad
Türk ve İslam Eserleri Müzesi
Museum für türkische und islamische Kunst
Sultan Ahmet Camii
Blaue Moschee
Cankurtaran
Sokollu Mehmet Paşa Camii
Sokollu-Mehmed-Paşa-Moschee
Mozaik Müzesi
Mosaikmuseum
SULTANAHMET
Küçük Ayasofya Camii
Sergius-und-Bacchus-Kirche
Bukoleon Sarayı
Bukoleon-Palast
KENNEDY CADDESİ

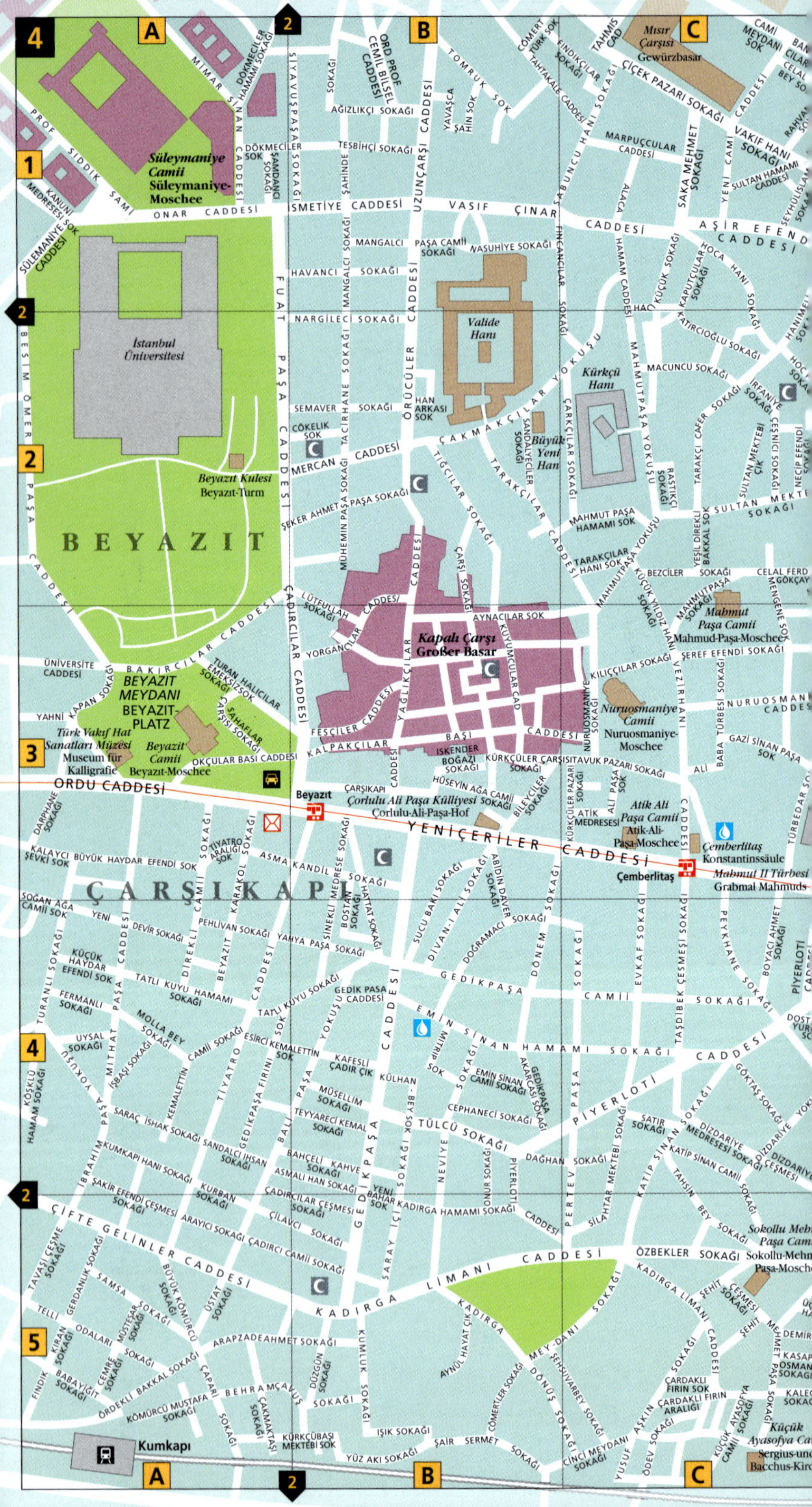
4
A
B
C
2
1
2
3
4
5
Süleymaniye Camii
Süleymaniye-Moschee
İstanbul Üniversitesi
Beyazıt Kulesi
Beyazıt-Turm
BEYAZIT
BEYAZIT MEYDANI
BEYAZIT-PLATZ
Türk Vakıf Hat Sanatları Müzesi
Museum für Kalligrafie
Beyazıt Camii
Beyazıt-Moschee
Valide Hanı
Kürkçü Hanı
Büyük Yeni Han
Kapalı Çarşı
Großer Basar
Mahmut Paşa Camii
Mahmud-Paşa-Moschee
Nuruosmaniye Camii
Nuruosmaniye-Moschee
Mısır Çarşısı
Gewürzbasar
Çorlulu Ali Paşa Külliyesi
Çorlulu-Ali-Paşa-Hof
Atik Ali Paşa Camii
Atik-Ali-Paşa-Moschee
Çemberlitaş
Konstantinssäule
Mahmut II Türbesi
Grabmal Mahmuds
Beyazıt
Çemberlitaş
ÇARŞIKAPI
Sokollu Mehmet Paşa Camii
Küçük Ayasofya Camii
Kumkapı
ORDU CADDESİ
YENİÇERİLER CADDESİ
FUAT PAŞA CADDESİ
UZUNÇARŞI CADDESİ
ÇAKMAKÇILAR YOKUŞU
MAHMUTPAŞA YOKUŞU
VASIF ÇINAR CADDESİ
ÇİÇEK PAZARI SOKAĞI
GEDİKPAŞA CAMİİ SOKAĞI
PİYERLOTİ CADDESİ
KADIRGA LİMANI CADDESİ
ÇİFTE GELİNLER CADDESİ
BESİM ÖMER PAŞA CADDESİ
ÇADIRCILAR CADDESİ
ÖRÜCÜLER CADDESİ
MERCAN CADDESİ
ÜNİVERSİTE CADDESİ
BAKIRCILAR CADDESİ
KALPAKÇILAR BAŞI CADDESİ
EMİN SİNAN HAMAMI SOKAĞI
ÖZBEKLER SOKAĞI

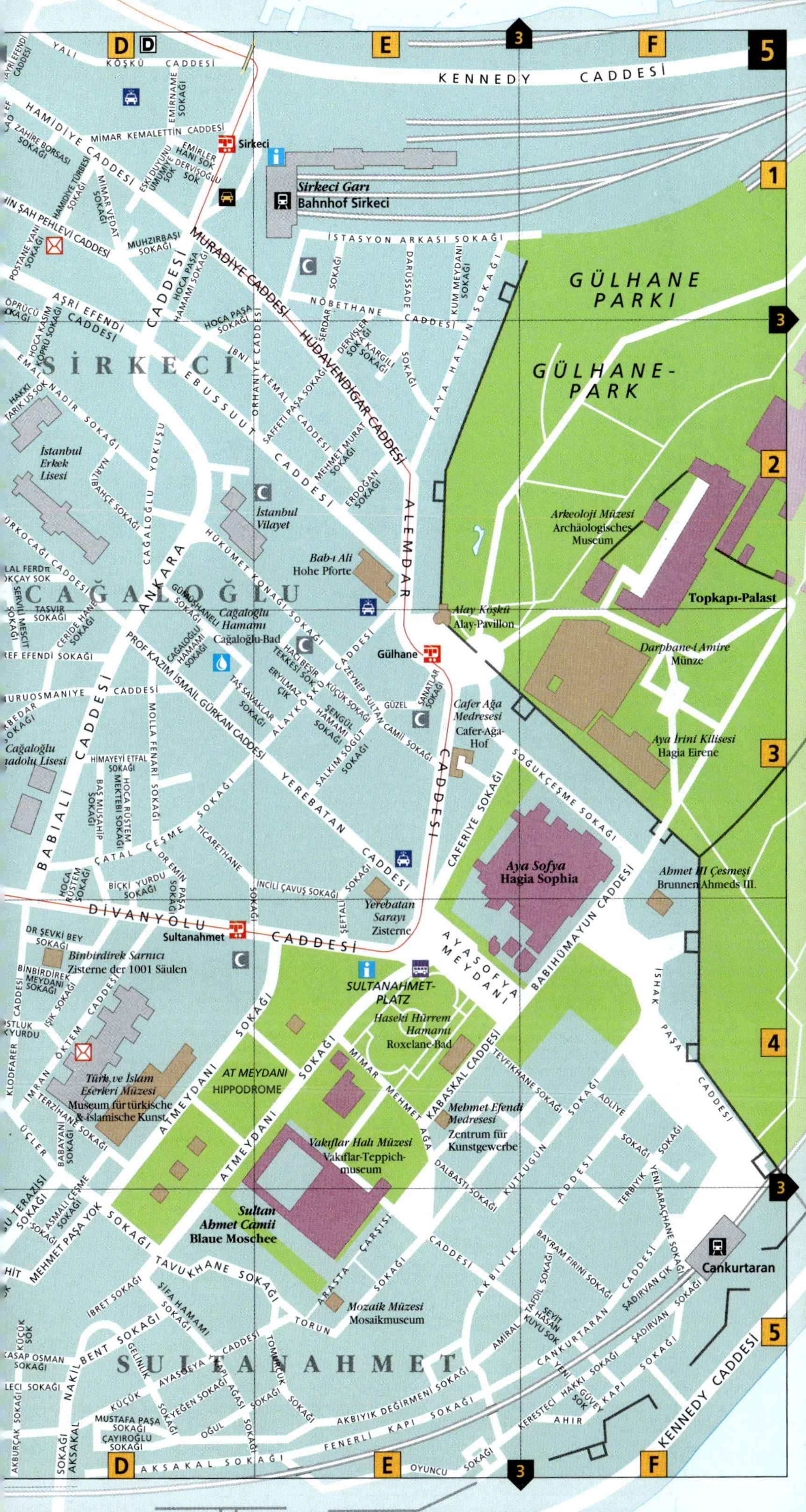

D
E
F
3
5
1
2
3
4
5
KENNEDY CADDESİ
YALI KÖŞKÜ CADDESİ
HAMİDİYE CADDESİ
MİMAR KEMALETTİN CADDESİ
Sirkeci
Sirkeci Garı
Bahnhof Sirkeci
İSTASYON ARKASI SOKAĞI
MURADİYE CADDESİ
HÜDAVENDİGAR CADDESİ
NÖBETHANE CADDESİ
AŞIR EFENDİ CADDESİ
SİRKECİ
EBUSSUUT CADDESİ
ALEMDAR CADDESİ
GÜLHANE PARKI
GÜLHANE-PARK
İstanbul Erkek Lisesi
İstanbul Vilayet
Bab-ı Ali
Hohe Pforte
CAĞALOĞLU
ANKARA CADDESİ
Cağaloğlu Hamamı
Cağaloğlu-Bad
Gülhane
Arkeoloji Müzesi
Archäologisches Museum
Topkapı-Palast
Alay Köşkü
Alay-Pavillon
Darphane-i Amire
Münze
Cafer Ağa Medresesi
Cafer-Ağa-Hof
Aya İrini Kilisesi
Hagia Eirene
PROF KAZIM İSMAİL GÜRKAN CADDESİ
YEREBATAN CADDESİ
SOĞUKÇEŞME SOKAĞI
Aya Sofya
Hagia Sophia
Ahmet III Çeşmesi
Brunnen Ahmeds III.
BABIALİ CADDESİ
Cağaloğlu Anadolu Lisesi
DİVANYOLU CADDESİ
Sultanahmet
Yerebatan Sarayı
Zisterne
Binbirdirek Sarnıcı
Zisterne der 1001 Säulen
AYASOFYA MEYDANI
BABIHÜMAYUN CADDESİ
SULTANAHMET-PLATZ
Haseki Hürrem Hamamı
Roxelane-Bad
İSHAK PAŞA CADDESİ
Türk ve İslam Eserleri Müzesi
Museum für türkische & islamische Kunst
AT MEYDANI
HIPPODROME
ATMEYDANI SOKAĞI
KABASAKAL CADDESİ
Mehmet Efendi Medresesi
Zentrum für Kunstgewerbe
Vakıflar Halı Müzesi
Vakıflar-Teppich-museum
Sultan Ahmet Camii
Blaue Moschee
Cankurtaran
TAVUKHANE SOKAĞI
Mozaik Müzesi
Mosaikmuseum
SULTANAHMET
AKBIYIK DEĞİRMENİ SOKAĞI
FENERLİ KAPI SOKAĞI
AKSAKAL SOKAĞI
OYUNCU SOKAĞI
KENNEDY CADDESİ

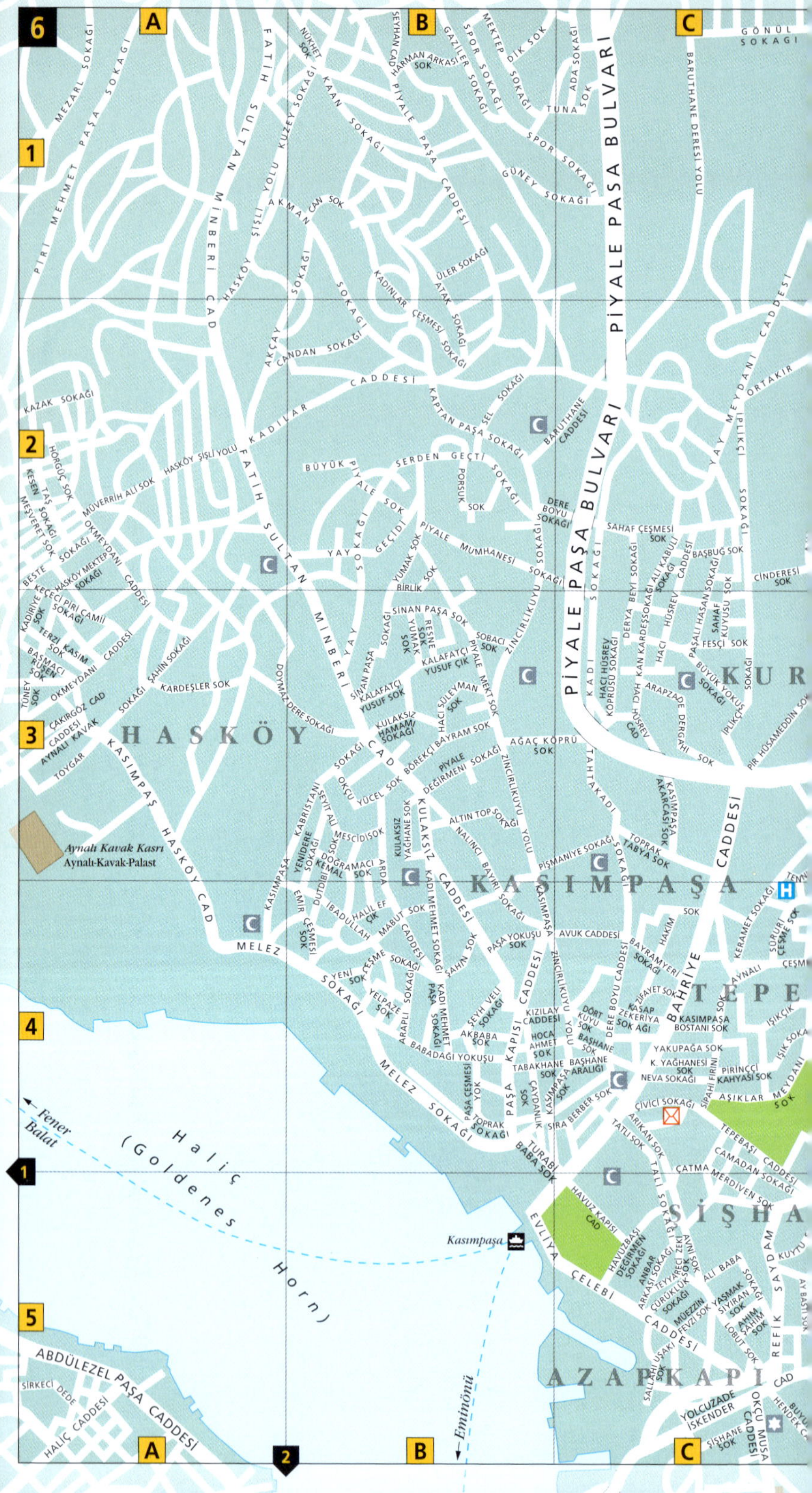
6
A
B
C
1
2
3
4
5
HASKÖY
KASIMPAŞA
TEPE
ŞİŞHA
AZAPKAPI
KUR
PİYALE PAŞA BULVARI
FATİH SULTAN MİNBERİ CAD
KADILAR CADDESİ
PİRİ MEHMET PAŞA SOKAĞI
MEZARL SOKAĞI
HASKÖY ŞİŞLİ YOLU
KUZEY SOKAĞI
KAAN SOKAĞI
PİYALE PAŞA CADDESİ
SPOR SOKAĞI
GÜNEY SOKAĞI
TUNA SOK
ADA SOKAĞI
MEKTEP DİK SOK
GAZİLER SOKAĞI
BARUTHANE DERESİ YOLU
GÖNÜL SOKAĞI
HARMAN ARKASI SOK
ÜLER SOKAĞI
KADINLAR ÇEŞMESİ SOKAĞI
ATAK SOKAĞI
CANDAN SOKAĞI
AKÇAY SOKAĞI
KAZAK SOKAĞI
KAPTAN PAŞA SOKAĞI
SEL SOKAĞI
BARUTHANE CADDESİ
SERDEN GEÇTİ SOKAĞI
BÜYÜK PİYALE SOK
PORSUK SOK
DERE BOYU SOKAĞI
YAY GEÇİDİ
PİYALE MUMHANESİ SOKAĞI
ZİNCİRLİKUYU SOKAĞI
SAHAF ÇEŞMESİ SOK
BAŞBUĞ SOK
CİNDERESİ SOK
YAY MEYDANI CADDESİ
ORTAKIR
İPLİKÇİ SOKAĞI
MÜVERRİH ALİ SOK
OKMEYDANI CADDESİ
HASKÖY MEKTEP SOKAĞI
KEÇECİ PİRİ CAMİİ SOKAĞI
TERZİ KASIM SOK
KARDEŞLER SOK
ŞAHİN SOKAĞI
DOYMAZDERE SOKAĞI
ÇAKIRGÖZ CAD
AYNALI KAVAK CADDESİ
TOYGAR
KASIMPAŞA HASKÖY CAD
SİNAN PAŞA SOK
KALAFATÇI YUSUF SOK
KALAFATÇI YUSUF ÇIK
KULAKSIZ HAMAMI SOKAĞI
BÖREKÇİ BAYRAM SOK
PİYALE DEĞİRMENİ SOKAĞI
AĞAÇ KÖPRÜ SOK
TAHTAKADI
KASIMPAŞA AKARCASI SOK
TOPRAK TABYA SOK
PİŞMANİYE SOKAĞI
YÜCEL SOK
ALTIN TOP SOKAĞI
NALINCI BAYIRI SOKAĞI
KULAKSIZ CADDESİ
KADI MEHMET SOKAĞI
AVUK CADDESİ
PAŞA YOKUŞU SOK
BAHRİYE CADDESİ
KERAMET SOKAĞI
Aynalı Kavak Kasrı
Aynalı-Kavak-Palast
MELEZ SOKAĞI
KASIMPAŞA BOSTANI SOK
YAKUPAĞA SOK
NEVA SOKAĞI
ÇİVİCİ SOKAĞI
AŞIKLAR MEYDANI SOK
TEPEBAŞI CADDESİ
ÇATMA MERDİVEN SOK
KAMADAN SOKAĞI
HAVUZ KAPISI CAD
EVLİYA ÇELEBİ CADDESİ
REFİK SAYDAM CAD
YOLCUZADE İSKENDER
OKÇU MUSA CADDESİ
ŞİŞHANE SOK
TURABİ BABA SOK
Haliç (Goldenes Horn)
Fener Balat
Kasımpaşa
Eminönü
ABDÜLEZEL PAŞA CADDESİ
HALİÇ CADDESİ
SİRKECİ DEDE

7
D
E
F
1
2
3
4
5
8
3
Osmanbey
Askeri Müse
Militärmuseum
Açıkhava Tiyatrosu
Radyo Evi
Hilton Oteli
Hotel Hilton
Teknik Üniversitesi Mimarlik Fakültesi
MAÇKA PARKI
Divan Oteli
Hotel Divan
Inter-Continental Oteli
Hotel Intercontinental
TAKSİM PARKI
TAKSİM
Teknik Üniversitesi
TAKSİM MEYDANI
TAKSIM-PLATZ
Atatürk Kültür Merkezi
Taksim
Marmara Oteli
Hotel Marmara
KARATAŞ
GALATASARAY
Galatasaray Lisesi
Pera Müzesi
Pera-Museum
Pera Palas Oteli
Hotel Pera Palas
BEYOĞLU
Mimar Sinan Üniversitesi
Ortaköy
Bebek
Anadolu Kavağı
Beşiktaş
TOPHANE
Istanbul Modern Sanat Müzesi
Istanbul Modern - Museum für Moderne Kunst
Nusretiye Camii
Nusretiye-Moschee
Tophane Çeşmesi
Tophane-Brunnen
Kılıç Ali Paşa Camii
Kılıç-Ali-Paşa-Moschee
Mevlevi Tekkesi
Mevlevi-Loge
Tünel
ULUS
DOLAPDERE CADDESİ
SAZLIDERE CAD
YEDİ KUYULAR CAD
CUMHURİYET CADDESİ
HALASKARGAZİ CADDESİ
VALİ KONAĞI CADDESİ
İNÖNÜ CADDESİ
NECATİBEY CADDESİ
MECLİSİ MEBUSAN CAD
SIRASELVİLER CADDESİ
İSTİKLAL CADDESİ
TARLABAŞI
KURTULUŞ CADDESİ
ELMADAĞ CADDESİ
BOĞAZKESEN CADDESİ
YENİ ÇARŞI CADDESİ
TAKSİM CADDESİ

8
A
B
C
1
2
3
4
5
7
ÖĞRETMEN HAŞİM ÇEKEN SOKAĞI
FULYA DERESİ SOKAĞI
EMİRHAN CADDESİ
BARBAROS BULVARI
VALİ KONAĞI CADDESİ
NİŞANTAŞI YOLU
TEŞVİKİYE YOLU
ILHAMUR-YILDIZ CAD
Ihlamur Kasrı
Lindenpavillon
Yıldız Sarayı
Yıldız-Palast
HÜSREV GEREDE CADDESİ
ŞİŞLİ
Istanbul Teknik Üniversitesi
MAÇKA CADDESİ
ŞAİR NEDİM CADDESİ
ORTABAHÇE CADDESİ
SPOR CADDESİ
BEŞİKTAŞ
BEŞİKTAŞ CADDESİ
ÇIRAĞAN
MAÇKA PARKI
BAYILDIM CADDESİ
KADIRGALAR CADDESİ
Swissôtel
İnönü Stadyumu
DOLMABAHÇE CADDESİ
Resim ve Heykel Müzesi
Museum der Schönen Künste
Dolmabahçe Sarayı
Dolmabahçe-Palast
Deniz Müzesi
Schiffahrtsmuseum
Beşiktaş
Barbaros Hayrettin Paşa
Dolmabahçe Camii
Dolmabahçe-Moschee
MECLİS-İ MEBUSAN CADDESİ
Kabataş
Üsküdar
Eminönü
Kadıköy
Üsküdar

9
D
E
F
1
2
3
4
5
10
ZİNCİRLİKUYU YOLU
KARA HASAN SOK
BESTEKAR ŞEVKİ
RUHİ BAĞDADİ
BEY SOK
ŞEYH ŞAMİL SOK
İTRİ SOKAĞI
İTRİ SOKAĞI
DELLALZADE SOKAĞI
MUSTAFA İZZET EFENDİ SOKAĞI
RUHİ BAĞDADİ SOK
BEŞİKTAŞ BOĞAZİÇİ KÖPRÜSÜ BAĞLANTI YOLU
SAKAYOLU DERE SOKAĞI
VARNALI SOKAĞI
ÇAYIRLI SOK
AMBARLI DERE SOKAĞI
YUVASI SOKAĞI
LEYLEK
BOĞAZİÇİ KÖPRÜSÜ ÇEVRE YOLU
ZİNCİRLİKUYU YOLU KURUÇEŞME KİREÇHANE SOK
TAVUK SOKAĞI
SOKAĞI
KAYPAKOĞLU SOK
URGANCI SOK
ORTAKÖY MANDIRA SOK
AMCA BEY SOK
REVANİÇİ SOK
ŞIRACI SOKAĞI
İSAĞI SOKAĞI
AYAYDIN
ÇAMLIK KUYU SOK
BKUYU SOK
CUDİ ÇIK
CUDİ EFENDİ SOK
REŞAT AĞA SOKAĞI
NECATİ
DUVARCI SOK
KIZI SOKAĞI
GÜRCÜ
ŞAİR
M KARACA SOK
BESTEKAR AHMET ÇAĞAN SOK
ÇEVİRMECİ SOKAĞI
ORTAKÖY DERE BOYU CADDESİ
LOZAN SOKAĞI
GÜLTEKİN ARKASI SOK
GÜLTEKİN SOKAĞI
SOKAĞI
AYDINLIK
ŞAİR NECATİ SOKAĞI
CADDESİ
ORTAKÖY KABRİSTAN SOK
ŞEHİT NURİ PAMİR SOK
ÇOPUR AHMET SOK
FISTIKLI KÖŞK SOKAĞI
SARIBAL SOK
KUMBARACI BAŞI SOK
HERCAİ SOK
KIRMIZI SOK
BULGURCU
MUSAHİP SOK
GÜRCÜ KIZI SOK
TARÇIN SOK
HASRET SOK
CİBİNLİK SOK
KARAKAŞ SOK
TAŞBASAMAK SOK
ESKİ BAHÇE SOKAĞI
VATMAN SOK
AKTAR SOK
NAR SOKAĞI
KABALAK SOKAĞI
ALADOĞAN SOK
PALANGA CADDESİ
ORTAKÖY
MUALLİM NACİ CADDESİ
Şale Köşkü
Sale-Pavillion
Malta Köşkü
Malta-Pavillion
YILDIZ PARKI
YILDIZ-PARK
Yıldız Çini Fabrikası
Höfische Porzellanfabrik
Çadır Köşkü
Çadır-Pavillion
Boğaziçi Köprüsü
Bosporus-Brücke
Mecidiye Camii
Mecidiye-Moschee
Ortaköy
Bebek
Anadolu Kavağı
Gengelköy
YAHYA EFENDİ SOK
ÇIRAĞAN CADDESİ
CADDESİ
ASMASALKIM SOK
ASARİYE CADDESİ
SALÇIKLAR SOK
Çırağan Sarayı
Çırağan-Palast
Boğaz
(Bosporus)
Beylerbeyi
Kuzguncuk
ORYANİZADE SOK
İCADİYE CADDESİ
PAŞA LİMANI CADDESİ
BAMYACI SOK
MENTEŞ SOK
TÜTSÜLÜ SOK
BEREKETLİ SOKAĞI
BİCAN EFENDİ SOKAĞI
MEŞRUTA SOK
KANCABAŞ SOK

10
A
B
9
C
1
2
3
4
5
Kabataş
Beşiktaş
Boğaz
(Bosporus)
Eminönü
Balat
Üsküdar
Şemsi Paşa Camii
Şemsi-Paşa-Moschee
İskele Camii
İskele-Moschee
Yeni Valide Camii
Yeni-Valide-Moschee
Kız Kulesi
Leanderturm
ÜSKÜDAR
FETHİ PAŞA KORUSU
PAŞA LİMANI CADDESİ
CUMHURİYET CADDESİ
SELMANIPAK SELAMI ALİ CADDESİ
HAKİMİYETİ MİLLİYE CAD
UNCULAR CADDESİ
DOĞANCILAR CADDESİ
HALK CADDESİ
ÇAVUŞDERE CADDESİ
TOPTAŞI CAD
GÜNDOĞUMU CADDESİ
TUNUS BAĞI CADDESİ
TIBBİYE CADDESİ
NUH KUYUSU CADDESİ
DR EYÜP AKSOY CADDESİ
ÜSKÜDAR-HAREM SAHİL YOLU
HAREM SAHİL YOLU
SAHİL YOLU
Atik Valide Camii
Atik-Valide-Moschee
KARACAAHMET MEZARLIĞI
KARACA-AHMED-FRIEDHOF
Harem
Harem Otobüs Terminali
Busbahnhof Harem
Selimiye Kışlası
Selimiye-Kaserne
SELİMİYE KIŞLA CADDESİ
KEBİR CADDESİ
ATÖLYELER SOK

Kartenregister

Im türkischen Alphabet sind Ç, Ğ, İ, Ö, Ş und Ü eigene Buchstaben und folgen nach C, G, I, O, S und U. In diesem Buch wird nach deutschen Lesegewohnheiten das Ç wie ein C behandelt. So folgt z. B. Çiçek auf Cibinlik. Gemäß türkischem Gebrauch werden Sokaği mit »Sok.« sowie Caddesi mit »Cad.« abgekürzt. Koordinaten in Klammern beziehen sich auf die vergrößerten Karten 4 und 5.

C

D

E

Textregister

Seitenangaben in **fetter** Schrift beziehen sich auf den Haupteintrag.

A

V

W

Y

Z

Danksagung und Bildnachweis

Dorling Kindersley bedankt sich bei allen, die an der Herstellung dieses Buches mitgewirkt haben:

Hauptautoren

Rosie Ayliffe lebte drei Jahre in der Türkei; während dieser Zeit arbeitete sie als freiberufliche Autorin für das in Istanbul erscheinende englische Wochenblatt *Dateline Turkey* sowie als Reiseführerin in der Westtürkei. Außerdem schrieb sie Beiträge zu zahlreichen Reiseführern.

Rose Baring ist Reiseschriftstellerin und verbrachte mehrere Monate in Istanbul. Sie schrieb Beiträge für den *Viva Guide Istanbul* und für den *Viva Guide Moskau & St. Petersburg*.

Barnaby Rogerson bereiste viel die Länder des östlichen Mittelmeerraums. Er ist ebenso wie Rose Baring Autor des *Viva Guide Istanbul*.

Canan Silay arbeitete lange Zeit als Chefredakteurin des englischsprachigen Istanbul-Magazins *The Guide*. Davor war sie als Journalistin für die türkische Tageszeitung *Hürriyet* tätig gewesen. Sie schrieb zahlreiche Beiträge für Bücher über die Türkei.

Managing Editor Georgina Matthews
Managing Art Editor Annette Jacobs
Senior Managing Editor Vivien Crump
Deputy Art Director Gillian Allan
Publisher Douglas Amrine

Weitere Autoren

Ghillie Başan, Arzu Bolukbasi, Krysia Bereday Burnham, Anthony A. M. Bryer, Jim Crow, José Luczyc-Wyhowska, Colin Nicholson, Venetia Porter, A. Ricci, J. M. Rogers, Sargasso Media Ltd, London, Suzanne Swan, Tina Walsh.

Ergänzende Kartografie

Robert Funnell, Emily Green, David Pugh, Lee Rowe (ESR Cartography Ltd).

Grafik- und Redaktionsassistenz

Didem Mersin Alıcı, Gillian Andrews, Lydia Baillie, Sonal Bhatt, Tessa Bindloss, Gary Cross, Mehmet Erdemgil, Sally Hibbard, Hasan Kelepir, Francesca Machiavelli, Sam Merrel, Ella Milroy, Mary Ormandy, Catherine Palmi, Marianne Petrou, Mani Ramaswamy, Lee Redmond, Nicola Rodway, Sands Publishing Solutions, Anna Streiffert, Rosalyn Thiro, Dutjapun Williams, Veronica Wood.

Register

Hilary Bird.

Beratung

Mustafa Şevik.

Ergänzende Fotografien

DK Studio/Steve Gorton, John Heseltine, Izzet Keriber, Dave King, Ian O'Leary, Clive Streeter.

Artwork Reference

Kadir Kir, Remy Sow.

Assistenz

Dorling Kindersley bedankt sich bei den Leitern und Mitarbeitern von Museen, Moscheen, Kirchen, Stadtverwaltungen, Läden, Hotels, Restaurants und diversen Organisationen in Istanbul für die Mithilfe. Besonderer Dank gilt: Feride Alpe; Halil Özek, Archäologisches Museum, Istanbul; Hamdi Arabacıoğlu, Mevlevi-Orden, Istanbul; Veli Yenisoğancı (Direktor), Hagia Sophia, Istanbul; Nicholas Barnard; Ahmet Kazokoğlu, Bel Bim A. Ş., Istanbul; Poppy Body; Banu Akkaya, Britisches Konsulat, Istanbul; Vatan Ercan und Mine Kaner, Fremdenverkehrsbüro, Bursa; Hanife Yenilmez, Central Bank of the Republic of Turkey, London; Pater Ian Sherwood, Christ Church, Istanbul; Pater Lorenzo, Peter-und-Pauls-Kirche, Istanbul; Münevver Ek und Muazzez Pervan, Stiftung für Wirtschaft und Sozialgeschichte der Türkei, Istanbul; Edirne Müze Müdürlüğü; Emin Yıldız, Fremdenverkehrsbüro, Edirne; Tokay Gözütok, Eminönü Belediyesi, Istanbul; Mohammet Taşbent, Eminönü Zabıta Müdürlüğü, Istanbul; Orhan Gencer, Hauptquartier der Ersten Armee, Istanbul; Robert Graham; Cengiz Güngör, Şevki Sırma und Mustafa Taşkan, Verwaltung des Großraums Istanbul; Hikmet Öztürk, İETT Genel Müdürlüğü, Istanbul; Bashir İbrahim-Khan, Islamic Cultural Centre, London; İsmet Yalçın, İstanbul Balık Müstahsilleri Derneği; Nedim Akıner, İstanbul Koruma Kurulu; Sühela Ertürk Akdoğan und den Mitarbeitern des Istanbuler Fremdenverkehrsbüros; Abdurrahman Gündoğdu und Ömer Yıldız, İstanbul Ulaşım A. Ş.; Fremdenverkehrsbüro, İznik; Mark Jackson; Sibel Koyluoğlu; Semra Karakaşlı, Milli Saraylar Daire Başkanlığı, Istanbul; Akın Bavur und Recep Öztop, Kulturabteilung des Außenministeriums, Ankara; den Mitarbeitern von Edirne Müftülüğü und Eyüp Müftülüğü; Mehmet Sağlam und den Mitarbeitern des İstanbul Müftülüğü; Kemal İskender, Museum für Malerei und Skulptur, Istanbul; Öcal Özerek, Museum für türkische und islamische Kunst, Bursa; Dilek Elçin und Celia Kerslake, Oriental Institute, Oxford University; Kadri Özen; İffet Özgönül; Cevdat Bayındır, Hotel Pera Palas; Chris Harbard, RSPB; Rosamund Saunders; John Scott; Huseyin Özer, Sofra; Ahmet Mertez und Gülgün Tunç, Topkapı-Palast, Istanbul; Tüncer, Marmara-Insel; U. Kenan İpek, türkische Kultur- und Tourismusämter in London und Istanbul, türkische Botschaft, London; Orhan Türker, Türkischer Touring- und-Automobilclub, Istanbul; Peter Espley und den Mitarbeitern des Turkish Tourist Office, London; Mustafa Coşkan, Türkiye Sakatlar Derneği, Istanbul; Beyhan Erçağ, Vakıflar Bölge Müdürlüğü, Istanbul; Fremdenverkehrsbüro, Yalova; Zeynep Demir und Sabahattin Türkoğlu, Yıldız-Palast, Istanbul.

Genehmigung für Fotografien

Dorling Kindersley bedankt sich bei folgenden Institutionen für die Hilfe und freundlich gewährte Erlaubnis zum Fotografieren: Generaldirektorat der Museen und Denkmäler, Kultusministerium, Ministerium für religiöse Angelegenheiten, İstanbul Valiliği İl Kültür Müdürlüğü, İstanbul Valiliği İl Müftülüğü, Milli Saraylar Daire Başkanlığı und Edirne Valiliği İl Müftülüğü; Dank auch an die vielen Kirchen, Restaurants, Hotels, Läden und sonstigen Einrichtungen, deren Aufzählung den Rahmen dieses Abschnitts sprengen würde.

Bildnachweis

o = oben; ol = oben links; olm = oben links Mitte; om = oben Mitte; orm = oben rechts Mitte; or = oben rechts; mlo = Mitte links oben; mo = Mitte oben; mro = Mitte rechts oben; ml = Mitte links; m = Mitte; mr = Mitte rechts; mlu = Mitte links unten; mu = Mitte unten; mru = Mitte rechts unten; ul = unten links; u = unten; um = unten Mitte; uml = unten Mitte links; umr = unten Mitte rechts; ur = unten rechts; uro = unten rechts oben; uru = unten rechts unten; d = Detail

Dorling Kindersley dankt den folgenden Personen, Institutionen und Bildarchiven für die freundliche Genehmigung zur Reproduktion ihrer Fotografien:

A Turizm Yayınları: 158u; Archäologisches Museum 42u, 62u, 63or, 64or, 65o/m; *Hagia Sophia* 74or; Topkapı-Palast 56u; ABC Basın Ajansı A. Ş.: 44o, 47m/u, 215mr; The Advertising Archives: 102o; Aisa Archivo Icono-gráfico S. A., Barcelona: 19, 20m, 24m, 32or, 33ur, 119o, 171o; Louvre 21m; Topkapı-Palast 55ul, 57m; AKG, London: 31ol; Erich Lessing 30o, Erich Lessing/Kunsthistorisches Museum, Wien 32m; Alamy Images: Jon Arnold Images Ltd 79ol, David Crossland 196ur, Jeff Greenberg 107ur, Ali Kabas 195m; John Stark 194ml, 195ol; Ancient Art and Architecture Collection Ltd: 20or, 23or; Aquila Photo-

GRAPHICS: Hanne und Jens Eriksen 169u; ARCHIVE PHOTOS: 179 Einklinker; TAHSIN AYDOĞMUŞ: 4o, 17u, 21u, 22ol, 43u, 71mo, 72o, 75u, 78o, 86ol, 86or, 119mo, 144u, 170u; JON ARNOLD IMAGES: Walter Bibikow 11or.

BEL BIM İSTANBUL BELEDIYELERŞ BILGI İŞLEM SAN VE TİC A.Ş: 241m; BENAKI-MUSEUM, Athen: 25o; BRIDGEMAN ART LIBRARY, London: British Library, *Porträt Suleimans des Prächtigen* (1494–1566), Persien 32ur; National Maritime Museum, London, *Schlacht von Lepanto, 7. Oktober 1571*, anon. 27o; Privatsammlung, *Konstantin der Große* 20ml; Stapleton Collection, *Ibrahim from a Series of Portraits of the Emperors of Turkey, 1808*, John Young (1755–1825) 33ml; Victoria and Albert Museum, London, *Sultan Mahmud II: Prozession*, anon. 33om, 161mlu/mru; © THE TRUSTEES OF THE BRITISH MUSEUM: 161mlo; DIREKTORAT DER MUSEEN BURSA: 162ol.

ÇALIKOĞLU REKLAM TURIZM VE TICARET LTD: 220u; JEAN LOUP CHARMET: 29o, 33mr; MANUEL ÇITAK: 46u, 103m, 141o, 162u; BRUCE COLEMAN COLLECTION: 141u; CORBIS: Linsey Addario 175ur; Paul Hardy 172 ml; Michael Nicholson 10ur; Adam Woolfitt 10mlo; Allison Wright 177or.

C. M. DIXON PHOTO RESOURCES: 62or.

ERSTE ARMEE, HAUPTQUARTIER, ISTANBUL: 133u; ET ARCHIVE, London: 18; Bibliothèque de l'Arsenal, Paris 24o; National Gallery 32ul; MARY EVANS PICTURE LIBRARY: 142u, 171u, 225 Einklinker; Sammlung ES/Bibliothek des Vatikans 23ol.

GETTY IMAGES: 9 Einklinker, 30m, 32ol, 49 Einklinker; PHOTOGRAPHIE GIRAUDON, Paris: 26m; Bibliothèque Nationale, Paris 33ul; Lauros 29ul; Topkapı-Palast 26u, 27m, 28m, 28/29, 32om; ARA GÜLER: 23ul, 26ol, 35ur, 87u, 128m, 219or, 224/225; Mosaikenmuseum 77m; Topkapı-Palast 1, 57o, 57u, 81o, 95ul, 161ul; Şemsi Güner: 43o, 129mo, 140o, 158o.

SONIA HALLIDAY PHOTOGRAPHS: 29or, 127u; Gravur von Thomas Allom, Gemälde von Laura Lushington 23m, 28ur, 59or; Biblioteca Nacional, Madrid 21o; Zeichnung von Miss Pardoe, Gemälde von Laura Lushington 104m; Topkapı-Palast 33or, 76u; ROBERT HARDING PICTURE LIBRARY: Robert Francis 35mlo; David Holden 150; Michael Jenner 3 Einklinker, 55ur; Odyssey, Chicago/Robert Frerck 40ur, 168u; J. H. C. Wilson 129mu; Adam Woolfitt 39ml, 91or, 210u; HUTCHINSON LIBRARY: Maurice Harvey 240ml.

IDO-ISTANBUL SEA BUS COMPANY: 243m; ISTANBUL FOUNDATION FOR CULTURE AND THE ARTS: 221u; ISTANBUL HILTON: 182o; ISTANBULER HISTORISCHE STIFTUNG: 30ur; ISTANBULER STADTBIBLIOTHEK: 66u, 95ol.

GÜROL KARA: 2–3, 98m, 115u, 146mo, 153o, 169o; İZZET KERIBAR: 5u, 16or, 47o, 48/49, 50, 52mo, 118ol, 128or, 134/35, 138u, 139o, 146mu, 172om, 173u, 173mu, 174or, 174ml, 174um, 175om, 177um, 234ol, 240ol, 214ur.

JOSÉ LUCZYC-WYHOWSKA: 218or, 219ml/mr/ul/uml/umr/ur.

MAGNUM PHOTOS LTD: Topkapı-Palast/Ara Güler 8–9, 28ul, 33ml, 41u, 55o, 56o; MILITÄRMUSEUM, Istanbul: 127o.

NOUR FOUNDATION, London: The Nassar D. Khalili Collection of Islamic Art, Ferman (MSS801) 95or, Mahmud II (CAL 334) 95mr, Blatt (CAL 165) 95ml; Glättstein (SC1210) 95uro, Messer (SC1297) 95uru.

DICK OSSEMAN: 175mlu; Güngör Özsoy: 60o, 70u, 157o/mr, 170m.

PAŞABAHÇE-GLASFABRIK: 146o; PERA-MUSEUM: 103um; PICTURES COLOUR LIBRARY: 44u, 214or, 218ml; PLAN TOURS 239or; Privatsammlung: 135 Einklinker.

SCIENCE PHOTO LIBRARY: CNES, 1993 Distribution SPOT image 12o; NEIL SETCHFIELD: 84; SHUTTERSTOCK: 176mlo; ANTHONY SOUTER: 53u; REMY SOW: 180m; SPECTRUM COLOUR LIBRARY: 153u; STAR GAZETE: Murat Duzol 226ur; THE STOCKMARKET: 130o.

TATILYA: 222u; TAV INVESTMENT HOLDING CO: 236ul; TRAVEL INK: Abbie Enock 35um; TRIP PHOTOGRAPHIC LIBRARY: 154u; Marc Dubin 45o; TÜRKISCHES INFORMATIONSBÜRO: Ozan Sadık 45u.; TURKISH AIRLINES: 236o.

PETER WILSON: 56m, 75o/m, 79ol, 118m.
ERDAL YAZICI: 34, 44m, 167r, 169m.

Vordere Umschlaginnenseite: alle eigenen Fotografien außer ROBERT HARDING PICTURE LIBRARY: David Holden om; İZZET KERIBAR: m; Neil Setchfield: ml.

UMSCHLAG:
Vorderseite: DK IMAGES: Tony Souter mlu; GETTY IMAGES: Photonica/Jake Rajs. Rückseite: DK IMAGES: Tony Souter mlo, mlu, ul; Francesca Yorke ol. Buchrücken: DK IMAGES: Tony Souter u; GETTY IMAGES: Photonica/Jake Rajs o.

Sprachführer Türkisch

Aussprache

Das Türkische benutzt das römische Alphabet mit 29 Buchstaben: acht Vokale und 21 Konsonanten. Besonderheiten der Aussprache: **c** wird wie »dsch« ausgesprochen, **ç** wie »tsch«; **ğ** verlängert den vorhergehenden Vokal und wird nicht ausgesprochen; **ı** klingt wie ein kehliges »i«; **j** spricht man wie ein stimmhaftes »sch« aus, **ş** wie ein stimmloses »sch«; der Buchstabe **y** wird wie »j« ausgesprochen und **z** wie ein stimmhaftes »s«.

Notfälle

Hilfe!	**İmdat!**
Stopp!	**Dur!**
Rufen Sie einen Arzt!	**Bir doktor çağrın!**
Rufen Sie einen Krankenwagen!	**Bir ambulans çağrın!**
Rufen Sie die Polizei!	**Polis çağrın!**
Feuer!	**Yangın!**
Wo ist das nächste Telefon?	**En yakın telefon nerede?**
Wo ist das nächste Krankenhaus?	**En yakın hastane nerede?**

Kommunikation

Ja	**Evet**
Nein	**Hayır**
Danke	**Teşekkür ederim**
Bitte	**Lütfen**
Entschuldigung	**Affedersiniz**
Guten Tag	**Merhaba**
Auf Wiedersehen	**Hoşça kalın**
Guten Morgen	**Günaydın**
Guten Abend	**İyi akşamlar**
Morgens	**Sabah**
Nachmittags	**Öğleden sonra**
Abends	**Akşam**
Gestern	**Dün**
Heute	**Bugün**
Morgen	**Yarın**
Hier	**Burada**
Dort	**Şurada**
Da drüben	**Orada**
Was?	**Ne?**
Wann?	**Ne zaman?**
Warum?	**Neden?**
Wo?	**Nerede?**

Nützliche Sätze

Wie geht es Ihnen?	**Nasılsınız?**
Danke, gut	**İyiyim.**
Es freut mich, Sie kennenzulernen.	**Memnun oldum.**
Bis bald	**Görüşmek üzere**
Das ist gut	**Tamam**
Wo ist/sind ...?	**... nerede?**
Wie weit ist es bis ...?	**... ne kadar uzakta?**
Ich möchte nach ...	**... a/e gitmek istiyorum.**
Sprechen Sie Deutsch?	**Alamca biliyor musunuz?**
Ich verstehe nicht	**Anlamıyorum.**
Können Sie mir helfen?	**Bana yardım edebilir misiniz?**

Nützliche Wörter

groß	**büyük**
klein	**küçük**
heiß	**sıcak**
kalt	**soğuk**
gut	**iyi**
schlecht	**kötü**
genug	**yeter**
geöffnet	**acık**
geschlossen	**kapalı**
links	**sol**
rechts	**sağ**
geradeaus	**doğru**
nah	**yakın**
weit	**uzak**
hoch	**yukarı**
runter	**aşağı**
früh	**erken**
spät	**geç**
Eingang	**giriş**
Ausgang	**çıkış**
Toiletten	**tuvaletler**
drücken	**itiniz**
ziehen	**çekiniz**
mehr	**daha fazla**
weniger	**daha az**
sehr	**çok**

Shopping

Wie viel kostet das?	**Bu kaç lira?**
Ich möchte ...	**... istiyorum**
Haben Sie ...?	**... var mı?**
Nehmen Sie Kreditkarten?	**Kredi kartı kabul ediyor musunuz?**
Wann öffnen/ schließen Sie?	**Saat kaçta açılıyor/ kapanıyor?**
dieses	**bunu**
jenes	**şunu**
teuer	**pahalı**
billig	**ucuz**
Größe (Kleidung)	**beden**
Größe (Schuhe)	**numara**
weiß	**beyaz**
schwarz	**siyah**
rot	**kırmızı**
gelb	**sarı**
grün	**yeşil**
blau	**mavi**
braun	**kahverengi**
Laden	**dükkan**
Kasse	**kasa**
Handeln (feilschen)	**pazarlık**
Das ist mein letztes Angebot	**Daha fazla veremem**

Läden

Antiquitätenladen	**antikacı**
Bäckerei	**fırın**
Bank	**banka**
Buchhandlung	**kitapçı**
Drogerie/ Apotheke	**eczane**
Fischhändler	**balıkçı**
Friseur	
(Damen)	**kuaför**
(Herren)	**berber**
Gemüsehändler	**manav**
Konditorei	**pastane**
Lebensmittelladen	**bakkal**
Lederwarengeschäft	**derici**
Markt/Basar	**çarşı/pazar**
Metzger	**kasap**
Papierwaren	**kırtasiyeci**
Postamt	**postane**
Reisebüro	**seyahat acentesi**
Schuhgeschäft	**ayakkabıcı**
Schneider	**terzi**
Supermarkt	**süpermarket**
Zeitungskiosk	**gazeteci**

Sehenswürdigkeiten

Burg	**hisar**
Fremdenverkehrsbüro	**turizm danışma bürosu**
Grabmal	**türbe**
Insel	**ada**
Kirche	**kilise**
Moschee	**cami**
Museum	**müze**
Palast	**saray**
Park	**park**
Platz	**meydan**
Rathaus	**belediye sarayı**
Theologische Schule	**medrese**
Türkisches Bad	**hamam**
Turm	**kule**

Verkehrsmittel

Flughafen	**havalimanı**
Bus	**otobüs**
Bushaltestelle	**otobüs durağı**
Busbahnhof	**otogar**
Sammeltaxi	**dolmuş**
Fahrpreis	**ücret**
Fähre	**vapur**
Wasserbus	**deniz otobüsü**
Haltestelle	**istasyon**
Taxi	**taksi**
Ticket	**bilet**
Ticketschalter	**bilet gişesi**
Fahrplan	**tarife**

Im Hotel

Haben Sie ein freies Zimmer?	**Boş odanız var mı?**
Doppelzimmer	**iki kişilik bir oda**
Zimmer mit Doppelbett	**çift kişilik yataklı bir oda**
Suite	**çift yataklı bir oda**
für eine Person	**tek kişilik**
Zimmer mit Bad	**banyolu bir oda**
Dusche	**duş**
Träger	**komi**
Schlüssel	**anahtar**
Zimmerservice	**oda servisi**
Ich habe reserviert.	**Rezervasyonum var.**
Ist das Frühstück im Preis inbegriffen?	**Fiyata kahvaltı dahil mi?**

Im Restaurant

Einen Tisch für … bitte.	**… kişilik bir masa lütfen.**
Ich möchte einen Tisch reservieren.	**Bir masa ayırtmak istiyorum.**
Die Rechnung, bitte.	**Hesap lütfen.**
Ich bin Vegetarier.	**Et yemiyorum.**
Restaurant	**lokanta**
Kellner	**garson**
Speisekarte	**yemek listesi**
Tagesmenü	**fiks menü**
Weinkarte	**şarap listesi**
Frühstück	**kahvaltı**
Mittagessen	**öğle yemeği**
Abendessen	**akşam yemeği**
Vorspeise	**meze**
Hauptgang	**ana yemek**
Tagesgericht	**günün yemeği**
Dessert	**tatlı**
blutig	**az pişmiş**
ganz durch	**iyi pişmiş**
Glas	**bardak**
Flasche	**şişe**
Messer	**bıçak**
Gabel	**çatal**
Löffel	**kaşık**

Auf der Speisekarte *(siehe auch S. 194–197)*

badem	Mandel
bal	Honig
balık	Fisch
bira	Bier
bonfile	Filetsteak
buz	Eis
çay	Tee
çilek	Erdbeere
çorba	Suppe
dana eti	Kalb
dondurma	Eiscreme
ekmek	Brot
elma	Apfel
et	Fleisch
fasulye	Bohnen
fırında	Braten
fıstık	Pistazie
gazoz	kohlensäurehaltiges Getränk
hurma	Dattel
içki	Alkohol
incir	Feige
ızgara	vom Holzkohlegrill
kahve	Kaffee
kara biber	schwarzer Pfeffer
karışık	gemischt
karpuz	Wassermelone
kavun	Melone
kayısı	Aprikose
kaymak	Sahne
kıyma	Hackfleisch
kızartma	gebraten
köfte	Fleischbällchen
kuru	getrocknet
kuzu eti	Lamm
lokum	Türkischer Honig
maden suyu	Mineralwasser (mit Kohlensäure)
meyve suyu	Fruchtsaft
midye	Muschel
muz	Banane
patlıcan	Aubergine
peynir	Käse
pilav	Reis
piliç	Brathuhn
şarap	Wein
sebze	Gemüse
şeftali	Pfirsich
şeker	Zucker
su	Wasser
süt	Milch
sütlü	mit Milch
tavuk	Hühnchen
tereyağı	Butter
tuz	Salz
üzüm	Traube
vişne	Sauerkirsche
yoğurt	Joghurt
yumurta	Ei
zeytin	Olive
zeytinyağı	Olivenöl

Zahlen

0	**sıfır**
1	**bir**
2	**iki**
3	**üç**
4	**dört**
5	**beş**
6	**altı**
7	**yedi**
8	**sekiz**
9	**dokuz**
10	**on**
11	**on bir**
12	**on iki**
13	**on üç**
14	**on dört**
15	**on beş**
16	**on altı**
17	**on yedi**
18	**on sekiz**
19	**on dokuz**
20	**yirmi**
21	**yirmi bir**
30	**otuz**
40	**kırk**
50	**elli**
60	**altmış**
70	**yetmiş**
80	**seksen**
90	**doksan**
100	**yüz**
110	**yüz on**
200	**iki yüz**
1000	**bin**
100 000	**yüz bin**
1 000 000	**bir milyon**

Zeit

eine Minute	**bir dakika**
eine Stunde	**bir saat**
eine halbe Stunde	**yarım saat**
Tag	**gün**
Woche	**hafta**
Monat	**ay**
Jahr	**yıl**
Sonntag	**pazar**
Montag	**pazartesi**
Dienstag	**salı**
Mittwoch	**çarşamba**
Donnerstag	**perşembe**
Freitag	**cuma**
Samstag	**cumartesi**

DORLING KINDERSLEY VIS-À-VIS

DIE 106 BÄNDE DER VIS-À-VIS-REIHE

ÄGYPTEN • ALASKA • AMSTERDAM • APULIEN • ARGENTINIEN
AUSTRALIEN • BALI & LOMBOK • BALTIKUM • BARCELONA & KATALONIEN • BEIJING & SHANGHAI • BELGIEN & LUXEMBURG
BERLIN • BOLOGNA & EMILIA-ROMAGNA • BRASILIEN
BRETAGNE • BRÜSSEL • BUDAPEST • BULGARIEN
CHICAGO • CHINA • COSTA RICA • DÄNEMARK
DANZIG & OSTPOMMERN • DELHI, AGRA & JAIPUR
DEUTSCHLAND • DRESDEN • DUBLIN
FLORENZ & TOSKANA • FLORIDA
FRANKREICH • GENUA & LIGURIEN
GRIECHENLAND • GRIECHISCHE INSELN
GROSSBRITANNIEN • HAMBURG • HAWAII
INDIEN • IRLAND • ISTANBUL • ITALIEN
JAPAN • JERUSALEM • KALIFORNIEN • KANADA • KANARISCHE INSELN
KARIBIK • KENIA • KORSIKA • KRAKAU • KROATIEN • KUBA • LAS VEGAS
LISSABON • LOIRE-TAL • LONDON • MADRID • MAILAND
MALAYSIA & SINGAPUR • MALLORCA, MENORCA & IBIZA
MAROKKO • MEXIKO • MOSKAU • MÜNCHEN & SÜDBAYERN
NEAPEL • NEUENGLAND • NEUSEELAND • NEW ORLEANS
NEW YORK • NIEDERLANDE • NORDSPANIEN • NORWEGEN
ÖSTERREICH • PARIS • PERU • POLEN • PORTUGAL • PRAG
PROVENCE & CÔTE D'AZUR • ROM • SAN FRANCISCO
ST. PETERSBURG • SARDINIEN • SCHOTTLAND • SCHWEDEN
SCHWEIZ • SEVILLA & ANDALUSIEN • SIZILIEN • SPANIEN • STOCKHOLM
SÜDAFRIKA • SÜDTIROL & TRENTINO • SÜDWESTFRANKREICH
THAILAND • TOKYO • TSCHECHIEN & SLOWAKEI
TUNESIEN • TÜRKEI • UNGARN • USA
USA NORDWESTEN & VANCOUVER
USA SÜDWESTEN & LAS VEGAS
VENEDIG & VENETO • VIETNAM & ANGKOR
WASHINGTON, DC
WIEN • ZYPERN

Erhältlich in
jeder Buchhandlung

DORLING KINDERSLEY
www.traveldk.com

VIS-À-VIS

Öffentliche Verkehrsmittel Istanbul
0 Meter
500
LEGENDE
Fähranlegestelle
Wasserbus
Fährstrecke
Bahnhof
Bahnlinie
Tünel (U-Standseilbahn)
Tünel-Strecke
U-Bahn-Station (Metro)
Moderne Tram
Nostalgie-Tram
Tramlinie
Seilbahn
Buslinie
Bus-Endhaltestelle
Stadtmauer
Hauptsehenswürdigkeit
EYÜP
Erlöserkirche des Chora-Klosters
CARŞAMBA
Haliç (Goldenes Horn)
Balat
Fener
Kasımpaşa
Haliç Hat
ABÜLEZEL PAŞA
FEVZİ PAŞA CADDESİ
MACAR KARDEŞLER CADDESİ
ATATÜRK BULVARI
VATAN CADDESİ
MİLLET CADDESİ
Süleymaniye-Moschee
BASARVIERTEL
Großer Basar
ORDU CADDESİ
Bayrampaşa
Topkapı-Ulubatlı
Topkapı
Pazartekke
Çapa-Şehremini
Emniyet Fatih
Fındıkzade
Haseki
Aksaray
Yusufpaşa
Laleli-Üniversite
Beyazıt
Çemberlitaş
KOCAMUSTAFAPAŞA
Yenikapı
Kumkapı
KENNEDY CADDESİ
Koca Mustafa Paşa
Yedikule
TOPKAPI DEMİRHANE YOLU
Marmara-Inseln
28-87
90-90B
83-28T
80
39-46H-61B-90B-91E
47-80-81-90-91O-96T-99A
46H-55T-56-61B-72T-80-83-87-90-91O-
93T-96T-99A
28-28T-46H-61B-72T-80-83-87-90-91O-93T
28T-46H-61B-72T-80-83-93T
28-28T-96T
28-87-91O
28-87-90-91O
39-91E
39-90B-91E
28T-72T-83-93T
90B
55T-99A
39-91O
91O-91E
81-96T
93T
72T
39
47